디지털 실크로드

디지털 실크로드

—

2022년 5월 4일 초판 1쇄 발행

—

지은이 조너선 E. 힐먼
옮긴이 박선령
펴낸이 김정수, 강준규
책임편집 유형일
마케팅 추영대
마케팅지원 배진경, 임혜솔, 송지유

—

펴낸곳 (주)로크미디어
출판등록 2003년 3월 24일
주소 서울시 마포구 성암로 330 DMC첨단산업센터 318호
전화 02-3273-5135
팩스 02-3273-5134
편집 070-7863-0333
홈페이지 http://rokmedia.com
이메일 rokmedia@empas.com

—

ISBN 979-11-354-7728-7 (03340)
책값은 표지 뒷면에 적혀 있습니다.

—

커넥팅은 로크미디어의 인문, 정치사회, 역사 도서 브랜드입니다.
잘못 만들어진 책은 구입하신 서점에서 교환해 드립니다.

THE DIGITAL SILK ROAD

디지털 실크로드

세계를 연결하고 미래의 패권을 손에 넣기 위한
중국의 광폭 행보

조너선 E. 힐먼 지음

박선령 옮김

Connecting

저자·역자 소개

저자 / **조너선 E. 힐먼**Jonathan E. Hillman

조너선 E. 힐먼은 미국 국무장관 정책기획실 선임 고문으로 중국 경제 및 외교 정책에 관한 세계적인 권위자로 인정받고 있다. 브라운 대학에서 국제관계학을 전공했고 우등 성적으로 졸업했다. 하버드 대학교 케네디 스쿨에서 공공 정책 석사 학위를 받았다. 미국 외교협회Council on Foreign Relations와 벨퍼 기술안보 연구소Belfer Center for Science and International Affairs에서 연구원으로 일했으며, 미국무역대표부U.S. Trade Representative에서 정책 고문으로 활동했다. 미 국무장관 정책기획실 수석고문에 임명되기 전까지 그는 미국 싱크탱크 순위 1위이자 전 세계 싱크탱크 순위 4위로 선정된 전략국제문제연구소Center For Strategic And International Studies, CSIS의 선임 연구원이자 중국의 일대일로 이니셔티브를 추적하는 가장 광범위한 오픈소스 데이터베이스 중 하나인 리커넥팅 아시아 프로젝트 Reconnecting Asia Project의 책임자로 활동했다. 〈워싱턴 포스트〉, 〈월스트리트 저널〉 등 다양한 매체에 디지털 초강대국으로 부상한 중국을 추적하고, 미국의 기술 리더십, 경제 경쟁력 및 국가 안보에 대한 중국의 도전을 냉철하게 분석한 글을 기고하고 있다. 2019년 〈파이낸셜 타임스〉와 맥킨지&컴퍼니가 35세 이하의 젊은 작가에게 수여하는 브라켄바우어상 Bracken-Bower Prize을 받았다.

역자 / **박선령**

세종대학교 영어영문학과를 졸업하고 MBC방송문화원 영상번역과정을 수료하였다. 현재 번역 에이전시 엔터스코리아에서 출판기획 및 전문 번역가로 활동하고 있다. 주요 역서로는 《북유럽 신화》, 《타이탄의 도구들》, 《똑똑하게 생존하기》, 《새로운 전쟁》, 《업스트림》, 《거대한 가속》 등이 있다.

●

서문

○

이 책은 뉴욕의 번화한 금융가인 브로드웨이 195번지에 있는 로마식 기둥으로 둘러싸인 29층짜리 건물에서 탄생했다. 이곳은 미국에서 내 책을 펴낸 하퍼콜린스HarperCollins 출판사가 이사 오기 훨씬 전에 AT&T라는 이름으로 잘 알려진 미국전화전신회사American Telephone and Telegraph의 본사였다. 1923년 최초의 지속적인 대서양 횡단 무선 통신, 1927년 최초의 대서양 횡단 전화, 1930년 최초의 양방향 화상 통화 등 몇몇 역사적인 전송이 이루어진 장소이기도 하다. 냉전 시대에 AT&T는 "커뮤니케이션은 민주주의의 토대"라는 슬로건을 채택했고, 브로드웨이 195번지는 20세기 대부분의 기간 동안 계속 확장되는 통신 제국의 중심에 서 있었다.

21세기 들어 통신은 속도가 더 빨라지고 더 멀리까지 도달하면서 더 많은 걸 전달하게 되었는데, 갈수록 중국에서 만드는 게 많아

디지털 실크로드

지고 있다. 2017년에 중국 기술자들은 특수 위성을 이용해 최초의 대륙 간 양자量子 암호화 화상 회의를 진행했다. 양자 통신은 해킹이 불가능한 네트워크를 구축하기 위한 중요한 단계다. 2018년에 화웨이Huawei와 보다폰Vodafone은 최초의 5G 무선 통화를 시연했고, 헝퉁그룹Hengtong Group은 전 세계 거의 모든 데이터 전송에 사용되는 해저 광섬유 케이블 1만 킬로미터를 해외에 판매했다. 중국공산당CCP이 증명하는 것처럼, 통신 기술에는 정치적 선호도 같은 게 없다. 하지만 누가 통제하느냐에 따라 해방 또는 억압을 위한 강력한 도구가 되기도 한다.

불과 30년 전만 해도 중국은 이 모든 역량을 외국 기업에 전부 의존했다. 화웨이는 중간 규모의 리셀러에 불과했다. 중국에서 가장 발전된 통신 위성은 미국에서 만든 것이었다. 전 세계 해저 광섬유 케이블 제공업체는 모두 미국, 유럽, 일본 출신 기업이었다. 중국은 이런 시스템을 생산하는 능력은 고사하고 구축된 시스템 자체도 부족한 상태에서, 1994년에 스프린트Sprint 위성 네트워크를 통해 처음으로 국제 인터넷에 연결되었다. 그 후 중국은 고객에서 공급업체로, 모방자에서 혁신자로, 네트워크의 한 분파에서 운영자로 도약했다.

하지만 중국의 급속한 성장은 이들이 향후 30년 동안 계획하고 있는 글로벌 야심 때문에 빛을 잃는다. 시진핑 중국 국가주석은 2025년까지 선진 기술 제조를 석권하고, 2035년까지 표준 설정을 주도하며, 2050년까지 글로벌 초강대국이 될 것을 주문했다. 시진핑은 기업들을 동원해 국내 디지털 인프라 개발에 자원을 쏟아붓고, 일대일로—帶—路를 통해 중국 제품의 해외 판매를 늘리려고 한다. 일대일로 계획의 일부이며 이 책의 중심 주제인 디지털 실크로드Digital Silk Road는 중국의 국내 기술 독립을 위한 노력과 미래 시장을 장악하려는 노력을 연결한다.

역사의 경고에 따르면, 매출 수치보다 훨씬 많은 것이 위태로운 상황에 처해 있다. AT&T는 핵무기, 미사일 경고 시스템, 에어포스 원Air Force One의 비밀 통신망 개발 같은 국가 안보 프로젝트를 위해 전문 기술을 활용했다. 작가이자 컬럼비아 법대 교수인 팀 우Tim Wu는 《마스터 스위치》라는 책에서 "20세기의 모든 정보 제국에는 암묵적으로든 명시적으로든 국가의 축복이 결정적인 역할을 했다"고 말한다. 이제 중국의 막대한 지원을 받는 새로운 정보 제국이 등장하고 있다. 이 책에서는 그게 어떤 상황인지 개략적으로 설명하고 그로 인해 생길 결과를 고심해볼 것이다.

내가 이 책을 쓰는 동안 코로나19 팬데믹이 물리적인 세상을 마비시키면서 위험성이 더 극명해졌다. 뉴욕과 다른 많은 도시의 거리는 조용해졌고, 상황이 최악으로 치달을 때는 의료 시스템과 공급망, 금융 시장 등 모든 게 이미 마비되거나 곧 붕괴될 것처럼 위태로워 보였다. 그리고 평소 눈에 띄지도 않고 의식되지도 않던 디지털 인프라가 갑자기 망가지지 않고 유지될 유일한 시스템처럼 느껴졌다. 이것이 직장과 학교, 여가 생활, 가족과 우정을 지킬 생명선이 되었다. 디지털 세상은 우렁찬 함성을 지르며 힘차게 전진했다.

디지털 인프라를 이해하기 위한 내 여정도 부득이하게 온라인으로 진행되었다. 로스앤젤레스로 직접 날아가서 세계에서 가장 바쁜 인터넷 교환국 중 한 곳과 아시아와 방대한 데이터를 주고받는 게이트웨이를 둘러보는 대신, 온라인 투어로 현장을 살펴보고 케이프타운으로 이동해 아프리카에서 가장 큰 데이터 센터를 방문했다. 이 모든 일이 내 책상에 앉아 점심을 먹는 동안 진행되었다. 그리고 중국 최대의 카메라 제조사가 제공하는 감시 시스템에 관한 온라인 강좌에도 등록했다. 그 업체에 직접 가보는 건 불가능하거나 아마 상당히 어려울 것이다. 나는 지구의 가장 외진 곳까지 광대역 통신을 제공하는 것을 목표로 하는 일론 머스크Elon Musk의 초대형 위성군인 스타링크Starlink의 베타 사용자가 되었다.

이런 가상 여행은 아무래도 한계가 있다. 그래도 팬데믹이 발생하기 전에 세계 각지에서 진행되던 중국의 기반시설 프로젝트 현장을 방문하면서 어느 정도 익숙해져 있었기 때문에 헤매지는 않았다. 물론 수업 중간의 쉬는 시간에 동료들과 마주치거나, 그들과 잡담을 나누거나, 그들이 왜 그 수업을 듣는지 등은 알 수 없었다. 아무리 고화질 영상이라도 그 장소에서 풍기는 냄새나 비와 햇살, 바람의 느낌을 포착할 수는 없다. 그래도 이런 기회가 있다는 것 자체가 여전히 놀랍다. 내가 이용한 정보, 본 장소, 만난 사람들 모두 전 세계적인 팬데믹 상황에서도 안전하게 버티고 있다.

그러나 모든 이의 삶이 온라인으로 이주한 것은 아니며, 특권 계층의 접근 방식을 모두가 똑같이 공유할 수 있는 것도 아니다. 전체

인류의 절반 정도는 여전히 인터넷 접속이 힘들다. 중국에서는 인터넷 사용이 널리 확산되어 있긴 하지만, 외국 사이트 접속을 심하게 제한하기 때문에 대부분은 기본적으로 중국에서만 사용하는 별도의 인터넷을 이용한다. 또한 팬데믹은 더 정교한 형태의 감시가 만연할 수 있는 수문을 열었다. 열나는 사람을 감지하는 열 영상 기술로 무장한 중국산 감시 카메라가 유럽 의회부터 앨라배마주의 공립학교에 이르기까지 세계 곳곳에 상륙해 있다.

중국이 손을 뻗는 범위가 워낙 급속하게 확장되다 보니, 중국이 차세대 정보 제국의 본부를 차지하게 될 것처럼 보일 수도 있다. 선전에서 한 시간 거리인 둥관에 위치한 화웨이의 유럽식 회사 부지가 사방으로 뻗어나가는 모습과 비교하면, 로마식 건축 스타일로 지은 AT&T 건물은 초라해 보일 정도다. 그러나 미국은 여전히 강대국의 위치를 유지하고 있다. 미국의 많은 강점 중에는 세계적인 연구 대학, 혁신적인 기업, 풍부한 민간 자본, 파트너와 동맹들로 이루어진 글로벌 네트워크 등이 있다. 문제는 미국이 국내를 재건하면서 그와 동시에 개발도상국에 실질적인 혜택을 제공하는 국가들의 연합을 이끌고 위기에 잘 대처할 수 있느냐는 것이다.

팬데믹 때문에 1년간 원격 근무를 한 뒤다 보니, 물리적인 본사 건물에 대한 개념 자체가 시대에 뒤떨어진 듯한 느낌이다. 하지만 나는 이 여정을 거치는 동안 디지털 세계가 물리적 시스템에 매우 많이 의존하고 있다는 걸 알게 되었다. 거의 모든 장비와 모든 네트워크 노드가 여전히 주권 국가의 물리적, 법적 경계 내에 있다. 갈수록 많은 일상생활이 디지털 인프라에 의존하고 인터넷과 연결된 물리적 개체가 늘어나는데, 이건 단순히 새롭게 부상하는 다른 버전의 인터넷이 아니라 완전히 다른 세상이다. 모든 커뮤니케이션을 위한 기반은 마련되어 있고, 이제 그걸 통제하기 위한 경쟁이 진행 중이다.

네트워크 전쟁

THE DIGITAL SILK ROAD

•

THE NETWORK WARS

○

흔히 역사는 승자가 쓴다고들 말
하는데, 이는 미래에 대한 환상의 경우에도 마찬가지다. 냉전 승리
의 눈부신 빛 속에서 탄생한 이런 매력적이고 위험한 이야기들 중
에는 통신 기술이 자유를 고취시킬 것이라는 생각도 있었다. 1989
년에 로널드 레이건Ronald Reagan 전 미국 대통령은 런던 청중들에게,
"통신 혁명은 군대 이상으로, 외교 이상으로, 민주주의 국가들의 최
선의 의도 이상으로 인간의 자유를 발전시키는 가장 큰 힘이 될 것"
이라고 말한 바 있다.[1]

당시 대통령직에서 퇴임한 지 얼마 안 된 상태였던 레이건은 의
기양양했다. 미국은 승승장구했고, 최대의 숙적은 가쁜 숨을 헐떡
이고 있었다. 소련은 철강, 석유, 핵무기 생산 분야에서는 세계를
주도했지만, 소련 컴퓨터는 미국보다 20년 뒤처져 있었다. 소련 지

도자들은 정보 시대에는 중공업이 별로 중요하지 않다는 걸 깨달았다. 레이건은 "빅 브라더(정보 독점으로 사회를 통제하는 관리 권력, 혹은 그러한 사회체계를 일컫는 말-옮긴이) 중의 빅 브라더가 통신 기술 앞에서점점 무력해지고 있다"고 자랑했다.

헝가리와 폴란드에서도 민주주의의 물결이 일고 있었고, 심지어몇 주 전에는 중국 베이징과 다른 도시에서 벌어진 시위를 당국이잔인하게 진압하는 등 중국에서도 민주주의의 싹이 트는 모습이 보였다. 당시 〈뉴욕타임스New York Times〉 베이징 지국장으로 일했던 니콜라스 크리스토프Nicholas Kristof는 톈안먼 광장에서 발생한 폭력적인시위 진압 장면을 목격한 뒤, "공산당이 그날 밤 자신의 사형 집행영장에 서명했다"고 썼다.[2] 외신 기자와 외교관들은 중국공산당이몇 주, 몇 달 혹은 1년은 버틸 수 있을지에 대해 토론했다.[3]

중국공산당은 이런 기대를 저버리고 살아남았지만, 기술 발달이 중국의 종말을 야기할 것이라는 예측은 갈수록 인기를 끌었다.1993년까지 중국에서는 불법 위성방송 수신 안테나가 정부가 철거하는 속도보다 더 빠르게 늘어났다. 크리스토프는 "중국에 정보 혁명이 다가오고 있으며, 장기적으로는 정보 혁명이 공산주의 혁명을대체하게 될 것"이라고 썼다.[4] 인공위성은 이런 변화를 전달하는 데실패했지만 곧이어 인터넷이 등장했고 블로거들이 새로운 자유의투사로 캐스팅되었다.

'중국 여론 감시 네트워크'라는 블로그를 운영한 리신더李新德만큼용감하고 인상적인 사람도 드물다. 리신더는 중국 정부의 부패에 대한 보고 내용을 조사하고 그 결과를 인터넷에 올리는 등 꾸준히 관련 활동을 계속하다가 결국 지방 당국에 체포되었다. 크리스토프는 2005년에 "블로그 1천 개의 죽음"이라는 글을 통해 리신더를 소개하면서, "중국 지도부는 국민들에게 광대역 통신을 제공함으로써 스스로 중국공산당의 무덤을 파고 있다"라고 썼다.[5]

그러나 인터넷 접속이 자유에 유리한 영향을 미친다는 환상은 이미 사라진 지 오래다. 그 자리에 훨씬 어두운 현실이 펼쳐지고 있다. 민주주의는 후퇴하고 있고, 디지털 독재주의가 빠르게 대두되고 있다.

중국공산당은 국내에서 통제를 강화하고 해외에서 영향력을 확대하기 위해 통신 기술을 활용하고 있다. 적의 침입을 막기 위해 쌓은 중세 시대의 성처럼 중국의 국내 인터넷도 진입 지점이 몇 개 안 되기 때문에, 베이징 당국은 네트워크 트래픽을 감시하고 검열하고 차단하는 독보적인 능력을 발휘할 수 있다. 중국은 인공지능으로 무장한 감시 카메라를 공공장소 전체에 설치해 놓았고, 안면 인식용 데이터를 기록하며, 인종 프로파일링을 자동화하고, 100만 명 이상의 이슬람 소수민족을 강제 구금해둔 상태다.

중국은 빅 브라더 가운데 가장 큰 나라가 되었을 뿐만 아니라 세계 최대의 통신 기술 제공국이 되었다. 화웨이는 170여 개국에 진출해 있지만 중국 유일한 디지털 대기업은 아니다. 하이크비전 Hikvision과 다후아Dahua라는 두 중국 회사가 전 세계 감시 카메라의 거의 40퍼센트를 생산하고 있다. 전 세계 광섬유의 15퍼센트를 공급하는 헝텅 그룹은 국제 데이터의 95퍼센트를 전송하는 세계 4대 해저케이블 공급사 중 하나다. 중국의 글로벌 위성 항법 시스템인 베이더우北斗, beidou는 전 세계 165개국 수도에 서비스를 제공해 미국 GPS보다 서비스 범위가 넓다.[6]

우주 공간부터 해저까지 이어지는 이런 연결은 모두 중국의 디지털 실크로드, 즉 DSR의 일부다. 일부러 확실한 형태를 정해두지 않은 DSR은 시진핑 중국 국가주석이 추진하는 대표적인 정책의 교차점에 자리하고 있다. 이는 기반시설 건설 프로젝트와 무역 거래, 사람 대 사람 간의 관계, 정책 조정 등을 통해 중국을 모든 일의 중심에 가깝게 만들겠다는 시진핑의 비전인 중국 일대일로 구상의 한 요소로 2015년에 처음 거론됐다. 마음이 동하는 투자 약속으로 개발도상국들의 열망을 충족시킨 중국은 자그마치 140개국이 일대일로에 참여하도록 설득했다.[7]

디지털 실크로드도 일대일로처럼 협력과 상호 이익에 대한 훈훈하면서도 모호한 미사여구로 포장된 중국 중심의 개념이다. 프로젝트 자격에 대한 공식적인 기준은 없지만, 중국 기술 회사들이 외국에서 감시의 시선을 받는 일이 늘어나면서 그 개념은 현명한 마케팅 도구가 되었다. "실크로드"라는 말을 들으면 낙타를 끌고 이동 중인 대상, 문화 혼합, 새로운 발상의 흐름 같은 고대의 낭만적인 이미지가 떠오른다. 하지만 사실 디지털 실크로드는 첨단 기술 분야의 시장 점유율을 높여서 글로벌 시장을 지배하기 위한 시진핑의 또 다른 대표적 사업인 '메이드 인 차이나 2025'를 진전시키는 발판

디지털 실크로드

역할을 한다.

디지털 실크로드가 공식적으로 베일을 벗기 전까지는, 미국 사회에서도 별다른 반대 없이 중국의 디지털 기술을 받아들였다. 미국 10여개 주의 시골 지역 통신사들은 화웨이 장비를 구입했다.[8] 중국 최대의 국영 통신회사인 차이나 텔레콤China Telecom과 차이나 유니콤China Unicom은 미국 내에서 국제 전화 사업을 할 수 있는 라이선스를 얻었다. 이들은 차이나 모바일China Mobile과 힘을 합쳐 거의 20개 가까운 미국 도시에 있는 다른 네트워크와 연결된다. 하이크비전 카메라는 뉴욕의 아파트 건물, 미네소타의 공립학교, 로스앤젤레스의 호텔 그리고 수많은 집을 감시한다.

주요 경쟁국의 기술을 미국 네트워크에서 사용하도록 허락하는게 얼마나 위험한 일인지 깨달은 워싱턴은 이런 연결을 끊기 시작했다. 미 의회는 연방정부의 자금 지원을 받는 통신사는 화웨이 장비를 구입하지 못하도록 금지했고, 상무부는 미국 기업들이 화웨이에 부품을 팔지 못하게 막았다. 뉴욕 증권거래소는 차이나 텔레콤, 차이나 유니콤, 차이나 모바일의 상장을 폐지했다. 연방통신위원회 FCC는 차이나 텔레콤과 차이나 유니콤의 사업 허가를 취소했다.[9] 미국 정부는 정부 산하 시설에 설치되어 있는 하이크비전 카메라를 찾아내느라 고생한 끝에 결국 전부 제거했다. 이들 5개 기업과 다른 수백 개의 중국 기업은 중국군 지원부터 인권 유린에 이르기까지 다양한 범죄 혐의로 미국의 제재를 받았다.[10]

미국은 해외에서도 수비를 펼치고 있다. 미국의 제재 범위는 전 세계로 뻗어나가기 때문에 미국 기업과 외국 기업이 미국의 지적재산권에 의존하는 화웨이에 부품을 판매하는 걸 막을 수 있다. 미국 관료들은 외국 지도자와 기업들이 중국의 공급업체를 이용하는 걸 피하도록 공적, 사적으로 로비를 벌였다. 트럼프 행정부 마지막 해에 출범한 국무부의 '클린 네트워크Clean Network' 정책은 중국의 5G 장비 공급업체, 중국 이동통신사, 중국 클라우드 제공업체, 중국 앱, 중국의 해저 케이블 사업 참여 등을 제한하기 위한 것이다.[11]

미국 기술 이용에만 의존할 수 없다고 확신한 중국은 자국 내에서 대규모 투자를 추진하고 있다. 시진핑은 2025년까지 5G 시스템, 스마트 시티, 클라우드 컴퓨팅, 기타 디지털 프로젝트가 포함된 '새로운 인프라'에 1조 4,000억 달러를 투자하도록 했다.[12] 중국은 2021년 3월에 국가 발전 계획인 제14차 5개년 계획을 승인했는데, 여기서 사상 최초로 기술 자립을 '전략적 축'으로 선언했다.[13] 또 시진핑은 중국이 '이중 순환dual circulation'이라는 경제 모델을 따라야 한다고 했는데, 이는 중국의 해외 수출은 유지하면서 외국 기술에 대한 국내 의존도는 낮추기 위한 것이다.[14] 자국 내에서 역량을 강화하면 해외에 제공할 기술도 늘어날 것이라고 여기는 것이다.

코로나19 팬데믹의 여파로 디지털 실크로드 사업은 더욱 가속화되고 있다. 팬데믹은 물리적 연결의 위험성을 드러낸 동시에, 디지털 격차에서 패한 쪽이 부담해야 하는 비용도 증가시켰다. 업무, 교육, 종교 활동, 엔터테인먼트가 모두 온라인으로 전환됨에 따라 인터넷 연결이 활성화된 국가들은 가상 세계로의 대대적인 전환을 감당할 수 있었다. 하지만 인터넷을 이용하지 못하는 전체 인류의 절반 정도는 선택할 수 있는 폭이 좁았다. 팬데믹이 금융계에 미친 충격 때문에 개발도상국들은 돈을 빌릴 수 있는 여지가 더 줄어들어 재정난에 처했다. 일대일로 초반에 진행된 대규모 교통 건설 사업이나 에너지 사업에 비해, 디지털 프로젝트는 소요 비용이 적고 완료되기까지의 기간도 빠르다.

이렇게 선이 그어지면서, 미국과 중국의 경쟁이 제3세계 시장에서 더욱 치열해질 수 있는 계기가 마련되었다. 중국 통신 기술의 위험성에 대한 미국 관료들의 경고는 이제 일본, 호주, 한국 그리고 서유럽의 많은 지역에서도 울려 퍼지고 있다. 그러나 미국은 비용 효율적인 대안을 제시하는 능력이 부족했다. 중국은 그 틈새를 이용해 안보보다 경제성을 중요시하는 개발도상국과 신흥국 시장으로 더 깊이 침투하고 있다. 각자 고유한 장비와 표준을 갖고 경쟁하는 디지털 생태계가 형성되고 있는데, 사실 모든 사람이 그 중간에 끼어 있는 형국이다.

오랫동안 네트워크의 중요성을 찬양한 유명 사상가들도 미국이 지배적인 중심을 차지하지 못하는 세계가 도래할 가능성을 미처 생각하지 못했다. 중국의 부흥과 이 나라의 힘이 국경 너머로까지 뻗어나가는 상황은 이제 기술과 자유, 서구의 우위, 권력의 본질에 대한 오랜 가정을 뒤흔들고 있다. 언론인들과 학자들은 이 경쟁을 묘사할 적절한 단어를 찾고 있다. 무역 전쟁? 신 냉전? 현실은 더 복잡하고, 걸려 있는 판돈도 기본적으로 더 많다. 미국과 중국은 미래의

네트워크 통제권을 차지하기 위해 싸우고 있다.[15]

네트워크 전쟁이 시작되었다. 이 책은 우리가 어떻게 이 지경에 이르렀는지 자세히 설명하고, 전쟁터를 둘러보고, 미국이 승리하기 위해서는 무엇을 해야 하는지 설명한다.

★:: 우리의 행동에 대한 심판

우리가 어쩌다 이런 지경에 처하게 되었는가 하는 이야기는 불편하기 때문에, 지금껏 솔직하게 털어놓고 얘기해본 적이 거의 없다. 워싱턴과 실리콘밸리는 미국이 중국의 기술 발전에 어떻게 기여했는지 캐묻기보다는 자신들의 실패를 최소화하는 쪽을 선호해 왔다. 다양한 버전의 이야기가 있지만, 공통적인 주제는 중국이 부정한 방식으로 정상에 올랐다는 것이다. 이렇듯 자기가 부당하게 당했다는 기분은 미국인들의 정신에 쉽게 영향을 미쳐서 당장의 곤경을 면할 수는 있지만, 과거의 실수를 되풀이할 위험이 높다. 불평은 경쟁하는 데 필요한 전략적 통찰력을 제공하지 않기 때문이다.

거짓말, 속임수, 도둑질이 횡행했다. 그러나 다음 장에서 다시 얘기하겠지만, 이보다 더 충격적인 건 중국이 수많은 법적 기회를 악용했다는 점이다. 중국 관료들은 중국 시장에 대한 접근 가능성을 능숙하게 이용해 최대한 많은 이권을 얻어냈고, 외국 기업들은 기꺼이 서로를 깎아내리면서 지적재산권을 양도하고 중국 기업들과 파트너십을 체결했다. 하지만 처음에는 파트너였던 이 기업들은 중국의 후한 국가 지원으로 결국에는 경쟁업체가 되었다. 외국 기업들이 경영 관행을 비롯해 모든 걸 넘겨주어 체계적이지 못한 모방 기업이던 화웨이를 거대한 글로벌 조직으로 탈바꿈시킨 셈이다.

이런 실수가 발생한 이유는 외국 기업들이 탐욕스럽거나 중국인이 요령이 좋아서가 아니라, 통신 기술이 공산국가를 자유화하는 효과를 발휘할 것이라는 강력하고 진실한 믿음 때문이었다. 소련의 붕괴는 통신 기술이 권력을 정부로부터 개인에게로 이동시켜 개인들이 자유롭게 말하고, 조직을 구성하고, 관료들에게 책임을 물을 수 있게 된다는 걸 증명하는 것처럼 보였다. 팩스부터 인터넷, 휴대폰에 이르기까지 새롭게 등장하는 모든 연결 매체는 전 세계에 자유를 실어 나르는 고속 차선을 제공하는 것으로 과대평가되었다.

최근 역사에서 이만큼 강력하고, 끈질기고, 잘못된 개념은 거의 없었다. 이 개념이 강력한 힘을 발휘한 건 통신 기술 개발의 선봉에 선 미국 기업들의 상업적 이익을 뒷받침하는 광범위한 정치 철학이 등장했기 때문이다. 학자 레베카 맥키넌Rebecca MacKinnon과 에브게니 모로조프Evgeny Morozov가 강하게 경고했지만, 여러 가지 이해관계와 지역 상황이 어떻든 미국이 전 세계에서 성공을 거두면 남들에게도 이익이 된다고 믿고 싶은 마음이 맞물리면서 이런 견해가 집요하게 이어졌다.[16] 하지만 그건 잘못된 생각이다. 수단과 목적을 혼동했고, 이 도구들이 어떤 식으로 다르게 사용될 수 있는지를 간과했기 때문이다.

이런 생각을 신봉하는 이들 중에는 레이건과 크리스토프뿐만 아니라 '사이버스페이스 독립 선언문'이라는 유명한 글을 통해 미국 인터넷 개척자들의 생각을 정확하게 포착한 존 페리 발로우John Perry Barlow라는 자유론자도 있다. 사이버스페이스 독립 선언문은 "산업 세계의 정부, 살과 철로 이루어진 이 지긋지긋한 거인들아, 나는 새로운 마음의 고향인 사이버스페이스에서 왔다"라는 말로 시작된다. "미래를 대표해, 과거의 진부한 세력인 당신과 우리의 결별을 요청한다. 당신들은 우리에게 환영받지 못한다. 우리가 모이는 이곳에서는 당신들의 통치권이 아무런 효력도 발휘하지 못한다."[17]

발로우는 정보화 시대에 정부는 정통성이 결여되어 있다고 했을 뿐만 아니라, 1996년에 쓴 '인터넷 자유에 대한 송가'에서는 이들이 사이버스페이스를 지배하는 능력이 부족하다고도 지적했다. "당신들은 우리를 지배할 도덕적 권한도 없고 우리가 진정으로 두려워할 만한 강제적인 집행 수단도 없다. 사이버스페이스는 당신의 국경 안에 위치하지 않는다. 공공 건설 프로젝트처럼 당신들이 만들어낼 수 있다고 생각하지 마라. 그건 불가능하다. 이건 자연적인 행위이며 우리의 집단적인 행동을 통해 저절로 자라난다."

중국의 전략가들은 발로우보다 많은 걸 알고 있었다. 레이건, 크리스토프, 발로우가 막을 수 없는 자유의 행진을 보았던 곳에서 중국 관리들은 권력을 차지하기 위한 투쟁을 목격했다. 중국 정보전의 창시자 중 한 명인 선웨이광沈偉光은 1988년에 중국 국방대학교에서 한 강연에서, "네트워크 기술이 발달한 국가들은 네트워크에 의존해 자신들의 '정보 영토'를 다른 많은 나라로 확장하면서 그들의 '정보 주권'을 위협한다"고 설명했다.[18] 냉전은 끝났지만 정보 영토를 차지하기 위한 전쟁은 이제 막 시작되었다.

중국공산당은 통신 기술에 의한 자신들의 사망 예측을 심각하게 받아들였다. 선웨이광 교수는 1989년에, "서양의 정보 전략은 여론 공세와 이념 침투, 사회주의 국가 내에서 적대 행위를 일으키는 데 주체적인 역할을 할 세력 양성, 경제적인 강압 실천, 노골적인 전복 실행, 온갖 종류의 분열 야기 등으로 구성된다"고 경고했다.[19] 그러나 서구 국가들과 달리 중국 관료들은 이런 결과가 불가피하다고 보지 않았다. 그들은 자신들의 목표 실현에 도움이 되는 네트워크를 구축하기 시작했다.

중국공산당은 인터넷이 대중에게 상업적으로 보급되기 1년 전인 1994년에 온라인 활동에 대한 정부의 절대적인 권한을 주장하기 시작했다.[20] 이런 제약은 시간이 지날수록 증가했고, 중국 정부는 2005년에 국경 없는 기자회Reporters Without Borders가 "인터넷 11계명"이라고 부르는 걸 발표해 "국가 안보를 위협하거나", "정부를 전복시키거나", "국민 통합을 저해하거나", "루머를 유포하거나", "사회 안정을 약화시키는" 정보를 금지했다.[21] 이 규칙은 광범위하고 일부러 모호하게 만들었기 때문에 당국이 자의적으로 해석할 여지가 충분했다. 이건 발로우의 선언을 거꾸로 뒤집어서 국가가 중심이 된 사이버스페이스 비전이다.

인터넷에 대한 다양한 계획을 공개적으로 밝힌 중국 당국은 네트워크를 구축해 이런 칙령을 강제 집행하는 것과 관련해 엄청난 기술적 문제에 직면했다. 많은 관측자는 그 일이 불가능하다고 생각했다. 2000년, 빌 클린턴Bill Clinton 미국 대통령은 중국의 세계무역기구wto 가입을 옹호하면서 "새로운 세기에는 휴대전화와 케이블 모뎀을 통해 자유가 확산될 것입니다. 그게 중국을 얼마나 변화시킬지 상상해 보십시오"라고 말했다. "이제 중국은 당연히 인터넷을 단속하려고 하겠지요. 힘내시길! 그건 물컹한 젤리를 벽에 못으로 박아놓으려는 것과 같을 테니까요." 청중들은 그의 말에 웃으며 박수갈채를 보냈다.[22]

그러나 외국 기업들이 이를 위한 망치를 제공했다. 중국 국내 시장에 접근하려고 자사 기술에 대한 통제권을 넘겨준 것이다. 중국 국가 보안국이 베이징에서 열린 '시큐리티 차이나 2000Security China 2000'이라는 박람회를 후원했을 때, 미국 기업을 비롯한 300여 개의 외국 기업들이 앞 다퉈 제품을 홍보했다.[23] 이 기업들은 중국에서 사업을 하는 건 상업적인 면에서도 꼭 필요하지만, 그 사회를 개방하기 위한 도덕적 의무라고 공공연하게 주장했다. 그러나 서방 기업들이 중국 시장에서 권리를 주장하기 위해 경쟁하는 동안, 그들의 상업적 미래와 그들이 옹호하는 가치는 모두 위험에 처했다.

낙관론이 극에 달해 있을 때, 중국 정부는 서구 기술을 자기네 목적에 맞게 수정하느라 바빴다. 리신더의 블로그는 크리스토프가 관련 글을 쓴 지 몇 주 만에 폐쇄되었지만, 둘 다 굴하지 않았다. "나는 사이트를 50개 이상 만들어뒀다. 평소 3개 정도씩 유지하면서 하나가 폐쇄되면 다른 걸로 교체한다"고 리신더는 설명했다[24]. 크리스토프는 기술이 공산당을 약화시키고 있다는 믿음을 잃지 않았다. 그는 2008년에 "이건 고양이와 쥐의 싸움이다. 하지만 전체적으로 보면 이 싸움에서 이기고 있는 건 고양이가 아니라 쥐다"라고 썼다.[25]

하지만 그 시점에 중국은 이미 모방자에서 혁신자로 바뀌면서 훨씬 큰 싸움에서 이기고 있었다. 글로벌 통신 경쟁은 소모전이 되어버렸고, 과도하게 덩치가 커진 서구 기업들은 네트워크 하드웨어 사업에서 물러났다. 중국 기업들은 외국 기업에 전적으로 의존하던 데서 벗어나 스스로 시장 점유율을 차지하기 시작했다. 다음 장에서 살펴볼 캐나다의 거대 통신업체 노텔Nortel의 붕괴와 화웨이의 급부상이 같은 시기에 발생한 건 우연이 아니다. 화웨이는 노텔의 가장 뛰어난 인재들을 영입해 차세대 무선 네트워크를 개발했다.

미국 지도자들은 인터넷에 대한 찬가를 부르느라 바빴지만, 미국은 자국의 농촌과 저소득층을 비롯해 전 세계를 연결하는 데 충분한 투자를 하지 않았다. 정부 규모를 축소하고 산업 정책을 세우지 않은 워싱턴은 시장 원리가 성공할 것이라고 생각했다. 그러나 서구 기업들은 초고속 인터넷을 출시하기 위해 경쟁하면서 주로 크고 부유한 시장에 초점을 맞췄고, 이로 인해 디지털 격차가 발생했다. 선진국과 개발도상국, 도시와 농촌, 부자와 가난한 자 사이에 연결 격차가 생겼다. 중국은 이런 단층선fault line을 자국의 거대 기술 기업들을 위한 활주로로 바꾸었다. 이제 중국 기업들은 그 활주로에서 이륙할 준비를 마쳤다.

★.: 전장 탐색

_____

　　　　　　　이 전쟁터는 광활하고 국가 안보 전문가들에게 생소한 장소로 가득하다. 새로운 기술 표준이 결정되는 산업위원회와 실무 단체에서는 경쟁이 벌어지고 있다. 리더들이 디지털에 의존하지 않으면서 경제를 발전시키기 위해 외국 자본과 기술을 끌어들이려고 애쓰는 개발도상국 곳곳의 관청에서도 이런 경쟁이 펼쳐진다. 그리고 개인이 자기 지갑을 열면서 내리는 수십 억 개의 결정 속에서도 경쟁이 벌어진다. 안보의 의미는 광범위하지만, 무엇보다 중요한 건 경제와 기술 분야에서의 경쟁이다.

　　이런 지형 탐색에 도움이 되도록, 다음 장에서는 무선 네트워크, 인터넷 연결 장치, 인터넷 백본backbone, 위성 등 4개 분야에 걸쳐 확장되고 있는 중국의 디지털 인프라 입지를 살펴볼 것이다. 여기에 중국의 디지털 활동이 다 포함된 건 아니지만, 이런 분야를 통해 인공지능, 빅데이터 애플리케이션, 기타 전략 기술을 이용할 수 있다. 중국은 이 모든 분야에서 전 세계적으로 성장하고 있으며, 경제적 전략적 보상을 얻기 위한 입지를 굳히고 있다.

　　글로벌 네트워크는 물리적인 공간을 가지고 있기 때문에 이건 진정한 의미에서의 여행이다. 발로우는 사이버 공간이 '건설 프로젝트'가 될 수 있고 국가가 그 안에서 주권을 행사할 수 있다는 생각을 너무 쉽게 묵살해 버렸다. 심지어 '클라우드cloud'도 데이터 센터와 광섬유 케이블로 구성된 유형의 존재다. 우주에서 인공위성을 운영하는 회사들도 국가의 지시에 따라야 한다. 선웨이광이 깨달은 것처럼, 네트워크 건설은 권력을 축적하고 행사할 수 있는 길을 열어준다. 이 책은 하드웨어에 초점을 맞추면서 물리적인 세계와 디지털 세계 사이의 연결고리와 그걸 통제하기 위한 경쟁을 밝혀낼 것이다.

프로젝트별로 보면 중국이 글로벌 네트워크에서 입지를 강화하고 있다. 나는 5년 동안 중국의 글로벌 인프라 추진 상황을 추적하면서 중국 프로젝트에서 가장 규모가 큰 오픈소스 데이터베이스를 조합해 현장에서 연구했다. 중국과 파키스탄 국경 지대의 갓 포장된 도로를 운전하고, 케냐의 수도 나이로비부터 몸바사(케냐 남부의 섬-옮긴이)까지 연결된 중국산 기차에 올라탔으며, 중국이 운영하는 그리스의 피레에프스 항구에 발을 디뎠다. 이건 중국의 일대일로 계획에 포함된 대표적인 프로젝트 중 일부에 불과하다.

하지만 내가 처음에 그랬던 것처럼 속지 말기 바란다. 중국은 단순히 새로운 교통망을 구축하는 게 아니다. 그들의 가장 큰 야망은 지하, 해저 그리고 전파를 통해 흐른다. 이 세 프로젝트는 모두 눈에 잘 띄지 않는 디지털 차원에서 진행된다. 중국의 광섬유 케이블은 중국-파키스탄 국경부터 에티오피아-지부티 국경까지 뻗어 있다. 중국산 감시 카메라는 파키스탄, 에티오피아, 케냐의 거리를 감시한다. 피레에프스에서는 화웨이가 라우터와 스위치를 설치해 이 항구의 네트워크를 정비했다. 중국은 디지털 인프라를 전통 인프라로 포장해 왔는데, 세계는 이 두 가지 모두를 절실히 원한다.

3장에서 설명하겠지만, 중국의 제품 판매 광고가 발휘하는 매력은 몬태나주 시골에서도 확인할 수 있다. 미국에서 가장 고립된 마을 중 하나인 몬태나주 글래스고를 방문했을 때, 그곳 주민들은 자신들이 화웨이 장비를 통해 전화를 걸고 받는다는 사실에 불안해할 것이라고 예상했다. 하지만 디지털 부문에서는 매슬로Maslow의 욕구 단계(인간의 행위에 영향을 미치는 근본적인 욕구를 체계적으로 분류한 것으로 생리적-안전-사회적-존경-자아실현 순이다-옮긴이)가 다르게 배치되는 것으로 드러났다. 외국 장비를 사용한다는 사실보다 통신이 끊어질지도 모른다는 위기감이 더 즉각적이고 위협적으로 느껴질 수 있다. 미국 시골 지역에서든 아시아의 개발도상국에서든, 대부분의 사용자는 외국의 스파이 행위보다 거액의 청구서를 피하는 데 더 관심이 많다. 산업 정책 재편이 필요한 탓에 저렴한 대안을 제시하지 못하는 미국 관료들은 거의 불가능한 싸움을 벌이고 있는 셈이다.

두려움만으로는 중국의 디지털 실크로드를 막을 수 없다. 중국이 감시 기술을 이용해서 사람들을 억압하는 걸 섬뜩해하기는커녕 매우 흥미롭게 여기는 외국 지도자들이 걱정될 만큼 많다. 4장에서 얘기하겠지만, 그들은 이걸 자신들의 규칙을 강화할 뿐 아니라 범죄를 줄이고 도시의 성장을 촉진하기 위한 도구를 얻을 기회로 본다. 오스틴에 있는 텍사스 대학의 시나 체스트넛 그레이튼스Sheena

Chestnut Greitens 교수의 말에 따르면, 오스트레일리아와 남극을 제외한 모든 대륙에서 80개 이상의 나라가 중국의 감시 기술을 사용하고 있다.[26] 스마트 가전부터 피트니스 밴드fitness band에 이르기까지 인터넷에 연결된 다른 장치들이 다 그렇듯이, 이런 시스템도 보안보다 비용을 중시하기 때문에 오류와 공격에 취약하다.

중국의 욕망이 드러나는 새로운 인터넷 지도가 만들어지고 있다. 차이나 텔레콤, 차이나 유니콤, 차이나 모바일 등 중국의 '3대' 국영 통신사가 아시아, 아프리카, 중남미의 신흥 시장으로 사업을 확대하고 있다. 외국 기업이 깔아둔 해저 케이블에 의존하던 중국이 불과 10년 만에 이런 시스템을 공급하는 세계 4위의 통신사를 지배하고, 지구를 한 바퀴 돌 수 있을 만큼 많은 케이블을 설치하는 위치로 올라섰다. 5장에서 자세히 설명할 이런 움직임은 비대칭 전략의 일부다. 베이징은 자국 네트워크에는 남들의 손이 닿지 못하게 하면서 전 세계의 더 많은 데이터를 운반하고, 저장하고, 캐내고 싶어 한다.

중국의 군사 지도자들은 우주 공간을 "전망 좋은 새 고지"라고 부른다. 2020년 완공된 중국의 베이더우 위성 네트워크는 중국 미사일, 전투기, 해군 함정뿐 아니라 자동차, 트랙터, 휴대전화까지 안내한다. 중국은 우주에 진출하려는 야심을 품은 국가들을 위한 초보자용 도구를 제공하는데, 여기에는 중국이 발사한 인공위성도 포함되어 있다. 심지어 파트너가 통제권을 넘겨받을 수 있을 때까지 위성 통제도 해준다. 6장에서 설명하겠지만, 경쟁의 장은 지구 저궤도로 이동하고 있다. 일론 머스크의 스페이스XSpaceX나 아마존Amazon 같은 여러 회사가 글로벌 광대역 서비스를 제공하기 위해 엄청나게 많은 위성을 쏘아올리고 있다. 물론 중국도 나름의 계획이 있다.

중국이 이런 여러 층위에서 하는 활동을 통합할 수 있다면 기하 급수적으로 많은 걸 얻게 될 것이다. 네트워크 효과는 서비스나 제품이 광범위하게 사용되어 가치가 커질 때 발생한다. AT&T 회장으로 통신 왕국을 건설한 시어도어 베일Theodore Vail이 1908년에 얘기한 것처럼, "전화선의 반대쪽 끝이 연결되어 있지 않은 전화기는 장난감도 과학 도구도 아니다. 그건 세상에서 가장 쓸모없는 것들 중 하나다. 전화기의 가치는 다른 전화기와 연결되어 있는지 여부에 달려 있으며, 연결된 전화기가 많을수록 가치가 증가한다."[27] 네트워크 효과라는 게 새로운 개념은 아니지만 그 어느 때보다도 중요해진 건 분명하다.

중국은 정보가 그 어느 때보다 중요해진 이 시대에 디지털 실크로드를 통해 글로벌 정보망의 중심으로 나아가고 있다. 미국 연방통신위원회의 전 의장인 톰 휠러Tom Wheeler는 《구텐베르크부터 구글까지From Gutenberg to Google》라는 책에서, "19세기와 20세기의 자본 자산은 네트워크에 의해 촉진된 산업 생산품이었다. 21세기의 자본 자산은 네트워크가 만들어낸 정보다"라고 말했다.[28] 실리콘밸리 투자자인 제임스 커리어James Currier는 네트워크 효과가 1994년 이후 IT 기업들이 창출한 가치의 70퍼센트를 차지한다고 추정한다. 가장 강력한 네트워크 효과는 막대한 초기 투자가 필요한 물리적 노드와

링크에서 비롯된다.[29]

　중국은 이런 투자를 하면서 최첨단 시스템을 통합하고 있다. 2017년, 중국 기술자들은 세계 최초로 양자 암호화된 화상 회의를 열었다. 이를 위해 1억 달러를 들여서 특수 제작한 인공위성, 지상 광섬유 네트워크, 첨단 알고리즘을 활용해야 했다. 시스템이 완벽하지는 않았지만 이는 극도로 안전한 네트워크를 구축하기 위한 주요 단계였다. 양자 암호 시스템을 만드는 매지큐 테크놀로지스MagiQ Technologies의 수석 과학자 케일럽 크리스텐슨Caleb Christensen은 〈와이어드Wired〉의 소피아 첸Sophia Chen에게, "그들은 완전한 인프라를 보여줬다"고 말했다. "모든 링크를 연결했는데, 지금껏 아무도 그런 일을 해낸 적이 없다."[30]

　중국이 신흥 시장에 집중하면 네트워크 효과를 높일 수 있다. 2050년까지 전 세계 인구 증가의 절반은 아프리카에서 이루어질 것으로 예상되는데, 아프리카 대륙 4G 네트워크의 70퍼센트는 화웨이가 구축했다.[31] 중국은 최근 몇 년 사이에 국제 대역폭이 가장 빠르게 증가하고 있는 아시아와 아프리카에서 가장 빠른 인터넷 연결을 제공하기 위해 파키스탄과 지부티를 연결하는 해저 케이블을 구축하고 있다.[32] 심지어 중국은 중국산 인공위성을 보유한 나이지리아와 벨라루스 사이의 중심 노드로 입지를 굳혔고, 중국 정부의 독려하에 상호 백업 서비스를 제공하기 위한 계약을 체결했다. 중국은 차세대 기술을 개발하는 동시에 차세대 시장 공략에도 나서고 있다.

이런 투 트랙 전략을 통해 중국은 차세대 통신 기술에 대한 글로벌 표준을 정할 수 있었고, 그 덕분에 네트워크 효과는 더욱 확대되었다. 케이블 표준인 USB처럼 널리 인정되는 표준을 적용한 장비는 국가나 제조업체에 상관없이 전반에 걸쳐 작동된다.[33] 글로벌 표준 설정이 제품을 더욱 보편화할 수 있는 길인 것이다. 이를 알고 있던 중국 관료들은 예전부터 3류 국가는 제품을 만들고, 2류 국가는 제품을 설계하고, 일류 국가는 표준을 정한다고 말해왔다. 이들은 기존의 표준화 기구에 많은 투자를 하고 있으며, 베이징을 중심으로 그에 상응하는 조직인 일대일로 표준 포럼을 만들자고 제안했다.[34]

중국이 세계 최고의 네트워크 사업자가 되면 상업적이고 전략적인 이익을 거둘 수 있다. 글로벌 데이터, 금융, 통신 흐름을 중국의 이해관계를 반영하도록 재편할 수 있다. 또 미국의 제재와 첩보 활동에서 벗어나, 시장의 움직임과 외국 경쟁자들의 숙고 대상, 중국 네트워크에 얽혀든 수많은 사람의 삶에 대한 독보적인 정보를 소유할 수 있다.

중국이 자금을 대서 설립한 아프리카 연합AU 본부는 이런 디지털 위험을 경고하는 기념물이다. 2018년에 〈르몽드Le Monde〉지는 5년 동안 매일 밤 에티오피아에 있는 AU 서버에서 중국으로 데이터가 비밀리에 전송됐다고 보도했다.[35] 그러나 AU는 최대 후원국인 중국을 불쾌하게 할 위험을 무릅쓰지 않았으며, 중국 이외의 다른 네트워크 제공업체로 바꾸기는커녕 화웨이와 새로운 협력 계약을 체결했다.[36] 2020년에 AU는 건물의 감시 영상이 또 중국으로 유출되고 있다는 걸 발견했다.[37] 이건 아마도 중국을 통해 인터넷에 연결된 세상과 관련한 가장 밝은 예측일 것이다. 결국 중국 정부는 AU를 자기네 동반자로 여기는 것이다.

중국이 미국 네트워크를 지속적으로 공격하는 걸 생각하면, 이들이 미국인을 겨냥하기 위해 훨씬 큰 네트워크 파워를 활용할 것이라는 데는 의심의 여지가 없다. 최근 몇 년 동안 중국은 2,300만 명에 달하는 미국 공무원 인사 파일, 8,000만 명의 건강 기록, 미국인 수억 명의 신용카드와 여권 정보를 훔쳤다.[38] 이런 데이터를 손에 넣은 중국은 이미 많은 미국인에 대해 그들 본인이 기억하는 것보다 많은 정보를 "알고" 있다. 잭 도프먼Zach Dorfman이 〈포린 폴리시 Foreign Policy〉에 보도한 바에 따르면, 중국은 이 정보를 이용해서 자국 기업들이 우위에 서게 하고 미국의 해외 첩보 활동을 망쳐놨다.[39] 이런 정보 우위를 통해 중국은 갈수록 많은 걸 보게 되는 반면 그 경쟁국들은 앞이 보이지 않는 상황에 처한다.

이런 이해관계는 상업이나 첩보 활동보다 훨씬 넓은 영역까지 확대된다. 중국군과 인도군이 히말라야 지역의 영토 문제로 충돌한 지 넉 달 뒤인 2020년 10월, 뭄바이의 전력이 끊겼다. 기차가 멈춰섰다. 코로나19 때문에 이미 힘든 상황이던 병원들은 비상 발전기 체제로 전환했다. 사이버 보안 회사인 레코디드 퓨처Recorded Future의 보고에 따르면, 이 모든 것이 베이징에서 보낸 경고일 수도 있다. 몇 주 동안 중국 해커들은 인도의 주요 인프라를 목표로 악성 코드 공격을 가했다.[40] 그들은 아마 유리한 입장에 있었을 것이다. 지난 10년 동안 건설된 인도의 거의 모든 발전소가 중국 장비를 사용했기 때문이다.[41]

이는 중국이 전 세계의 필수적인 허브이자 문지기가 되는 데 성공한다면 휘두를 수 있는 힘의 예고편에 불과하다. 중국은 접근 권한과 특권을 부여하는 방법으로 지지자들을 끌어들이고, 자신을 따르는 이들에게 보상을 안겨줄 수 있다. 또 서비스 제공을 거부하고 제재를 가해 반대자들에게 불이익을 주고 경쟁자를 무너뜨릴 수도 있다. 중국이 네트워크를 지배하게 되면 훨씬 적은 군사력을 가지고도 역사적으로 강대국들이 해왔던 것처럼 국경에서 멀리 떨어진 곳에서 권력을 행사할 수 있다. 디지털 실크로드는 새로운 제국을 향해 나아가기 위한 진로를 정할 수 있다.

★∴ 통제력 상실

레이건이 중국에서 민주주의가 출현했다고 여긴 지 30년이 지난 2019년 10월 1일, 또다시 탱크가 톈안먼 광장을 누볐다. 중화인민공화국 건국 70주년을 기념해 15,000명의 병사가 행진을 벌인 이 퍼레이드를 보면 누가 이 나라를 장악하고 있는지 단번에 알 수 있다. 마오쩌둥 스타일의 옷을 입은 시진핑 중국 국가주석은 지붕 없는 리무진을 타고 미사일, 드론 등 수백

여 점의 군사 장비를 돌아봤다. 그는 깃발을 흔드는 군중들에게 "이 위대한 나라의 토대를 흔들 수 있는 건 없다"라고 말했다.[42]

최신 인공지능으로 무장한 중국 감시 카메라가 군중들을 감시했다. 중국의 빅3 업체들이 주요 고객을 위한 서비스에 집중하면서 퍼레이드 영상을 초고화질UHD로 전송하고 불꽃놀이 시간까지 조정하느라 애쓰는 동안, 인근 지역 고객들의 인터넷 접속 속도는 한없이 느려졌다.[43] 중국 관영 매체는 위성, 케이블, 인터넷을 통해 세계 모든 지역에 다양한 언어로 이 퍼레이드를 중계했다. 중국 베이더우 위성 시스템은 거의 완벽한 동기화 기능으로 퍼레이드에 참여한 차량 수백 대를 이끌었다.

중국의 민주적 변화와 기술의 긍정적인 역할에 대한 낙관론은 사라진 지 오래다. 통신 기술은 개방형 마이크가 아닌 곤봉을 휘두르면서 권위주의에 힘을 보탠다. 더욱 확대되고 있는 중국의 디지털 실크로드는 외부에서 보면 고도로 집중된 움직임처럼 보이는데, 퍼레이드에 참가한 군인들처럼 중국 기업들이 연대를 이루어 발맞춰 행진하는 것이다. 물론 이건 중국 지도자들이 세계에 보여주고 싶어 하는 이미지이기도 하다.

이런 이미지만으로도 충분히 걱정스러운데, 네트워크 전쟁은 이제 막 시작됐을 뿐이다. 물론 통신 기술 자체는 선하지도 악하지도 않다. 그냥 도구일 뿐이다. 그러나 이런 교훈을 놓친 워싱턴의 기술에 대한 생각은 낙관론에서 비관론으로 바뀌었고, 여기서 더 나아가 피해망상증에 걸릴 위험에 처해 있다. 중국은 어디에나 존재하면서 굳게 단결되어 있고 항상 모든 걸 통제하고 있는 것처럼 보인다. 뒤늦게 공포에 질려서 내린 이런 재평가에는 중국의 취약점과 미국의 강점이 모두 간과되어 있다.

사실 군대를 동원한 기념식은 중국 관료들의 깊은 두려움을 감추기 위한 것이다. 기념행사에 앞서 인터넷 접속이 대폭 제한되자, 국가가 운영하는 애국주의 신문 〈환구시보環球時報〉의 후시진胡錫進 편집장조차 "이 나라는 그렇게 연약하지 않다. 외국 웹사이트에 접속할 수 있는 여지를 어느 정도는 줘야 한다"고 불평했다.[44] 후시진은 나중에 이 의견을 삭제했다. 베이징에서 축하 행사가 진행되는 동안 홍콩에서는 시위가 벌어졌는데, 미국이 시위를 선동했다고 비난하는 중국 정부의 모습을 보면 수년 전에 정보전 전략가 선웨이광이 했던 평가가 떠오른다.[45]

역설적인 얘기지만, 중국의 기술력이 발전하는 동안 중국 관계자들의 인식 속에서는 네트워크를 통한 감염의 공포가 더 커졌다. "인터넷은 갈수록 온갖 위험의 근원이자 전도체이자 증폭기가 되어가고 있다." 중국공산당의 유력 기관인 중앙정치법률위원회 위원장이자 시진핑의 측근인 천이신陳一新은 이렇게 경고했다. "아주 사소한 일이 여론의 소용돌이를 일으킬 수 있다. 선동이나 과대광고를 통해 퍼져나간 몇 가지 소문이 손쉽게 '찻잔 속의 폭풍'을 일으키고, 갑자기 사회에 진짜 '토네이도'를 만들어낼 수도 있다."[46] 천이신은 이를 '돋보기 효과'라고 부른다.

퍼레이드 3주 후, 용감한 시민기자 리신더가 구금되었다. 기술 발전 때문에 고양이와 쥐 게임은 그의 적들에게 유리한 방향으로 흘러갔고, 리신더는 해커와 검열을 피하기 위해 웹사이트 도메인 명을 1년에 최대 60번까지 바꾸고 있다.[47] 리신더가 작성한 마지막 조사 보고서인 톈진 공안의 부패에 관한 보고서는 위챗WeChat과 다른 웹사이트에 올린 수많은 사본과 마찬가지로 게재 즉시 삭제되었다.[48] 2021년 1월, 리신더는 징역 5년형을 선고받았다. 하지만 그게 다가 아니었다. 당국은 리신더의 아들에게도 징역 1년을 선고했다.[49]

이런 행동은 소름이 끼치지만, 한편으로는 중국의 디지털 독재에도 균열이 존재한다는 사실을 드러낸다. 중국이 보유한 도구가 점점 강력해지고는 있지만, 다른 블로그에 복사되어 있는 리신더의 보고서 내용을 모두 지우지는 못했다. 또 이런 디지털 도구는 신체적 구금과 협박이라는 낡은 방식에 의존하는 당국의 두려움을 누그러뜨릴 만큼 강력하지도 않다. 무엇보다 이런 대응 방식은 그들이 생각하는 위협과 전혀 균형이 맞지 않는다. "나는 정부를 전복시키려는 게 아니다." 리신더는 이렇게 설명했다. "공산당의 지배 체제를 무너뜨리려는 것도 아니다."[50] 사실 리신더의 조사 노력은 중국 공산당의 반부패 목표를 지원한다.

위협에 대한 공산당의 대응은 가혹했지만 무계획적이었다. 모든 걸 감시하려고 서두르느라 눈앞에 보이는 사실을 제대로 이해하지 못했다. 감시 장비 도입 경쟁으로 국가 전체에 통일된 시스템을 구축하지 못하고 단편화된 현지 시스템만 양산하는 바람에, 자원이 낭비되고 개인 데이터 보호에 대한 중국 국민들의 우려를 불러일으켰다. 이런 혼란 속에서 보안감시 산업 단지가 탄생했다. 기술은 점점 정교해졌지만, 이 기업들은 해외 시장을 상대로 자기들이 제공할 수 있는 것보다 더 많은 걸 약속하곤 했다.

중국 정부의 손길이 덜 미치고 외국 정부가 우선순위를 가지는 해외에서는 이런 기업들을 뜻대로 움직이기가 더 힘들다. 중국 정부는 문제를 제기하긴 하지만 중국 기업들에게 구체적인 출동 명령을 내리지는 않는다. 예를 들어, 시진핑은 일대일로를 통해 '스마트 시티(디지털 인프라를 이용해 도시 지역을 강화하는 것을 가리키는 광범위한 용어)'를 건설해야 한다고 주장했다. 그러나 중국 기술 분야의 최고 전문가인 제임스 멀베논James Mulvenon과 미·중 경제안보검토위원회에 소속된 그의 동료들의 연구에 따르면, 중국 정부는 해외에서 이런 프로젝트를 추진하는 기업들에게 최상위 수준의 지침조차 제공하지 않은 것으로 보인다.[51]

조정과 감독이 미흡하다는 건 현장에서도 확인할 수 있다. 파키스탄의 수도 이슬라마바드에서는 화웨이의 주력 프로젝트의 일환으로 설치된 중국 감시 카메라 절반이 오작동했다.[52] 케냐에서는 중국 기업들이 나이로비 외곽에 수십억 달러 규모의 첨단 기술 허브 건설을 지원하고 있는데, 이곳에 입주하려는 기업이 거의 없는 것 같다.[53] 카메룬에서 브라질까지 6,000킬로미터에 걸쳐 설치된 중국 해저 케이블은 별로 사용량이 많지 않아, 카메룬의 개발 전망에 빚만 더하고 있다. 이런 일관성 없는 프로젝트는 네트워크 효과를 창출하기는커녕 디지털 분야의 애물단지로 판명될 수 있다.

글로벌 네트워크를 구축하려는 중국의 야심에 가장 큰 걸림돌이 되는 것은 아마 중국공산당의 편집증일 것이다. 중국의 요새 스타일 인터넷은 세계와 고립되도록 설계되어 있어서 혁신을 해치고 해외 네트워크와의 연결 능력을 제약한다. 중국 본토의 도시들은 개방적으로 인터넷 교류를 하는 전 세계의 가장 연결성 높은 허브 순위에서 전부 빠져 있다. 당 지도자들이 외부와의 자유로운 인터넷 연결을 질색하기 때문이다. 중국의 난제는 전 세계와의 연결성을 높이려면 통제권을 어느 정도 포기해야 한다는 것이다.

그에 반해 미국은 외국과의 인터넷 연결을 개방하여 막대한 상업적, 전략적 이익을 얻었다. 중국으로 향하는 국제 트래픽의 63퍼센트를 비롯해 전 세계 인터넷 트래픽의 거의 4분의 1이 미국을 통과하기 때문에,[54] 미국은 정보기관 관계자들이 '엄청난 홈그라운드의 이점'이라고 표현하는 지배적인 위치를 차지하고 있다.[55] 미국 금융 센터와 기술 기업들은 세계 최대의 해저 케이블 네트워크에 접속해서 힘을 얻는데, 미국 IT 기업 세 곳이 전 세계 클라우드 서비스 시장의 절반 이상을 차지하고 있다.[56] 하지만 미국은 인터넷이 발명된 이래로 계속 네트워크 강국이었기 때문에 이런 이점을 당연하게 여기는 경우가 많다.

미국은 미래 시장에서 공세를 펼 때 전략적으로 활용할 수 있는 엄청난 강점을 지니고 있다. 미국 민간 부문은 글로벌 광대역 통신을 제공하는 지구 저궤도 위성 개발을 비롯해 중국이 개발도상국 시장에서 얻은 이점을 무너뜨릴 수 있는 개발 사업을 주도하고 있다. 파트너와 동맹국 연합을 이끄는 미국은 민감한 기술을 개발하고 보호하는 동시에 개발도상국에 더 많은 보상을 제공하는 방식으로 중국의 규모를 상쇄시킬 수 있다.[57] 물론 성공하기까지의 과정은 결코 쉽지 않고 비용도 많이 들 것이다. 유럽연합과 인도, 공통된 관심사를 가진 파트너들뿐만 아니라 본인들의 포부와도 다시 연결할 수 있는 다리가 필요하다.

미국은 중국의 부상으로 위협받고 있을 뿐만 아니라 과잉 반응의 위험에도 시달리고 있다. 워싱턴은 국내 네트워크, 인터넷 교환, 해저 케이블에 대한 정밀 조사를 실시하면서 보다 방어적인 자세를 취하고 있다. 중국의 사이버 공격, 스파이 행위, 중국 국유 기업과 인민해방군PLA의 협력 같은 활동과 행적이 확대되고 있는 걸 보면 더 확실한 보호를 열망하는 것은 당연한 일이다. 그러나 미국은 각각의 결정이 글로벌 네트워크 내에서의 자국 위치에 어떤 영향을 미칠지도 고려해야 한다. 결과는 처음에 보이는 것처럼 간단하지 않다. 균형을 맞추려는 노력은 우리가 어떻게 현재와 같은 입장에 처하게 되었는지 이해하는 데서부터 시작된다.

디지털 실크로드

CTRL+C (복사하기)

THE DIGITAL SILK ROAD

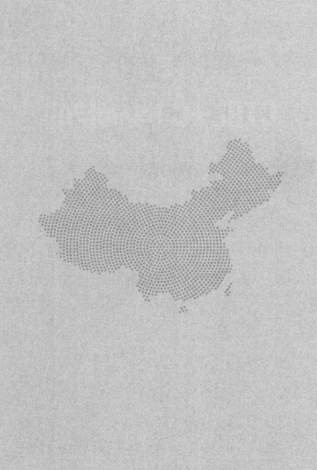

●

CTRL + C

○

1994년 말, 노던 텔레콤Northern
Telecom은 창립 100주년을 축하할 준비를 하고 있었다. 몬트리올에
서 화재경보기와 전화기를 판매하면서 초라하게 시작했던 이 회사
는 세계 최고의 통신 공급업체 중 하나로 성장했다. 연간 매출액 88
억 7,000만 달러, 전 세계 5만 7,000명의 직원, 수천 건의 특허를 보
유한 회사의 미래는 지금보다 훨씬 유망해 보였다. 100주년을 기념
하기 위해, 이 회사는 'NORTEL(노텔)'이라는 좀 더 세련된 이름과 로
고를 공개했다. 특히 'O'자는 행성 고리에 감싸인 근사한 지구본 모
양을 하고 있어서 '한계를 모르는 기업'이라는 회사 광고 문구와 잘
어울렸다.[1]

노텔 임원들은 역사의 흐름이 더 빨라지고 있으며, 이것이 자신
들에게 틀림없이 유리한 영향을 미칠 것이라고 확신했다. CEO인

폴 스턴Paul Stern은 1년 전 "근래 역사에서 글로벌 역학 관계에 이처럼 광범위한 변화가 일어난 적이 없다"고 말했다. "변화의 범위뿐만 아니라 변화가 일어나는 속도도 엄청나다. 속도가 빨라지면서 정보 사회라는 새로운 문명이 펼쳐지고 있다."[2] 그의 후임인 장 몬티Jean Monty는 주주들에게 이렇게 말했다. "이번 세기가 끝나가는 지금, 세계화와 정보 혁명의 두 가지 거대한 흐름이 세계 경제를 관통하고 있다. 이 흐름은 우리 회사 같은 기업들에게 놀랍고도 새로운 성장 기회를 만들어준다."

노텔의 고위 임원들은 제국의 대리인이라고 자처했다. 그들은 새롭게 부상하는 정보 사회의 통치자는 아니지만 건축가이자 건설자였다. 1990년대 초에 이 회사는 2000년까지 세계 최고의 통신장비 공급업체가 되겠다고 선언했다. 이들의 논리는 세계 지배를 위한 모든 계획이 그렇듯이 매우 간단했다. 먼저 캐나다, 그다음은 북미의 다른 지역, 그리고 전 세계를 공략하겠다는 것이었다. 임원들은 회사 연례 보고서에 실을 전면 사진을 찍기 위해 세계 지도와 고대 유물 앞에서 포즈를 취했다. 스턴은 로마의 철학자이자 정치가였던 키케로를 들먹이면서 이렇게 물었다. "과거와 같은 모습이 더 이상 어울리지 않는 세상에서, 계속 같은 상태를 유지할 것인가?"[3]

그로부터 20년 뒤, 파산 법정에서 115주년을 맞은 노텔에는 남아 있는 게 거의 없었다. 사실상 실패로 향하는 길이 성공처럼 보이는 것에 가려져 있었던 것이다. 노텔은 유혹적인 중국 시장으로 일찍 진출했다. 이 회사는 무선 및 인터넷 네트워크, 반도체 그리고 심지어 아이폰iPhone이 등장하기 10년 전에 터치스크린 전화기를 위한 핵심 기술을 개발했다.[4] 이들은 캐나다 역사상 가장 가치 있는 회사가 되었다.

노텔의 몰락은 회계부터 경영에 이르기까지 모든 부분에서 저지른 실수에서 비롯되었다. 그리고 이 회사 임원들은 중국 파트너가 가장 사나운 경쟁자가 되도록 도와주는 전략적 실수까지 저질렀다. 중국 시장에 뛰어든 서방 기업들이 자신들의 가치와 순이익이 깔끔하게 일치할 거라고 믿는 건 너무나 흔한 실수였다.

중국 기업들은 중국의 거대한 시장을 미끼로 삼아 서양 기술을 모방하고 지배권을 차지했다. 그들은 계약을 파기하고 기밀 정보를 이용해 특허를 출원했다. 중국 기업들은 넉넉한 정부 보조금의 혜택도 받았다. 이들은 경쟁사 연구실, 전시실, 컴퓨터 등에서 비밀을 훔쳐, 미국 국가안보국NSA의 예전 수장인 키스 알렉산더Keith Alexander 장군이 "역사상 가장 큰 부의 이전"이라고 부른 것에 기여했다.[5]

그러나 더욱 충격적인 건 중국의 지름길 가운데 합법적이고 명백한 길이 정말 많았다는 점이다. 중국 기업들은 서구 기술을 수입하고, 중국 합작법인을 통해 서구 기업과 제휴하고, 그들의 경영 관행을 받아들이고, 가장 뛰어난 인재를 채용했다. 수십 년 동안, 노텔과 서구의 다른 유명 통신사들은 본인들의 죽음을 공모한 셈이다. 중국 당국이 다른 정보 혁명을 염두에 두고 있다는 경고가 쏟아지는데도 서양의 필수적인 기술, 프로세스, 심지어 사람까지 매물로 나왔다. 화웨이만큼 게임을 잘한 기업은 거의 없다.

★ "네트워크 세상"

                              탐험가들이 신대륙을 발견한 것처
럼, 1994년에 노텔의 임원들은 어디서나 기회를 포착했다.

노텔의 수익에 이로운 건 세상에도 이롭다고 강력하게 믿었다.

노텔은 과거를 기념하고 미래에 대한 권리를 주장하기 위해, 유
명 사상가 6명을 고용해서 이 회사가 생각하는 21세기의 통신 비전
인 "네트워크 세상"에 관한 짧은 에세이를 쓰게 했다. 장 몬티는 이
에세이 시리즈 서문에서, "지금까지 1세기가 넘는 기간 동안, 노던
텔레콤과 직원들은 인간의 생활 조건을 개선하기 위해서는 정보 기
술이 있어야 한다는 확신을 공유해왔다"고 설명했다. "회사 설립 후
두 번째 세기로 접어드는 지금, 우리는 그 정신을 이어나가고자 한
다. 직원들 모두 힘을 합쳐 통신 기술을 통해 세상을 하나로 연결하
는 도전에 나설 것이다."[6]

작가들은 '정보 급증', '정보 시대', '정보 사회' 등 현재 진행 중인
거대한 변화를 표현할 다양한 범퍼 스티커를 제공했다. 그러나 대
부분의 경우 이런 것들은 개인으로의 권력 이동, 민주주의 번영, 시
장 확대 같은 공통된 비전에 대한 눈속임일 뿐이다. 벽 대신 다리가
세워지고, 자유가 흐를 것이다. 네트워크 세상은 한곳에 매여 있지
않은 세상이다.

경계선이 정말 사라지고 새로운 시장이 손짓했는데, 그중에서도
중국의 손짓이 가장 강했다. 중국 정부는 외국 기술을 유치하고 낡

은 통신 분야를 업데이트하기 위해 외국인 투자와 관련된 규제 몇 가지를 완화했다. 1994년 3월 31일, 미국과 NATO 동맹국들은 중국과 다른 공산주의 국가(특히 붕괴되기 전의 소련)에 통신 장비 수출을 막았던 냉전 시대의 시스템을 폐지했다. 3주 후, 중국은 글로벌 인터넷에 연결되었다. 세계에서 인구가 가장 많은 이 나라와 연결되기 위한 경주가 시작되었다.

중국의 엄청난 규모와 요구를 무시하는 건 불가능했다. 1994년 한 해에만, 중국은 전화 회선을 1,000만 개 추가했고, 휴대전화 신규 가입자도 93만 명 늘어나서 각각 연간 50퍼센트와 150퍼센트의 성장률을 보였다.[7] 그러나 그로부터 1년이 지난 뒤에도 중국의 전화 회선 수는 여전히 인구 100명당 3개도 되지 않아, 향후에도 계속 대규모 수요가 발생하리란 걸 보여줬다. 서구 기업들은 일확천금을 노리는 기분으로 이 기회를 지켜봤다. 소심한 사람 같으면 평생 한 번 올까 말까 한 이런 기회를 놓칠 것이다. 하지만 용감한 자는 돈을 벌고 후세에 남길 유산을 쌓을 것이다.

노텔은 이미 중국에 진출해 있었다. 이 회사는 1972년부터 중국에서 활동했고, 1988년에는 중국 기업과 첫 번째 합작법인을 설립해서 호텔이나 정부 기관에 주로 설치하는 전화망인 사설교환기 private business exchanges, PBX를 생산했다.[8] 4년 뒤, 이 벤처 기업은 1년에 10만 회선 이상을 팔았고 생산량을 3배로 늘릴 계획을 세웠다. 캐나다 관리자 4명이 200명의 중국 직원을 감독했다. 처음에는 캐나다에서 완제품 기계를 수입했는데, 3년도 안 되어 부품만 수입해서 조립하여 완제품을 만들기 시작했다. 회사는 비용을 줄이기 위해 현지 자재를 사용할 방법을 찾았다.[9] 노텔 임원들은 이게 경쟁사를 만드는 게 아니라 회사 수익성을 강화하는 방법이라고 여겼다.

그러나 중국 정부는 교묘하게 외국 기업들을 속여서 자기들끼리 경쟁하게 했다. 중국의 국내 교환망은 '7개국 8개 시스템'으로 구성되어 있다는 비판을 받았다. 여기 사용된 모든 장비를 7개 나라의 8개 업체가 공급했기 때문이다. 이 기업들은 캐나다의 노텔, 스웨덴의 에릭슨Ericsson, 미국의 AT&T, 독일의 지멘스Siemens, 프랑스의 알카텔Alcatel, 벨기에의 BTM, 일본의 NEC와 후지쯔Fujitsu였다. 냉전 기간에는 다 함께 힘을 합쳐 공산 국가에 기술 수출을 반대했던 동맹국들이 이제는 상업적 경쟁자가 된 것이다. 기업 임원들은 중국에서 합작회사를 설립하면 위험이 따른다는 걸 알고 있었지만, 경쟁업체들이 중국에 진출할 경우 놓치게 될 기회가 훨씬 커 보였다. 모든 거래가 전쟁이었고, 승리하려면 중국 정부에 더 많은 걸 양보해야 했다.[10]

1994년에 노텔과 AT&T가 중국 정부와의 합작법인 설립을 놓고 정면 승부를 벌였을 때, 그들은 온갖 수단을 다 동원했다. 노텔은 저우자화鄒家華 중국 부총리를 캐나다로 초청해 노텔의 공장뿐만 아니라 나이아가라 폭포 관광도 시켜줬다. 심지어 저우자화와 같은 고향 출신인 요리사가 만든 생선탕도 대접했다. 하지만 저우자화는 딱 하루 방문한 AT&T와의 시간이 더 기억에 남았다. 그와 수행단은 비밀 경호국의 보호와 경찰의 호위를 받으면서 장갑 리무진을 타고 돌아다녔다.[11] 노텔 경영진은 거래가 서서히 멀어지는 걸 느꼈다.

향후 수십억 달러의 수익 전망이 위태로워졌다고 생각한 노텔은 제안 내용을 상대방에게 더 유리하게 변경하고 캐나다 정부에도 도움을 요청했다. 노텔은 베이징에 R&D 시설을 설립하기로 합의했는데 이는 해외 업체로서는 처음이었다. 또 상하이에 반도체 공장도 설립했다.[12] 두 번째 톈안먼 사건 이후 최근에야 중국과의 관계를 회복한 캐나다 정부는 중국이 노텔 장비를 구입하는 데 필요한 자금을 조달하기로 했다.[13] 1994년 11월에 캐나다 총리 장 크레티앵Jean Chrétien이 베이징을 방문했을 때 협약서에 서명하기로 되어 있었는데, 협상이 타결되지 않아 한참을 질질 끌다가 서명 예정 시간 직전에야 겨우 합의가 이루어졌다. 노텔은 최종적인 양보 과정에서 중국이 합작회사의 최고 재무책임자를 임명하는 데 합의했다.

거래는 성사되었고, 노텔 경영진은 중국 정부와의 거래에 대해 솔직하게 얘기했다. 아서 맥도널드Arthur MacDonald 노텔 회장은 "중국인들은 기술 이전의 대가로 시장 진입 허가와 점유율을 약속했다. 우리는 그들을 돕기 위해 최선을 다하고 있다. 우리 목표는 중국 전역에 선진 통신 서비스를 확대하는 것이다. 때가 되면 글로벌 시장을 위해 중국에서 기술을 개발하고 싶다"고 설명했다.[14] 당시 노텔 경영진이 미처 깨닫지 못한 사실은 시장 접근성은 바람처럼 바뀔 수 있는 반면, 기술 이전은 되돌릴 수 없다는 것이다.

당시에는 규제가 매우 느슨해서 미국 기업이 중국군과 손잡고 고급 네트워킹 장비를 중국에 판매할 정도였다. 이 거래의 미국 측 파트너인 SCM/브룩스 텔레커뮤니케이션SCM/Brooks Telecommunications의 대표는 미국의 전 상원의원이자 전직 유엔 대사 겸 대선 후보의 아들이기도 한 애들레이 스티븐슨 3세Adlai Stevenson III였다. 중국 측 파트너는 중국 군사기관이 관할하는 갤럭시 뉴 테크놀로지Galaxy New Technology라는 회사였다. 화메이HuaMei('중국-미국')라고 불리던 이 합작 회사는 인민해방군과 직접적인 관계가 있는 군 장교 등을 이사회에 포함시켰고, 표면상 중국 호텔에서 사용할 것이라고 하면서 AT&T의 네트워킹 장비를 구입했다. 나중에 미국 정부가 조사한 바에 따르면, 이 기술이 중국군의 지휘 통제 능력을 향상시키는 데 사용되었을 수도 있다.[15]

몇 년 전만 해도 그런 식의 제품 판매는 상상도 할 수 없었다. 1949년 이후 미국과 NATO 동맹국들은 대對공산권수출통제위원회 COCOM를 조직해서 소련과 그 외의 바르샤바 조약국 그리고 중국에 민감한 제품을 수출하는 걸 제한했다. 이 위원회는 물론 완벽과는 거리가 멀었지만, 소련이 전략적으로 중요한 기술을 수입하지 못하도록 제한하는 데 도움이 되었다. COCOM의 결의는 소련의 위협에 대한 공통된 인식에서 비롯되었으며, 미국의 효과적인 리더십으로 행동이 촉진될 수 있었다. COCOM은 합의에 따라 운영되었고, 시행은 회원국 각자의 결정에 맡겨졌다.

하지만 소련이 붕괴되자 COCOM의 장래에 의문이 제기되었고, 1994년 3월에 해체될 무렵에는 이미 중국에 대한 규제가 대폭 완화되어 있었다. 1991년에 COCOM은 '핵심 목록'을 채택했는데, 이로 인해 사실상 규제 대상이 절반으로 줄었다.[16] 2년 뒤, 미국 관료들은 광섬유, 스위치, 셀룰러 시스템, 기타 통신 장비에 대한 규제를 더 철폐하자고 제안했다. 정책 변화를 설명한 미국 정부의 기밀 메모에는 중국이 향후 10년 동안 통신 인프라에 최대 170억 달러를 투자할 준비를 하고 있다고 적혀 있었다.[17] 규제 철폐를 지지하는 이들은, 미국 수출업자들이 횡재할 기회가 생겼는데 이렇게 손 놓고 있다가는 외국 경쟁 업체들에게만 좋은 일을 시킬 수 있다고 주장했다.

백악관의 시각은 노텔 본사의 시각과 매우 흡사했다. 클린턴 대통령은 1993년에 열린 아시아태평양 경제협력체APEC 회의에서, "우리에게 변화가 닥쳐왔다"고 말했다. "과거 우리가 하는 일을 이끌어주던 북극성이 사라졌다. 소련이 없어지고, 공산주의 확산도 끝났다. 그와 동시에 끊임없는 혁신과 즉각적인 커뮤니케이션을 강조하는 새로운 글로벌 경제가 새로운 강물처럼 우리 세계를 관통하면서, 그 물줄기 주변에서 살아가는 사람들과 국가에게 힘과 혼란을 동시에 안겨주고 있다."[18]

서방 세계는 중국에 막대한 상업적 기회와 관리 가능한 위험이 존재한다고 봤다.[19] NATO 회원국들은 앞으로의 수출 통제는 핵무기, 생물 무기, 화학 무기와 미사일 발사 체계를 북한, 리비아, 이란 같은 '불량국가'와 비국가 활동 세력에게 수출하는 걸 제한하는 쪽에 초점을 맞춰야 한다고 생각했다. 이 경우 중국의 협력이 관건이 될 것이었다. 1993년 8월, 미국은 중국이 파키스탄에 미사일 기술을 이전했다는 사실을 알아냈다.[20] 그러나 이듬해 1월이 되자, 미국 관료들은 중국이 COCOM을 대체할 것으로 예상되는 새로운 수출 통제 체제에 동참할 수도 있다고 말했다.[21] 민주주의와 개방 시장이 도래한 상황에서는 모든 게 가능해 보였다.

통신 장비 수출은 클린턴 행정부의 첫 번째 국가 안보 전략인 '참여와 확대'에 완벽하게 들어맞았다. 이 전략의 목표는 위협을 억제하면서 '시장 민주주의 공동체'를 확장하는 것이었다. 전 세계에 민주주의와 개방된 시장이 늘어나면 늘어날수록 미국의 안보와 번영도 확대될 것이라고 판단한 것이다. 이 전략은 방위력 유지, 시장 개방과 성장 촉진, 민주주의 홍보라는 3가지 요소로 구성되어 있었다.[22] 미국 관료들은 통신 장비 수출이 이 세 가지 목표 모두에 도움이 될 수 있다고 믿었다.

미국의 고위 관료들은 대부분 수출 호조가 미국이 기술적 우위를 유지하는 데 필수적이라고 여겼다. 민간 부문은 갈수록 정부보다 빠른 시간 안에 더 진보된 기술을 생산하게 되었다. 국방부 차관으로 임명됐다가 나중에 장관으로 승진한 학자 겸 기술 기업 경영자인 윌리엄 페리William Perry는 이런 변화를 인정하고 민간 부문의 조달을 늘렸다. 그러나 페리 장관은 미국 정부의 조달이 민간 부문 매출에서 차지하는 비율이 극히 적다는 사실도 깨달았다. 미국 기업들이 계속 성공을 거두면서 R&D에 더 많은 투자를 하고 차세대 기술을 개발하기 위해서는 수출을 늘려야 했다. 상무부 차관을 지낸

윌리엄 라인시William Reinsch는 행정부의 논리를 '수출=건전한 첨단 기술 기업=강력한 방어'라고 깔끔하게 요약했다. 미국은 수출 규제를 통해 경쟁국들의 속도를 늦추기보다는 '더 빨리 달리기로' 결심했다.[23]

클린턴 대통령이 미국 대중들에게 늘 상기시킨 것처럼, 미국의 수출 증가는 성장과 일자리를 의미했다. 클린턴은 1993년에 대통령에 취임한 후 처음으로 실리콘밸리를 방문한 자리에서, "수출 통제나 규칙, 규제는 더 이상 존재하지 않는 냉전이 남긴 잔재"라고 말했다. "이제는 일을 훨씬 빨리 처리해야 하는 세상이 되었으니, 이런 일을 할 때 생기는 시간 지연을 대폭 줄이려고 노력할 것이다."[24]

통신 기술은 민주주의를 해외에 알리는 데도 도움이 될 것이었다. 행정부는 '참여와 확대' 전략에서 "중국이 독재 정권을 계속 유지하면서도 국제 정세에서 전보다 중요한 경제적, 정치적 역할을 맡고 있다"고 거리낌 없이 선언했다.[25] 그래도 역사는 서구 사회에 유리한 방향으로 바뀌고 있는 것 같았다. 1994년에 구소련의 중심지인 모스크바에 간 클린턴은 러시아 국민들에게 이렇게 말했다. "정보통신 기술과 생산 혁명은 민주주의의 가능성을 높여준다. 이런 혁명은 국가가 통제하는 고립 경제가 제대로 기능하지 못하게 한다. 또 기회를 잡을 수 있는 사람들에게는 그 어느 때보다 풍요로운 기회를 많이 안겨준다."[26]

이런 변화 때문에 미국 정부는 1994년까지 화메이 벤처에 대한 검토를 요구하지 않았다.[27] 스티븐슨은 〈시카고 트리뷴The Chicago

Tribune〉과의 인터뷰에서, "이 합작법인은 중국의 놀라운 변화 덕분에 생긴 미국의 경제적 기회를 극적으로 보여준다"고 말했다.[28] 그러나 더 큰 변화는 미국 내에서 진행되었다. 1994년 4월에 미국 정부는 미국 기업들이 고속 컴퓨터, 공작 기계, 통신 장비 등을 수출할 수 있도록 허용하는 일반 허가제를 도입했다. 전에는 이런 제품을 수출하려면 정부 승인이 필요했지만, 더 이상 첨단 기술 제품이 아니라고 판단된 것이다. 1993년부터 1994년 사이에 수출 허가는 절반 이상 감소했고, 중국에 수출하는 물량은 늘어났다. 1995년까지 미국 기업들은 예전 규정에 따르면 허가가 필요했을 제품을 1년에 거의 20억 달러어치씩 수출했다.[29]

이렇게 수출 절차를 간소화한 건 상업적으로는 의미가 있겠지만, 보안상의 위험이 따른다. 미국 기업들은 최종 사용자가 민간인이라는 걸 확인하기 위해 실사를 진행해야 하는데, 이는 중국 경제 상황에서는 어렵거나 불가능한 일이었다. 1970년대 후반, 중국군은 상업 활동에 참여할 수 있는 폭넓은 권한을 얻었는데, 정부는 이를 통해 줄어든 군 예산을 보충할 수 있기를 바랐다.[30] 인민해방군은 1990년대 초까지 호텔, 농장, 국제 기업 등의 지분을 보유한 수십억 달러 규모의 제국을 감독했다. 미국 기업들은 수출 허가를 받지 않아도 되니 중앙에서 관리하는 판매 기록도 없어서, 개별적인 거래 내역이나 판매 동향에 대한 미국 정부의 감독도 제한적일 수밖에 없었다. 신속한 상업 거래를 위해 중요한 정보를 희생시킨 것이다.

당시 노텔과 미국 정부의 시각을 보면, 개방된 사회와 시장은 추진력을 안겨줄 뿐만 아니라 그 누구도 막을 수 없다는 낙관론이 널리 퍼져 있었음을 알 수 있다. 그러나 그런 견해는 당시의 사건들에만 기반한 것이며, 미래를 너무 장밋빛으로 보게 했다. 그래서 참여에 따르는 위험을 조사하는 데 별로 시간을 들이지 않았다. 기술을 양날의 검으로 여기면서 주의 깊게 살펴보기보다는 언제까지나 이용 가능한 마술 지팡이라고 선전했다.

노텔의 '네트워크 세상' 시리즈에 참여한 6명의 사상가 가운데 조심스러운 목소리를 낸 사람은 노벨 화학상을 받은 화학자이자 대학자 마이클 폴라니Michael Polanyi의 아들인 존 폴라니John Polanyi뿐이었다. 그는 "계속 세력을 키우면서 폭넓은 영향을 미치게 될 정보의 원천이 인간의 가치를 무시하는 자들 손에 들어가면, 민주주의에 도움이 될 수 있는 기술이 오히려 그걸 파괴할 것"이라고 했다.[31] 나는 1933년에 가족과 함께 독일을 떠나 영국으로 간 폴라니에게 왜 혼자 반대 의견을 냈느냐고 물어봤다. 그러자 그는 "히틀러와 스탈린 둘 다 만행을 저지르기 전에 과학에 경의를 표했다"고 설명했다.[32]

이런 위험을 무시한 노텔의 비전은 자신들의 야망을 보편적으로 재구성해서 전 세계에 투영하는 것이었다. 노텔의 1994년 연례 보고서를 보면, 한 페이지를 다 할애해서 '커뮤니케이션을 통해 인간의 잠재력을 강화하기 위한 노던 텔레콤의 비전'이라는 제목을 적어놓고 북미, 유럽, 아시아에서 진행 중인 주요 업무 내용을 강조했다. 이 목록 맨 위에는 수백만 달러를 들여서 노텔의 전화 교환 장비를 구입한 중국 허베이성 당서기인 청웨이가오程维高의 말이 인용되어 있다. "중국인들이 자주 하는 말 중에, '부자가 되려면 고속도로를 건설하고 그다음에 통신망을 깔아라'라는 게 있다. 지금은 통신망을 먼저 설치한 다음에 고속도로를 건설하는 게 현명한 시대가 되었다."[33] 이것만 보면 노텔의 비전과 중국의 비전은 동일한 것 같다.

★ "조국을 위해 봉사하라"

　　　　　　　　　1994년에 장 몬티가 전 세계를 둘러보고 있을 때, 런정페이任正非는 자국 시장에서 살아남기 위해 발버둥치고 있었다. 런정페이는 1987년에 설립한 화웨이를 외국 제품 리셀러에서 자체적인 기술 개발 기업으로 탈바꿈시키려고 고군분투하다가 파산할 위기에 처했다. 당시에는 고급스러운 제품과 자금 조달 제안을 앞세운 외국 업체들이 중국 시장을 장악하고 있었다. 중국 정부는 국영 기업에 자원을 쏟아부었다. 그러니 화웨이가 무너지고 있었지만 2007년이 되면 연간 매출 면에서 노텔을 능가할 터였다.[34]

　회사의 기원과 관련된 재미있는 이야기들이 다 그렇듯이, 화웨이의 공식적인 역사도 초라한 시작을 자랑한다. 이 회사에 전해오는 이야기에 따르면, 런정페이는 정치적인 연줄이 없었기 때문에 화웨이가 국가 지원을 넉넉히 받으려면 먼저 해외에서 능력을 증명해야 했다. 이렇게 화웨이의 약점을 부각시키다 보면, 이 회사의 성공이 특별대우 덕이 아니라 순전히 노력의 결과인 것처럼 보인다. 이 이야기에서 런정페이는 외국 기업들을 상대로 승리를 거두기 위해 수많은 희생을 치르면서 수적으로 열세인 부지런한 직원들을 지휘하는 선견지명 있는 장군이다. 나라와의 관계를 은폐한 덕에, 화웨이의 '기적'은 더더욱 국가적 자부심이 담긴 이야기가 된다.

그러나 화웨이의 기원과 관련된 초기 버전의 이야기는 이와 많이 다르다. 서방 정부들이 이 회사를 면밀히 조사하기 전에 화웨이가 발표한 성명서를 보면, 중국 정부가 생각보다 큰 역할을 했다는 걸 인정하고 있다. 런정페이는 2000년에 "[국유 기업을] 보호하기 위한 정부 정책이 없었다면 화웨이는 더 이상 존재하지 못했을 것"이라고 말했다.[35] 그러나 새로 '업데이트된' 화웨이의 기원 이야기를 보면, 회사 설립 초기에 중국군과 관계가 있었다는 내용이 아예 빠져 있다.

런정페이는 군 복무 중에 중국공산당에 입당했다. 1982년에 그는 1,545명의 대의원 중 한 명으로 선출되어 중국공산당 제12차 전국대표대회에 참석하였다. 5년마다 한 번씩 열리는 이 행사는 지도부 교체를 알리는 중요한 자리다. 베이징 인민대회당에 자리 잡은 런정페이는 덩샤오핑이 동지들에게 외부 세계에서 배우면서 "우리만의 길을 개척하자"고 격려하는 걸 들었다. 덩샤오핑은 "혁명이나 건설 면에서도 외국을 통해 배우고 그들의 경험을 활용해야 하지만, 외국의 경험을 기계적으로 적용하거나 그들의 모델을 베끼기만

하는 건 아무 소용이 없다"고 경고했다.[36]

1994년 6월, 든든한 인맥을 쌓은 런정페이는 중국 주석이자 공산당 총서기인 장쩌민江澤民과 만날 수 있었다. 런정페이는 이 만남에서 아이디어를 하나 제시했다. "스위칭 장비 기술은 국가 안보와 관련이 있고, 자체적인 스위칭 장비가 없는 나라는 군대가 부족한 나라와 같다고 말하자, 장 주석은 '전적으로 동의한다'고 분명하게 대답했다." 런정페이는 중국이 주요 장비를 생산할 수 있는 유일한 방법은 전화기 스위치뿐이라고 말했다.[37] 당시 화웨이는 처음 개발한 스위치의 대대적인 업그레이드 버전 출시를 두 달 앞두고 있었다.[38]

런정페이는 중국 정부가 새로운 네트워크 세상을 매우 조심스러운 시선으로 바라본다는 걸 깨달았다. 그들은 두 개의 줄타기를 하고 있었는데, 둘 다 권력 장악에 위협이 됐다. 첫 번째 줄타기는 국제적인 것으로, 자체적인 개발과 외국 기업에 대한 의존 사이에서 미묘하게 균형을 잡아야 하는 문제였다. 그들은 외국 기업들만 제공할 수 있는 최첨단 기술을 원했지만, 당연히 서구 기업들의 동기를 의심했다. 서구 기업들은 19세기 후반과 20세기 초반에 철도와 전신선을 중국 영토로 확장하면서 시장 점유율을 지배적인 수준으로 높이고 막대한 부채로 중국 정부를 압박했다. 이런 굴욕을 되풀이할 수는 없었다.

두 번째 줄타기는 경제 성장과 사회적 안정 사이에서 균형을 이뤄야 하는 국내 문제였다. 중국 정부는 새로운 통신 기술이 제공할 경제 성장을 원했다. 또 국가 통제를 강화하는 애플리케이션에 매료되었다. 그러나 이런 기술이 너무 광범위하게 확산되는 건 경계했다. 런정페이는 신입 사원들을 위한 문서에 "공산당만이 중국을 이끌 수 있다는 사실을 인정해야 한다. 그렇지 않으면 중국은 무정부 상태에 빠질 것"이라고 썼다. "안정성과 강력한 리더십 없이 급속하게 발전한 경제 사회가 무정부 상태에 빠지는 건 상상도 할 수 없는 일이다."[39]

중국 독자적으로 전화기 스위치를 개발하자는 런정페이의 제안은 새로운 생각이 아니었다. 그는 이것이 이미 정부의 전략적 목표라는 사실을 알고 있었고, 자체적인 스위칭 시스템을 만들려는 인민해방군의 노력에 참여했을 수도 있다. 런정페이가 화웨이를 설립하기 전에 어떤 일을 했는지는 여전히 논란거리로 남아 있는데, 군용 통신 기술을 개발한 인민해방군 총참모부 산하 연구소인 정보엔지니어링아카데미Information Engineering Academy, IEA에서 이사로 일했다는 설도 있다.[40] 이들의 최우선 과제 중 하나는 외국 기술을 기반으로 디지털 스위치를 생산하는 것이었다.

런정페이는 화웨이를 성장시키기 위해 자신의 군 인맥을 이용했다. 1992년에 화웨이는 인민해방군과 중요한 계약을 체결했는데, 당시 군은 최초의 국가 통신 네트워크에 필요한 장비를 찾기 위해 안간힘을 쓰고 있었다. 화웨이는 기술적인 전문성이 부족했기 때문에, 인민해방군은 산하 대학과 연구소에서 일하는 선임 연구원 25명을 파견해 지원했다. 화웨이는 이렇게 나라의 지원을 받아 첫 번째 제품을 개발하는 데 중요한 지식을 습득했다.[41]

화웨이는 이듬해에 처음으로 자체 개발한 제품인 C&C08 전화기 스위치를 출시했는데, 기존에는 기술을 수입해서 재판매하던 제품이었다. 화웨이는 이런 도약을 이루기 위해 IEA와 협력하는 국영 기업 기술자를 영입한 뒤 외국 장비를 분해해서 모방하는 방법으로 중국 최초로 자체 디지털 스위치를 생산했다.[42] 그리고 1994년에 런정페이가 장쩌민과 대화를 나눈 뒤에는 기존 스위치보다 5배나 많은 회선을 처리할 수 있는 대용량 스위치를 개발해 수익성 높은 정부 계약을 따내기 위한 준비를 마쳤다.

런정페이는 1995년에 중국 정부가 화웨이와 다른 자국 스위치 생산업체들을 지원하기 위한 정책을 잇달아 내놓으면서 소원을 이뤘다. 정부는 보안 문제를 내세워 화웨이가 생산하는 스위치 종류에 대한 외국인 투자를 제한했고, 외국 기업들은 기술 공유를 강조하는 합작 사업에 참여할 수밖에 없었다. 이듬해에는 외국산 통신 장비 수입에 관세를 부과했다. 1996년부터 2000년까지 진행된 제9차 5개년 계획에서 중국 정부는 통신 부문 투자를 두 배로 늘렸다.[43]

화웨이는 국가적인 챔피언이 되어가고 있었다. 1994년과 1996년 사이에 중국 최고위급 지도자 8명이 화웨이를 방문했고, 다들 이 회사가 돌아가는 모습을 마음에 들어 했다. 그들이 '시찰'차 방문할 때마다 화웨이는 매스컴의 관심을 끌었고, 중국 지도자들은 자국의 기술 발전상을 보여줄 수 있었다. 주룽지朱鎔基 중국 부총리는 1996년 6월에 화웨이를 방문하면서 중국 4대 은행 총재들을 데리고 왔다. 주룽지는 화웨이가 국내는 물론 해외에서도 외국 기업들과 경

디지털 실크로드

쟁할 수 있도록 독려하고 금융 지원을 약속했다.[44] 몇 달 뒤에는 류화칭劉華淸 중앙군사위원회 부주석도 화웨이를 방문했다.[45]

더 많은 국가 지원이 뒤따랐다. 중국 정부는 지방과 시 단위의 정부 기관들이 국내 제조업체에서 제품을 구매하도록 독려하는 가교 역할을 했다. 1997년과 1998년에 열린 두 차례의 콘퍼런스에서 2,500만 회선의 디지털 스위칭 장비가 판매되었다. 화웨이는 전체 주문의 40퍼센트를 수주했다.[46] 불과 몇 년 전에 노텔은 연례 보고서에서 중국에 차린 합작회사를 통해 50만 회선의 디지털 스위칭 장비를 판매했다고 자랑했는데, 이는 외국 장비 제조업체들 중 가장 많은 양이었다.

국영은행들도 정부의 메시지를 알아들었다. 화웨이는 무이자 대출을 받았고, 300만 달러 이하의 대출에 대한 규제가 면제되었으며, 2000년에는 10억 달러 규모의 한도 대출을 두 번이나 받았다.[47] 〈월스트리트 저널Wall Street Journal〉이 조사한 바에 따르면 1998년부터 2019년까지 중국 국영은행들은 화웨이에 157억 달러의 대출과 수출 융자, 기타 다양한 형태의 융자를 제공했다.[48] 화웨이는 빌린 돈을 제때 혹은 기한보다 빠르게 갚아서 양쪽 모두에게 이익이 되는 관계를 강화했다.

한때는 자긍심 문제였던 화웨이의 사기업으로서의 정체성은 이제 생존이 걸린 문제가 됐다. 이 회사는 자기들이 중국 정부와 아무런 관계도 없다고 주장한다. "화웨이는 독립적인 기업이다. 우리는 사이버 보안이나 개인정보 보호 문제에 있어 고객의 편에 서려고 노력한다. 우리는 어떤 국가나 개인에게도 해를 끼치지 않을 것이다." 런정페이는 2019년에 〈파이낸셜 타임스Financial Times〉와의 인터뷰에서 이렇게 말했다.[49] 물론 화웨이가 초반에 중국 정부와 맺은 관계가 ZTE 같은 몇몇 경쟁사에 비해 약했던 건 사실이다. 그러나 런정페이는 신중하게 관계를 키워갔고, 중국 정부는 화웨이가 개발한 모든 핵심 기술을 지원했다.[50]

화웨이의 핵심 지침 문서는 중국 정부에 대한 기여를 강조한다. 런정페이가 1998년에 채택하기 전 2년 반에 걸쳐 세부 내용을 조정한 화웨이 헌장에는 '화웨이는 산업을 통해 국가에 봉사하고, 과학과 교육을 통해 나라의 활력을 북돋우며, 회사를 발전시켜서 우리 지역사회에 공헌할 것이다. 조국의 번영과 중국의 활성화를 위해, 그리고 가족과 자신의 행복을 위해 부단히 노력하자'라고 쓰여 있다.[51] 화웨이의 사명은 언제나 국가적인 사명이기도 했다.

런정페이가 인민해방군에서 복무했던 것과 중국공산당의 정치활동에 참여하려고 노력한 것, 그리고 중국 정부가 그의 회사에 제공한 중요한 지원 등을 고려하면 이건 별로 놀라운 일은 아니다. 화웨이가 중국 정부의 지원을 인정한다고 해서 이 회사의 성공을 뒷받침하는 전략적인 통찰력과 인간적인 노력이 부정되는 것도 아니다. 런정페이의 사업 전략과 직원들의 헌신은 특히 3장에서 자세히 설명할 소외 시장과의 연결에 아주 중요한 역할을 했다. 그러나 런정페이는 화웨이 설립 초기부터 재정 지원을 받고 해외 경쟁으로부터 보호받았다. 국유 기업을 선호하는 나라에서 국가적인 챔피언이 되는 건 화웨이의 생존에 필수적이었다.

★⋰ "미국을 따라 해야 한다"

                          화웨이의 경험이 더 특별해 보이는 건 남들을 따라잡기 위해 가능한 모든 도구를 이용해서 외국 경쟁자들을 모방한 외골수 정신 때문이다. 화웨이는 외국 장비를 베끼고, 서방 기업들과 합작회사를 설립하고, 서양의 경영 컨설턴트들에게 막대한 돈을 지불했다. 그리고 서양 기술 허브에서 연구 활동 네트워크를 발전시키고 경쟁사에서 일하는 인재들을 채용했다.

런정페이는 심지어 덩샤오핑이 대중화시킨 개념인 외국 기술을 합법적으로 베끼는 '카피니즘copinism'을 전담하는 연구개발팀까지 만들었다.[52] 그는 2002년에 한 기자에게, 화웨이는 첨단 기술을 갖추고 있지 않지만 이미 세상에는 이용 가능한 기술들이 많다고 말했다. 그러니 화웨이는 군이 기술을 개발할 필요 없이 그냥 '카피니즘' 개념에 따라 '받아들이기만' 하면 된다는 것이다.[53] 노텔을 비롯한 서구의 경쟁사들을 추월하기 위한 화웨이의 행보는 당연히 불법 복제 의혹으로 얼룩져 있다.

런정페이가 1997년에 미국을 방문한 것은 회사 발전에 있어 매우 중요한 순간이었다. 그와 동료들은 IBM, 벨연구소Bell Labs, 휴렛팩커드Hewlett-Packard, 항공우주 회사 휴즈Hughes 등을 방문했다. 여행이 끝날 무렵 호텔 방에 틀어박혀서 크리스마스까지 일한 그들은 이 여행에서 얻은 정보를 요약한 100페이지짜리 서류를 들고 나타났다. 중국에 돌아온 런정페이는 고위 경영진을 상대로 이틀 동안 브리핑을 하고 메모해 온 내용을 직원들이 돌려 보게 했다.[54]

런정페이는 특히 제품 개발에 대한 서구인들의 사고방식에 매료되었다. IBM 부사장인 알레타 첸Arleta Chen이 그에게 당시 경영 컨설턴트들 사이에서 인기가 높았던 《제품 개발의 선두를 달려라Setting the Pace in Product Development》라는 책을 줬다.[55] 그 책은 거기서 소개하는 시스템을 이용하는 기업은 제품 출시까지 걸리는 시간을 반으로 줄일 수 있다고 약속했다. 또 "제품 개발 프로세스는 1990년대와 그 이후의 전쟁터"라고 주장하기도 했다.[56] 평소 말을 할 때도 군대식 은유를 자주 사용하던 런정페이의 마음에 확실히 와닿는 문장이 많은 책이었다. 그는 직원들을 위해 이 책을 수백 부 주문했고, 결국 IBM까지 고용했다.

1997년에 IBM이 화웨이에 자문을 해주기 시작하자, 이 중국 회사는 혼란에 빠졌다.[57] IBM의 초기 검토 결과, 화웨이 영업 사원들은 공장에서 제품을 때맞춰 생산할 수 있는지 확인하지도 않은 채 주문을 받았던 것으로 드러났다. 직원들은 수요를 예측하기 위해 고군분투했다. 어떤 부품은 재고가 부족하고, 어떤 부품은 재고가 넘쳐났다. 화웨이가 기한 내에 납품하는 주문은 절반에 불과했는데, 전 세계 통신업체 평균이 94퍼센트인 걸 생각하면 정말 형편없는 성과였다.[58] 화웨이는 제대로 기능하지 못하는 부서가 너무 많아

서, 해마다 얼마나 많은 이익 혹은 손실이 났는지 정확히 계산하는 데도 애를 먹었다.[59]

런정페이는 이를 해결하기 위해 자원을 쏟아부었고, 직원들이 IBM의 지시를 정확히 따르도록 했다. 그는 "화웨이의 가장 기본적인 목표는 생존이며, 장기적으로는 서구의 경쟁사들을 따라잡기 위해 노력할 것이다. 이 목표를 달성하려면 미국을 따라 해야 한다"고 직원들에게 말했다.[60]

IBM이 이끄는 변화는 화웨이에서 진행되는 종교적 개종과도 같았는데, 런정페이는 불신자들에게 인내심을 보여주지 않았다. 그는 적응보다는 엄격한 준수를 기대했다. "우리는 직원 모두가 미국을 따라 하길 바란다. 미국 조언자들이 미국식이 어떤 건지 알려줄 것"이라고 그는 설명했다. "미국 방식이 중국에 들어오면 조금은 바뀔 수도 있을 거라 생각할지도 모른다. 글쎄, 우리는 어떤 것도 바꿀 권리가 없다. 모든 건 자문단의 재량에 달려 있다. (…) 최고를 이기려면 겸손한 태도로 최고에게 배워야 한다."[61] 직원 회의 중에 한 고위 임원이 회의적인 태도를 보이자, 런정페이는 다용도 칼을 꺼내 들면서 "IBM이 주는 신발이 발에 맞지 않으면 당신 발을 잘라야 한다"고 요구했다.[62]

비용은 전혀 아끼지 않았다. IBM이 이 프로세스에 투자한 것과 똑같이 하기 위해, 런정페이는 화웨이 서비스와 애플리케이션 소프트웨어를 IBM 제품으로 바꾸기로 했다.[63] 누군가가 IBM의 컨설팅 요금에 대해 물어보자 그는 이렇게 대답했다. "이런 부분에서 어리석게 굴면 안 된다. 시간당 680달러를 지불하는 대신 그들은 30년 넘게 쌓아온 지식을 전해준다. 컨설팅비를 깎아달라고 하면 지난 3개월 동안의 지식만 넘겨줄 텐데, 어느 쪽이 더 나은가?"[64] 1997년부터 2012년까지 화웨이는 서구 기업들의 모범 경영 사례를 도입하기 위한 컨설팅 서비스와 혁신 프로젝트에 최소 16억 달러를 지출했는데, 이는 매년 연매출의 1퍼센트에 해당하는 놀라운 액수다.[65]

IBM에서 처음에 9개월이면 끝날 것이라고 생각했던 업무가 화웨이를 변화시키기 위한 17년간의 노력으로 이어졌다. 경영 컨설팅을 위해 IBM은 한 번에 수십 명에서 백 명에 달하는 컨설턴트를 화웨이에 파견했다.[66] IBM 컨설턴트들은 기본적인 비즈니스 운영에 대한 실무 교육을 제공했으며, 심지어 화웨이 직원들에게 효과적인 회의 진행 방법까지 알려줬다.[67] 4년 동안 화웨이의 제품 개발 프로세스를 정비한 IBM은 금융 서비스 재설계도 도와줬는데, 이는 화웨이 무기고에서 가장 강력한 협상 도구 중 하나가 됐다.

화웨이는 내부 혁신으로 해외에서 수익성을 높일 수 있는 문을 열었다. 화웨이가 브리티시텔레콤British Telecom, BT에 공급업체 자격을 얻으려고 접근했을 때, 그전까지는 중국 기업이 BT의 최저 기준을 충족한 적이 없었다. 승산 없는 시도였지만, IBM 컨설턴트들이 화웨이가 이 과정을 통과하도록 지도해줬다. 화웨이는 공급업체 자격을 갖추고 최저 가격을 제시해 2005년에 계약을 따냄으로써 영국 네트워크에 처음으로 진출하게 되었다.

서구에서 중국으로 수출하는 품목 가운데 가장 과소평가된 것이 기업의 경영 관행일 것이다. 경영 컨설팅에는 불법적인 방법으로 전문지식과 기술을 습득할 때와 같은 비밀과 의문에 가득 찬 분위기가 감돌지 않는다. 특정 기술과 관련 노하우와 달리 수출 통제를 받지도 않는다. 런정페이는 매우 중요하면서도 일반적인 지식, 즉 회사를 운영하기 위한 기본 지식이 시급히 필요했는데, 이를 얻기 위해 멀리 찾으러 다닐 필요가 없었다. 화웨이의 가장 중요한 파트너는 IBM이었지만, 런정페이는 액센츄어Accenture와 머서Mercer 같은 컨설팅 업체도 고용했다.[68] 이들의 서비스를 이용해서 화웨이는 내부 조직을 변경하고 해외 신규 사업의 물꼬를 텄다. 1990년대 초반의 혼란 속에서, 화웨이는 세계적으로 경쟁력 있는 기업으로 부상했다.[69]

★∴ "새로운 이념과 정치의 전쟁터"

기술의 자유화 효과에 대한 찬사는 미국이 중국의 세계무역기구WTO 가입을 지지한 2000년 봄에 최고조에 달했다. 미국 정부 관계자와 기업 리더들은 중국의 WTO 가입은 시장 개방을 위한 상업적 의무일 뿐 아니라 사회 개방을 위한 도덕적 의무라고 주장했다. 그러나 서구 기업들은 중국에 진출할 권리를 얻으려고 경쟁하는 동안, 자신들의 상업적 미래와 신봉하는 가치를 모두 위험에 빠뜨리고 말았다.

미국 정부는 중국과 더욱 깊은 상업적 관계를 맺기 위한 길을 닦았다. "중국은 위험을 무릅쓰고 개혁을 선택했다. 의심과 불안의 커다란 벽을 극복하고 전 세계와 함께하기로 했다." 클린턴 대통령은 3월 8일 워싱턴 D.C.에 있는 존스홉킨스 고등국제학대학에서 이렇게 설명했다. "따라서 미국은 그 선택을 지지할 것인지, 아니면 거부해서 전 세계 다른 나라들이 달려드는 기회를 구경만 할 것인지 정해야 한다. 그건 참으로 역사적 수준의 실수가 될 것이다."[70]

클린턴이 중국에 영구적으로 정상 무역 지위를 부여하려면 의회의 승인이 필요했기 때문에, 미국 기업들은 국회의원들에게 로비를 하기 위해 국회의사당으로 몰려들었다. 수출을 늘리고 미국 국내의 일자리를 지원할 준비가 되어 있고 해외에서도 사회적 편익을 제공하고 싶어 하던 기술 기업들이 큰 역할을 했다. 2000년 4월에 열린 상원 외교위원회 청문회에서는 미국 정부, 노텔, 모토로라Motorola의 고위 임원들이 중국의 WTO 가입에 따르는 이익을 언급하면서 그런 역사적 기회를 놓치면 안 된다고 경고했다.[71]

이제 기술 낙관주의가 기술 복음주의에 가까워졌다. "난 지금까지 중국에서 10년간 일했는데, 모토로라가 상업적 계약을 통해 중국의 변화에 강력하고 긍정적인 힘이 되었다고 전적으로 확신한다." 모토로라 고위 임원이자 CEO 자문역인 리처드 윤츠Richard Younts의 말이다. "우리는 중국의 개혁과 변화 과정에 적지 않은 기여를 했다. 우리는 미국 상품만 중국에 수출하는 게 아니라 미국의 가치관도 수출한다."[72]

노텔 회장인 프랭크 칼루치Frank Carlucci는 중국을 WTO에 가입시
키자고 가장 강력하게 주장한 사람 중 하나다. 칼루치는 민간 부문
에서 일하기 전에 정부 부처에서 오랫동안 훌륭한 경력을 쌓았다.
국무부 외무공무원으로 시작해 이후 레이건 대통령의 국가안보 보
좌관으로 능력을 발휘하다가 결국 레이건 정부의 마지막 국방장관
직까지 역임했다. 이 냉전 시대의 정치가는 "중국의 WTO 가입은
중국인들이 인터넷 같은 통신 도구에 더 많이 접근할 수 있게 도와
줄 것"이라고 주장했다. "이런 도구는 통제가 불가능하므로, 중국인
들을 전례 없는 방식으로 전 세계 다른 나라와 연결시키는 데 도움
이 될 것이다."[73]

칼루치는 베이징에 가서 중국 주석 장쩌민을 만나고 막 돌아온
참이었다. 칼루치는 WTO 가입이 "중국에서 가장 많이 논의된 주
제"이며 장쩌민은 "중국이 새로운 경제 체제로 진입할 것"이라고
말했다고 전했다. "그들은 세상을 향해 문이 열린 것이라고 생각한
다. 그 나라를 훨씬 빠르게 발전시킬 기회이자 자신들이 직면한 몇
가지 복잡한 문제를 해결할 기회로 보고 있다." 칼루치는 의회에서
"이건 간단히 결정할 수 있는 문제다. 중국에 [영구적인 정상 무역
지위를] 부여하면 미국 기업은 자신들이 원하는 대로 중국 시장에
접근할 수 있다. 그러나 [가입을] 거부하면 우리의 접근 조건을 중
국 손에 맡겨야 한다"고 말했다. 의회는 결국 중국의 WTO 가입에
동의했고, 이 청문회가 열리고 6개월 뒤에 미국은 중국과의 무역

관계를 정상화했다.

그러나 칼루치가 청문회에 출석하기 한 달 전에 장쩌민은 당의 고위 간부들에게 완전히 다른 비전을 제시했었다. 그는 "정보 네트워크는 이미 사상과 문화의 새로운 장이자 새로운 이념적, 정치적 격전지가 됐다"고 선언했다. "요컨대 정보 네트워크와 관련된 기본 정책은 정보 네트워크를 적극적으로 개발하고, 감독을 강화하며, 단점을 피하면서 장점을 모색하고, 우리 목적에 맞게 활용하며, 정보 네트워크의 글로벌 발전에서 항상 주도권을 잡는 위치를 차지하기 위해 노력하는 것이다."[74] 장쩌민은 전투가 마무리되는 게 아니라 격화되고 있다는 걸 인정했다. 그리고 그는 중국의 네트워크를 공산당의 손에 단단히 쥐여 줄 작정이었다.

기술에 대한 장쩌민의 견해는 1980년대에 중국의 전자산업부를 이끈 경험을 통해 형성되었다. 1983년에 그는 중국 대표단을 이끌고 캐나다와 미국의 기술 기업들을 방문했다. 그때 장쩌민이 중국의 최고 행정기구인 국무원에 제출한 보고서는 향후 수십 년간 중국의 성장을 이끌 각본 같은 느낌이다. 그는 "우리나라의 전자 산업은 과학기술 부분에서 낙후되어 있다"고 강조했다.[75] 장쩌민은 이를 따라잡기 위해서는 미국과 캐나다의 기술 수입, 합작회사 설립, 학술 교류 증대가 필요하다고 주장했다.

미국에 R&D 기업을 설립하려는 장쩌민의 생각은 이후 수십 년 동안 중국에서 가장 많은 논란을 일으킨 활동의 전조가 되었다. 그는 "실리콘밸리에는 중국계 미국인 전문가가 많고, 개중에는 직접 작은 회사를 운영하는 이들도 많다"고 말했다. "외국인이 운영하는 회사나 중국계 미국인이 운영하는 회사와 손잡고 그 지역에 R&D 회사를 설립하는 방안을 검토해야 한다. 그리고 우리 인력을 그곳에 파견해서 설계와 개발 작업을 진행해야 한다. 유리한 여건을 최대한 활용해서 기술을 수입하고 시장 정보를 확보하는 데 큰 도움이 될 것이다." 표면상, 이는 미국 내에서 혁신을 이루기 위한 방안이 아니라, 거기서 정보를 빼내기 위한 방안이었다.

또한 장쩌민은 중국의 기술 산업을 먼저 군에서 활용해야 한다고 생각했다. 캐나다와 미국 기업들을 둘러보고 귀국한 그는 두 달 뒤 〈인민일보〉에 기고한 글에서, "군용 전자장비 개발은 국가 안보와 직결되므로 우리의 최우선 과제가 되어야 한다"고 주장했다.[76] 이듬해에는 전자산업의 "가장 근본적인 책임은 국방 현대화를 위해 첨단 군용 전자장비를 제공하는 것"이라고 거듭 강조했다.[77] 그리고 1985년에는 "전자산업을 이끄는 이념은 군수품 생산을 보장하고 군수 기술을 민간에 응용할 방법을 찾아내는 것"이라고 설명했다.[78]

1990년대에 발발한 제1차 걸프전과 1999년에 NATO가 유고슬라비아를 폭격한 사건은 군사력을 위해 신기술이 중요하다는 장쩌민의 생각을 더욱 굳어지게 했다. 중국은 이런 갈등의 관찰자일 뿐이었지만 장쩌민은 미군이 정밀 유도 미사일을 발사하고 중국군이 사용하는 것과 매우 흡사한 러시아 장비를 파괴하는 모습을 지켜보면서 통신기술과 전투에 대해 더 많은 고민을 하기 시작했다. 2000년이 되자 그는 정보를 전쟁터의 일부로 보게 되었다. 중국 중앙군사

위원회 회의에 참석해서는, "첨단 기술 전쟁에서는, 정보에 대한 주권이 없는 군대는 영해와 영공에 대한 주권도 행사할 수 없다. 이런 정보화 전쟁이 21세기 전쟁의 주요 형태가 될 것으로 예측된다"고 말했다.[79]

그러나 2000년에 서구권 사람들이 듣기에는, 장쩌민이 개방형 인터넷을 환영하는 것처럼 들렸다. 8월에 그는 베이징에서 열린 세계 컴퓨터 대회에서 청중들에게 다음과 같은 연설을 했다. "정보가 빠르고 광범위하게 전달될 수 있다는 사실이 세상을 국경 없는 정보 공간으로 만들고 있다. 정보는 강과 산을 쉽게 넘나들면서 전 세계로 퍼져나간다."[80] 그러나 이 중국 지도자의 주요 메시지는 선진국들에게 중국의 기술 발전을 도와달라고 요청하는 것이었다. 그는 서구 사회의 마음을 움직이기 위해 미사여구를 동원하는 것도 주저하지 않았다.

또한 장쩌민은 연결성이 증가했을 때 생기는 문제를 언급하면서 상대적으로 별로 주목받지 못한 중요한 아이디어를 제시했다. "건전한 인터넷 발전을 촉진하고 인터넷의 긍정적인 측면을 충분히 즐기려면, 각국이 협력해서 정보 보안 감독을 강화할 수 있는 국제 인터넷 조약을 채택해야 한다." 이는 서구 사회가 기술이 발휘하길 바랐던 바로 그 힘으로부터 중국을 보호하기 위한 요구였다. 그러나 정보 이동에 대한 장쩌민의 화려한 미사여구에 비해, 이 말은 거의 기억되지 않았다. 〈뉴욕타임스〉는 "장쩌민이 자유로운 정보 흐름의 불가피성을 받아들인 것으로 보인다"고 보도했다.[81]

★ 황금 방패 공격

서방 세계가 기술 판매의 상업적 측면에 초점을 맞춘 반면, 중국은 군사와 국가 안보에 미치는 영향에 집착했다. 그러나 서방 기업들이 중국의 안보 의제를 공개적으로 지지하고 거기서 이익을 얻음에 따라, 이런 견해는 충돌을 일으키는 게 아니라 오히려 더욱 강화되었다.

베이징에서 열린 무역박람회는 자국의 가치관을 수출한다는 서구의 주장과 공산당이 권력을 유지하기 위한 도구를 수입하고 있는 현실 사이의 괴리를 강조했다. '시큐리티 차이나 2000'에는 시스코 시스템즈Cisco Systems, 모토로라, 노텔을 비롯한 수백 개의 외국 기업이 참여했다. 독립 연구원인 그레그 월튼Greg Walton이 보고서에 기록한 것처럼, 이 행사의 주최자 중에 중국공산당 중앙위원회 산하 사회안전종합관리위원회도 포함되어 있었다. 서방 기업들은 중국 보안국을 상대로 자사 제품을 홍보했다.[82]

이 행사의 중심은 중국의 '황금 방패'였다. 황금 방패를 고안한 수석 설계자 중 한 명의 말에 따르면, 여기에는 6가지 목표가 있다. 공안부를 연결하는 네트워크, 중국 경찰을 위한 중앙 집중식 데이터베이스, 기관 간 정보 공유, 네트워크 보안 강화, 네트워크 성능 향상, 그리고 실시간 트래픽을 모니터링하고 달갑지 않은 콘텐츠를 차단하는 메커니즘이다.[83] 특히 이 마지막 목표는 서방 관찰자들의 관심을 가장 많이 받아서 '만리방화벽Great Firewall(중국 당국의 인터넷 검열 프로그램—옮긴이)'이라고 불리기도 했다. 하지만 그들은 이 프로젝트가 생각보다 훨씬 큰 야심을 품고 있으며, 외부 경계보다는 국내 감시에 더 초점을 맞추고 있다는 사실을 알아차리지 못했다.[84]

'황금 방패', 즉 '골든 실드Golden Shield'라는 이름은 국민들의 활동을 감시, 조정, 통제하는 정부의 능력을 더욱 강화하는 것을 목표로 하는 국가 지원 네트워크의 전통과 이 프로젝트를 연결시켰다. 1990년대에 중국 정부는 다양한 '골든 프로젝트Golden Project'를 지원했다. 골든 커스텀Golden Customs은 세관과 무역 데이터를 수집했다. 골든 카드Golden Card는 은행, 기업, 소비자를 공공 신용카드 시스템과 연결시켰다. 가장 야심적인 프로젝트였던 골든 브릿지Golden Bridge는 중국의 정부 기관, 국영 기업, 대중을 연결시켜서 본질적으로 국가 인트라넷의 역할을 했다. 세무 자료, 농업, 의료 분야 등을 모니터링하기 위한 다른 프로젝트도 시작되었으며,[85] 이런 것들이 다 합쳐져서 당시 국무원 부총리였던 주룽지가 '국가 공공경제 정보망'이라고 부른 것이 만들어졌다.[86]

골든 프로젝트의 핵심 목표는 중국과 세계를 연결하는 게 아니라 중국과 중국공산당을 연결하는 것이었다.[87] 이 모든 네트워크의 관리자이자 중심 노드가 된 중국공산당은 증가된 정보 흐름의 이점을 활용해 국가와 경제의 전체적인 흐름을 잘 모니터링하고 관리할 수 있는 위치를 차지했다. 소비에트 연방의 몰락이 너무나 생생하게 부각된 상황에서, 중국 관료들은 가격을 책정하고 자원을 할당하고 시장만큼 효율적인 결정을 내리려고 안간힘을 썼다. 골든 프로젝트는 공산주의의 가장 큰 과제 중 하나에 대한 해결책을 제공하는 것처럼 보였다. 당은 연결성을 조정과 통제를 강화하기 위한 수단으로 여겼다.

하지만 중국 정부가 황금 방패를 현실화하기 위해서는 여전히 외국 기술이 필요했다. 중국의 WTO 가입 지지를 확보한 중국 정부는 아마도 서구 기술에 대한 접근을 제한하는 인권 비판과 관련된 걱정을 덜었을 것이다. 그래서 중국 관료들은 염두에 두고 있던 황금 방패의 범위를 최소화하는 게 아니라 오히려 의도한 범위를 최대한 선전했다. 월튼의 말에 따르면, 중국은 2000년 후반까지 이 프로젝트에 7,000만 달러를 썼고 앞으로 훨씬 더 많은 돈을 투입할 계획이라고 주장했다고 한다.[88] 서구 기업들은 점점 디지털 파놉티콘panopticon(원형 교도소-옮긴이)의 청사진이 되어가고 있는 계획에 경각심을 가져야 했다. 하지만 그들은 거기서 자기 몫을 차지하려고 서로 다투기만 했다.

노텔은 '시큐리티 차이나 2000' 전시회에서 전기전력회사들을 위해 처음 개발된 디지털 네트워킹 제품인 정글MUXJungleMUX를 홍보했다.[89] 유선 케이블을 광섬유로 교체하고 정글MUX를 사용하면 기업들은 더 많은 데이터를 더 빨리, 더 먼 거리까지 전송할 수 있었다. 2001년에 노텔에서 이 기술을 인수한 GE는 이렇게 말했다. "이 기술은 석유화학 공장, 공항, 교통로처럼 지리적으로 분산된 대규모 사이트를 보유한 산업과 상업 고객을 위한 통신 애플리케이션에 이상적이다."[90] 그러나 중국 당국이 관심을 기울인 건 제품의 2차적

용도였다. 멀리 떨어진 곳에서 중앙통제센터로 대량의 감시 영상을 전송할 수 있었던 것이다.[91]

중국에 있는 노텔의 합작회사들은 이미 감시 장비를 만드는 데 도움을 주고 있었다. 월튼이 보고한 것처럼, 노텔은 칭화 대학과 손잡고 음성 인식 기술을 개발하고 있었다.[92] 이 기술의 잠재적인 응용 분야는 고객 서비스 핫라인 자동화부터 정부의 통화 감시까지 광범위했다. 노텔의 중국 합작회사 중 한 곳은 정부가 통신 내용을 가로챌 수 있는 통신 장비를 만들도록 허용하는 미국과 유럽 법을 준수하는 최초의 스위치를 생산했다.[93] 본래 이 기술은 법치 제도가 정부의 무분별한 통신 장비 사용을 규제하고 제한할 수 있는 국가에서 만들어진 것이었으나, 중국에서는 당이 곧 법이다.

이 전시회에서 노텔은 옵테라 메트로OPTera Metro 시리즈를 소개하며 서구 기업들이 마케팅하던 이 기술의 이중 용도 특성을 강조했다. 제품이 네트워크 트래픽을 관리해서 네트워크 성능을 향상시킨다는 점 말이다. 그런데 이를 위해서는 트래픽 자체를 점검하고 다른 용도로도 쉽게 사용할 수 있는 관리 제어 기능이 필요했다. 예를 들어, 관리자는 무음 경보를 설정해서 사용자에게 알리지 않은 채로 이벤트를 보고받고, 네트워크에 연결된 컴퓨터로 파일을 전송하며, 트래픽 경로를 재설정할 수 있다.[94] 정보 흐름을 극대화하기 위해 개발된 이 제품은 상태 제어도 강화할 수 있도록 설계되어 있었다.

노텔은 옵테라 제품을 '개인 인터넷 전략'에 포함시켰는데, 이 아이디어는 서구 기업들의 이사회와 중국 정부 기관에서 큰 반향을 일으켰다.[95] 이 전략의 목표는 인터넷 사용자에게 맞춤형 콘텐츠를 더 많이 제공하고 이 작업을 효율적으로 수행하는 것이다. 하지만 그러자면 사용자의 행동, 장치 특성, 위치까지 추적해야 했다. 노텔의 광고는 "당신이 누구이며 어디에 있는지 알고 있고, 휴대전화를 사용하든 데스크탑을 사용하든 항상 연락할 수 있는 네트워크를 상상해보라"고 선언했다. "더 좋은 건 사용자가 웹 콘텐츠를 찾는 게 아니라 웹 콘텐츠가 적합한 사용자를 찾아낸다는 것이다. 엄청나게 개인화된 느낌이라고? 바로 그거다."[96]

광고는 적중했다. 전시회가 열리고 석 달 뒤, 노텔은 중국 역사상 규모가 가장 큰 단일 광학 계약을 수주했다.[97] 중국 최대의 국영 통신회사인 차이나 텔레콤과 1억 100만 달러의 가격으로 체결한 1년짜리 계약 조건에는 다양한 옵테라 제품으로 15,000킬로미터의 장거리 광통신망을 구축하고 필요한 장비를 설치하는 내용이 포함되어 있었다. 한 업계 간행물은 "이 차세대 광통신망은 중국 북부와 남부, 서남부 주요 지역에 방대한 대역폭과 비할 데 없는 수준의 정보, 업계 최저의 비트당 관리 비용을 보장할 것"이라고 선언했다.[98] 속도와 정보, 효율성이라니 아주 위험하게 들린다.

이중 용도 문제는 원래 매우 까다롭다. 판매자는 구매자가 본인의 신원과 제품의 목적지나 용도 등을 감추기 위해 유령회사를 만들지는 않을까 걱정한다. 그러나 황금 방패는 보란 듯이 대대적으로 광고하고 업무도 외부에 위탁했다. 서방 기업들은 중국 보안국과 만날 기회가 있는 보안 전시회에 참여하기 위해 베이징으로 몰려들었다. 황금 방패의 핵심 부품은 해당 제품을 공급하기 위한 경쟁에서 이긴 기업들의 연례 보고서에 강조되어 있었다.

노텔은 수평선 너머로 더 큰 보상이 떠오르는 걸 보았다. 차이나 텔레콤과의 거래를 통해 노텔은 중국 최고의 광인프라 공급업체로서 입지를 굳혔고, 그 뒤에 더 많은 판매가 이루어지면서 노텔의 전략이 옳았다는 게 입증된 것처럼 보였다. 또 옵테라 시스템을 상하이 텔레콤에 판매해 중국 최초로 도시 전체에 고속 광통신망을 구축했고,[99] 중국에서 두 번째로 큰 국영 통신사인 차이나 유니콤에도 제품을 판매했다.[100] 그러나 이런 기세는 서방 기업 경영진들이 생각하는 것처럼 오래 지속되지 않을 터였다. 중국 파트너들이 곧 그들의 직접적인 경쟁자가 될 것이다. 노텔이 모르는 사이에, 비밀스러운 전투는 이미 시작된 상태였다.

★ ☆ "화웨이의 성과를 우리 모두 자랑스럽게 여긴다"

2000년경에 노텔의 미국 본사에 불가사의한 방문객이 한 명 찾아왔다. 버킹엄 궁전과 규모가 거의 비슷한 2개의 건물로 이루어진 이 단지는 텍사스주 댈러스 교외 리처드슨에 있는 고속도로 위에 우뚝 솟아 있었다. 노텔은 1991년에 이 건물을 짓고, 댈러스-포트워스 지역의 세금 감면 혜택과 고급 노동력에 이끌려 이곳으로 몰려들던 미국 기술 회사들의 흐름에 합류했다. 원래 통신회사에는 일하는 사람들이 많기 때문에, 당시에도 노텔 건물을 오가는 이들은 항상 많았다.

하지만 그 방문객은 너무 특이해서 당시 노텔 직원들은 20년이 지난 지금도 그 사건을 기억하고 있다. 방문객은 노텔 스위치에 사용된 광섬유 카드를 반납하면서 환불을 요청했다. 그런데 그 제품은 산산이 부서져 있었다. 역설계를 위해 분해하는 과정에서 해체된 것이었다. 노텔의 예전 직원들이 나중에 〈내셔널 포스트National Post〉의 톰 블랙웰Tom Blackwell 기자에게 말한 바에 따르면, 방문객은 화웨이(혹은 다른 유령회사)에서 일하는 사람이었다.[101]

돌이켜 생각해보면 참 뻔뻔하다. 취미로 네트워크를 구성하는 사람에게는 그런 광섬유 카드가 비쌀 수도 있지만 화웨이는 무시해도 좋을 수준일 것이다. 그런데도 방문객은 환불을 요청해서 역설계에 관심이 쏠리게 될 위험을 무릅썼다. 그러나 그런 결정을 내린 데에는, 간파되었을 때 생길 결과보다 이 첩보 활동으로 얻을 수 있는 잠재적 이익이 크다는 냉정한 계산이 깔려 있었을지도 모른다. 장비를 반납하면서 방문객에겐 질문을 할 수 있는 기회가 생겼고, 그 과정에서 최대한 많은 정보를 빼냈다.

불과 6분 거리에 있는 시스코도 똑같이 공격을 받고 있다는 사실을 알았다면 노텔은 다른 반응을 보였을지도 모른다. 2003년에 시스코의 소송 과정에서 나온 법원 문서와 미국 법무부의 후속 자료에 따르면, 화웨이는 비슷한 시기에 시스코의 라우터를 복사하는 데 필요한 정보를 수집했다.[102] 한 독립 전문가는 화웨이가 시스코의 소스 코드를 복사해서 자체 제작한 라우터에 그대로 복제했다고 결론 내렸다.[103]

제품의 유사성은 표면적으로도 눈에 확 띄었다. 화웨이의 라우터 제품인 퀴드웨이Quidway는 모델 번호까지 시스코와 비슷한 걸 사용했다. 사용자 인터페이스도 비슷했다. 사용자 매뉴얼은 시스코의 사용자 매뉴얼을 그대로 베꼈기 때문에 오타까지 똑같았다.[104] 2001년에 화웨이가 미국에서 진행한 광고 캠페인에는 시스코 로고의 기반이 된 샌프란시스코의 금문교 이미지가 포함되어 있었다. 이들의 목표는 교묘한 표절이 아니었다. "우리와 다른 회사들의 유일한 차이점은 가격입니다"라고 그 광고는 말했다.[105]

화웨이는 이런 경험을 통해 더 대담해졌을 수도 있다. 귀중한 정보를 빼내 비슷한 제품을 판매한 이 회사는 해외 시장에서 부정적인 뉴스가 많았고, 소송을 당해 변호사 비용도 물어야 했다. 하지만 중국 내에서는 런정페이의 '카피니즘'이 효과를 발휘했다. 1999년에 시스코는 중국 라우터 시장의 80퍼센트를 차지했다. 하지만 2004년에 화웨이와의 소송이 타결될 무렵, 시스코의 중국 라우터 시장 점유율은 56퍼센트로 떨어졌고, 화웨이는 31퍼센트를 차지했다.[106]

2012년에 화웨이 수석 부사장인 찰스 딩Charles Ding이 화웨이가 독자적 검토를 통해 무죄를 입증받았다고 거짓 주장을 하는 바람에, 시스코 사건이 한동안 다시 수면에 떠올랐다. 이에 대응해 시스코는 화웨이가 도용한 코드와 관련된 새로운 세부 정보를 공개했다. 그러나 시스코의 법무 자문위원인 마크 챈들러Mark Chandler는 "이건 미국이나 중국과 관련된 문제가 아니며, 우리는 지적재산권 보호를 강화하려는 중국 정부의 노력을 존중한다"며 조심스러운 태도를 보였다.[107] 시스코는 나약한 모습을 보였고, 중국 시장에 대한 접근 권한을 잃을까 봐 걱정했다.

수상한 방문객에 대한 노텔의 반응은 이보다 더 차분했다. 그들은 기본적으로 아무 대응도 하지 않았다. 노텔의 전 직원들은 〈글로브 앤 메일Globe and Mail〉과의 인터뷰에서 노텔이 고소를 고려했다고 밝혔지만, 결국 이 문제를 건드리지 않기로 했다. 하지만 화웨이는 노텔을 그냥 내버려두지 않았다. 이들은 미국과 관련해 훨씬 큰 계획을 세워두었고, 그 계획은 텍사스에서 시작되었다.

화웨이는 2001년 밸런타인데이에 텍사스주 플라노의 프레지던트 조지 부시 턴파이크President George Bush Turnpike 부근에 북미 본사를 오픈했는데, 여기서 75번 국도를 타고 자동차로 10분만 가면 노텔 사무실이 있다. 퓨처웨이Futurewei라는 이름의 이 자회사는 비교적 적은 30명의 직원으로 시작했지만 곧 2,230제곱미터의 사무실을 임대해서 공간을 확장할 계획이었다.[108] 장쩌민이 1983년에 미국과 캐나다를 방문한 뒤에 제안한 것처럼, 화웨이는 통신업계에서 가장 중요한 허브 중 한 곳으로 낙하산을 타고 진입하기 위해 이곳에 사무실을 마련한 것이었다.

텍사스주와 이 지역 공무원들은 화웨이가 사세를 확장할 수 있도록 돕기 위해 온갖 노력을 다 기울였다. 특히 닷컴 버블이 터진 뒤에 이 지역의 기술 회사들이 큰 피해를 입자 새로운 투자를 유치하려고 열심이었다. 2009년 플라노 시는 화웨이가 새로운 마케팅과 광고 사무실에 투자할 수 있도록 712,800달러의 보조금 지급을 승인했다.[109] 텍사스 주지사 릭 페리Rick Perry는 이 거래를 성사시키기 위해, 베이징을 방문했을 때 런정페이에게 개인적으로 로비를 했다.[110]

페리는 화웨이의 투자를 텍사스 경제가 번창하고 있다는 증거로 내세우고 싶어 했다. 2010년 10월에 열린 개업식에서 그는 칭찬을 아끼지 않았다. "이 회사는 세계적으로 매우 명성이 높은 회사이며 고품질 통신 기술의 혁신가들"이라면서, "이 회사의 파급 효과가 상당히 클 것"이라고 했다.[111] 페리는 곧 뒤따를 정치적 여파는 고려하지 않은 채 긍정적인 경제적 효과만 얘기했다.

페리는 화웨이가 미국 관료들의 공개적인 승인을 갈망하고 있다는 사실을 알았던 게 분명하며, 런정페이를 개인적으로 칭찬할 기회가 생겨서 기뻐했다. "그는 정말 재미있는 사람이다. 말이 직설적인 편인데, 그를 잘 모르는 사람이라면 그가 서부 텍사스에서 자랐다고 생각할 것이다." 그는 연단 위에서 빙그레 웃었다. "그는 정말 유능한 최고경영자고, 집중력과 추진력이 매우 강한 사람이다. 오늘날 우리가 살고 있는 이 세상에서 그건 정말 훌륭한 자질이다."[112]

화웨이는 영업 비밀과 기밀 정보에 접근하기 위해 직원들을 매수했다는 혐의를 받고 있다.[113] 경력이 유동적이고 경쟁이 치열하며 지적재산권을 매우 중요하게 여기는 기술 분야에는 이런 문제가 만연해 있다. 야심 찬 직원들은 다른 회사로 옮길 때 더 빨리 승진할 수 있는 기회를 노리며, 어떤 직원들은 기꺼이 이전 고용주를 배신하고 법을 어기려고 한다. 하지만 이렇게 경쟁이 과열된 환경에서도 화웨이가 이런 활동을 벌인 범위와 기간은 매우 눈에 띈다.

미 법무부에 따르면, 화웨이는 최고위층부터 이런 관행을 독려했다고 한다. 2001년에 이 회사는 일리노이주 샴버그에 있는 모토로라 본사에서 일하던 샤오웨이 판Shaowei Pan이라는 선임 엔지니어를 영입했다. 판은 모토로라에서 일하는 동안 모토로라의 몇몇 엔지니어들과 협력해 화웨이를 위한 제품을 개발했고, 2001년부터 2004년까지 표면상 모토로라의 직원 신분을 유지한 채로 베이징에 있는 화웨이 사무실과 텍사스에 있는 퓨처웨이 사무실을 여러 번 방문했다. 모토로라의 독점 기술을 이용한 그의 작업은 화웨이 CEO인 런정페이가 직접 접촉할 정도로 중요한 것이어서, 둘은 베이징에서 직접 만나기도 하고 이메일도 주고받았다.[114]

판이 화웨이와 주고받은 연락 내용 중 상당수는 파기된 상태다. 일리노이주 법원이 판에게 컴퓨터를 제출하라고 명령하자, 판은 데이터를 삭제하고 덮어써서 복구할 수 없게 만드는 '이레이저Eraser'라는 프로그램을 실행시켰다. 또 컴퓨터 시계의 시간도 바꿨는데, 이는 수사관들이 타임라인을 조합하는 걸 방해하기 위해서였다. 엔지니어에게 자신이 유죄 판결을 받을 수 있는 증거가 담긴 컴퓨터를 넘겨달라고 요청하는 건 존 딜린저John Dillinger(미국 대공황 시대의 갱단

두목-옮긴이)에게 정중하게 총을 넘겨달라고 하는 것과 같다. 화웨이는 운 좋게 위기를 넘겼을 수도 있다.

하지만 관련 데이터가 모두 사라진 건 아니었고, 수사관들은 복구한 단편적인 정보에서 결정적인 증거를 찾아냈다. 판은 2003년 3월에 런정페이와 화웨이의 다른 고위 경영진에게 "요청하신 SC300(CDMA 2000 1X)의 사양에 관한 문서를 첨부한다"는 메일을 보냈다.[115] 판은 모토로라의 최신 3G 무선 기지국 중 하나의 사양을 주요 경쟁사 CEO에게 넘긴 것이다. 모토로라 변호사들은 그 일을 판이 자발적으로 한 게 아니라 런정페이의 요청에 따라서 했다고 주장했다.

아이러니하게도 화웨이는 이 시기에 거의 미국 회사가 될 뻔했다. 판이 모토로라의 제품 사양이 담긴 이메일을 보내고 얼마 지나지 않아, 런정페이는 모토로라에게서 판도를 바꿀 제안을 받았다. 2003년 12월에 모토로라 COO인 마이크 자피로프스키Mike Zafirovski가 중국 하이난 섬으로 여행을 갔고, 그곳에서 런정페이를 만나 함께 해변을 걸으면서 두 회사의 미래를 논의했다. 몇 주 뒤, 그들은 모토로라가 화웨이를 75억 달러에 매입하는 것을 합의했다.[116] 그러나 화웨이의 가치를 확신하지 못한 모토로라 이사회가 합의를 무산시켰다.

2004년이 되자 노텔의 네트워크 세상은 한층 더 위태로워 보였다. 10년 넘게 중국 시장이 제공하는 기회를 강조해 온 이 회사의 연례 보고서는 세계 시장에서 "특히 중국 출신의 새로운 경쟁업체"

디지털 실크로드

와 맞붙게 되었음을 인정했다.[117] 이에 대응하기 위한 노텔의 전략은 아시아, 특히 인도와 중국, 한국에서 보다 적극적인 영업을 펼치면서 정보 보안에 더욱 주력하는 것이었다. "노텔은 네트워크 중심부터 데스크톱까지 존재하는 다양한 위협을 완벽하게 방어할 수 있는 차세대 솔루션을 제공해, 서비스 공급업체와 기업들이 특정한 위협이 확산되기 전에 제거할 수 있도록 지원하고 있다"고 발표했다.[118]

노텔은 보안에 중점을 두고 있다는 사실을 강조하면서도 중국에서 해킹을 당했다는 얘기는 하지 않았다. 2004년에 노텔의 보안 담당자인 브라이언 실즈Brian Shields는 회사 네트워크 안에서 비정상적인 움직임이 보인다는 경고를 받았다. 한 고위 임원이 자신의 업무 영역과 무관한 매우 전문적인 기술 문서를 다운로드한 것처럼 보였다.[119] 임원에게 물어보자 그는 그런 파일을 다운로드한 기억이 없다고 했다. 활동 내역을 검토한 실즈는 대규모 보안 침해를 발견했다. 적어도 2000년부터 해커들이 노텔의 사내 네트워크 안에서 활동해온 것이다.

"일단 네트워크 안으로 들어가기만 하면, 그때부터는 식은 죽 먹기다." 실즈는 나중에 〈월스트리트 저널〉과의 인터뷰에서 이렇게 말했다.[120] 해커들은 CEO인 프랭크 던Frank Dunn을 비롯해 고위 경영진 7명의 이메일 계정에 접근해서 귀중한 문서들을 훔쳤다. 실즈가 해커들의 활동을 추적한 6개월 동안, 그들은 기술 서류, 제품 개발 계획서, 가격 정보가 포함된 판매 제안서에 이르기까지 총 1,400개가 넘는 문서에 액세스했다. 노텔은 암호를 재설정했지만 방어력을 높이는 데는 거의 도움이 되지 않았다. 실즈는 이 문제와 관련한 보고서를 제출했지만 경영진들은 이를 무시했다. 해커들은 전술을 바꿨고, 침입 사실이 처음 발견되고 6개월이 지난 뒤에 해킹이 전면 재개되었다.[121]

실즈는 인민해방군의 핵심 사이버 부대 중 하나인 61398 부대의 본거지인 상하이까지 데이터 흔적을 추적했다.[122] 비록 해킹의 출처를 단정적으로 증명하지는 못했지만, 상하이와의 연관성은 또 다른 점에서 의미가 있었다. 불과 몇 년 전에 노텔은 옵테라 제품을 이용해 그 도시 최초의 광섬유 네트워크를 구축했다. 북미에 있는 컴퓨터에서 빼낸 노텔의 비밀이 최종 목적지까지 가는 동안, 그야말로 본인들이 상하이에 구축한 네트워크를 통해 흐르고 있었다.

★ ⁚ 몰락

노텔의 마지막 몇 년 동안, 화웨이는 이 캐나다의 기술 대기업 주변을 맴돌았다. 처음에는 비둘기, 다음에는 매, 그리고 마지막에는 시체를 노리는 독수리 같은 모습이었다.

2005년에 마이크 자피로프스키가 모토로라를 떠나 노텔의 CEO가 되면서 평화 제안이 구체화되기 시작했다. 글로벌 통신 환경이 변화하고 있었다. 화웨이와 ZTE는 제품을 저가로 팔면서 가격 경쟁에서 앞서나갔고, 서구 기업들은 통합되고 있었다. 회사 규모가 커지면 경쟁력을 유지하는 데 필요한 R&D 비용—갈수록 돈이 많이 드는—을 절감할 수 있다. 그 후 몇 년 동안 미국 통신장비 공급업체 루슨트Lucent는 알카텔과 합병했고, 에릭슨은 마르코니Marconi를 인수했으며, 노키아Nokia와 지멘스는 통신 사업부를 합쳤다.

2006년 2월, 화웨이와 노텔은 고속 광대역 서비스를 제공하기 위해 합작회사를 설립할 예정이라고 발표했다.[123] 새 회사는 노텔이 대주주가 되어 캐나다 오타와에 본사를 마련할 예정이었다. 아직 제휴가 확정되지는 않았지만 노텔은 이미 화웨이 장비를 이동통신사에 판매하면서 제품을 공동 개발하고 있었다. 노텔과 화웨이는 이 발표가 통신 사업자와의 계약 체결에 도움이 될 것이라고 기대했다.

이들의 이해관계가 맞아떨어진 듯했지만, 협력 관계는 서로의 역할이 근본적으로 역전되었음을 보여주었다. 예전에는 노텔이 화웨이가 갈망하던 기술을 갖고 있었다. 그런데 지금 노텔은 화웨이가 만든 광대역 접속 제품을 팔고 있다. 화웨이는 예전에 노텔이 갈망하던 중국 시장에 대한 접근 권한을 갖고 있었다. 그런데 이제는 노텔을 통해 북미 시장에 접근하고 싶어 한다. 어느 회사가 추진력을 가졌는지는 분명했다. 화웨이는 상승세를 타고 있는 반면, 노텔은 생각보다 빨리 무너지려 하고 있었다.

이동통신사와의 계약이 성사되지 못하자, 그 합작회사는 더 이상 매력적이지 않았다.[124] 이 제휴는 발표된 지 불과 4개월 만인 2006년 6월에 공식적으로 가동되어 보지도 못한 채 종료되었다. "화웨이는 어느 누구와도 성공적인 합작 사업을 해본 적이 없다." 자피로프스키는 그로부터 몇 년 뒤에 〈밴쿠버 선Vancouver Sun〉과의 인터뷰에서 이렇게 말했다.[125] 하지만 화웨이 입장에서는 이것이 성공적인 합작 투자였을지도 모른다. 노텔이 합작 투자가 완료되기도 전에 제품 개발과 마케팅을 서둘러 시작하면서 추가적인 정보를 넘겨줬을 수도 있다.

화웨이는 2007년에 노텔의 연간 매출을 넘어섰고, 이 캐나다 기업은 하락세로 돌아섰다. 물론 노텔은 여러 가지 심각한 문제를 겪고 있었고, 중국 경쟁사는 그중 하나일 뿐이었다.[126] 이 회사의 전직 고위 경영자의 말처럼, 노텔은 "급속한 확장, 기술 버블, 업계 통합, 고객 자본 투자의 세계적인 붕괴가 다 합쳐진 더할 나위 없이 나쁜 상황"에 직면했다.[127] 이 가운데서도 마지막에 닥쳐온 2008년 금융 위기는 노텔을 회복의 문턱 너머로 밀어냈다. 2000년에 최고치에 도달했을 때 주당 약 84달러에 거래되던 노텔 주식 가격은 몇 십 센트까지 곤두박질쳤다. 2009년 1월 14일, 이 기술 대기업은 파산 신청을 했고 캐나다 역사상 가장 큰 규모의 기업 도산을 기록했다.[128]

캐나다 정부는 노텔이 오랫동안 상승세를 이어가도록 도와줬지만, 이 상황에 개입해서 노텔의 추락을 막으려고 하지는 않았다.[129] 노텔의 전직 임원들은 이 회사가 전략적으로 중요하므로 반드시 구해줘야 한다고 주장했다. 그들은 이 회사가 수년간 연구 개발에 투자해서 받은 약 10억 캐나다달러의 세액 공제를 이용해 캐나다 전역에 고속 네트워크를 구축하겠다고 제안했다.[130] 그러나 캐나다 정부 관계자들은 노텔의 쇠퇴를 회사가 자초한 위기로 여겼다.

베이징에서라면 이런 결정을 내리는 건 생각도 못 했을 것이다. 화웨이에 정치적, 재정적 지원을 한 중국 정부는 그 자리를 이어받을 다른 대표 기업이 없는 상태에서는 절대로 화웨이가 파산하게 내버려두지 않을 것이다. 캐나다계 미국인 경제학자이자 정보기술혁신재단 회장인 로버트 D. 앳킨슨Robert D. Atkinson은 "다른 국가들은 이 업계를 전략적 자산으로 여기기 때문에 해당 분야에서 자국 기업을 보호하고 홍보하기 위해 분투했다"고 설명했다. "이걸 중국보다 더 열심히 하는 나라는 없다."[131]

노텔을 구하기 위한 마지막 시도로, 2009년 5월에 전직 임원들이 화웨이와 접촉했다. 그들은 새로운 회사를 설립해서 노텔의 자산을 인수할 계획이었는데, 화웨이에게 소수 지분 투자를 하라고 권유했다. 양측은 협상을 타결하고 이사회의 승인을 받으려고 했다. 그러나 2003년에 자피로프스키가 주선한 거래를 모토로라 이사회가 거부했던 것처럼, 이번에는 화웨이 이사회가 이를 거부했다.[132]

노텔은 생명이 다했지만, 노텔에 대한 화웨이의 관심은 아직 끝나지 않았다. 노텔이 청산 계획을 발표했을 때, 화웨이가 가장 높은 가격을 제시한 입찰자로 나섰다. 노텔의 고객 중에는 미국 정부 데이터를 전송하는 버라이즌Verizon과 스프린트Sprint가 포함되어 있었기 때문에 화웨이가 노텔을 인수할 수도 있다는 전망은 워싱턴

D.C.에 경보를 울렸다. 미국 정부가 버라이즌이나 스프린트 같은 고객사를 노텔과의 거래 대상에서 제외시킬 수도 있다는 걸 깨달은 화웨이는 입찰을 포기했다.[133] 노텔은 다른 회사에 자산을 매각해서 채권단에 73억 달러를 조달했는데, 이는 회사 가치가 최고조에 이르렀을 때의 가격인 2,500억 달러의 3퍼센트에도 못 미치고 모토로라가 화웨이를 인수할 기회를 놓쳤을 때보다 2억 달러 적은 금액이다.[134]

화웨이는 노텔의 시장 접근 권한을 손에 넣지는 못했지만, 여전히 이 캐나다 기업이 보유한 지식을 원했다. 그런데 2011년에 노텔의 특허가 경매에 나왔을 때, 화웨이는 특허 매입 경쟁에 끼어들지 않았다. 서구 기업 연합은 6,000건의 특허에 대해 45억 달러를 지불했는데, 이는 전례 없는 규모와 범위의 거래였다.[135] 사실 화웨이는 훨씬 더 가치 있는 자산을 주워 담고 있었다. 바로 노텔의 직원들이었다. 런정페이는 〈글로브 앤 메일〉과의 인터뷰에서, "노텔이 무너진 시기는 3G가 막 전 세계적으로 발전하기 시작한 때였다"고 말했다. "업계가 3G에서 4G로, 그후 5G로 발전하는 동안 [노텔 직원들도] 스스로 실력을 키웠다. 그들이 화웨이에 기여한 건 그들 머릿속에 들어 있던 것들이다. 절대로 지적재산권을 훔친 게 아니다."[136]

화웨이는 노텔의 최고위층까지 손에 넣었다. 노텔의 전 최고기술경영자인 존 로즈John Roese를 영입해 북미 지역에서의 R&D 업무를 진두지휘하게 하고, 실리콘밸리와 다른 기술 허브에 관련 시설을 지었다.[137] 노텔의 베테랑 직원들은 새 직장을 구하고 있었고, 연

디지털 실크로드

구개발에 돈을 쏟아붓는 한창 성장 중인 회사에 입사할 기회가 생긴 것에 흥분했다. "우리는 샌디에이고에 대규모 시설을 마련했고, (…) 오타와에서도 그렇게 했다. 노텔이 사라지자 노텔의 최고 기술 전문가들 중 일부는 재빨리 길을 건너 화웨이로 향했다." 로즈는 2011년에 이렇게 설명했다.[138]

2011년에는 노텔의 몰락이 캐나다만의 문제인 것처럼 보였지만, 이 회사와 미국의 유명 통신장비 공급업체인 루슨트의 몰락은 전 세계적으로 반향을 일으켰다. 정보기관인 영국의 정부통신본부 GCHQ 대표인 제레미 플레밍Jeremy Fleming은 2021년에 "10년 전에 서방 국가들이 기반 시설에 투자하지 않기로 결정하면서 5G에 대한 대화가 완전히 무산되었다. (…) 그 결과 우리에게는 선택권이 없다"고 말했다.[139]

야망과 탐욕에 눈이 먼 서구 기업과 정부는 향후 전략적으로 훨씬 중요해질 분야에서 가장 큰 경쟁자가 자라도록 도움을 줬다. 경영진들은 회사를 중국 시장에 더 깊이 진출시키려고 노력했다. 그들의 지지를 갈망한 선출직 공무원들은 그들이 성장하도록 도와줬다. 주정부와 현지 관계자까지 참여해 화웨이가 텍사스에 사무소를 개설할 수 있도록 인센티브를 제공했다. 경쟁사 직원들은 더 책임감 있고 더 많은 보상을 받을 수 있는 기회에 뛰어들었고, 개중 일부는 그 과정에서 법적인 선을 넘기도 했다. 그리고 회사가 망한 뒤에는 노텔 직원들의 선택의 폭은 훨씬 좁아졌다.

노텔의 네트워크 세상은 활짝 열려 있었다. 화웨이가 열린 현관문을 통해 들어왔다. 화웨이의 상승세 뒤에는 중국 산업 스파이의 수혜자일 뿐만 아니라 절도의 주모자라는 불법 행위의 흔적이 남았다. 이 회사는 후한 보조금과 대출, 세제 혜택, 기타 이해하기 힘든 다양한 형태의 국가 지원을 받았다. 그러나 가장 큰 움직임은 눈에 보이는 곳에서 일어났다. 이들은 역설계, 합작회사 설립, R&D 연구소를 통해 서구 기술에 접근할 수 있었다. 서구의 경영 및 재무 관행을 받아들이기 위해 IBM과 다른 컨설팅 회사에 많은 비용을 지불했다. 경쟁사에서 최고의 직원을 빼오기도 했다. 기술, 프로세스, 인력을 복사해 경쟁자 함락을 완료했다.

다른 몰락한 제국들처럼 노텔도 유물을 남겼다. 노텔에서 사용하던 컴퓨터는 경매에 부쳐져 해당 장비가 해킹되었다는 사실을 전혀 모르는 회사들이 사갔다. 2010년에 노텔의 본사 건물을 할인된 가격으로 매입한 캐나다 국방부는 2억 달러짜리 빌딩 곳곳에 도청기가 설치되어 있는 걸 발견했다.[140] 정부는 빌딩 보수를 위해 7억 9,000만 달러를 썼지만 그 건물이 정보 공유를 위한 최고의 보안 요건을 충족시킬 수 없다고 판단했다. 2011년에 텍사스주에 있던 노텔의 미국 본사가 매각되면서 100주년을 기념해서 만든 지구 모양의 'O'자가 새겨진 로고도 철거됐다.[141]

노텔이 운영을 중단한 뒤에도, 노텔의 하드웨어는 회사의 운명을 깨닫지 못한 채 계속 가동되었다. 노텔 라우터는 여전히 전 세계에서 데이터 흐름을 좌우했다. 노텔의 셀 기지국과 스위치도 계속해서 전화를 연결했다. 회사가 절정기에 달했던 2000년에, 노텔은 북미의 인터넷 트래픽 가운데 75퍼센트가 자사 장비를 통해 실행된다고 추정했다.[142] 시스템을 교체해야 할 때가 되면 노텔 고객들은 새로운 공급업체를 찾아야 할 것이다. 미국의 뒷마당을 비롯해 전 세계의 네트워크 세상은 그 어느 때보다 취약한 상태가 되었다.

CHAPTER

3

사람이 있는 곳이라면 어디든

THE DIGITAL SILK ROAD

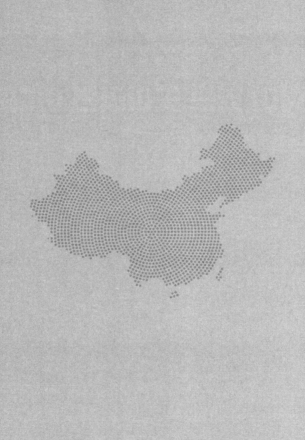

●

○

소형 팬 수백 개가 돌아가면서 내
는 웅웅거리는 소리가 몬태나주 글래스고에 있는 네몬트 통신회사
Nemont Telephone Cooperative 사무실의 지하를 가득 메웠다. 나는 줄지어
늘어선 금속 탑과 천장을 가로지르는 전선 다발 아래를 지나가다
가, 노텔이라는 익숙한 이름이 적힌 오래된 갈색 금속 캐비닛을 발
견했다. 캐나다의 이 거대 통신회사는 파산하기 전에, 뉴저지주와
코네티컷주를 합친 크기인 36,000평방킬로미터에 흩어져 있는 고
객들에게 서비스를 제공하는 네몬트사의 주요 공급업체였다.

화웨이의 꽃 모양 로고가 사방에 보였다. 그 로고는 이 방의 최신
장비가 들어 있는 금속 캐비닛에 인쇄되어 있었다. 캐비닛 안에 들
어 있는 기지국 장치는 데이터가 흐를 때마다 녹색 불빛을 깜박였
다. 큰 방에 딸린 벽장에는 부품과 도구가 쌓여 있고, 벽에는 적갈

색 플라스틱 상자가 설치되어 있었다. 화웨이 라벨 위에는 어떤 기술자가 농담 삼아 '노텔'이라고 검은색 마커로 써놨다.

글래스고에 가는 건 쉽지 않았다. 주민이 최소 1,000명 이상인 미국의 모든 도시 가운데서도 이곳은 주요 도시에서 가장 멀리 떨어져 있다.[1] 주민들은 이런 특별한 위치를 명예 훈장처럼 받아들였다. 지역 스포츠용품 가게에서는 'Middle of Nothere(외딴 동네)'라는 문구가 새겨진 티셔츠를 10달러에 살 수 있다. 호텔은 거의 없고, 내가 선택한 호텔은 '외딴 동네에 있는 어딘가'라는 매력적일 만큼 겸손한 홍보 문구를 사용했다.

네몬트를 비롯해 미국 10여 개 주의 시골 지역에 서비스를 제공하는 무선통신사들이 화웨이에 의지하고 있는 것은 미국 정책이 심각하게 실패했음을 보여준다.[2] 미국의 대형 통신 사업자들은 인구가 수만 명이 아니라 수천 명밖에 안 되는 작은 도시에는 적절한 투자를 하지 않았다. 네몬트는 미국 정부의 자금 지원까지 받았음에도 에릭슨이나 노키아, 삼성의 장비를 살 여유가 없었다.

런정페이는 '시골부터 시작해서 도시를 포위하는' 마오쩌둥의 전략에 따라, 화웨이가 서구 통신사들이 간과한 시장에 집중하도록 했다.[3] "시골로, 시골로! 그곳에 광대한 세계와 많은 성취가 기다리고 있다." 화웨이의 초기 팸플릿은 직원들에게 이렇게 강조했다.[4] 화웨이는 중국 농촌에서 먼저 인기를 끈 뒤 해외 개발도상국으로 영업을 확대했고, 잊힌 시장에 인터넷 연결을 제공하면서 많은 실적을 쌓은 뒤 미국 농촌에 도착했다.

글래스고도 전 세계 개발도상국이나 신흥 시장과 크게 다르지 않다. 이동전화 기지국, 초고속 인터넷 스위치, 광섬유 케이블 같은 귀중한 자원이 거의 없기 때문에, 미국 시골 지역이나 아프리카의 무선통신 사업자들은 실행할 수 있는 옵션이 거의 없다. 주민들은 글로벌 네트워크에 가입하지 못하는 건 사형선고나 마찬가지라고 여긴다. 그런 상황에서 다들 화웨이를 최우선적으로 선호하는 건 아니지만, 화웨이가 유일하게 저렴한 선택안인 경우가 많았다.

중국 기업들은 세계 곳곳에서 서구 기업들이 만들어놓은 디지털 양극화 현상을 이용해 번창했다. 이런 프로젝트를 산발적인 기회 이상으로 여기는 사람은 거의 없었다. 하지만 중국 기업들은 과감하게 해외로 진출해 귀중한 경험을 쌓고 규모를 키웠으며 가장 빠르게 성장 중인 미래 시장을 지배할 수 있는 위치를 차지했다.

★ ∴ 제국 건설자

2019년 8월에 글래스고에 갔을 때는 글래스고가 만들어진 경로를 따라갔다. 미국 북서부의 많은 도시처럼 글래스고도 이전 시대 네트워크 기술의 산물이다. 1880년대에 철도 재벌 제임스 힐James Hill이 대평원을 지나 태평양 북서부까지 연결되는 철도를 건설했다. 그가 미 대륙 전체에 철로를 놓겠다는 꿈을 처음 꾼 사람은 아니지만, 그의 접근 방식은 좀 더 체계적이었다. 힐은 서해안을 향해 무작정 질주한 게 아니라, 사람들을 정착시키고 화물 운송을 위한 새로운 시장을 창출할 기회를 노렸다.

점점 팽창하는 힐의 제국을 가로막는 건 거의 없었다. 정부는 철도 회사들이 새로운 선로를 건설하도록 무상으로 토지를 불하해주고 대출을 제공하는 등 철도 확장을 장려했고, 그 여파로 생긴 사회적, 환경적 피해는 무시했다. 철도회사 임원들은 공무원에게 무료 교통편과 스톡옵션 같은 뇌물을 제공했다. 몇몇 주들은 자기네 경계선을 넘어 뻗어나가는 철도를 규제하려고 시도했지만 다들 실패했다.

시카고에서 여행을 시작한 나는 2층 열차에서 하룻밤을 보냈는데, 미네소타에서 잠이 들었다가 다음날 아침에 눈을 떠보니 노스다코타를 지나고 있었다. 창밖에는 황갈색 평원이 끝없이 이어졌다.

해가 뜨자 기차는 더 북쪽으로 나아가 미국 지도 맨 윗부분까지 올라갔다. 그 후 6시간 동안 데블스 레이크Devils Lake, 미노트Minot, 윌리스톤Williston, 울프 포인트Wolf Point 등 기차가 첨단 기술이던 시절을 연상시키는 이름을 가진 마을들을 통과했다. 이 철로를 따라 너무나 많은 공동체가 생겨났기 때문에, 제국 건설자로 명성을 떨친 힐은 직접 이름을 지어줄 시간이 없었다.

몬태나주 북동부 지역에 있는 이 마을 이름을 지을 때, 힐의 기술자 한 명이 지구본을 돌린 다음 손가락으로 찍자 스코틀랜드의 글래스고가 나왔다. 이 마을은 1887년에 공식적으로 설립되었고, 저렴한 기차 요금과 새로운 삶의 전망에 이끌린 목장주와 농부들이 몰려들면서 성장했다. 10달러만 내면 한 가족이 유개화차에 짐을 가득 싣고 서쪽으로 갈 수 있었다. "글래스고를 전적으로 믿으면 다이아몬드를 몸에 걸칠 수 있다"는 광고가 사람들을 손짓해 불렀다.[5]

힐과 다른 철도업계 거물들이 아무런 견제도 받지 않은 채 사업을 계속한 건 아니다. 의회는 글래스고가 설립된 해인 1887년에 철도의 최대 운송료를 책정하기 위해 주간통상위원회Interstate Commerce Commission, ICC를 만들었고, 나중에 위원회의 권한을 확대해서 전화, 전신, 무선통신 회사와 관련된 일까지 처리하도록 했다. 미국 최초의 독립 기관인 ICC는 연방통신위원회를 비롯해 그 뒤에 만들어진 규제 기관들의 모델 역할을 했고, 1934년에 창설된 연방통신위원회가 ICC의 통신 규제 권한을 넘겨받았다.

글래스고는 지금도 여전히 철도 도시지만, 출발점이나 목적지가 아닌 경유지가 되었다. 하루에 두 번씩, 대륙을 가로지르는 여객열차가 시내에 잠시 멈춘다. 내가 탄 기차에는 승객이 꽤 많은 편이었지만, 글래스고에서 내린 승객은 나 혼자뿐이었다. 금속 계단을 내려오자, 점심시간이라 부산스러웠던 기차에서 벗어나 비교적 고요한 플랫폼에 서게 되었다.

선로 건너편에서 몬태나 태번, 앨리스 팰리스, 스톡맨 바 같은 이름의 술집들이 줄지어 있는 벽돌 건물이 날 불렀다. 근처에 세워진 간판은 그 지역 고등학교에서 최근 열린 동창회 행사를 알렸다. 그 옛날 철도 기술자가 돌린 지구본은 여기저기에 많은 영향을 미쳤다. 이 지역 고등학교의 마스코트는 스코티Scottie, 즉 스코틀랜드 테리어Scottie Terrier다.

빈 건물과 줄어드는 교실은 이 지역의 쇠퇴를 보여준다. 1960년 대 말에 인근 공군 기지가 폐쇄되자, 약 16,000명이 이 지역을 떠났다. 1980년대와 90년대에도 사람들의 탈출은 이어졌고, 대평원 여기저기에 흩어져 있던 기차역들은 통합되었다. 글래스고 역은 아직 운영되고 있지만, 인근 역들이 폐쇄되면서 주변 지역이 황폐해졌다.

글래스고 출신인 그레그 헌터Gregg Hunter는 이런 변화를 겪으며 살아왔고 그 과정에서 여러 직업을 전전했는데, 동시에 여러 일을 한 적도 많았다. 헌터가 1977년에 고등학교를 졸업할 때는 졸업생이 모두 158명이었다. 그는 처음에는 자동차 사업에 뛰어들어, 파손된 차를 견인해 와서 지역 대리점에 부품을 팔았다. 이 지역 경제의 생명선은 농업이었기 때문에, 헌터는 결국 농기구 판매 쪽으로 방향을 틀어 그 일을 25년간 했다.

헌터는 뭔가가 잘못됐을 때 부르는 그런 사람이다. 주말에는 부업으로 응급 의료 기사 일을 한다. 또 공인받은 자물쇠 수리공이고, 교회와 지역 상공회의소 이사회에서 봉사도 한다.

고향에 대한 헌터의 열정은 식지 않았다. 그는 야외 활동을 좋아하는데, 하루 일과가 끝나면 달리기, 사냥, 낚시 등을 모두 자기 집 앞에서 할 수 있다.

그러나 2008년에 금융 위기가 닥치자 헌터는 자신의 인생 계획을 재평가해야 했다. 그는 "50세가 되었는데 적립해둔 퇴직금도 전혀 없는 상황이라 은퇴 자금과 건강보험 문제를 해결해야 했다"고 말했다.

네몬트는 직원을 채용 중이었고 매력적인 혜택을 제공했다. 헌터는 홍보와 마케팅 전문가로 이 회사에 취직했고, 지난 12년 동안 글래스고의 인구가 줄어드는 와중에도 네몬트가 꾸준히 성장하도록 도왔다.

2020년에 헌터의 모교인 이 지역 고등학교를 졸업한 학생은 52명이었다. 적은 수지만 지역 입장에서 볼 때는 중요한 수치다. 2007년에 이웃 마을 프로이드에는 고등학교 졸업생이 단 한 명뿐이었다. 그 학생은 혼자서 학급 좌우명, 학급 대표 색 그리고 기조 연설자를 골라야 했다(몬태나주 주지사를 선택했다).

세계 대부분 지역에서는 농촌에서 도시로 사람들이 이동하는 게 보통 개발과 관련된 긍정적 추세다. 그러나 미국 농촌 사회의 인구 감소는 탈산업화, 소득 감소, 건강 악화 등과 관련된 쇠퇴에 가깝다.

기술이 이런 악순환에 기여했다. "미국의 디지털 불평등은 암울한 궤도에 올랐다." 수전 크로포드Susan Crawford는《파이버Fiber: The Coming Tech Revolution and Why America Might Miss It》란 책에서 이렇게 설명했다. "100년 전에 도시 지역 부자들에 비해 집에 전기를 설치할 가능성이 훨씬 낮았던 미국의 가난한 시골 사람이나 장애인, 소수 집단은 오늘날에도 집에서 유선 고속 인터넷에 접속할 가능성이 훨씬 낮다."[6]

도시 지역에 더 빠른 광대역 네트워크가 구축되자, 글래스고 같은 시골 마을과의 격차는 더 벌어졌다. 기업들은 문을 닫고 연결성이 더 좋은 지역으로 이전했다. 글래스고의 젊은 세대들 중 가장 똑똑한 아이들은 대학에 진학했지만, 이들이 졸업했을 때 고향에 남아 있는 일자리는 점점 줄어들었다. 글래스고 주민들이 2013년에 이 도시의 경제 계획을 위한 브레인스토밍을 했는데, 그들의 희망 사항 목록에는 '탄탄한 경제 기반', '농업 이외의 산업', '우리 아이들이 대학 졸업 후 이곳으로 돌아와 계속 머무르는 것' 등이 포함되어 있었다.[7]

글래스고는 새로운 개척지를 차지하고 있다. 이 도시는 서부로 향하는 모험심 가득한 사람들과 그런 이주를 가능하게 해준 철의 네트워크를 통해 태어났다. 이곳에 처음으로 정착한 주민들은 당장 손에 넣을 수 있는 것보다 더 크고 좋은 걸 추구하기 위해 많은 위험을 무릅썼다. 광섬유망과 무선통신망이 경주를 벌이는 상황에서, 이들이 만들어낸 공동체는 경쟁에 뒤처지지 않기 위해 싸워야 한다.

★ 디지털 양극화

평원을 가로질러 움직이는 폭풍처럼, 도시와 시골의 디지털 양극화도 빠르게 닥쳐왔지만 경고가 전혀 없었던 건 아니다. 1999년에 미국의 통신 상황을 조사한 FCC가

광대역 통신 구축과 관련해 작성한 첫 번째 보고서는, "현재로서는 첨단 통신 시설 구축이 전반적으로 합리적이고 시기적절하게 진행되고 있다"면서 밝은 앞날을 전망했다.[8] 하지만 불과 1년 후, 먹구름이 몰려왔다. "시장의 힘만으로는 농촌 지역 미국인 중 상당수가 선진 서비스를 이용할 수 없을 것이라는 걱정스러운 결론에 도달했다."[9] 그 이후로는 격차가 존재하느냐가 아니라 그 폭이 얼마나 되느냐의 문제였다.

디지털 격차를 해소하는 방법에 대한 논쟁은 그걸 측정하는 방식에 대한 의견 차이에서 시작되는 경우가 많다. FCC는 초기에 우편번호를 기준으로 광대역 서비스 가용성을 조사했다. 어떤 우편번호 지역에 가입자가 한 명이라도 있으면, 그 지역에 사는 사람들 모두 액세스할 수 있다고 가정한 것이다.[10] 이건 어떤 사람이 메르세데스를 몰고 다니면, 해당 우편번호 지역에 사는 사람 모두 메르세데스를 살 수 있다고 가정하는 것이나 마찬가지다. 디트로이트, 클리블랜드, 기타 인구 밀도가 높은 도시 지역에서도 고속 네트워크를 구축할 때 저소득 지역을 건너뛰는 통신사들이 있는데, 비평가들은 이를 '디지털 레드라이닝digital redlining(디지털 기술을 이용해 특정 집단의 정보 접근을 원천적으로 막아버리는 것-옮긴이)'이라고 부른다.[11] 액세스 권한에 격차가 존재한다는 걸 인정하면서도 이런 접근 방식을 취하는 건 문제를 조직적으로 과소평가하는 것이다.

가장 열띤 논의가 벌어지는 부분은 최소한의 기준에 관한 것이다. 이 논쟁은 기술적인 것이지만, 종종 정부와 민간의 역할에 대한 철학적 차이에서 비롯되기도 한다. 2004년에 FCC는 초당 200킬로바이트를 적절한 광대역 수준으로 간주했다. 4년 후, 다운로드의 경우 초당 4메가바이트, 업로드의 경우 초당 1메가바이트, 즉 4Mbps/1Mbps로 기준을 높였다. 속도가 계속 빨라진다면 최저 속도에 대한 결정은 일시적으로만 유지될 것이다. 정부가 어제의 디지털 격차 해소를 위해 노력하는 동안, 새로운 격차가 나타나고 있다.

2013년부터 2017년까지 FCC 위원장을 맡았던 톰 휠러는 시골 지역의 광대역 접속 문제를 무시할 수 없게 했다. 2015년에 FCC는 시골 지역에 사는 미국인의 절반 이상이 25Mbps/3Mbps라는 새로운 기준을 충족하지 못하는 인터넷 접속망을 사용하고 있다고 결론지었다.[12] 휠러는 "그 기준은 미국인들이 실제로 집에서 인터넷을 사용하는 방식을 알아보고 정한 것"이라며, "그러나 그건 당시에도 인터넷 사용에 필요한 최소한의 속도였으니, 시간이 지날수록 속도가 빨라져야 한다고 주장했다"고 말했다.[13]

다들 이 의견에 동의한 건 아니다. FCC는 위원들이 반대 의견을 표명할 수 있도록 허용했고, 아지트 파이Ajit Pai는 신랄한 비평 글을 썼다. 그의 글은 문학적 비유로 시작된다. "《거울 나라의 앨리스 Through the Looking-Glass》에 나오는 험프티 덤프티Humpty Dumpty는 담벼락에서 굴러떨어지기 전에 앨리스에게 이렇게 말했다. '내가 어떤 단어를 사용할 땐, (…) 그건 바로 내가 뜻하려고 한 바를 의미하지. 그 이상도 그 이하도 아냐.' 이는 FCC도 마찬가지다. 오늘 나온 보고서는 초당 10메가바이트의 인터넷 접속 서비스는 더 이상 광대역이 아니라고 선언한다. 초당 25메가바이트 이상만 계산에 넣는다." 파이는 정부가 자체적인 규제 권한을 확대하기 위해 기준치를 상향 조정한 것이라고 주장했다.[14]

2017년에 트럼프 대통령은 휠러의 뒤를 이어 파이를 FCC 위원장으로 임명했다. 파이는 위원장으로 임명된 뒤에 한 첫 번째 연설에서 자신의 우선순위를 제시하면서 디지털 격차 해소를 목록 맨 위에 놓았다. "이 나라에는 디지털 격차가 존재한다." 그는 동료들에게 이렇게 얘기했다. "앞으로 우리의 핵심 과제 중 하나는 이런 격차를 해소하는 것이며, 민간 부문이 네트워크를 구축하고 신호를 보내고 미국 소비자에게 정보를 제공할 수 있도록 도와야 한다. (…) 모든 미국인에게 디지털 시대의 혜택을 제공하기 위해 노력해야 한다."[15]

휠러와 파이의 목표는 놀라울 정도로 비슷하다. 두 사람 모두 광대역 접속이 지역사회 번영의 필수품이라고 생각한다. 둘 다 특히 시골 지역의 인터넷 접속이 개선되기를 바란다. 파이는 주민이 약 9,000명 정도 사는 캔자스주 파슨스에서 자랐기 때문에 미국 시골 지역과 친숙하다. 그리고 두 사람 모두 화웨이 장비를 미국 네트워크에 포함시키는 건 너무 위험하다고 생각한다.

하지만 잘 들어보면 휠러는 정부가 할 수 있는 긍정적인 역할에 대해 더 많이 얘기한다는 걸 알 수 있다. 파이는 자유 시장의 장점을 강조하면서 규제의 위험성을 경고한다. 이건 미국 역사에 항상 존재했던 논란으로, 철도 산업과 ICC 설립은 물론이고 알렉산더 해밀턴Alexander Hamilton(미국 법률가이자 정치인으로 미국 건국의 아버지 중 한 명으로 꼽힌다-옮긴이)과 토머스 제퍼슨Thomas Jefferson(미국 제3대 대통령이자 미국 독립 선언서 기초자-옮긴이)이 제시한 서로 상충되는 비전(두 사람은 정치적 견해가 달라서 해밀턴은 연방당을 이끌고 제퍼슨은 공화당의 지도자가 되었다. 이것이 미국 양당 제도의 시초다-옮긴이)까지 거슬러 올라간다. 이것이 미국의 디지털 격차 이면에 존재하는 격차다.

★ "사람들의 목숨이 위태롭다"

나는 이런 문제가 현지에서 어떻게 진행되고 있는지 알아보기 위해, 헌터와 그의 동료인 레이프 한드런Leif Handran, 그리고 네몬트의 세 번째 직원인 기술자와 함께 하루 동안 서비스 업무에 참여해봤다.

나는 글래스고 주민들이 자기 동네 한복판에서 적국의 장비를 발견하면 놀랄 것이라고 예상했다. 두 달 전 트럼프 대통령은 국가 비상사태를 선포했다. 글래스고 카운티 유권자의 거의 70퍼센트가 2016년에 트럼프에게 투표했고, 트럼프 당선 이후 중국에 대한 미국인들의 시각은 전국적으로 안 좋아졌다. 미국 관료들이 연일 경고를 보냈고, 화웨이가 야기하는 위험에 관한 언론 보도가 꾸준히 이어졌다. CNN은 몬태나주 중부의 맘스트롬 공군기지에 핵탄두를 탑재할 수 있는 대륙간 탄도미사일이 100여 기 이상 있는데, 그 인

근의 지역 휴대전화 네트워크에 화웨이 장비가 사용되고 있다고 지적했다.[16]

하지만 글래스고 주민들을 만나 이야기를 듣다 보니, 미국 관료들이 별다른 대안 없이 안보 위험만 경고하는 힘든 싸움을 하고 있다는 생각이 들었다.

내가 월요일 아침 8시에 네몬트의 서비스 사무실에 도착하자, 기술자들은 벌써 와서 아직 처리되지 않은 요청 사항을 검토, 분류하고 있었다. 그중 하나는 나이 든 고객을 위해 콘텐츠를 소리 내어 읽어주는 장치인 스크린 리더screen reader가 작동하지 않는다는 것이었다. 직원들은 그 고객이 누구인지 알았다. 그녀의 남편이 최근에 사망했다는 것도 알았다. 그래서 위로 전화와 이메일이 엄청나게 많이 올 거라는 것도 알고 있었다. 그 집에 전화를 걸어보니, 친척과 친구가 잔뜩 찾아와서 떠들어대는 소리가 수화기 너머로 들렸다. 집 안에 있는 모든 사람이 스크린 리더가 고장 난 원인과 관련해 자기 나름의 의견이 있었지만, 아무도 그걸 고치지는 못했다. 기술자들은 그녀를 서비스 목록 맨 위로 올리고는 그녀에게 수리 기사가 갈 때까지 장치를 만지지 말라고 당부했다. 그리고 5분 뒤, 기술자가 출동했다.

이런 상황을 지켜보면서, 나는 고객 서비스 전화를 건 당사자를 실제로 만나본 적이 없다는 걸 깨달았다. 그리고 고객 서비스에 관한 유명한 격언에 의문이 들기 시작했다. 기업이 모든 '고객을 최우선'으로 생각한다면, 도움을 기다리는 사람이 많이 생기지 않을까?

'고객이 항상 옳다'고 한다면, 고객이 틀렸을 때는 어떻게 그 소식을 전한단 말인가? 네몬트의 접근 방식에는 참신하고 정직한 뭔가가 있었다.

네몬트와 고객과의 관계는 특이한 점이 있다. 그 회사의 소유주도 고객이다. 1950년에 주로 농민들을 중심으로 한 주민들이 뭉쳐서 몬태나주 최초의 전화 협동조합을 만들었고, 몬태나주 북동부를 의미하는 네몬트가 탄생했다. 소도시 생활에는 추가적인 보상이 따른다. 헌터는 "우리는 이 공동체의 일부다. 우리는 체육관, 교회, 고등학교 미식축구 경기장 등 어디서나 고객을 만날 수 있다"고 설명했다.

기술자가 다음에 방문해야 할 곳은 글래스고 시청이었다. 시청의 인터넷 연결이 밤사이에 끊어졌는데, 전화도 같은 선을 통해 연결되기 때문에 업무가 거의 마비되어 있었다. 우리가 도착했을 때 직원들은 디지털 기기가 필요 없는 업무에 집중하려고 최선을 다하고 있었지만, 이런 시골에서도 대부분의 '문서 작업'이 전자적으로 진행된다.

복도 안쪽에서는 글래스고 시의회 회의가 한 달에 두 번씩 열리는데, 그 모습을 보면 미국을 건국한 이들도 뿌듯할 것이다. 모든 회의는 국기에 대한 맹세로 시작하고, 일반 대중도 모든 의제에 대해 의견을 제시할 수 있다. 의회는 보통 30분 안에 의제 진행을 마치며, 휴회하기 전 대중들의 의견을 수렴하는 기회를 또 갖는다.

기술자는 벽장문을 열고 몇 가지 테스트를 해본 뒤 라우터를 교체했다. 지난 주말에 한 일과 이번 주 날씨에 대한 정감 어린 농담을 주고받으면서 15분쯤 작업을 하자, 시청 업무는 다시 정상적으로 작동되었다.

다음 고객은 인터넷 접속이 끊긴 은퇴한 농부였다. 도시를 벗어나 20분쯤 달리다가 고속도로를 빠져나와 다시 비포장도로로 5킬로미터를 더 갔다. 진입로 옆 기둥에 미국 국기가 걸려 있고, 그 끝에 작고 하얀 집이 있었다. "이분은 방문객을 별로 안 좋아한다"고 기술자가 조언했다. 그래서 나는 밖에 남아서 풍경을 감상했다.

사방으로 뻗어 있는 완만한 언덕과 밀밭이 첨단 기술이 연결된 부분을 감추었다. 글래스고의 경제는 농업이 이끌고 있는데, 현대식 농기구는 고도로 네트워크화 되어 있다. 트랙터는 무선 네트워크를 사용해서 위성 이미지를 처리하고, 파종 작업을 세밀하게 조정하며, 농작물 수확량을 늘린다. 이 지역에 있는 존 디어John Deere(세계적인 중장비, 농기계 제조회사-옮긴이) 대리점은 에이스 하드웨어ACE Hardware보다는 애플 스토어Apple Store에 더 가깝다. 이 회사의 장비는 휴대전화 연결을 이용해 고객이 생산량을 추적하고 최적화할 수 있도록 도와주는 가상 '운영 센터'로 데이터를 전송한다.[17]

집 밖에 서 있는 나무 전봇대에는 9미터 높이에 하얀 접시 모양의 라디오 안테나가 설치되어 있다. 거기서 안테나가 보내는 신호는 몇 킬로미터 떨어진 송신탑에 도달할 수 있다. 전봇대 꼭대기부터 집 지붕까지 전선이 이어져 있었다. 이 시스템은 시속 200킬로미터의 풍속과 영하 4도부터 영상 54도까지의 온도를 견딜 수 있다. 이 전용 안테나는 월 50달러의 가격으로 최대 30Mbps/30Mbps의 속도를 제공한다.[18] 광섬유 케이블을 5킬로미터나 깔려면 돈이 10만 달러 가까이 들지만, 네몬트는 접시 안테나를 설치하고 집에 전선을 연결하기만 하면 된다.[19]

우리가 어디를 가든, 국가 비상사태는 아직 닥치지 않은 것 같았다. 대부분의 주민들은 자신의 전화와 이메일이 중국 장비를 통해 전송된다는 사실을 몰랐다. 최근까지 그들은 네트워크 장비를 누가 만들었는지 물어볼 이유가 없었다. 여러분은 지금 쓰는 휴대전화가 어떤 브랜드의 장비를 사용하는지 아는가?

내가 얘기를 나눠본 사람들은 대부분 중국에 대해 확실한 의견을 갖고 있지 않았고, 확실한 의견이 있는 이들은 중국인을 이곳에서 키운 작물을 사가는 고객이라는 긍정적인 쪽으로 바라보는 경향이 컸다. 관세 인상과 농산물 수출 감소를 초래한 무역전쟁에 대한 불안감도 있었다. 그러나 무역전쟁의 이면에는 사람들 눈에 보이지 않는 기술전쟁이 존재한다. 이곳 현지 신문에는 화웨이를 언급한 기사가 전혀 실리지 않는다. "이곳 사람들 대부분에게 중국(차이나)은 추수감사절에 음식을 담는 식기를 뜻합니다(영어 단어 차이나china에는 자기 그릇이란 의미도 있음—옮긴이)." 헌터는 농담을 던졌다.

그들이 가장 두려워하는 건 그리드grid(전력 공급용 배급망—옮긴이)에서 완전히 배제되는 것이다. 긴급 서비스는 화웨이 장비에 의존한다. 일상생활도 마찬가지다. 사냥과 낚시, 기타 다양한 야외 활동은 주민들 사이에서도 인기고 관광객을 끌어들이는 이곳의 매력 포인트이기도 하다. 요새는 그 모든 걸 무선통신에 의존한다. "무선통신은 우리가 친구들에게 전화를 걸 때만 필요한 게 아니다." 글래스고의 다른 주민이 설명했다. "사람들의 삶이 거기에 달려 있다."

이런 우선순위는 매우 합리적이지만, 화웨이를 비롯한 중국 기술 기업에 대한 미국의 공식적인 경고와 상충된다. 매슬로의 욕구 단계에서는 공기, 물, 음식, 거처 같은 생리적 욕구가 가장 기본이 된다. 두 번째 단계에는 개인의 안전과 고용, 기타 안전 관련 욕구가 포함되고, 세 번째 단계에는 타인과의 연결 욕구가 포함된다. 언뜻 보기에 정부의 요구는 합리적인 요구처럼 보인다. 미국 관료들은 기본적으로 국민들에게 연결에 대한 욕구보다 화웨이 때문에 생기는 안보 위협을 우선시하라고 요구하고 있다.

하지만 매슬로의 디지털 욕구 단계는 다르다. 디지털 연결은 친구나 가족과의 연결 같은 상위 수준의 욕구뿐만 아니라 중요한 응급 서비스 이용 같은 기본적인 욕구도 충족시킨다. 화웨이 장비를 통해 네트워크를 이용하는 사람들에게는 외국인에게 감시당하는 추상적인 두려움보다 접속이 끊길 위험이 더 즉각적이고 위협적으로 느껴질 수 있다. 미국 시골 지역이나 세계 각국에 사는 대부분의 사용자는 외국의 스파이 행위보다 거액의 청구서를 피하는 일에 더 관심이 많다. 저렴한 대안을 제시하지 못하는 미국 관료들은 불가능한 싸움을 벌이고 있는 것이다.

네몬트 임원들도 마냥 순진한 상태에서 화웨이 장비를 사용하기로 결정한 게 아니다. 그들은 워싱턴에서 이 중국 회사의 평판이 점점 나빠지고 있다는 걸 알았다. 2012년 10월에 하원 정보위원회는 화웨이와 ZTE로 제기된 국가 안보 위험에 대한 비판적인 조사 결과를 발표했다. "중국은 통신회사를 악의적인 목적으로 이용할 수 있는 수단과 기회, 동기를 가지고 있다."[20]

의회 조사관들은 모르지만, 네덜란드의 최대 모바일 네트워크 중 하나인 KPN은 2010년에 자체 조사에 착수해서 화웨이와의 계약 결정으로 비롯된 더 구체적인 위험을 발견했다. 이 회사 내부 보고서에 따르면, 네덜란드와 중국에 있는 화웨이 직원들은 네덜란드 총리와 네덜란드에 거주하는 중국 반체제 인사를 비롯해 네트워크 내의 모든 전화를 도청할 수 있었고, 네덜란드 경찰과 정보국이 어떤 전화를 감시하는지도 알 수 있었다. KPN은 이 보고서가 회사 평판을 크게 훼손할 것을 우려했기 때문에, 이 사실은 결국 네덜란드 신문사 드 폴크스크란트De Volkskrant가 사본을 입수한 2021년에야 공개되었다.[21]

이 조사를 통해 나온 의견은 화웨이와 ZTE에게 매우 부정적이었다. 위원회는 화웨이가 조사에 협력하지 않고 질문에 제대로 답하지 않았다고 비난했다. 이들의 권고사항은 명확했다. "미국의 네트워크 제공자들과 시스템 개발자들은 프로젝트를 위해 다른 공급업체를 찾을 것을 강력히 권고한다. 입수 가능한 기밀 정보와 비분류 정보에 따르면, 화웨이와 ZTE가 외국의 영향을 받지 않는다고 신뢰할 수 없으므로 미국과 미국 내의 시스템에 보안 위협이 발생한다."

의회는 이런 위험에 대한 인식을 크게 높였지만 해결책을 고려할 때는 상상력이 부족했다. 이 조사는 화웨이 제품이 시장가 이하로 저렴하게 판매되고 있다는 점에 주목했다. 이런 문제를 해결하기 위해 중국의 불공정 무역 관행 실태 조사, 민간 부문의 정보 공유 개선, 국가 안보 위험을 차단하기 위해 외국인 투자를 선별하는 미국 외국인투자심의위원회CFIUS의 역할 확대 등을 권고했다. 그러나 더 나은 대안을 제공하기 위한 모든 형태의 정부 지원은 권고안에서 빠져 있었다.

결과적으로 네몬트에는 매력적인 선택지가 거의 없었다. "우리는 소규모 지역 통신사라서 전국적인 규모의 통신사처럼 보유한 자원이 풍부하지 않다"고 헌터는 설명했다. 네몬트가 무선 네트워크를 3G로 업그레이드하는 방법을 결정했던 2009년 말과 2010년 초, 화웨이가 제시한 가격은 경쟁사보다 20~30퍼센트 낮았다.[22] 게다가 화웨이는 네몬트에 표준 패키지 구매를 요구하기보다는 다른 공급업체들보다 저렴한 가격으로 네몬트의 주문을 커스터마이징해 줄 의사가 있었다.

미국 정부는 인터넷과 전화 비용을 돌려주기 위해 농촌 지역에 자금을 지원하고 있는데, 네몬트 CEO인 마이크 킬고어Mike Kilgore는 그 지원을 받지 못하게 될 위험을 피하려고 2011년 화웨이 장비를 설치하기 전에 정부 관계자들에게 편지를 보냈다. "난 그들에게 '화웨이 제품을 사지 말라'는 말을 해달라고 간청했다." 그는 〈뉴욕타임스〉와의 인터뷰에서 이렇게 말했다.[23] 하지만 아무도 반대하지 않자, 네몬트는 일을 진행시키기로 결정했다.

화웨이는 약속대로 제품을 납품했다. 몇 주 동안 중국 기술자들이 네몬트 사무실에서 잠을 자면서 밤낮 없이 일해 3G 네트워크를 설치하고 현지 기술자들을 훈련시켰다. 네몬트 직원 한 명은 "사방에 피자 박스가 흩어져 있었다"고 회상했다. "다들 기진맥진했다. 하지만 우리는 함께 노력했고, 결국 해냈다." 적은 예산으로 큰일을 해냈다는 자부심이 있었다. 하지만 정말 놀라운 건 그 일을 가능하게 해준 파트너였다. 한 중국 기업이 네몬트를 도와서 미국 정부는 할 수 없고, 미국 대기업은 하지 않을 일을 해냈다.

★ "우리의 생존을 위해"

화웨이 기술자들이 글래스고에 도착했을 때, 화웨이는 벌써 10년 넘게 세계에서 가장 외지고 위험한 곳들에 통신망을 연결하고 있었다. 런정페이는 1990년대 중반부터 자사가 해외에서 경쟁을 시작할 필요가 있다는 걸 깨달았다.[24] 만약 해외에서 실패한다면 얼마 안 되는 중국 내수 시장을 놓고 싸워야 할 거라고 생각했다. "우리는 생존을 위해 어쩔 수 없이 국제 시장에 뛰어들었다." 그는 나중에 이렇게 설명했다.[25]

중국 본토와 가까운 홍콩에서 첫 번째 해외 프로젝트를 마친 화웨이는 더 위험하고 남들이 간과하는 시장을 목표로 삼았다. 언뜻 보기에 화웨이는 늘 최악의 타이밍을 택했다. 위기가 고조되거나

디지털 실크로드

끓어 넘치는 상황에서 개입하는 경우가 많았기 때문이다. 그러나 그런 상황에서는 서구 기업들이 그곳을 떠나거나 비즈니스 환경이 안전해질 때까지 기다리기 때문에, 화웨이는 경쟁을 덜 겪을 수 있었다. 화웨이는 신흥시장에서 입지를 다지기 위해 지역 거점을 만드는 데 집중했다. 예를 들어, 러시아에서 성공하면 다른 구소련 국가에 진입하기가 더 쉬워지는 것이다.

이렇게 위험한 환경에서 화웨이는 판매 전략을 연마했고, 직원들은 외국인과 함께 일하는 경험을 쌓았다. 그 결과 이 회사는 저렴한 비용과 빠른 배송, 그리고 고객에 대한 관심을 결합한 강력한 레시피를 개발했다. "화웨이의 제품은 최고가 아닐 수도 있지만, 뭐 어떤가? 핵심 경쟁력이란 무엇일까?" 런정페이가 자기 팀에게 물었다. "그건 고객이 당신이 아닌 나를 선택하는 것이다!"[26]

화웨이는 서두르면서도 끈기와 인내를 가지고 해외 시장을 공략했다. 1997년에는 러시아 현지 통신사와 베토-화웨이Beto-Huawei라는 합작회사를 설립해 러시아에 진출해서 스위치를 만들었다. 이듬해에 러시아 정부는 국가 채무를 불이행하고, 통화를 평가 절하했으며, 시중 은행들이 외국 채권자에 대한 지급을 중단하도록 했다.

하지만 화웨이는 인내심이 강했다. 러시아에 처음 파견되어 일한 화웨이의 직원 한 명은, "그 이후에 닥친 금융 위기는 땅 전체를 얼어붙게 하는 폭설과도 같았다"고 말했다. "그래서 늑대에서 겨울잠을 자는 북극곰으로 변신할 때까지 기다릴 수밖에 없었다."[27] 이 직원이 2년 뒤에 런정페이를 만났을 때, 그가 얘기할 수 있는 유일한 승리는 38달러짜리 배터리 계약 한 건뿐이었다. 하지만 런정페이는 러시아를 떠나기엔 아직 이르다고 생각했다. 그는 "언젠가 러시아 시장이 회복됐는데 화웨이가 문 앞에서 가로막힌다면, 이 건물에서 뛰어내리고 싶어질 것이다"라며 어두운 농담을 던졌다.[28]

중국 정부는 화웨이의 해외 진출 초반에 문을 열어줬다. 예를 들어, 러시아에서는 중국 대사가 개입해 화웨이의 합작 투자를 승인했다. 화웨이의 전 직원이자 화웨이의 업적을 칭송하는 책을 쓰기도 한 작가는 "교착 상태를 타개하는 유일한 방법은 정치적 개입뿐이었다"고 인정했다.[29] 2001년에 러시아 정부 대표단이 화웨이 본사를 방문해 1,000만 달러 규모의 계약을 체결하면서 중요한 돌파구가 마련됐다.[30] 2003년에는 러시아가 연간 1억 달러 이상의 매출을 올리는 화웨이의 가장 큰 시장 중 하나가 되었다.[31] 런정페이의 끈기와 중국 정부를 활용하는 그의 능력이 결실을 맺은 것이다.

화웨이는 브랜드 구축을 위해 고군분투했다. 해외 고객들은 회사 이름도 제대로 발음하지 못했고 중국을 수준 낮은 기술, 저품질 상품과 연관시켰다. 베토-화웨이가 중국 기업이라는 사실을 알게 된 한 러시아 기업 임원은 "중국의 하이테크 기업이라고요? 전기 주전자를 파는 건 아니겠죠?"라고 물었다.[32]

화웨이 직원들은 여전히 배울 게 많았지만, 서구 기업들이 가지 않는 곳으로 기꺼이 갈 의향이 있었다. 러시아에서 13개월을 보낸 한 용감한 직원은 예멘의 국가 네트워크 구축을 돕기로 했다. "예멘은 높은 기온, 높은 고도 등 전반적인 생활 조건이 가혹한 가난한 나라다. 위생, 교통, 안전 등 모든 게 매우 열악했다"고 회상했다. "뜨거운 태양이 바로 머리 위에서 내리쬐었고 전기도 나갔다. 찌는 듯한 더위는 견디기 힘들었다. 우리는 지하실에서 잤다."[33] 훗날 그는 자신의 임무를 회상하면서, "사실 가난한 후난 마을에서 자라면서 맨발로 들판 능선을 뛰어다니던 어린 시절에 비하면 그렇게 힘들진 않았던 것 같다. 난 화웨이에서 내 자리를 찾았다"고 말했다.[34]

화웨이는 뛰어난 유연성 덕분에 성격이 판이하게 다른 시장에서도 번창할 수 있었다. 1999년 아프리카에서 처음으로 진행한 프로젝트는 케냐의 무선통신망 구축 사업이었다. 나이로비에서 북서쪽으로 100킬로미터쯤 떨어진 대도시 나이바샤에 도착한 한 직원은 "호텔 객실에는 전화도, 텔레비전도, 목욕 시설도 없었다"고 말했다. 그는 이후 9개월 동안 시스템을 설치하고 문제를 해결했으며, 어느 날은 고장 난 부품을 교체하기 위해 새벽 3시까지 작업을 하기도 했다. 이듬해에 그는 에티오피아에서 똑같은 무선통신 장비를 설치했다. 에티오피아의 산악 지형은 작업하기가 훨씬 더 까다로웠고, 강풍을 견딜 수 있도록 시스템 안테나를 특별히 조정해야 했다.[35] 화웨이 직원들을 위해 발간된 간행물에서, 그는 코피를 흘리면서 일하고 낯선 음식으로 배를 채우고 혼자 모든 일을 해냈던 그때의 기억을 그리운 마음으로 떠올린다.

더 놀라운 점은 화웨이가 다양한 고객을 상대하면서 성공을 거뒀다는 사실이다. 케냐와 에티오피아는 국경을 접하고 있지만 통신 환경은 극과 극으로 다르다. 케냐에서 경쟁하려면 공개 계약에 입찰하고 보다폰 같은 다른 민간 회사들과 협력해야 했다. 에티오피아는 이와 대조적으로 정부가 대부분의 서구 기업을 가로막은 채 통신 부문을 독점하고 있었다. 화웨이는 정부 관계자들의 환심을 사고, 최저가격을 제시하고, 프로젝트를 신속하게 마무리해서 양쪽 환경에서 모두 성공을 거뒀다. 여러 부패 혐의와 유죄 판결도 이 회사의 진행 속도를 늦추지 못했다.[36] 2019년 기준으로, 화웨이는 아프리카 4G 네트워크의 70퍼센트를 구축했다.[37]

화웨이의 기업 문화는 자기희생을 우상시하며, 런정페이는 직원들이 고난을 견디는 걸 예외적인 일로 여기는 게 아니라 일상적으로 요구했다. "세계에는 가난한 나라가 많다. 어떤 나라에는 말라리아가 창궐하기도 한다." 런정페이는 2000년에 직원들에게 이렇게 말했다. "해외에서 일하는 직원들이 보수를 많이 받는 것도 아니다. 그들이 받는 임금은 국내 직원의 임금과 크게 다르지 않다. 가장 중요한 건 화웨이 직원들의 투지다."[38] 상황을 과장해서 말하는 걸 좋아하는 런정페이는, 2006년에 진행된 또 다른 내부 대담에서 아프리카에서 일하는 화웨이 직원 중 70퍼센트 이상이 말라리아에 걸렸을 거라고 추정했다.[39]

직원들의 해외 경험담은 과거의 신대륙 정착민들과 미래의 공상과학 탐험가들의 경험이 뒤섞인 것처럼 보인다. 메이플라워호를 타고 미국으로 건너간 이들이 영화 〈프로메테우스Prometheus〉의 주인공을 만난 것처럼 말이다. "우리는 '드림랜드Dreamland'라는 동네에 살았다." 한 직원은 수단에서 보낸 5년에 대해 이렇게 썼다. "어둡고

천장이 낮은 오두막에는 7~8명이 묵을 수 있는 이층 침대가 가득 들어차 있었다. (…) 우리 방 앞에 있는 다 허물어져 가는 건물이 고객사의 업무실이었다."[40] 몬태나주 글래스고도 외진 곳이지만 그에 비하면 호화롭다.

이 회사는 개인적인 비극도 빨리 잊어버린다. 런정페이가 농담으로 화웨이의 러시아 합작기업이 성공하지 못할 경우 직원에게 건물에서 뛰어내리라고 했을 때 그 말을 들은 직원은 웃어넘길 수 있었다. 하지만 한 조사 보고서에 따르면, 화웨이에서는 2006년부터 2008년까지 세 건의 자살을 비롯해 여섯 건의 부자연스러운 사망 사고가 발생했다.[41]

비판자들은 런정페이가 가장 중요하게 생각하는 건 직원 안전이 아니라 기업 수익이라고 주장한다. 화웨이는 2007년에 장기 근속자 7,000명에게 퇴직금을 지급하고 새로 단기 계약을 체결했다. 이 조치는 10년 이상 근속한 종업원은 무기한 계약을 체결할 수 있게 한 중국의 새로운 노동법을 회피하기 위한 것이라는 비판을 받았다.[42] 화웨이 임원들은 "우리는 우리 인생을 사랑하는 만큼 화웨이를 사랑한다"고 선언하는 '자율' 서약을 한다.[43]

심지어 직원 안전에 대해 얘기할 때도 런정페이는 꼭 비용과 수익에 대한 말을 덧붙인다. 그는 2015년에 직원들에게 "우리는 직원을 안전하게 보호하고 너무 위험한 일을 하지 않도록 하기 위해 할 수 있는 모든 노력을 다 기울여야 한다"고 말했다.[44] 예멘에 있는 화웨이 사무실에는 "내부에 강판을 설치하고, 창유리를 접합 유리로 교체하고, 기계식 환기 시스템을 도입하자"고 제안했다. 그러면서 하는 말이, "예멘 사무소는 설치비만 내면 된다"는 것이었다. 그는 이어서 "전쟁이나 폭력 사태가 발생했을 때 목숨 걸고 제품이나 서비스를 제공하면 제품 가격이 올라갈 것이다. (…) 누군가에게 강요하려는 건 아니지만, 통신 사업자들이 우리 상황을 이해하도록 해야 한다. 그렇게 하면 작은 나라에도 진입할 수 있다."

때로는 불편한 상황을 편안하게 받아들이는 화웨이의 태도가 역효과를 낳기도 한다. 2000년까지 이 회사는 쿠바, 미얀마, 이라크에 사무소를 설치했는데, 이 나라들은 모두 미국의 제재를 받고 있었다.[45] 2002년에는 방공 시스템에 사용할 수 있는 첨단 섬유유리 부품을 이라크에 공급해서 이라크에 대한 유엔의 제재를 위반한 혐의를 받았다.[46] 〈워싱턴 포스트Washington Post〉에서 입수한 문서에 따르면, 화웨이는 북한 정부가 무선 네트워크를 구축하고 유지하는 데도 도움을 줬다.[47] 미국은 2018년에 화웨이가 이란 제재를 위반했다고 고발하면서, 런정페이의 딸이기도 한 멍완저우孟晚舟 화웨이 CFO를 체포했다.

화웨이가 해외 시장에 진출하는 동안 미국은 이를 대부분 무시했고 경우에 따라서는 도와주기까지 했다. 2003년 초에 미국의 이라크 침공 가능성이 높아지자 화웨이는 기회를 찾기 시작했다. 침공 한 달 전인 2월에 화웨이 직원이 이라크 반자치 지역인 쿠르드 지역을 돌아다니면서 이동 통신망 확충 협상에 들어갔다. "이라크 상황은 날이 갈수록 더 긴박해지고 있었다. 미군은 공격 부대 배치를 서서히 완료했고, 전쟁의 불길이 금방이라도 타오를 것 같았다"
고 그 직원은 회상했다. 그러나 전쟁의 시작은 화웨이에게 일시적
인 장애였을 뿐이다. "회사의 고위 경영진들은 이라크 시장으로의
재진출 문제를 논의하고 있었다"고 그는 설명했다. 5월이 되자 그
는 프로젝트를 계속 진행하기 위해 이라크 북부로 돌아왔다.[48]

미국의 이라크 침공이 화웨이에겐 선물이었다. 미군은 적의 통
신을 방해하기 위해 공격 중에 이라크의 통신 인프라를 마비시켰
다. 그 뒤, 화웨이는 기쁜 마음으로 인프라 재건을 도왔다. 2007년,
안보 환경 때문에 대부분의 서구 기업들이 이라크에 접근하지 못할
때도 화웨이는 2억 7,500만 달러 상당의 계약을 체결하고 이라크의
무선 네트워크 구축을 도왔다.[49] 2013년에 한 화웨이 직원은 이라
크에서 보낸 5년을 되돌아보며 "공중에서 박격포가 휘파람 소리를
내며 날아다니는 동안 티그리스 강둑에서 피어오르는 연기", "도로
와 거리를 순찰하는 미군의 음울한 허머Hummer(기동성이 뛰어난 다목적
차량-옮긴이)와 탱크", "새로운 네트워크의 성공적인 출범과 새로운
계약 수주를 축하하는 파티" 등을 떠올렸다.[50]

화웨이는 아프가니스탄에서도 기회를 찾았다. 2003년에 아프가
니스탄 정부는 화웨이, ZTE와 무선통신망 계약을 체결했다.[51] 이듬
해 미국과 일본이 최대 주주로 있는 아시아개발은행ADB이 아프가
니스탄에서 가장 큰 이동통신사 로샨Roshan에 대출을 해줬다. 로샨
은 처음에 알카텔과 지멘스에서 장비를 구입했지만, ADB는 추가
적인 검토 끝에 "수명주기 비용이 저렴하고 구성 과정에서의 유연

성이 뛰어나다"는 이유로 화웨이 장비로 교체하는 걸 승인했다.[52] 미국과 연합군은 ZTE가 아프가니스탄에 광대역 네트워크를 구축할 때 그랬던 것처럼, 화웨이가 이 프로젝트를 진행할 때도 안전을 제공했다.

화웨이 직원들은 2009년에 미국이 추가 파병을 선언한 뒤에도 아프가니스탄의 혹독한 상황을 견디면서 운영을 확대했다. 한 직원은 "현지 직원 한 명이 한때 인질로 잡히기도 했다. (…) 사무실에는 항상 방탄조끼를 몇 벌씩 비치해뒀다. 또 사무실 동료 두 명은 장티푸스에 걸렸다"면서 당시의 어려움을 회상했다.[53] 외국 자금이 쏟아져 들어오고 보안 환경이 개선되자 2009년에 직원이 한 명뿐이던 화웨이 사무실은 이듬해에 직원이 스무 명으로 늘었고, 곧 아프가니스탄의 대표적인 통신사 4곳과 모두 협력하게 됐다. 미국 기업과 아프간 정부가 소유한, 이 나라에서 두 번째로 큰 이동통신사인 아프간 와이어리스Afghan Wireless는 2017년 5월에 화웨이 장비를 이용해 아프가니스탄 최초의 4G LTE 네트워크를 구축했다.[54]

화웨이가 아프가니스탄과 이라크에서 역할을 확대하면서 미국의 전략 혹은 전략 부재에 대한 불편한 의문이 제기되었다. 아시아 어느 나라의 외교장관은 미국의 저명한 중동 학자 존 알터만Jon Alterman에게 "미국은 중동에서 20년 동안 싸웠지만 이기지 못한 반면, 중국은 20년 동안 싸우지 않고도 승리를 거뒀다"고 말했다.[55] 미국은 막대한 재정적, 인적 비용을 들여 안보를 제공했고, 중국 기업들은 새로운 상업적 기회를 이용했다. 미국이 화웨이를 국가 안보에 대한 위협으로 여기기 전까지만 해도, 미군은 해외 군사 작전을 수행할 때 사실상 화웨이 장비에 의존했다.[56]

네몬트가 글래스고 같은 농촌 지역에서 3G 통신망을 구축하기 위해 장비업체를 물색할 무렵, 화웨이는 오래전부터 힘든 지역에서 통신망을 구축해온 실적을 보유하고 있었다. 성장하면서 유럽 도시에서도 계약을 따냈지만, 화웨이는 여전히 시골과 개발도상국 시장을 성공의 결정적 요인으로 여겼다. 그리고 소외된 시장의 생존이 화웨이에 달려 있는 게 아니라 그들을 자기편으로 끌어들이는 데 화웨이의 생존이 달려 있기라도 한 것처럼, 여전히 남들이 간과한 시장에 서비스를 제공하고 있었다. 화웨이 네트워크는 이라크에 있는 미국 정부 요원과 에베레스트 등반가, 그리고 점점 늘어나는 전 세계의 많은 사람을 연결한다. "우리는 산소가 희박한 고지대, 불타는 사막, 얼어붙은 북극해, 지뢰가 잔뜩 깔린 위험한 지역, 숲과 강, 바다 등 어디서나 그 사회를 위한 네트워크를 제공하기 위해 최선을 다하고 있다. (…) 지구상에 사람이 있는 곳이라면 어디든 통신망을 연결할 것이다." 런정페이는 2011년에 자기 직원들에게 이렇게 약속했다.[57]

★ "이 거대한 작업"

"저 방수로 좀 봐요!" 헌터는 다시

도시 쪽으로 차를 몰고 가면서 신나게 말했다. 그는 프랭클린 루스벨트Franklin Roosevelt 대통령이 1930년대에 시작한 대규모 공공사업인 포트 펙Fort Pect 댐을 가리켰다. 댐에서는 물이 방류되고 있었는데, 이는 현지 언론에서 보도할 정도로 드문 사건이라고 했다. 우리는 자세히 보기 위해 차를 세웠다.

방수로의 16개 관문 위에 놓인 다리 위에 서 있으면 미국 정부가 대규모 프로젝트를 진행하던 시절에 대해 향수를 느끼기 쉽다. 한쪽에는 캘리포니아 해안보다 긴 해안선을 가진 호수가 있다. 다른 쪽에서는 콘크리트로 만든 거대한 볼링 레인처럼 생긴 방수로가 물을 다시 미주리강으로 운반한다. 이 댐의 규모와 범위는 입이 떡 벌어질 정도다. 폭이 3.2킬로미터에 달하는 이 댐은 겨우 5분의 1 정도 완성되었을 때 이미 세계에서 가장 큰 사력댐이 되었다. 지어진 지 80년이 지난 지금도 몬태나와 인근 주에 전기를 공급하고 있다.

나는 헌터와 한드런에게 그 프로젝트에 대해 들어본 적이 없다는 사실을 인정하기가 약간 부끄러웠다. 이 건설 사업은 말 그대로 글래스고가 미국 역사에서 가장 주도적인 역할을 수행한 큰 사업이다. 한편으로는 강한 흥미도 느꼈다. 미국 농촌 지역이 겪는 연결성 문제를 확인하고 난 뒤에 마주하게 된 댐의 모습은 정말 놀라웠다. 발밑 수백 미터 아래에서 굉음을 내며 흐르는 물은 여기서 큰일이 이루어졌다고 속삭였다. 우리가 그런 일을 한 번 더 해낼 수 있을까?

그날 저녁, 댐은 주변 풍경 속에서만큼 내 마음속에도 큰 자리를 차지했다. 글래스고 역에서 기차를 내린 뒤, 내가 본 대부분의 것은 사익과 공익 사이의 간극을 암시했다. 미국 대기업들은 이 지역의 소규모 시장에서 가치를 찾지 못했다. 미국 정부는 제한적인 지원만 제공했다. 그런데 한 외국 기업이 공백을 메워줬다. 댐은 지금과 다른 접근 방식이 낳은 기념물이지만, 사실 그때는 시대가 근본적으로 다르기도 했다.

포트 펙 댐 건설 현장 주변의 삶은 가혹하고 혼란스러웠다. 그 사업은 규모가 너무 커서, 남녀 수천 명이 미국 공병대의 감독하에 일을 하도록 배정되었다. 3교대로 조를 짜서 거의 7년 동안 하루 24시간, 주 7일씩 작업을 진행했다. 육군은 1936년 보고서에 작업 시간 대비 사망자 수가 미국 평균 이하라고 기록했다.[58] 2년 뒤, 산사태로 8명이 사망했다. 이 프로젝트가 진행되는 과정에서 총 60명이 목숨을 잃었다.

이 프로젝트의 초반 몇 년 동안은 매일 10~15가족이 글래스고에 도착하는 바람에 마을의 수용 한계를 넘어섰다.[59] 스퀘어 딜Square Deal, 뉴딜New Deal, 델러노 하이츠Delano Heights 같은 이름의 임시 마을이 생겨났다. 지역 신문의 한 주택 광고는 이렇게 약속했다. "강변 지대, 댐에서 5킬로미터 거리, 임대 가능한 택지와 정원, 깨끗한 물과 그늘 풍부. 침수 없음. 집들 사이의 거리가 멀어서 집 한 채에 불이 나도 근처 집들로 다 옮겨 붙을 걱정 없음. 1달에 2.5달러."[60] 하지만 대부분의 근로자들은 그런 사치를 누릴 여유가 없었기 때문에, 전기나 수도 시설이 없는 곧 무너질 듯한 집에서 살았다.

반세기 전에 글래스고를 만든 개척정신이 다시 돌아왔다. 1936년에 마거릿 버크-화이트Margaret Bourke-White라는 기자가 포트 펙 건설 현장을 방문했을 때, "몬태나주 북부의 길게 뻗은 외로운 땅에 있는 이곳은 너무나도 원시적이고 야생적이라서, 황폐한 이 마을 전체가 활기 넘치는 골드러시Gold Rush 시절의 운치를 지니고 있는 것처럼 보였다. 곳곳에 건설업자, 기술자, 용접공, 돌팔이 의사, 술집 종업원, 화려한 숙녀들이 가득했다." 그녀가 찍은 사진은 〈라이프LIFE〉지 첫 번째 호의 표지를 장식했다. 이 사진을 보면서 노동자들의 이야기를 읽으면 포트 펙 댐이 훨씬 이국적으로 느껴진다.

이 장면의 날것 같은 분위기와 가장 유사한 현대적인 모습을 찾아볼 수 있는 곳은 미국이 아니다. 화웨이의 초기 직원들처럼 댐 근로자들도 집을 떠나 미지의 땅으로 향했다. 그들은 목적지에 도착해 힘든 상황을 견뎠다. 정부의 지원을 받은 기업들은 기술적으로 가능한 일의 경계를 넓히려고 열심이었다. 위험성 평가를 위해 몇 년씩 일을 중단하기보다는 신속하게 프로젝트를 시작했고, 건설자들은 일을 진행하면서 동시에 문제를 해결했다. 고된 작업은 하루 종일, 매일, 몇 년씩 계속되었다. 그리고 그들은 해냈다.

대공황기에 일자리를 창출하는 것도 이 프로젝트의 단기적인 목표 중 하나였다. 댈러스의 배전 시스템, 뉴욕의 터널 굴착, 볼티모어의 터널 게이트, 로스앤젤레스의 송전선, 수 시티의 하수도 시스템, 피츠버그의 변전소 등 전국에서 물자와 서비스가 조달됐다.[61] 이런 광범위한 공급망까지 고려하면, 댐 건설 사업에 고용된 총 인

원은 4~5만 명에 가까울 것이다.[62]

프로젝트 규모에 비하면 비용은 아주 적게 든 편이다. 총 1억 달러, 현재 가치로 환산하면 약 20억 달러가 소요되었다. 꽤 큰 투자지만 오늘날의 거대 프로젝트에 비하면 아무것도 아니다. 뉴욕시 2번가의 지하철 1단계 노선 공사에는 1킬로미터당 17억 달러가 들었고, 연장선 공사에는 그보다 훨씬 많은 비용이 들 것으로 예상된다.[63]

댐 내부를 살펴보면 이 규모와 비용의 미스터리에 대한 단서를 몇 가지 얻을 수 있다. 댐 건설은 쉽지 않았지만 디자인은 우아하다. 여기에는 발전 장치가 두 개 있는데, 하나는 1951년에 설치되었고 다른 하나는 1961년에 설치되었다. 직원 20명이 이 시설을 운영한다. 물이 흐르고 터빈이 돌아가고 전기가 생산되는 시스템은 매년 견학하러 오는 초등학생들에게도 설명할 수 있을 정도로 간단하다. 반면 현대적인 인프라는 구조가 복잡하기 때문에 비용도 더 많이 든다.

물론 포트 펙 댐 건설은 완벽과는 거리가 멀었다. 노동자 사망 문제 외에도 이 프로젝트는 여러 가지 사회적, 환경적 비용을 치렀다. 댐 건설 부지에 살던 주민들이 이주해야 했고, 정부가 그들의 토지에 대해 공정한 가격을 지불했는지 여부를 놓고 분쟁이 발생했다. 미주리강을 따라 댐 몇 개를 더 건설했는데, 그 과정에서 아메리카 원주민들은 보상을 거의 혹은 전혀 받지 못한 채 자기 땅에서 쫓겨났다. 또 포트 펙 댐과 미주리강에 건설된 다른 댐에서 생긴 침전물

때문에 특정 어종이 몰살됐다.[64]

그러나 이 프로젝트는 장기적인 비전의 일부이기도 했다. 루스벨트 대통령은 프로젝트가 승인되고 몇 달 뒤인 1934년에 포트 펙을 방문해 다음과 같이 설명했다. "우리는 한 세대 이상 걸려야 완수할 수 있는 거대한 임무에 착수했다. 우리는 이 일을 시작했고 미국인들은 이런 일을 하는 목적을 이해하고 있으니, 성공적으로 끝마칠 수 있을 거라고 확신한다."[65]

전력화도 사업의 목표 중 하나였다. 1935년에 루스벨트는 도시에 사는 미국인은 90퍼센트가 전기를 사용하는 반면, 시골에 사는 미국인은 90퍼센트가 사용하지 못하는 격차를 줄이기 위해 농촌전력화사업청Rural Electrification Administration, REA을 창설했다.[66] 포트 펙 댐 근처에 있는 37,000개의 농장들 가운데 1937년에 전기가 들어온 농장은 겨우 12개뿐이었다.[67] 민간 기업들은 수요가 많고 시장이 큰 도시 지역에 사업을 집중했다. 오늘날의 가장 큰 인터넷 제공업체들과 마찬가지로, 그들도 인구 밀도가 낮고 고객들이 돈이 별로 없는 지역에 발을 들여놓는 건 가치 없는 일이라고 생각했다.

REA는 농촌 사회가 공공 및 민간 업체에서 전기를 구입하거나 직접 생산할 수 있는 협동조합, 즉 그들 소유의 전력회사를 설립하도록 권장했다. REA는 이런 모험적인 사업을 실현할 수 있도록 대형 프로젝트뿐만 아니라 개별 가구에도 저금리 장기 대출을 제공했다. 이 대출금은 거의 대부분 전액 상환되었기 때문에 미국 납세자들이 부담하는 비용은 비교적 낮아졌다.[68] 협동조합은 전기를 공급받는 농가 수를 두 배로 늘렸고, 민간 기업들이 지난 반세기 동안 가지고 있던 것보다 더 많은 배전선을 설치했다.[69]

농촌 생활이 달라졌다. "시골 사람들에게 전력선을 연결해준 건 단순히 집에 전기가 들어오느냐 마느냐 하는 문제가 아니다. 전기는 그들을 진흙에서, 어둠 속에서 끌어냈다. 그들은 마침내 20세기로 진입했다." 몬태나주 주민이자 협동조합 전 관리자는 이렇게 회상했다.[70] 경제적인 이익도 상당했다. 전력화는 농업 고용, 농촌의 농업 인구, 농촌의 재산 가치를 증가시켰다.[71] 일찍부터 전기를 이용할 수 있었던 지역은 수십 년 동안 더 높은 경제 성장을 경험했는데, 이는 전기 격차 해소가 지속적인 영향을 미친다는 걸 보여준다. 1945년에 루스벨트가 사망할 때는 비율이 역전되어, 미국 시골 가정의 90퍼센트에 전기가 공급되었다.

오늘날에는 포트 펙 댐 같은 대규모 공사를 진행하는 모습을 상상하기 어렵다. 정부가 주도적인 역할을 하는 건 아마 몬태나주의 선출직 공무원을 비롯해 많은 정치인이 결사반대할 것이다. 또 연방정부와 주정부의 각종 규정 때문에 생기는 불필요한 요식의 정글이 일을 방해한다. 과연 그런 사업에 많은 미국 근로자가 참여할까? 그 거대한 프로젝트를 수행한 규모와 속도, 순수한 인간의 노력은 먼 과거의 일처럼 느껴진다. 중요한 건 그런 프로젝트를 이끌었던 비전 또한 마찬가지라는 것이다.

★ "21세기의 전기"

오늘날 광대역 통신이 지난 세기의 전기만큼이나 중요하다는 건 미국 지도자들 사이에선 복음과도 같다. FCC 위원장인 파이는 "차세대 미국인들은 21세기 버전의 전기인 광대역 통신을 이용할 수 있어야 한다"고 강조했다.[72] 마이크로소프트의 사장이자 최고법률책임자인 브래드 스미스Brad Smith도 "광대역은 21세기의 전기가 되었다"고 선언했다.[73] 민주당 소속 콜로라도주 상원의원 마이클 베넷Michael Bennet은 "21세기에 고품질 광대역 통신을 이용할 수 없는 것은 전기를 이용할 수 없는 것과 같다"고 썼다.[74]

그런데 전기를 기준으로 하면, 거창한 언사와 행동 사이의 간극이 드러나 버린다. 미국 전역에서 광대역 통신 기능이 향상되긴 했지만, 디지털 격차는 여전히 존재하며 더 빠른 속도로 확대되고 있다. FCC의 2019년 보고서에 따르면, 시골 지역에서는 미국인 4명 중 1명이 여전히 기본적인 고정형 광대역 서비스를 이용하지 못하고 있다.[75] 아마 실제 숫자는 3분의 1에 가까울 것이다.[76] 농촌 가구 가운데 100Mbps/10Mbps를 이용할 수 있는 건 절반 정도지만, 비농촌 가구는 92퍼센트가 이용 가능하다.[77]

광대역 통신의 중요성에 관한 그런 모든 논의에도 불구하고 투자는 광범위하게 이루어지지 않았다. 2020년에 FCC는 광대역 접속 개선을 위해 향후 10년 동안 204억 달러를 지출할 예정인 지방디지털화기금 계획을 발표했다. 그러나 FCC의 매우 보수적인 추정치로 따져도, 미국 전체에 광대역망을 연결하려면 800억 달러가 든다고 한다. 컨설팅 회사인 딜로이트Deloitte가 5G 때문에 늘어날 네트워크 수요를 감안해 추정해본 결과, 앞으로 5~7년 동안 1,300~1,500억 달러가 필요하다는 계산이 나왔다.[78]

진정한 혁신을 이루는 디지털 인프라 패키지는 여러 부분으로 이루어질 수 있다. 수전 크로포드가 쓴 《파이버》에 요약되어 있는 것처럼, 국가 인프라 은행은 자본, 대출, 대출 보증, 보험 등을 제공할 수 있다. 2008년 금융 위기 이후에 사용됐던 미국 재건 채권Build America Bonds이 부활될 수도 있다. 신기술과 중국 군사 혁신 전문가인 엘사 카니아Elsa Kania는 물리적 인프라 외에 "디지털 작업 프로그램에도 사이버 보안과 데이터 과학 같은 중요한 디지털 기술에 대한 근로자 교육"이 포함될 수 있다고 말했다.[79]

바이든-해리스 행정부가 제안한 2조 달러 규모의 미국 일자리 계획은 지금까지 달성하기 힘들었던 광대역 액세스를 위한 돌파구를 제공할 수 있다. 행정부는 양당 의원들의 의견에 동의하면서, "광대역 인터넷은 새로운 전기"라고 지적했다. 이 계획은 광대역 통신에 대한 완벽한 액세스를 위한 1,000억 달러는 물론, 기타 인프라, R&D, 근로자 교육, 글로벌 경쟁에 중요한 추가 영역에 대한 투자 등 실제 자원을 통해 이런 주장을 뒷받침한다.[80] 고무적인 사실은 의회가 5년간 R&D와 첨단 제조업에 2,500억 달러를 투입하는 초당적 노력인 미국 혁신 경쟁법을 통해 새로운 기술에도 투자하고 있다는 것이다.

이런 투자는 미국과 파트너 국가들이 무선 네트워크를 공급할 때 경쟁력을 높이는 기술에 탄력을 준다. 하드웨어와 소프트웨어를 긴밀하게 결합시키는 기존의 무선 네트워크 방식에서 하드웨어와 소프트웨어를 분리하는 개방적 방식으로의 중요한 변화가 진행 중이다. 기존 방식에서는 네트워크 하드웨어와 소프트웨어가 특허 상품이라 네몬트 같은 사업자는 한 업체를 선택해서 모든 걸 공급받아야 했다. 화웨이는 네트워크 비용의 상당 부분을 차지하는 저가 무선접속망RAN을 제공하는 등 이 게임에서 두각을 나타냈다.

개방형 RAN 기술은 경기장을 미국에 유리한 쪽으로 기울일 수 있다.[81] 개방형 RAN은 현재 독점 하드웨어가 제공하는 네트워크의 일부를 가상화하기 때문에, 운영자는 여러 공급업체의 다양한 네트워크 구성 요소를 믹스 앤 매치할 수 있다. 운영자 입장에서는 다양한 공급업체 선택이 가능하고, 구축비용이 절약되며, 단일 공급업체에 종속될 위험이 적다는 장점이 있다. 미국은 자국 기업들이 개방형 RAN이 의지하는 전문 소프트웨어와 반도체의 주요 공급자이기 때문에 혜택을 볼 수 있다.

이미 전 세계에 개방형 RAN을 구축한 유망한 사례가 있다. 뉴햄프셔에 본사가 있는 패러렐 와이어리스Parallel Wireless는 6개 대륙에 걸쳐 2G부터 5G까지 모든 속도로 개방형 RAN 네트워크를 구축했다.[82] 이들은 위스콘신, 아이다호, 기타 미국의 여러 농촌 지역뿐만 아니라 아프리카, 라틴 아메리카, 동남아시아의 사업자들과 함께 일했으며, 그 과정에서 중국 경쟁자들을 물리쳤다. 이 회사 CEO인 스티브 파파Steve Papa는 "통신 인프라 장비 분야의 상업 시장이 국가 활동 세력에 의해 왜곡되고 있다"면서 중국의 막대한 보조금 지급 방식을 지적했다. "우리는 그런 일이 일어나도록 내버려둘 수도 있고 비슷한 방식으로 대응할 수도 있다."[83]

하지만 기술은 아직 성숙해가는 단계에 있다. 공급업체 선택 폭이 넓다는 건 그만큼 일이 복잡해진다는 얘기다. 광범위하게 테스트를 했지만 네트워크에 여러 공급업체의 구성 요소들이 결합되어 있기 때문에 해결해야 할 문제는 여전히 남아 있다. 소규모 운영자에게는 이런 새로운 역학 관계를 처리할 기술적 전문지식이 부족할 수 있고, 대규모 운영자에게는 인내심이 부족할 수 있다. 일부 업체는 비용이 더 들더라도 단일 업체와 계약해서 일을 쉽게 처리하는 걸 선호할 수도 있다. T-모바일T-Mobile, AT&T, 버라이즌 같은 미국 최대 통신사들도 개방형 RAN에 관심을 표명했지만, 아직 5G 출시 계획에서 이를 완전히 수용하지는 않은 상태다.

개방형 RAN이 기존 네트워크 구축 방식을 대체하려면 몇 년 혹은 10년이 걸릴 수도 있다. 이 문제는 미 의회에서 초당적인 지지를 받아, 2021년 국방 예산으로 5G 네트워크 개발과 개방형 RAN 가속화를 위해 7억 5,000만 달러가 책정되었다. 개방형 RAN 도입을 장려하고 무선 칩 혁신에 투자하는 등의 노력을 바탕으로, 규모가 더 큰 디지털 인프라 패키지를 구축할 수 있다. 그러면 미국 내에서 폭넓게 도입되기까지 걸리는 시간이 단축되고, 미국 기업들이 해외 시장에서 성공할 수 있도록 규모를 확장하고 자리를 잡는 데도 도움이 된다. 이로써 현상 유지를 방해하며, 보안 경고뿐만 아니라 상업적으로 우월한 대안을 통해 중국을 수세에 몰아넣을 수 있다.

국산 디지털 인프라를 추진하려면 대중의 광범위한 지지가 필요한데, 다행히 미국인들은 루스벨트의 표현처럼 '이런 일을 하는 목적'을 잘 알고 있는 듯하다. 2020년에 실시한 여론조사에 따르면, 미국인 10명 중 9명은 공적 자금을 이용해 인터넷 접속을 확대하는 걸 지지하며, 60퍼센트 이상은 의회가 이 문제에 '즉각적인 관심'을 기울여야 한다고 생각한다.[84] 물론 어려움도 있을 것이다. 크로포드의 말처럼, "기성 기업들은 연방정부가 이런 일을 하지 못하도록 막기 위해 죽을 때까지 싸울 것이다."[85] 산업 단체들은 미국 일자리 계획의 광대역 투자에 영향을 미치기 위해 서둘러 행동에 나섰다.[86]

내가 2019년에 글래스고를 방문했을 무렵, 미국 정부의 당면 과제는 뭔가를 허무는 것이었다. 2019년 5월에 화웨이 제품 사용을 금지한 트럼프의 행정 명령 때문에 네몬트는 계획했던 네트워크 확장을 중단해야 했다. 그해 말, FCC는 기존에 설치했던 화웨이 장비 제거를 의무화하기로 했다. 그러나 의회가 2020년 12월 말에 두 번째 코로나19 구제 법안을 통과시킨 뒤에야 비로소 장비 교체를 위한 자금이 승인되었다.

19억 달러의 자금이 확보되더라도 교체 과정은 느리게 진행될 수 있다. 통신 사업자들이 공급업체에 입찰을 요청하는 데만도 몇 달이 걸릴 것이다. 낙찰된 업체가 장비를 교체하기까지는 훨씬 많은 시간이 소요된다. 한편 일부 통신사들은 기존 장비를 수리하는 데 어려움을 겪고 있기 때문에, 심한 경우 일부 지역은 서비스를 받지 못하는 상황까지 벌어지고 있다.[87]

정부 조치를 통해 장비 교체와 관련된 비용을 적절히 충당할 수 있을지도 불분명하다. 예를 들어, 네몬트는 80개가 넘는 이동전화 기지국에서 수백 개의 안테나 라디오를 교체해야 한다. 장비 비용 외에 제거와 설치를 위한 인건비도 필요하다. 보험 유지비가 너무 비싸기 때문에 네몬트도 다른 시골 지역 통신 사업자들처럼 통신탑 작업은 다 외주를 준다. 네몬트는 총 비용이 5,000만 달러에 이를 것으로 추산한다.[88] 이 엄청난 노력은 네트워크를 더 안전하게 만들기 위한 것이지만, 속도가 더 빨라지지는 않을 것이다.

전기와 달리 광대역은 움직이는 표적이므로, 5G가 등장하면 격차가 더 벌어질 가능성이 크다. 미국 통신 사업자들은 '5G'라는 상표를 이용해 여러 서비스를 제공하고 있기 때문에, 다양한 환경에서의 가용성과 효용성에 혼란이 초래되고 있다. 가장 빠른 버전은 고주파 밀리미터파를 사용해 최대 1~2Gbps(현재의 표준 속도인 25Mbps의 40~80배)의 다운로드 속도를 약속한다. 그러나 이 파동은 겨우 50~300미터만 이동하고 장애물을 통과하지 못하며 이를 활용하기 위해 필요한 인프라는 가격이 비싸다. 단거리와 고비용은 농촌 지역에 적합한 방안이 아니다. "그건 농촌 지역 네트워크에 엄청난 영향을 미칠 수 있다"고 헌터는 걱정한다.[89]

미국 시골 지역은 5G가 설치되기까지 시간이 오래 걸릴 테고, 설치되더라도 속도가 느릴 것이다. 농촌에서 더 빠른 광대역 통신을 이용할 수 있으면 정밀 농업에 도움이 될 거라고 쉽게 상상할 수 있다. 하지만 농촌 지역 고객들이 통신사가 초고가의 5G 핫스팟을 구축하기에 충분한 비용을 지불할 용의가 있다고 생각하긴 힘들다. 〈아르스 테크니카Ars Technica〉의 기자 짐 솔터Jim Salter는 "[밀리미터파] 5G의 다중 기가바이트, 초저지연 약속은 단기간에 이루어지지 않을 것으로 보이며, 해당 지역사회가 더 이상 외진 시골에 속하지 않을 만큼 성장하기 전에는 실현되지 않을 수도 있다"고 경고한다.[90]

미국 시골 지역에 도달하는 5G는 광고보다 덜 혁신적일 것이다. T-모바일과 스프린트는 합병 계약의 일환으로 3년 내에 전국의 97퍼센트, 6년 내에 99퍼센트에 5G 서비스를 제공하겠다고 약속했다. 이들의 방식은 더 멀리까지 이동하고 장애물을 잘 통과하는 600메가헤르츠의 낮은 주파수를 사용하는 것이다. 그러나 T-모바일의 발표에 따르면, 이런 방식은 4G 네트워크보다 평균 20퍼센트 정도 빠른 약소한 이득만 안겨줄 것이다. 그 결과 얻을 수 있는 속도는 30Mbps 정도로, 미국 시골 지역에서 현재 사용하는 회선 속도보다는 빠르겠지만, 도시 지역 사람들이 이용할 수 있는 속도에 비하면 아무것도 아니다.[91]

많은 관찰자가 예측하는 초연결 환경에 5G가 도입되면 디지털 격차가 극적으로 악화될 수 있다. 도시들은 교통 흐름부터 쓰레기 처리까지 모든 걸 효율적으로 하기 위해 무선 센서를 통합하고 있다. 2018년에 미국 시장들을 대상으로 한 여론조사에 따르면, 모든 대도시가 이미 스마트 프로젝트를 한 가지 이상 진행하고 있는 데 비해, 이러한 소도시는 7.5퍼센트에 불과했다.[92] 훨씬 빠른 무선 네트워크는 이런 활동 범위를 대폭적으로 확대할 수 있다. 그에 비해 농촌 지역은 현재 보유하고 있는 것보다 약간 빠른 버전을 얻게 될 뿐이다. 장기적으로 볼 때, 연결과 초연결 사이의 간극이 오늘날 비연결과 연결 사이의 간극만큼이나 극명해질 수 있다.

확실히 오늘날의 5G 관련 주장에는 과장 광고가 많다. 한때 3G를 '휴대전화 대혁명기의 여명'이라고 부르면서 몇 년 동안 이 기술을 출시하기 위해 고군분투했지만, 결국 주요 통신사 몇 곳은 투자금도 회수하지 못했다는 사실을 떠올리면 정신이 번쩍 든다.[93] 그러나 더 빠른 무선 네트워크 덕분에 우버Uber나 리프트Lyft 같은 승차 공유 서비스가 가능해진 것처럼, 5G도 당장은 눈에 띄지 않지만 어떤 활동을 가능하게 할 수 있다. 이런 모든 활동이 완벽하게 '훌륭한' 건 아니다. 그 과정에서 분열이 발생하기도 하고 일자리가 생기거나 없어지기도 할 것이다. 다음 장에서 설명하겠지만 장치의 연결성 증가, 즉 사물 인터넷도 보안 문제를 야기한다.

그러나 5G를 사용하는 지역은 단순히 영화를 빨리 다운로드하는 것 이상의 이점을 누린다. 학교에서는 수업 시간에 증강 가상현실을 사용할 수 있으므로, 학생들은 자기가 공부하는 장소를 가상으로 방문하고 사물들과 상호작용할 수 있다. 자동차는 도로나 다른 차량, 주변 환경과 정보를 주고받을 수 있기 때문에 출퇴근 시간이 단축되고 교통사고가 줄어든다. 병원에서는 환자 상태를 잘 모니터링하고, 직원 관리나 공급 추적 시스템을 이용해 우수한 의료 서비스를 제공할 수 있다. 작업 현장에서는 생산성이 높아질 것이다. 더 스마트해진 학교, 안전한 도로, 능률적인 병원, 탄탄해진 기업 같은 변화가 모두 합쳐지면 서로 다른 두 세계가 존재하는 것처럼 느껴지기 시작한다. 고인돌 가족 플린스톤Frlintstone과 우주 가족 젯슨Jetson처럼 말이다.

남들보다 뒤처지고 싶어 하는 사람은 아무도 없지만, 특히 개발도상국이나 신흥 시장의 경우에는 더 그렇다. 미국에서는 정부가 네몬트에게 장비를 교체하라고 명령할 수 있지만, 미국 바깥의 지역사회를 설득하려면 좀 더 강력한 주장이 필요할 것이다. 중국의 제안은 재정적인 부분에서 매력적이며, 대부분의 개발도상국은 정보 보안을 필수적 요소라기보다 부차적인 관심사로 여긴다. 네몬트의 경우처럼 그들의 선택도 결국 가격에 달려 있다. 따라서 미국 정부가 중국의 국가 자본주의와 경쟁하려면 안보보다는 경제적인 문제를 더 고심해야 한다.

마크 에스퍼Mark Esper 전 국방장관이 2020년 2월에 뮌헨 안보회의에 참석해 연설하면서 깨달은 것처럼, 안보 주장은 동맹국들 사이에도 설득력에 한계가 있다. 마크 에스퍼는 "중국 5G 공급업체에 의존하면 (…) 파트너들의 중요한 시스템이 운영 중단, 조작, 스파이 활동에 취약해질 수 있다"고 경고했다. "또한 우리의 통신과 정보 공유 능력, 더 나아가 우리의 동맹까지 위태로워질 수 있다."[94] 에스퍼의 발언은 참석자들의 주의를 끌었다. 객석에는 NATO 회원국의

디지털 실크로드

관계자들이 앉아 있었다.

투마스 헨드리크 일베스Toomas Hendrik Ilves 전 에스토니아 대통령은 자리에서 일어나 날카로운 질문을 던졌는데, 그는 이미 어떤 답이 나올지 알고 있었다. "유럽 사람들도 대부분 화웨이에 중대한 위험이 있다는 사실에 동의하고, 미국은 적어도 1년 전부터 화웨이를 쓰지 말라고 말해왔다. 그렇다면 화웨이를 대신할 대안은 있는 건가?"[95] 그 자리에 있던 이들 모두 박수를 쳤다. 헝가리, 아이슬란드, 몬테네그로, 터키를 제외한 NATO 회원국 거의 대부분이 향후 1년간 5G 네트워크에서 화웨이를 제외시킬 예정이다. 하지만 일베스는 미국 전략의 치명적인 약점을 지적했다.

유럽 국가들이 화웨이가 자국의 5G 네트워크에 접근하는 걸 제한하고 있긴 하지만, 중국 기술과 완전히 단절하기 위한 준비는 턱없이 부족한 상황이다. EU 최대 경제국인 독일과 프랑스는 중국이 다른 부문에서 보복하는 걸 경계하고 있다. 본 대학의 학자인 막시밀리안 마이어Maximilian Mayer는 "독일 기업들이 두 개의 새로운 기술 생태계 사이에서 갈등하는 상황(서로 다른 디지털 영역 사이에서 억지로 결정을 내려야 하는 상황)에 놓이게 될까 봐 불안해한다"고 말했다.[96]

중국 외교관들의 태도는 명확했다. 우켄吳懇 주독 중국대사는 2019년 12월에 "독일이 화웨이를 독일 시장에서 배제시키는 결정을 내린다면 그에 상응하는 결과가 있을 것"이라면서 "중국 정부가 가만히 있지 않을 것"이라고 경고했다.[97] 독일 자동차 3대 중 1대가 중국에서 판매되고 있는 상황에서, 우켄은 중국이 독일 자동차가 안전하지 않다고 선언할 수 있다고 말했다.

독일 지도자들은 중국에서의 판매량이 뒷받침되는 일자리가 사라지는 위험을 무릅쓰고 싶지는 않겠지만, 그렇다고 해서 자동차 산업이 독일의 외교 정책을 좌지우지하도록 하는 건 훨씬 더 위험하다. 중국 외교관들이 자동차 판매를 위협하고 물리적인 상품 흐름을 효과적으로 무기화할 용의가 있다면, 앞으로 중국 기술에 의존하는 네트워크를 가진 국가를 상대할 때는 어떻게 행동하겠는가? 독일 지도자들 입장에서 볼 때, 지난 세기의 산업 수요에 굴복했다가는 미래를 포기하게 될 수도 있다.

그런데 미래를 생각하면, 독일과 프랑스 지도자들은 미국 기술 기업에 의존하는 것도 우려스럽다. "유럽인들은 결정을 내려야 한다. 그리고 솔직히 말해서 난 중국과 미국의 디지털 모델은 선택하지 않을 것이다." 독일의 하이코 마스Heiko Maas 외무장관은 2020년 10월에 이렇게 말했다.[98] "이제 미국이나 중국의 해결책에만 의존하지 말고 우리가 기술 주권을 가져야 할 때다!" 에마뉘엘 마크롱 Emmanuel Macron 프랑스 대통령도 2020년 12월에 이렇게 말했다.[99] 하지만 이건 미국을 끌어들이고 싶어 하는 대서양 건너편 동맹국들의 단결된 외침은 아니다.

유럽에 독일과 프랑스만 있는 게 아니다. 비즈니스를 통해 얻는 이익의 힘은 다른 곳, 특히 EU 탈퇴 후 무역과 투자 관계를 강화하려고 애쓰는 영국에서 많이 느낄 수 있다. 헝가리, 그리스 같은 나라들이 투자 유치 경쟁을 벌이고 있는 유럽의 동쪽 가장자리에서는 중국 돈의 매력이 더욱 강하게 느껴진다. 유럽 최대의 경제국들이 중국의 위협에 맞서기 전에 소규모 경제국들이 먼저 나설 것이라고 기대하기는 어렵다.

유럽 이외 지역의 개발도상국들은 선택권이 제한되는 걸 훨씬 꺼린다. 2020년 10월에 브라질을 방문한 미국 관료들은 브라질 통신 사업자들에게 중국산이 아닌 다른 통신 장비를 구매할 경우 필요한 자금을 대주겠다고 제안했다.[100] 이는 올바른 방향으로 나아가기 위한 한 걸음이었지만, 미국 관료들이 너무 많은 걸 요구했거나 필요한 걸 충분히 제공하지 않았을 수도 있다. 다음 달에 브라질의 4대 통신사들은 미국 관계자들과 만나는 걸 거절했다. 업계 관계자는 "우리는 최고의 재무 결정을 자유롭게 내릴 수 있어야 한다"고 설명했다.[101] 많은 나라가 이런 태도를 취하는 건, 어느 한쪽 편을 들기보다 중간에서 양측이 치열하게 경쟁적인 제안을 하도록 유도하는 게 본인들에게 유리하기 때문이다.

에스퍼는 연설 말미에서 청중들에게 이렇게 촉구했다. "요컨대, 똑똑해집시다. 과거로부터 교훈을 얻읍시다. 그리고 나중에 우리의 결정을 후회하지 않도록 5G를 제대로 도입합시다. 21세기에 내리는 경제적 결정은 곧 국가 안보와 관련된 결정이기도 하다는 게 지금의 현실입니다." 그러나 사실 미국 농촌 지역이건 아프가니스탄이건, 대부분의 사람에게 가장 중요한 건 경제적인 문제다. 현명하게 행동하려면 그들의 요구에 부응할 수 있는 경제적인 대안을 제시해야 한다. 과거를 돌아보면, 미국이 매력적인 비전을 제시하더라도 그 미사여구에 걸맞은 자원을 제공하지 않을 경우 결국 중국 네트워크가 번창하리라는 사실을 알 수 있다.

5,000억 개의 눈

THE DIGITAL SILK ROAD

•

FIVE HUNDRED BILLION EYES

○

맑고 추운 날이었다. 늦은 오후의 햇살 속에서 카메라가 자동으로 조정되면서 렌즈 초점을 다시 맞췄다.[1] 카메라는 저장성과학기술대 법학 교수인 궈빙郭兵이 항저우에 있는 그의 대학 사무실에서 나오는 모습을 지켜봤다. 거리에서도 그를 지켜봤다. 그리고 그가 집에 돌아가는 동안 계속해서 지켜봤다.

궈빙은 운이 좋은 편이다. 다른 항저우 주민들은 누리지 못하는 약간의 사생활을 누리고 있기 때문이다. 일부 임대 주택의 경우, 카메라가 집 안에서도 주민들을 감시한다. 지난 세기에 있었던 대규모 인구 이동인 중국 국내 이주자의 흐름을 막지 못한 경찰은 조지 오웰George Orwell의 소설 《1984》의 한 페이지를 현실로 옮겨왔다. 그들은 이 프로그램을 '지능형 커뮤니티 구축'이라고 부른다.[2]

중국공산당은 항상 시민들을 지켜봤지만, 이제는 첨단 기술을 이용해 과거 어느 때보다 더 그들 삶의 깊숙한 곳까지 시선을 확장하고 있다.[3] 그들의 노골적인 목표는 모든 공공장소와 모든 얼굴을 완벽하게 감시하고 그 데이터를 다시 중앙 데이터베이스에 입력하는 것이다. 이들은 "어디에나 존재하는 네트워크화되고 항상 작동하며 완벽하게 제어 가능한" 시스템을 구축해서 이 목표를 달성하고자 한다. 업계 최고의 분석가인 찰스 롤렛Charles Rollet은 이는 "전 세계적으로 유례없는 수준의 비디오 감시를 위한 최고 수준의 노력"이라고 설명한다.[4] 2020년 말까지 중국은 6억 2,600만 대의 카메라를 설치할 계획인데 이는 인구 2명당 1대꼴이다.[5]

항저우는 중국 보안감시 산업 단지의 비공식적 수도다. 중국의 3대 감시 카메라 제조사인 다후아, 하이크비전, 유니뷰Uniview의 본거지이기도 하다. 정부의 넉넉한 지원을 받은 이 회사들은 기초적인 장비 판매를 그만두고 최첨단 시스템을 생산하게 되었다. 2010년과 2020년 사이에 하이크비전과 다후아의 시가총액은 80억 달러에서 760억 달러로 치솟았다.[6]

국내에서 급성장한 중국 보안감시 업계의 거물들은 세계 시장 지배를 목표로 하고 있다. 하이크비전과 다후아, 이 두 회사가 전 세계 감시 카메라의 거의 40퍼센트를 공급한다.[7] 독재 정치와 외교 정책 분야 전문가인 시나 체스트넛 그레이트스에 따르면, 호주와 남극을 제외한 모든 대륙에서 80개 이상의 나라가 중국의 보안감시 기술을 사용하고 있다.[8] 베테랑 언론인인 카이 스트릿매터Kai Strittmatter는 《우리도 한때는 조화로웠다We Have Been Harmonized》라는 책

디지털 실크로드

에서, "시진핑과 당의 계획이 성공한다면 그건 곧 디지털 복장을 한 전체주의의 귀환을 의미할 것"이라고 말했다. "그들은 전 세계 독재자들에게 미래로 향하는 지름길을 제공할 것이다. 독재자들은 중국에 새로운 운영체제를 주문하면서 유지보수 계약도 맺을 것이다."[9]

실제로 이런 두 가지 추세(중국 내에서의 엄격한 감시와 그 감시 시스템을 해외에 대량 수출하는 것)를 지켜본 많은 관찰자는 중국이 '독재를 수출하고 있다'는 결론을 내렸다.[10] 롤렛은 카메라 제조부터 인공지능 훈련, 분석 기능 구축에 이르기까지 모든 단계에서 경쟁력을 갖춘 기업을 보유한 나라는 중국밖에 없다고 지적했다. 중국 기업들은 정부가 이런 기능을 사용하는 방식에 결코 의문을 제기하지 않으며, 정부 보조금은 그들의 글로벌 확장을 촉진한다.[11]

그러나 '독재 수출'이라는 표현은 이 문제를 지나치게 단순화한다.[12] 각 나라가 이런 기술을 수입하는 이유, 기술을 사용하는 방식에 영향을 미치는 요인, 기술 자체의 한계에 관한 복잡한 의문을 간과한 표현이다. 이는 냉전 말기에 미국이 기술을 판매하면서 민주주의까지 수출하고 있다고 믿었던 미국 정책 입안자들의 실수를 그대로 보여준다. 기술은 계속해서 도구 역할만 했을 뿐이다.

《디지털 억압의 증가The Rise of Digital Repression》라는 책을 쓴 스티븐 펠드스타인Steven Feldstein은 "감시는 민주주의와 독재국가에서 모두 사용된다"고 말한다.[13] "더 큰 문제는 정권이 기존의 규범과 원칙을 위반해 가면서까지 이런 도구를 사용할 것인지 여부다." 실제로 서구 기업들은 오래전부터 전 세계에 보안감시 장비를 판매해왔다.

1989년에 있었던 톈안먼 사건 이후, 중국 당국은 시위자들의 신원을 확인하기 위해 교통 카메라에 찍힌 영상을 중국 국영 TV를 통해 방송했다. 그 카메라는 영국에서 제조되었고 세계은행이 비용을 지불했다.[14]

중국에서 제조한 카메라는 이제 톈안먼 광장뿐만 아니라 영국, 미국, 그리고 다른 민주주의 국가들의 공공장소를 감시한다. 이렇듯 중국 장비가 도처에 존재하게 된 것은, 정치적 동기가 아니라 강력한 상업적 동기로 구입되어 미국 관료들의 주목을 덜 받기 때문이다. 고객 집계, 교통안전 개선부터 대중 집회 방지, 최근에 벌어진 사상 최악의 인권 침해에 이르기까지 현지 상황에 따라 같은 기술은 완전히 다른 방식으로 활용될 수 있다.

★ ✷ 매의 눈

중국 감시 모델이 갈수록 범위가 넓어지고 정교해지는 것은 놀랍지만, 그렇게 완벽하지는 않다. 신과 같은 시각을 추구하는 과정에서 중국공산당은 혼란과 낭비, 분노를 자아내기도 했다. 당은 지역사회를 지탱하는 인프라가 부족한 상황에서도 지역 공무원들에게 감시망 구축을 요구한다. 오래된 카메라는 고화질 모델로 교체해야 하고, 가난한 지역사회들도 새 장비를 구입해야 한다.[15] 2019년 한 해에만 중국 전체 행정구의 3분의

1이 감시 장비를 구입했다.[16]

막대한 국가 재정 지출 덕분에 카메라는 새처럼 공공장소로 몰려들어 교차로의 신호등, 길모퉁이, 건물 꼭대기, 출입문 위에 내려앉았다. 2005년에 중국은 "범죄와 싸우고 발생 가능한 재난을 막기 위한" 도시 감시 프로그램인 스카이넷Skynet을 발표했다.[17] 그 이름은 '하늘이 친 그물은 거대해서 넓게 펼쳐져 있지만 아무것도 놓치지 않는다'는 중국 속담에서 유래했다. 10년 뒤, 중국은 '매의 눈Sharp Eyes'이라는 프로그램을 통해 이런 노력을 시골로까지 확대했다. 이 프로젝트의 중국 이름을 문자 그대로 번역하면 '눈snow처럼 밝다'는 뜻인데, '대중의 눈은 눈처럼 밝다'는 마오쩌둥주의의 구호에서 따온 것이다.

'매의 눈'은 오웰의 디스토피아를 넘어선다. 《1984》에 나오는 독재 국가인 오세아니아에서는 사상경찰이 시민들을 감시한다. '매의 눈'은 이런 감시를 전례 없는 규모로 가능케 하며, 일부 지역사회에서는 시민들이 서로를 지켜볼 수도 있다. 주민들은 소파에 앉아 정부 뉴스를 보다가 자기 동네의 비디오 피드로 화면을 전환할 수 있다. 아니면 휴대폰 앱을 통해 영상을 보다가 이상한 걸 발견하면 버튼을 눌러 바로 당국에 신고할 수도 있다. 이 시스템은 잔인할 정도로 영리하다. 남의 사생활을 지켜보는 걸 좋아하는 이들에게 뷔페를 제공하고, 집단적 주민 조직이 처음 만들어진 1,000년 전부터 존재했던 사회적 압력을 이용한다.[18]

지방 정부는 자신들의 노력을 높이 평가받고 싶어 하고, 국영 언론은 거의 매일같이 '매의 눈'의 성공을 강조한다. 이 이야기에서는 감시 시스템이 곧 슈퍼히어로다. 범죄와 싸우고, 잃어버린 아이들을 찾고, 집에 있는 노인들도 돕는다. 하지만 중국 정부가 '핵심 인물'이라고 부르는 시위 의심자와 반체제 인사들을 감시하기 위해 이 시스템을 어떻게 이용하는지는 얘기하지 않는다.[19] 한 행정구마다 수백만 달러씩은 들었을 감시 장비에 지출한 돈을 다른 우선순위에 쓰는 게 더 낫지 않았겠느냐고 용기 있게 물어보는 사람은 거의 없다.[20] 어쨌든 정부가 계속 지켜보고 있기 때문이다.

최근에는 더 똑똑한 카메라가 중국의 공공장소에 등장했다. 이 고화질 카메라는 눈부신 빛, 낮은 조도, 안개에 자동으로 적응해 24시간 내내 어떤 조건에서든 선명한 이미지를 제공한다. 이동 중인 물체를 추적하기 위해 카메라가 자동으로 움직이고 젖혀지고 확대/축소까지 된다. 이렇게 촬영한 영상을 AI 기반의 소프트웨어에 넣어서 번호판을 분류하고, 사람 수를 세고, 얼굴을 분석한다. 이데이터는 휴대전화에서 고유 코드를 캡처하는 장치와 연결되어, 개인 식별에 대한 당국의 신뢰도를 높인다.[21]

중국 같은 감시 국가에서는 모든 사람이 유명 인사다. 하지만 감시 카메라의 시선은 영화배우들을 뒤쫓는 파파라치의 카메라보다 훨씬 더 깊숙이 파고든다. 그건 단순히 여러분의 화상을 기록하는 것 이상의 일을 한다. 여러분의 성별, 나이, 민족을 판단한다. 질병의 징후가 있는지 체온을 확인한다. 여러분이 걷는 방식을 측정하고 평가한다. 어떤 회사들은 충분한 시간 동안 촬영한 후에는 카메라가 뒤에서도 여러분을 인식할 수 있다고 주장한다. 그들은 단순히 지켜보기만 하는 게 아니다. 여러분을 계량화하고 있다.

많은 서구 국가에 비해 중국에서는 개인정보 보호에 대한 기대감이 낮지만, 중국인들도 끊임없는 정밀 조사와 무분별한 안면 인식 정보 활용을 경계하고 있다. 2019년에 중국에서 처음 실시된 데이터 보호 관점에 대한 공개 여론조사에서, 응답자의 3분의 1은 동의서에 서명도 하지 않은 채 얼굴이 스캔되었다고 답했다.[22] 절반 이상은 추적당하는 것에 대한 우려를 나타냈다. 압도적 다수가 전통적인 식별 방법을 선호했고 데이터 보안에 대해 걱정했다. 이런 우려는 안면 인식을 거부하는 게 아니라, 한계를 설정하고 더 강력한 보호 장치를 마련하고자 하는 욕구를 나타낸다.

2019년 11월, 궈빙은 항저우의 사파리 공원을 상대로 소송을 제기하면서 중국인들의 개인정보 침해 우려를 대변하는 대표적인 인물이 되었다. 도시 남서쪽에 위치한 이 공원은 사자, 호랑이, 원숭이 같은 동물들 덕분에 항저우에서 가장 인기 있는 관광명소 중 하나가 되었다. 이름은 자연적인 환경을 그대로 옮겨놓은 듯한 분위기를 풍기지만, 실제로는 동물들을 전시물로 분리해놓은 전통적인 동물원이다. 이곳에서 가장 개방적인 장치는 방문객들을 여러 개의 대형 전시실까지 태워다주는 카트다. 전시실에는 공원 직원들이 서서 지켜보고 있는데, 때로는 동물들과 겨우 몇 미터 떨어진 곳에 서 있기도 한다.

이 공원은 10월에 궈빙에게 이상한 문자 메시지를 보냈다. "연간 입장권 소지자분들께, 저희 공원의 연간 입장권 시스템이 공원 출입을 위한 안면 인식 시스템으로 업그레이드되었습니다. 기존의 지문 인식 시스템은 없어졌습니다. 오늘부터 안면 인식 기능을 이용해서 등록하지 않은 이용자들은 공원에 입장할 수 없습니다. 아직 등록하지 않은 분들은 지문이 확인된 연간 이용권을 가지고 연간 이용권 센터로 가서 최대한 빨리 등록하시기 바랍니다. 즐거운 방문 되십시오!"[23]

귀빙은 "나는 기술면에서 '보수적인' 사람은 아니라고 생각한다. 하지만 안면 인식이나 그와 비슷한 기술 혁신을 접하면 '왜' 이런 걸 쓰느냐고 몇 번 더 묻긴 한다"고 설명했다.[24] 동료들과 이야기를 나눈 뒤 그는 지방 법원에 소송을 제기했다. 또한 부동산 관리자가 생체 데이터를 수집하는 걸 금지하자는 제안서를 지방 당국에 제출했다.[25] 중국 최대의 보안감시 장비 기업들의 본거지인 항저우에서 이런 일을 하는 건 허쉬Hershey 초콜릿의 본고장인 펜실베이니아주 허쉬에서 초콜릿 반대 캠페인을 벌이는 것과 같다.

귀빙은 성서 속 다윗 행세를 하면서 감시 국가의 골리앗을 죽이려는 게 아니었다. 그의 법적 조치는 정부가 아닌 안면 인식 기술을 사용하는 기업에 초점이 맞춰져 있다. 그는 "공안부나 관련 정부 부처가 특정한 공익적 목적으로 얼굴 정보를 수집하는 건 그래도 받아들일 수 있지만, 동물원에서 얼굴 정보를 수집한다고 하면 정보의 안전성과 사생활에 대한 의구심이 든다"고 설명했다. "위반 사항이 발생하면 누가 책임을 질 것인가?"[26]

디지털 실크로드

중국 정부는 이런 우려에 귀를 기울이고는 있지만 어떤 권력도 포기하려고 하지 않는다. 2021년 중반에 완성될 것으로 예상되는 개인정보에 관한 법률 초안에는 개인정보를 잘못 취급하는 기업은 엄중히 처벌하겠다고 명시되어 있다. 또 공공장소에 설치된 보안감시 시스템의 데이터는 공공 보안 목적으로만 사용해야 한다는 요건도 포함되어 있다.[27] 궈빙은 그걸 '개선'이라고 말하면서도 표현이 모호하다는 점에 주목한다.[28]

2020년 11월, 법원은 부분적으로 궈빙의 편을 들어 공원 측에 안면 인식 데이터를 삭제하고 궈빙에게 158달러에 해당하는 금액을 지급하라고 명령했다. 하지만 안면 인식 데이터 수집과 관련된 공원의 고지가 본질적으로 무효이며 방문객의 사생활권을 침해했다는 궈빙의 주장에는 동의하지 않았다.[29] 궈빙과 공원 측 둘 다 이 판결에 항소했다.

최종 판결에 상관없이 궈빙의 입장은 이미 상징성이 풍부하다. 중국 감시법에 대한 가장 진지하고 공식적인 문제 제기가 오락시설에서 비롯되었다. 보다 근본적으로 따지고 들면, 문제의 사업체는 지나친 감시의 궁극적 표출이다. 그곳에서 사람들은 자기가 왜 그리고 어떻게 관찰되고 있는지 제대로 이해하지도 못하고 동의하지도 않은 생물들을 관찰한다. 안전이라는 미명하에, 관찰당하는 쪽의 자연스러운 삶을 박탈한다. 그리고 세계에서 가장 큰 사파리 공원은 중국이라는 감시 국가이다.

★☆☆ "역사가 멈췄다"

중국 북서부의 신장 지역에서, 정부는 100만 명 이상의 위구르족, 카자흐족, 기타 이슬람 소수민족을 수용소에 강제 수용했다. 위구르족이 수십 년간 박해를 받아오던 상황에서 2009년 신장 수도 우루무치에서 시위가 벌어져 200명 가까이 사망하고 수백 명이 부상을 당하자 중국 정부는 더욱 극단적인 조치를 취하기 시작했다.[30] 강제 수용소에 대한 보도가 나오자 중국 관리들은 이를 부인하면서 수용소 입소는 자발적인 것이라고 주장했다.

그러나 유출된 공산당 계획 문서에는, 미국 관료들이 "오늘날 세계에서 가장 큰 규모로 자행되고 있는 소수민족 집단 감금"이라고 부르는 이 상황을 관리하기 위한 시스템이 상세히 기술되어 있었다.[31] 국제탐사보도언론인협회에서 이 문서에 대한 보도를 이끌었던 베서니 알렌-에브라히미안Bethany Allen-Ebrahimian은 "중국 관료들의 표준 어법과 오웰의 이중화법을 결합시킨 문서 스타일"에 주목했다.[32] 《1984》에 나오는 오세아니아에서 고문을 자행하는 부서를 '애정부Ministry of Love'라고 부르는 것처럼, 중국도 강제 수용소를 '재교육 캠프', 수감자들을 '학생'이라고 부른다.

생존자들의 설명에 따르면 수용소 안에서의 삶은 끔찍하다. 수감자들을 매일 엄격하게 관리하면서 그들의 개성을 박탈하고 국가의 자비를 애원하도록 개종시키고 있다. 수감자들은 회개하고 자백해야 한다. 계속해서 국가 선전 비디오를 보고, 표준 중국어와 공산당 이념에 대한 교육을 받는다. 그곳에 억류된 적이 있는 사람들이 〈텔레그래프The Telegraph〉와의 인터뷰에서 한 얘기에 따르면, 식사 시간에 할 수 있는 유일한 선택조차 매우 비인간적이다. "시진핑 만세!"라고 외치면 찐빵이나 쌀밥 한 그릇을 받을 수 있다. 하지만 침묵을 지키면 전류가 흐르는 소몰이 막대로 날카로운 고통을 맛보게 된다.[33] "권력은 인간의 마음을 산산조각 낸 다음 그 조각을 모아 자기가 선택한 새로운 형태로 만든다."《1984》에서 주인공의 적인 오브라이언O'Brien은 이렇게 말한다.[34]

강제 수용소는 지속적인 감시와 무거운 처벌에 의존한다. 정부 문서는 이 수용소의 "모든 기숙사와 교실에 사각지대가 없도록 완벽한 비디오 감시 체제"를 구축하라고 요구한다. 아주 사소한 규정 하나만 위반해도 수용자의 억류 기간이 늘어날 수 있다. "처음 수용소에 들어올 때 점수를 1,000점 받는다. 점수가 늘어날 수는 없다. 하품을 하거나 미소만 지어도 점수가 깎인다. 그리고 점수가 500점 이하로 떨어지면 그곳에서 1년을 더 지내야 한다." 이 수용소에서 살아남은 사람의 설명이다.[35] 이건 사람들에게 해를 입히기 위해 설계된 시스템 계산법으로, 점수는 계속 깎이기만 한다. 여기서 풀려나려면 점수를 높이는 게 아니라 깎이는 점수를 최대한 줄여야 한다.

중국의 강제 노동 수용소에서 풀려나도 자유를 얻을 순 없다. 수감자들은 카메라와 보안군이 사방에 깔려 있는 지역사회로 돌아간다. 수년간 악성 프로그램을 사용해서 위구르족의 전화 통화를 감시하던 중국 정부는 이제 더욱 노골적인 방법을 쓰기 시작했다.[36] 위치, 통화 내역, 메시지를 모니터링하는 응용프로그램을 설치하도록 강제하는 것이다. 또 혈액과 DNA 샘플을 채취하는 '건강 검진서'를 제출하게 해서 점점 규모가 커지고 있는 국가 생체 데이터베이스에 포함시킨다.[37]

중국의 디지털 억압은 통제를 위한 로테크low-tech 기법과 밀접한 관련이 있다. 정부는 턱수염을 기르거나 히잡을 착용하는 걸 엄격히 금지하고, 중국 보안감시 업체들은 얼굴 분석 기능으로 '소수민족 감지' 외에 '수염 감지' 기능까지 제공한다.[38] 중국 정부는 위구르족의 정체성을 말살시킨 뒤에도 통제를 멈추지 않는다. '테러 방지' 보안 훈련이라는 명목으로, 그들의 과거 모습을 어둡게 왜곡시킨 캐리커처와 비슷하게 생긴 보이지 않는 가상의 적과 매일 전투를 치르도록 훈련시킨다.

중국 당국은 위구르족의 정체성을 지우려고 애쓰면서 그와 동시에 위구르 문화의 기반이 되는 물리적 공간을 완전히 파괴하고 용도를 변경했다. 유서 깊은 교역소이자 위구르 성지가 있는 카슈가르에서 가장 오래된 건물들이 2009년에 파괴되었다. 역사적으로 큰 손실이었는데, 당국은 지진 안전을 위한 조치였다고 주장했다.[39] 중국의 편집증 때문에 수백 년 된 건물이자 평화로운 예배 장소였던 카슈가르의 이드 카 모스크Id Kah Mosque는 이슬람교도 명단을 작성하는 기계가 되어 버렸다. 도시 주변의 검문소에서는 개인의 움직임을 감시하고, 그 내용은 그들의 가족, 학력, 과거 활동에 대한 자세한 정보가 담긴 데이터베이스에 입력된다.[40]

신장 남서부의 오아시스 마을인 호탄은 수세기 동안 위구르 순례자들이 모이는 교역 중심지로 번창했다. 이곳 상점가에 들어가려면 얼굴 스캔에 응하고 신분증을 제시해야 한다.[41] 마을 광장에는 위구르족 농부이자 정치가인 쿠르반 투룸Kurban Tulum이 마오쩌둥과 악수하는 동상이 서 있다. 여기서 1.6킬로미터도 채 떨어지지 않은 곳에 있는 1천년 된 위구르 묘지와 신성한 사원은 2019년에 불도저에 밀려 사라졌다.[42] 관계자들은 개발과 "도시에 사는 모든 사람을 위해 넓고 아름다운 환경을 만들기 위해서"라고 주장했다.[43] 그 공간의 일부는 주차장으로 바뀌었다.

《1984》의 주인공 윈스턴Winston은 "어제부터 시작된 과거가 사실상 폐지됐다는 사실을 아는가?"라고 묻는다. "모든 기록이 파괴되거나 위조되고, 모든 책이 다시 쓰이고, 모든 그림이 다시 그려지고, 모든 동상과 거리와 건물 이름이 바뀌고, 모든 날짜가 변경되었다. 그리고 그 과정은 매일매일 분 단위로 계속된다. 역사는 멈췄다. 당은 항상 옳다는 끝없는 현재 외에는 아무것도 존재하지 않는다."[44]

중국공산당은 과거를 지우면서 미래를 지배하고 싶어 한다. 호주 전략정책연구소에서 위성사진을 분석해본 결과, 2017년부터 시행된 중국 정부의 정책 때문에 신장 지구에 있던 모스크의 3분의 2가 파괴되거나 훼손된 것으로 추정된다.[45] 파괴되지 않은 모스크에는 카메라가 달려 있다. 하이크비전은 신장의 한 행정 구역에 있는 거의 1,000개 가까운 모스크 입구에 카메라를 설치하는 프로젝트를 진행했다.[46] 롤렛의 조사에 따르면, 하이크비전과 다후아는 2016년부터 2017년 사이에 신장 감시 프로젝트에 대해 10억 달러 이상의 계약을 수주했다.[47]

중국의 억압적인 전술에 경악하기는커녕 강한 흥미를 느끼는 외국 지도자도 많다. 그들은 이걸 도시에서 발생하는 범죄를 줄이고 성장을 촉진할 수 있는 도구를 확보할 기회로 여긴다.[48] 물론 그중 독재적인 성향이 있는 이들에게는 국내의 정적들을 감시하고 통제를 강화할 기회이기도 하다. 그러나 개발도상국의 시장들은 부유한 국가의 시장들과 마찬가지로 일자리를 창출하고 도시 서비스를 개선하는 데 초점을 맞추고 있다. 그들은 보유한 자원이 적기 때문에 중국 기술이 더 매력적으로 느껴질 수 있다.

항저우 3인조 가운데 규모가 가장 큰 하이크비전은 중국 국내에서의 국가 지원과 해외에서의 저가 판매를 통해 세계 보안감시 업계의 거물이 되었다. 이 회사 생산 설비에서는 매일 26만 대의 카메라가 생산된다. 매일 태어나는 사람 3명당 2대꼴인 셈이다.[49] 2019년에는 전 세계 감시 카메라의 4분의 1을 생산해서 150개 이상의 국가에 판매했다.[50]

이 회사는 국영 기업으로 출발해 지금도 정부와 긴밀한 관계를 유지하고 있다. 100퍼센트 국가 소유이자 방위산업계의 대기업인 중국전자기술그룹CETC이 하이크비전의 최대 주주인데, CETC는 군과 민간 양쪽 부문에서 활약하면서 레이저부터 세탁기까지 모든 걸 생산한다.[51] CETC는 신장에서 진행되는 다양한 프로젝트 중에서도 특히 카슈가르의 군대식 지휘와 감시 시스템, 호탄 상점가의 안면 인식 시스템, 잠재적으로 위협이 된다고 생각되는 사람들의 데이터를 수집하고 신고하는 방대한 경찰 프로그램 등을 제공했다.[52] CETC 회장은 2017년에 "중국 전자산업 발전을 선도하고 국가 안보의 초석을 다지는 게 목표"라고 밝혔다.[53]

하이크비전은 2010년에 선전 증권거래소에 상장된 후 중국 정부와의 관계를 강화해 왔다. 2015년에 하이크비전의 모회사가 첫 번째 당 위원회를 개최했는데, 이 자리에서 하이크비전의 회장은 당정책을 사업 발전 목표와 통합하는 게 중요하다고 강조했다.[54] 몇 주 뒤, 시진핑이 하이크비전 본사를 방문해 회사 제품과 R&D 센터를 시찰했다. "중국의 위대한 부흥이 코앞으로 다가왔다"고 그는 노동자들에게 말했다.[55] 그해 말, 중국 정부는 하이크비전에 30억 달러의 신용대출을 제공했다.[56]

중국 보안감시 업계에서 일하는 대기업들은 미국 기술과 투자의 혜택도 받았다. 하이크비전은 엔비디아Nvidia에서 프로그래밍이 가능한 칩을 구입해 AI 알고리즘을 훈련시켰다. 또 이 회사는 인텔Intel, 소니Sony, 웨스턴 디지털Western Digital과도 제휴했는데, 이들은 2019년 초에 열린 무역박람회에서 하이크비전과의 제휴 사실을 광고했다.[57] 2005년에 시게이트Seagate는 하이크비전과 손잡고 보안감시 장비용으로 특별히 개발한 최초의 하드 드라이브를 출시했다. 시게이트는 2017년에 AI 감시를 위해 개발한 최초의 하드 드라이브를 발표하면서 하이크비전, 다후아, 유니뷰 대표들의 말을 인용했다. 다후아 국내 영업센터 소장은 "전략적 파트너인 시게이트의 첨단 기술은 다후아가 AI 분야에서 새로운 정상에 오르는 데 도움이 될 것"이라고 말했다.[58]

★ "스마트 라이프 구축"

중국에 가본 적이 없더라도 하이크비전에서 만든 카메라는 봤을 것이다. 하이크비전은 2017년에 이미 북미 시장의 12퍼센트를 차지했다.[59] 이 회사의 카메라가 뉴욕의 아파트 건물, 필라델피아의 공공 레크리에이션 센터, 로스앤젤레스의 호텔들을 감시했다.[60] 경찰도 이 장비를 사용해 멤피스, 테네시, 매사추세츠주 로렌스의 거리를 감시하고 콜로라도의 한 범죄 연구소를 지켰다.[61] 런던과 영국에서 런던 다음으로 큰 도시 20개 가운데 절반 이상이 하이크비전 카메라를 구입해서 설치했다.[62]

하이크비전의 도달 범위를 제대로 이해하려면 지도가 필요하다. 쇼단Shodan이라는 검색 도구를 이용하면 인터넷에 연결된 장치를 찾을 수 있다. 2020년 4월에 하이크비전의 디지털 비디오 레코더를 검색해본 결과, 미국에서 105,000대 이상의 장치가 발견됐다. 장치가 있는 위치가 빨간 점으로 표시된 검색 결과 지도는 주요 도시에 활동 클러스터가 있는 팬데믹 추적기처럼 보였다. 이 장치가 2,500

대 넘게 설치되어 있는 휴스턴이 선두를 달렸다. 로스앤젤레스, 시카고, 마이애미 모두 장치가 1,000대 이상 있었다. 심지어 몬태나주 시골에도 여기저기 빨간 점들이 보였다. 지도를 확대해보니 몬태나주 웨스트비(인구 168명)에 있는 네몬트 고객과 연결된 장치도 확인할 수 있었다.

하이크비전은 경쟁력 있는 가격으로 미국 정부 부처는 물론 가장 민감한 장소 몇 곳에 장비를 공급하는 업체들까지 자기편으로 끌어들였다. 미국의 재판매업자에게 엄청난 할인율을 제공하는 이 회사의 카메라는 결국 북미항공우주방위사령부NORAD의 본거지인 콜로라도주의 피터슨 공군 기지와 나중에 미국 우주군으로 통합된 군부대까지 진출했다.[63] 우크라이나 키이우(키예프)와 아프가니스탄 카불에 있는 미국 대사관에도 하이크비전 카메라가 설치되어 있다.

하이크비전 카메라는 어디에나 존재하게 되었고, 미국 정부는 그걸 전부 찾아내기 위해 고군분투했다. 하이크비전과 다후아의 카메라가 중국으로 은밀하게 정보를 보낼 수도 있다는 우려가 제기되자, 미국 의회는 2018년에 이 회사들이 만든 장비 사용을 금지하면서 장비를 자진 철거할 수 있는 유예 기간을 1년 줬다.[64] 그러나 보안 업계 연구 그룹인 IPVM에 따르면, 90개 이상의 회사가 이 카메라의 라벨을 자사 브랜드로 갈아 붙였다. 이런 경우에는 해당 기관이 의심되는 장비를 분해해서 부품을 검사하는 것 외에는 달리 방법이 없다.

하이크비전의 미국 자회사인 EZVIZ는 자사 제품이 더 친근한 느낌을 풍기게 하려고 애썼다. EZVIZ는 진짜 출신지는 숨긴 채, 캘리포니아의 시티 오브 인더스트리City of Industry에 기반을 둔 회사라는 점을 강조한다. 심지어 한번은 광고를 통해 '영상에 홀딱 빠진' 중서부 출신 밀레니얼 세대 3명이 차린 회사라고 암시하기도 했다.[65] 2015년에 미국에 진출한 이후, EZVIZ 브랜드는 카메라부터 초인종, 자물쇠, 심지어 자동 커튼까지 분야를 확대했다. 이런 제품은 홈 디포Home Depot, 월마트Walmart, 기타 유명 소매점에서 판매되고 있다. 2020년에 이 회사의 아마존 페이지는 'EZVIZ로 스마트 라이프를 구축하라'였다.[66]

인터넷 연결 장치 증가의 중심에는 스마트 홈이 있다. 프로세서와 센서 가격이 급락하고 광대역 속도가 빨라지면서 인터넷에 연결된 기기가 늘고 있다. 세탁기, 텔레비전, 심지어 토스터에도 인터넷 연결이 필요한 자동화 기능이 탑재되어 있다. 2020년에 시스코는 가정 안팎에서 인터넷에 연결되어 있는 장치 수가 500억 개쯤 될 거라고 추산했다. 2030년에는 그 수가 5,000억 개로 늘어날 것으로 예상된다.[67] 달리 표현하자면, 5,000억 개의 눈과 귀가 존재하게 되는 것이다.

감시 카메라는 극단적인 예처럼 보일 수 있지만, 다른 장치에 의한 지속적인 데이터 수집은 심각한 위험을 수반한다. 점점 더 인기를 얻고 있는 피트니스 시계와 밴드는 우리의 움직임과 심박수, 수면 패턴을 추적한다. 중국의 대표적인 휴대폰 및 기타 장비 제조업체인 샤오미Xiaomi는 군용 센서와 30일의 배터리 수명을 자랑하는 피트니스 밴드를 35달러에 판매하고 있다. 이 회사의 좌우명은 '당신의 모든 움직임을 이해하라'다.[68] 이런 제품은 새로운 형태의 편의성을 제공하지만 데이터 프라이버시와 사이버 보안에 대한 적절한 보호 장치가 없으면 무기화될 수도 있다.

몇몇 정부에서는 이런 상황을 면밀히 검토하고 있지만, 일반 소비자들은 크게 걱정하는 것 같지 않다. 2020년 중반까지 샤오미는 1,300만 개가 넘는 피트니스 밴드를 출하했는데, 이는 전 세계 어떤 공급업체보다 많은 양이다.[69] 이 회사의 최신 모델은 2020년 말까지 아마존에서 별 5개짜리 리뷰를 16,000개 이상 받았다. 트럼프 행정부의 임기가 끝나가던 2021년 1월, 미 국방부는 중국군과의 유착 의혹이 있는 기업 블랙리스트에 샤오미를 추가했다.[70] 이 명령으로 미국 투자자들은 이 회사의 지분을 처분해야 하지만, 미국인들이 샤오미 제품을 사는 걸 막지는 못한다.

인터넷에 연결된 집은 편리함 면에서는 꿈같은 존재지만 보안 면에서는 악몽이다. 스마트폰뿐만 아니라 스피커, 알람시계, TV, 자동차, 냉장고, 그리고 사람들이 시간을 보내는 대부분의 장소에 마이크가 존재한다. 인터넷에 연결된 냉장고는 무해해 보이지만, 로라 드나르디스Laura DeNardis가 《모든 곳에 존재하는 인터넷The Internet in Everything》에서 설명한 것처럼, 이런 냉장고는 개인의 건강과 관련된 사적인 세부정보뿐만 아니라 그 사람이 언제 집에 있는지까지 알려줄 수 있다.[71] 또 동일한 네트워크에 있는 다른 장치에 액세스할 수 있는 방법도 알려준다.

미국 관료들의 공개적인 경고는 대부분 무시되었다. 제임스 클래퍼James Clapper 미국 국가정보국장이 2016년에 의회에서 밝힌 것처럼, "정보기관에서는 신원 확인, 감시, 모니터링, 위치 추적, 모집 대상 선정, 네트워크나 사용자 증명서 액세스를 위해 [사물 인터넷을] 이용할 수 있다."[72] 또 이런 장치를 이용해 공격을 시작할 수도 있다. 클래퍼가 경고한 지 7개월 뒤, '미라이Mirai'라는 봇넷botnet(봇 프로그램에 감염되어 해커의 통제를 받는 수많은 PC로 구성된 컴퓨터 네트워크—옮긴이)이 50만 대 이상의 장치를 감염시켰는데, 그중 상당수가 다후아 웹캠이었고 이를 통해 주요 웹사이트를 오프라인 상태로 만들었다.[73]

인터넷이 물리적 세계로 점점 확대됨에 따라 보안은 소비자용 기기의 주요 장점이 아니라 사후 고려사항이 되어버리는 경우가 많다. 드나르디스는 "시장에 가장 먼저 진출하는 게 무엇보다 중요하다"고 설명한다. 보다 안전하고 나중에 취약점이 발견돼도 패치가 가능한 장치를 설계하려면 시간과 비용이 많이 든다. 이런 걸 보면, 기업들은 소비자나 규제 당국이 요구하기 전까지는 보안 기능을 최소한으로만 유지하리란 걸 알 수 있다. 이런 위험은 중국 기업에만 국한된 것도 아니다. 사이버 보안 전문가인 제임스 A. 루이스James A. Lewis는 "중국 장비는 중국 서비스를 사용하지 않거나 중국에서 만들어지지 않았더라도 미국 데이터와 기기에 접근하는 데 별 문제가 없는 것으로 보인다"고 말한다.[74]

하이크비전은 여러분의 현관문을 감시할 수 있는 유리한 기회를 얻기 위해 싸우면서, 심지어 고객이 자신들을 집안까지 맞아들여 주길 바라고 있다. 2018년에 전자제품 업계의 디트로이트 모터쇼Detroit Auto Show(세계의 최신 자동차 트렌드를 읽을 수 있는 전시회—옮긴이)라고 할 수 있는 소비자 가전 전시회에서, EZVIZ는 '스마트 도어 뷰어Smart Door Viewer'로 혁신상을 수상했다. 이 장치는 작은 구멍을 통해 얼굴을 확인하고 그걸 사용자가 정의한 데이터베이스와 비교한다.[75] EZVIZ는 이 수상과 관련된 보도 자료에서, 자기네는 "더 많은 이에게 혁신적인 기술을 제공하려는 야망을 품은 소규모 팀으로 시작했다"면서 회사의 소박한 출발을 주장했다.[76]

잠깐 하던 일을 멈추고 이 문제를 곰곰이 생각해보자. 금세기의 가장 끔찍한 인간 비극에 기여한 바로 그 기술이 여러분이 사는 도시의 거리, 주변 건물, 심지어 옆집 거실까지 감시하고 있을지도 모른다.

그런 기술이 주변에 흔해진 건 소름끼치는 일이지만, 그걸 사용하는 방식은 극명하게 차이가 난다. 예를 들어, 미국에서는 안면 인식과 관련된 법이 아직 제정 중이라서 일부 도시는 안면 인식을 불법화하고 다른 도시는 이를 허용하고 있으며, 이와 관련된 한도를 정하려는 움직임도 커지고 있다. 하지만 한편으로는 오랫동안 이어져 온 미국의 인권 옹호와 사생활 보호법이 이런 도구를 사용하는 정부의 능력을 제한하는 것도 사실이다. 반면 중국과 다른 독재 국가에서는 보안 서비스에 대한 실질적인 제한이 없으며, 이에 대해 진지하게 이의를 제기하려는 징후도 보이지 않는다.

★∴ 빅 브라더의 사각지대

이런 도구가 작동하는 방식을 자세히 알아보려고 하던 중에, 하이크비전의 교육 및 인증 강좌가 여전히 진행 중이라는 걸 알게 되었다. 다루는 주제는 번호판 인식부터 열 카메라에 이르기까지 다양했다. 회사 내부를 볼 수 있는 기회도 생기길 갈망하면서 전문 자격증 과정 2개에 등록했다.

첫 번째 강좌인 하이크비전의 북미 지역 영업 훈련에서는 '하이크비전 제품을 효과적으로 포지셔닝하고 판매하는 데 중요한 핵심 주제'를 다룬다고 했다. 교육생은 '비디오 감시의 기본 원리를 배우고', '하이크비전 장비의 필수적인 구성을 익히며', '하이크비전 장치를 사용해 일반적인 설치 문제를 해결'할 수 있다. 교육 과정을 통해 대안적 현실을 엿보게 해주겠다는 것이다.

이 강좌는 작은 기업이던 하이크비전이 불과 10년 만에 시장 선두주자로 부상하게 된 사실을 자랑스럽게 이야기하면서 시작되었다. 연대표를 이용해 급성장 과정의 주요 이정표를 보여줬는데, 2006년에 처음 미국 지사를 설립한 뒤 인도, 암스테르담, 러시아, 두바이 등에서도 사업을 하게 되었다고 한다. 하이크비전에서 일하는 영업 인력이 14,500명이라는 것, 연매출의 8퍼센트를 R&D에 투자한다는 것, 150개 이상 나라에서 활동하는 것 등도 홍보했다. 이런 통계는 영업 사원들이 잠재 고객에게 중국 회사를 소개하는 데 도움이 될 것이다. "그 회사 이름이 뭐라고요?" 영어권 사람들이 묻는 소리가 들리는 듯하다.

물론 어떤 고객은 이 회사에 대해 이미 들어봤을 것이다. 그리고 첫인상이 별로 긍정적이지 않았을지도 모른다. 미국에서 활동하기가 점점 어려워지고 있다는 사실 때문에, 나는 이 강좌의 자주 묻는 질문에 그와 관련된 답변이 몇 가지 포함되어 있을 거라고 예상했다. 하이크비전과 중국 정부는 어떤 관계인가? 하이크비전은 신장에 있는 중국 보안군에게 장비를 판매하는가?

그러나 이런 주제는 완전히 무시되었다. 인권 침해 의혹은 말할 것도 없고 인권 문제에 대해서는 전혀 언급이 없었다. 대형 고객이었던 미국 정부가 어떻게 하이크비전의 가장 강력한 비판자가 되었는지에 대한 설명도 없었다. 회사가 미국 시장에서 난관에 부딪혔다는 기미조차 없었다. 하이크비전은 자신들은 아무런 장애물도 없이 앞만 바라보며 번창하는 회사라고 설명했다.

이 강좌는 하이크비전의 이미지에 직접적으로 도움이 됐다. "소셜 미디어 노출, 연설 참여, 사이버 보안 계획 홍보는 제품을 설치하거나 통합하는 회사가 고객에게 친근하게 다가가도록 도와준다. 주택 소유주나 사업주가 하이크비전에 대해 조사하면 훌륭한 회사를 만나게 될 것이다. 물론 오해하진 말기 바란다. 우리는 정말 훌륭한 회사니까. 하지만 오늘날 사람들은 인터넷을 통해 그 사실을 꼭 확인하고 싶어 한다. 우리가 괜찮아 보인다면, 여러분도 고객 눈에 괜찮아 보일 것이다." 물론 현실은 이렇게 입에 발린 소리를 해주지 않는다. 2021년 초에 구글에서 이 회사 이름을 검색했을 때 가장 많이 나온 질문은 "하이크비전은 왜 금지되었는가?"였다.

두 번째 과정은 장비의 성능과 한계를 더 잘 보여주는 강좌였다. 비디오 감시업계의 전문가들을 위해 마련된 이 강좌는 하이크비전 시스템을 설계, 설치, 운영하는 방법을 다뤘다. 영업 강좌에서는 '스마트' 기능이 뭘 할 수 있는지 설명했지만, 이 기술 강좌에서는 그 기능이 작동하는 방식과 이걸 사용하기 위해 카메라를 적절하게 설정하는 방법을 알려줬다. 어떤 물체가 사라졌을 때 그 사실을 알아차리는 '물체 제거 감지' 같은 스마트 기능은 카메라가 해당 장면의 배경 모델을 만든 다음에 이를 이용해 변화를 감지하는 것이다.

대부분의 사례 연구는 사유 재산 보호에 초점을 맞췄다. 주유소에서는 사람이나 차량이 지정된 구역에 진입했을 때 경보가 울리는 '침입 감지' 기능을 이용해 기름펌프를 지켰다. '차선 이탈 감지' 기능은 도로 옆에 있는 울타리를 보호했다. '인원수 세기'와 '열 지도'는 백화점에서 유동 인구를 모니터링하는 데 사용됐다. 이 강좌에서 주장하는 바는, 보안감시 기능을 쓸데없는 비용으로 여기는 경우가 많지만 고객이 가장 많은 시간을 보내는 곳이 어디인지와 같은, 감시 카메라가 제공하는 데이터는 매장 소유주에게 수익을 높이는 데 사용될 수 있는 귀중한 정보라는 것이었다.

이런 기능이 완전히 다른 방식으로 사용될 수도 있다는 건 언급하지 않았다. 인원수 세기를 통해 식료품점 매출을 높일 수도 있겠지만, 한편으로는 억압적인 정부가 대규모 집단이 모이는 걸 보면서 경계심을 느낄 수도 있다. 차선 이탈 감지 기능은 차량이 길을 잘못 들었을 때 지역 경찰에 경보를 보낼 수도 있지만, 반체제 인사의 집에 사람들이 드나들 때 경보를 보낼 수도 있다. 자동 경보는 사람들을 위험에서 벗어나게 할 수도 있지만, 자유로워지지 못하게 막을 수도 있다. 매일 밤, 하이크비전 카메라는 멀리 떨어져 있긴 하지만 같은 달빛 아래에서 미네소타의 공립학교와 신장의 강제 수용소를 감시한다.[77]

그 외의 기능들 가운데 유독 한 가지가 눈에 띄었다. '프라이버시 보호' 기능을 이용하면 카메라 뷰 안의 특정 영역이 모니터링되지 않도록 차단할 수 있다. 집 바깥에 가상의 그늘을 만들어서 여러분이 그 안을 들여다보지 못하게 한다고 상상해 보자. 그런데 20시간이 넘는 강의 자료 중에서 감시를 제한하도록 설계된 기능은 이것 하나뿐이었다. 이 기능은 북미 지역처럼 프라이버시를 중시하는 시장에서는 중요한 장점이 될 수 있지만, 그냥 지나가는 말로만 언급되었다. 그리고 금세 다시 카메라 시야를 향상시키는 방법에 대한 얘기로 넘어갔다.

하이크비전의 안면 인식 기능은 처벌과 보상을 분배하는 단일 시스템을 제공한다. 브로셔에는 "블랙리스트에 오른 사용자를 인식하면 경비에게 알려서 위험을 줄이기 위한 조치를 취하도록 합니다"라고 적혀 있다. "화이트리스트 고객을 인식해서 도착하는 순간부터 특별한 VIP 서비스를 제공합니다"라는 말도 있다.[78] 업계 전문가들이 다른 말로 대체해야 한다고 주장하는 인종차별적 용어를 제외하더라도, 여기서 기술을 남용할 가능성을 발견하는 데는 많은 상상력이 필요하지 않다. 클럽 주인은 안면 인식 기능을 이용해 소중한 단골을 찾아내 무료 음료를 아낌없이 제공할 수 있다. 독재자는 동일한 기술을 이용해 반대자들을 식별하고 추적하고 침묵시킬 수 있다. 여러분이 천국으로 향하든 지옥으로 향하든, AI 감시 기능 덕분에 대기 시간은 점점 짧아지고 있다.

두 강좌 모두 자연스럽게 제품 기능을 보여주는 데 중점을 뒀지만 가끔 한계가 보이기도 했다. 하이크비전의 설명에 따르면, 인원수를 세는 기능은 교통이 혼잡할 때는 90퍼센트 정도만 정확하다고 한다. 고객의 기대치를 낮추는 한 슬라이드에는 이렇게 적혀 있었다. "엔터테인먼트 TV는 허구입니다. 〈CSI〉나 〈NCIS〉 같은 프로그램에서 하는 일은 현실에서는 불가능합니다. CCTV 시스템은 선명한 이미지로 무제한 줌 기능을 제공하지 못합니다."

이런 시스템이 점점 정교해지고는 있지만, 그걸 '스마트'하다고 부르는 건 여전히 무리라고 생각한다. 예를 들어, 유리와 타일에서 반사되는 빛이 카메라를 혼란스럽게 할 수 있다. 바람에 흔들리는 나뭇잎이 새로운 물체로 잘못 식별될 수도 있다. 동물이나 심지어 작은 벌레, 특히 날개가 있는 벌레가 경보를 울릴 수도 있다. 사용자는 경보 감도를 조정할 수 있고, 카메라는 최적의 위치에 배치하는 게 좋다. 그러나 여전히 오류가 자주 발생하기 때문에 독재자가 이런 도구를 사용하는 건 매우 위험하다.

잠재 고객들에게는 이런 위험성을 잘 알리지 않는다. 하이크비전은 때로 안면 인식 정확도가 '90퍼센트 이상'이라고 광고해 고객들이 그보다 더 높을 수도 있고 어쩌면 완벽에 가까울 수도 있다고 상상하게 만든다. 하이크비전 제품을 판매하는 한 리셀러는 자사 카메라의 안면 인식 정확도가 99퍼센트 이상이라고 주장한다.[79] 안면 인식 제품에는 이를 훈련시키기 위해 사용한 데이터 때문에 발생하는 편향이 존재한다. 타사에서 테스트해본 결과, 하이크비전의 알고리즘은 동아시아 사람들에 대해 가장 정확했고 아프리카 사람들의 경우 가장 정확성이 떨어졌다.[80]

하이크비전은 자사의 '딥인마인드DeepinMind' 시리즈를 "콘텐츠를 분석하고 정보에 입각한 결정을 내릴 수 있는 자체적인 '마인드'를 갖춘 스마트 사고형 네트워크 비디오 레코더NVR"라고 마케팅했다.[81] 그러나 2018년에 보안감시 업계 연구 그룹인 IPVM의 자체 평가에서 이 시스템에 오류가 많다는 게 드러났다.[82] 토끼와 차량을 사람으로 잘못 인식하거나 사람을 놓치는 경우도 있었다. 테스트 결과 SUV를 사람으로 잘못 식별한 뒤 그게 배낭을 멘 사람이 아니라 SUV라는 걸 깨닫는 등 시스템이 부분적으로만 정확하다는 게 밝혀졌다. 이듬해에 시스템을 업데이트한 뒤 실시한 또 다른 테스트에서 딥인마인드가 오류를 범하는 횟수는 줄었지만 여전히 사람을 잘못 식별하고 잘못된 경보를 울리는 결과가 나왔다.[83]

더 많은 훈련과 데이터를 통해 시스템을 개선하고는 있지만, 나는 그런 시스템이 스스로 결정을 내리도록 맡기지는 않을 것이다. 시스템이 식료품점의 농산물 코너에서 시간을 보낸 사람 수를 잘못 계산하는 것과, 어떤 사람을 범죄 용의자로 오인하는 건 완전히 다른 문제다. 테스트 결과, 안면 인식 기술은 성별과 인종적 편견이 특히 심해서 여성과 소수민족에 대해 오류를 범하는 경우가 많은 것으로 나타났다.[84] 이는 이론상의 위험이 아니며, 중국 업체에만 국한된 것도 아니다. 2020년 말까지 미국인 3명이 안면 인식 오류 때문에 부당하게 체포되었다.[85] 그들은 모두 흑인이었다.

이 강좌에서는 제약 조건을 모두 무시한 채 보안감시 기능을 깊숙이 탐구했다. 모든 훈련 시나리오의 목적은 감시와 탐지 능력을 확장하는 것이었다. 어떤 경우에든 카메라 뒤에 있는 사람은 권력을 축적하지만, 카메라에 찍히는 사람은 좋은 의미로든 나쁜 의미로든 목표물이 된다. 독재자들은 이런 불균형에 의문을 제기하지 않는다. 피해를 최소화하려는 노력도 거의 또는 전혀 기울이지 않는다.

책임 있는 사용에 대한 원칙은 따로 제시되지 않았다. '보기 전에 생각하라'는 원칙이 있어야 하지 않을까 하고 생각했다. 이 강좌에는 현지 지침을 확인하라는 안내는 빠져 있었다. 예를 들어, 미국의 일부 도시에서는 지역 당국이 안면 인식 기능 사용을 금지했다. 보안감시 장비를 이용해서 정보를 수집하는 사업자들의 사례를 소개할 때도 고객에게 동의를 구해야 한다는 내용은 없었다. 나는 항저우 사파리 공원을 상대로 소송을 제기한 궈빙을 생각했다.

보안감시 업계에서 흔히 볼 수 있는 군사 용어 사용은 이런 도구가 쉽게 무기가 될 수 있다는 느낌을 고조시킨다. 카메라를 '순찰' 기능으로 설정해두면 미리 정해진 시간 간격에 따라 카메라가 움직이거나 기울어져 해당 영역을 반복적으로 스캔할 수 있다. '침입 감지'는 은행이나 군사 기지를 방어하기 위한 계획의 일부처럼 들리지만 사실 악당만 잡는 시스템이다. 하이크비전의 카메라는 신원을 확인하지 않는다. 얼굴만 '캡처'할 뿐이다.

강좌 두 개를 다 듣고 나니 끝냈다는 안도감이 드는 한편으로 불만족스럽기도 했다. 두 차례의 시험에 합격한 뒤, 인공지능을 이용해서 얼굴을 식별하고 행동을 분석하는 시스템을 판매 및 설치할 수 있는 자격을 얻었다. RAID 0과 RAID 5 데이터 스토리지 시스템의 차이가 뭔지도 알게 되었다. 침입 탐지 영역을 설정하고 경고를 보낼 위치를 구성하는 방법도 배웠다. 하지만 이런 시스템이 야기하는 사생활과 인권 문제에 대처할 준비는 전혀 되어 있지 않았다.

이런 윤리적 사각지대는 중국의 보안감시 회사나 보안 산업 전체에만 국한된 게 아니다. 마라 비슨달Mara Hvistendahl이 보고한 바에 따르면, 오라클Oracle은 중국, 브라질, 멕시코, 파키스탄, 터키, 아랍에미리트 등 인권 상황이 좋지 않은 국가에 자사 소프트웨어를 경찰용으로 판매했다.[86] 보다 근본적으로 따져보면, 하버드대 교수 쇼샤나 주보프Shoshana Zuboff가 '감시 자본주의'라고 부르는 민간 기업의 개인 데이터 대량 수집은 개인정보 보호뿐만 아니라 사회 통제에도 광범위한 영향을 미친다.[87]

많은 기술 회사는 하이테크 철물점 같은 모습으로 고객에게 도구를 팔기만 하고, 그 도구 사용 방식에 대한 책임은 전부 고객에게 돌리려고 한다. 런정페이는 중국 정부가 신장에서 화웨이 제품을 사용한 것에 대해 화웨이가 책임을 질 수 있느냐는 질문에, "이는 스페인의 자동차 제조업체에게 어떤 고객에게 차를 팔지 정할 수 있느냐고 묻는 것과 같다"고 대답했다. "자동차 회사가 파는 건 자동차 그 자체뿐이다. 차에 무엇을 넣을지는 운전자가 결정한다. 자동차 회사는 운전자를 파는 게 아니라 자동차만 판매한다."[88]

그러나 화웨이와 하이크비전 등은 단순한 소비재 수출 기업이 아니다. 그들은 제품의 기능뿐만 아니라 사용 방법도 판매한다. 런정페이의 비유를 빌리자면, 운전자를 양성하기도 하는 것이다. 그들은 여러분의 운전 기록이 나쁜지 좋은지, 심지어 운전 면허증이 있는지도 확인하지 않는다. 그들은 극소수의 예외를 제외하면, 구매하려는 모든 이에게 자기가 가지고 있는 모든 제품을 기꺼이 판매했다.

하지만 그런 자유방임적 접근 방식은 점점 더 지속 불가능해 보인다. AI를 이용한 감시의 장점을 논의하는 커뮤니티가 늘어나면서, 기업들은 피해 예방을 위해 더 적극적인 역할을 할 수밖에 없게 됐다. 이 대화에 건설적으로 참여하는 기업은 사회적 우려를 해결해 신뢰를 얻고 이익도 얻을 수 있다. 환경 운동의 경우처럼 사회적 책임감이 있는 AI를 원하는 시장이 등장할 수도 있다.

미국은 이런 움직임을 주도하기 위해 파트너나 동맹국과 협력할 수 있다. 유명한 중국 전문가이자 미국외교협회 선임 연구원인 리즈 이코노미Liz Economy는 "아프리카와 중남미, 동남아시아 경제가 발전하고 도시화 과정이 진행되는 동안 기술 혁신과 환경 지속성, 올바른 지배구조 지원 등 스마트 시티를 중심으로 글로벌 이니셔티브를 지원하는 게 좋을 듯하다"고 주장한다.[89] 이런 노력은 중국의 현재 활동과 극명한 대조를 이루면서 뛰어난 대안을 제시한다. 안전장치 없이 밀어붙이는 회사들은 결국 고객의 리스트에 남들에게 알리고 싶지 않은 이름으로 남게 될 것이다.

하이크비전은 '멀리 보고, 더 멀리 나아가자'라는 모토를 가진 회사지만, 자사 브랜드에 대한 반발은 일부러 못 본 척하려는 건지 매우 근시안적인 태도를 보인다. 이 회사가 신장 강제 수용소에서 한 역할에 대한 증거가 2018년부터 표면화되기 시작했다.[90] 하지만 하이크비전은 서구 투자자들의 이탈이 시작된 2019년이 되어서야 겨우 첫 번째 환경·사회·지배구조 보고서를 발표했다.[91] 보고서에는 "지난 1년 동안, 비디오 감시 제품이 다양한 방법으로 인권 침해에 관여했다는 보도가 많이 나왔다"는 문구가 있다. 하지만 대체로 수동적인 목소리고, 구체적인 내용은 거의 다루지 않았다.

인권에 대한 하이크비전의 우려는 피상적인 수준이다. 유엔인권선언을 업무에 반영하겠다고 약속하고 미국 법률회사인 아렌트 폭스Arent Fox를 고용해 내부 검토를 진행했지만, 그 결과는 공개하지 않았다. 검토서 사본을 기다리던 덴마크 연금 기금은 2020년 11월에 마침내 하이크비전 주식을 매각하면서 "이 회사에 대한 인내심을 잃었다"고 말했다.[92] 하이크비전은 '인권 보호, 데이터 보안, 개인정보 보호는 물론이고 사회적 책임까지 포괄하는 규정준수팀을 만들려고 추진하는' 일을 책임질 최고규정준수책임자를 임명했다. 하지만 하이크비전은 그 직책을 명확하게 규정할 수 없는 상황이다. 그랬다가는 '최고불만책임자'라는 칭호를 얻을 수도 있다. 아마 이들은 투자자와 고객을 약간만 안심시켜 주면 너무 깊이 파고들지는 않을 거라고 가정했을 것이다.

사회적 위험은 중국 정부를 비롯한 하이크비전의 모든 고객에게 훨씬 큰 사각지대다. 시민들의 삶에 더 깊이 파고들려고 하는 감시 국가가 생겨나는 이유도 사회 불안에 대한 두려움 때문이다. 하지만 어설프게 침습적인 조치를 취하면, 그들이 가장 두려워하는 그 분노의 힘이 강해질 수도 있다. 중국 시스템이 약속한 대로 정확한 기능을 발휘하지 못하면 개인정보 보호론자와 반체제 단체만 실망하는 게 아니다. 오류가 자꾸 발생하면 심지어 감시 조치를 지지하는 이들도 의문을 제기하기 시작한다.

★ "세이프 시티"

중국 보안감시 회사들이 약속하는 기능과 실제 제공하는 기능 사이의 차이는 해외에서 훨씬 클 수 있다. 그들은 중국 정부의 재정적, 외교적 지원을 받아 세계의 많은 도시로 진출하고 있다. 차세대 기술을 오늘 바로 저렴하게 제공한다는 그들의 판매 전략은 매우 매력적이다. 그러나 해외 시장을 양적으로 지배하려고 서두르다 보니 프로젝트의 질이 떨어지기도 한다.

여러분이 신흥 경제국 주요 도시의 시장이라고 상상해보자. 지금 계속 심해지는 여러 위기에 직면해 있다. 코로나19 팬데믹 때문에 의료 시스템이 망가진 상태인데 유행병이 다시 심해질 기세다. 더 심각한 건 재정적 타격이다. 부채가 위험할 정도로 많기 때문에 개발 프로젝트를 위해 돈을 빌리거나 자금을 조달하는 데도 어려움이 있다. 게다가 인구통계학적 시한폭탄까지 똑딱거리며 초를 재고 있다. 전체 인구의 압도적 다수가 젊은 층인데 그들에게 돌아갈 일자리가 충분하지 않다. 범죄가 계속 증가하고 있어서 외국인 투자자들이 겁먹고 발을 뺄 위험이 있다. 여러분의 정치적 전망은 도시의 미래만큼이나 불확실하지만, 2년 뒤에는 재선에 도전해야 한다.

이때 어떤 회사가 램프 요정 지니처럼 갑자기 나타나 세 가지 소원을 들어주겠다고 한다. 그래서 여러분은 의료 위기 해결, 높은 경제 성장, 낮은 범죄율 달성을 위해 도움을 요청한다. 그 회사는 도시를 스마트하게 만들면 이 모든 소원을 이룰 수 있다고 말한다. 열감지 카메라는 열이 있는 사람들을 식별하도록 도와준다. 교통 흐름을 측정하고 운전법을 강하게 시행하면 교통 체증을 줄이는 데 도움이 될 수 있다. 안면 인식과 행동 분석은 지명 수배범을 식별하고, 제한 구역 근처에서 뛰어다니거나 돌아다니는 등의 특이한 행동을 경찰에 경고할 수 있다. 이런 기능은 중앙 데이터베이스와 지휘 센터에 정보를 제공한다.

그들이 보여주는 지휘 센터는 세계에서 가장 부유한 나라들만 사용할 수 있는 NASA의 우주비행 관제센터처럼 생겼다. 여러 대의

워크스테이션이 동심원 호를 그리며 배치되어 있는데, 전부 거대한 스크린이 달린 우뚝 솟은 벽을 마주하고 있다. 지도에는 차량 위치, 사람들의 신원, 다양한 경고가 표시된다. 모든 게 통제 불능인 상황에서, 이런 지휘 센터는 정부 관리자의 낙원이다. 현지 언론에서 견학을 신청할 것이다. 그들은 혁신의 최전선으로 도약한 이곳의 모습과 더 스마트해진 도시가 제공하는 번영된 미래에 관해 쓸 것이다. 외부 세계도 여기에 주목하게 될 테고, 외국인 투자자들은 기회는 커지고 위험은 줄어든 모습을 보게 될 것이다.

이 모든 게 사용자의 요구와 예산에 맞게 조정 가능한 단일 패키지로 제공된다. "하이크비전의 세이프 시티 솔루션Safe City Solution은 도시 전체에 견고하고 안정적이며 신뢰할 수 있는 보안 기능을 제공한다"고 이 회사는 설명한다. "세이프 시티 솔루션의 모든 구성요소, 소프트웨어, 서비스가 공공 행정을 강화하고, 사람들의 삶을 개선하며, 실질적이고 장기적인 발전을 촉진한다."[93] 중국 국영 은행들은 이 거래를 원활하게 진행할 수 있도록 20년에 걸쳐 상환할 수 있는 보조 대출을 제공할 것이다. 그때쯤 되면 도시는 완전히 달라져 있고, 프로젝트가 스스로 돈을 갚게 될 것이다. 만약 그렇지 않더라도 여러분은 이미 자리를 옮겼을 테니 그건 남이 해결해야 할 문제가 될 것이다.

중국의 제안이 얼마나 매력적인지는 쉽게 이해할 수 있다. 세계 각국 정부는 새로운 원격 감지 및 보안 기술이 약속하는 효율성과 안전성을 원한다. 컴퓨팅 성능 비용이 급격히 낮아지고 광대역 속도가 빨라지자, 도시들은 쓰레기 수거부터 비상 대응까지 모든 업무를 개선하기 위해 자동화된 카메라와 센서를 설치하고 있다.

중국 기술이 외국 도시로 확산되자, 이 프로젝트는 단순히 중국이 만든 게 아니라 중국을 위해 만든 것이라고 생각하는 미국 정책 입안자들의 우려가 깊어지고 있다. 마르코 루비오Marco Rubio 상원의원은 케냐의 수도 나이로비를 방문한 자리에서 화웨이의 주력 프로젝트 중 하나가 대표단의 움직임을 감시하는 걸 보고 깜짝 놀랐다. 루비오는 2019년에 "말 그대로 모든 교차로에서 사진이 찍혔다"고 말했다.[94] "그들은 당신이 어떤 호텔에 묵고 있는지 알고, 어떤 와이파이 네트워크에 접속했는지도 안다. 이를 통해 해당 기업[과 베이징]이 여러분의 회사 정보에 액세스해서 정보를 훔칠 수 있는 기회가 점점 늘어난다."

중국이 세계 각국의 도시에 장비를 설치하는 속도가 정책 입안자들의 대응 능력을 앞질렀다. 2019년 8월에 루비오와 론 와이든Ron Wyden 상원의원은 중국 기술을 이용하는 외국 도시로 여행하는 것의 위험성을 미국인들에게 경고해 달라고 미 국무부에 요청했다. "권리 보호가 제대로 되지 않는 나라에 기술을 제공하는 건 그 나라의 독재자들에게만 이익이 되는 게 아니라 중국에도 이익이 될 수 있다"고 그들은 경고했다.[95] 그러면서 〈뉴욕 타임스〉에 실린 보고서를 인용했는데, 이 보고서는 중국 시스템을 사용하는 나라가 18개 이상이라고 추정했다. 현실은 훨씬 더 놀랍다. 제임스 멀베논과 리서치 회사 SOS 인터내셔널SOS International의 동료들이 진행한 연구에 따

르면, 중국 기업들은 100개가 넘는 나라에 스마트 시티 제품과 서비스를 수출했다.[96]

영국의 현지 리더들도 중국 업체로 눈을 돌렸다. 〈파이낸셜 타임스〉는 본머스 시가 알리바바Alibaba와 스마트 시티 계약 체결을 위한 협상을 진행했는데 여기에는 중국 기업이 대량의 데이터를 관리하는 업무도 포함되었을 것이라고 보도했다.[97] 이 협상은 영국 중앙 정부가 개입하면서 무산되었다. 그러나 2021년 5월에 영국 정보통신본부가 스마트 시티 시스템에 외국 업체를 사용하는 것과 관련해 지방 당국에 경고하는 지침을 발표할 정도로 여전히 위협이 심각하다.[98]

중국에서 가장 적극적인 기업들은 보안을 최우선으로 하는 '세이프 시티'라는 기치를 내걸고 제품을 판매한다. '스마트 시티'를 구성하는 요소가 무엇인지에 대한 보편적인 정의는 없으며, 똑같은 장비라도 지역 여건에 따라 활용되는 방식은 달라질 수 있다. SOS 인터내셔널에 따르면, 중국 업체들 가운데 전 세계에서 가장 활발하게 활동하는 기업은 하이크비전과 화웨이고, 다후아와 ZTE가 그 뒤를 잇고 있다.[99] 이들이 비민주적인 국가에 제품을 판매하면서 중국이 "독재를 수출하고 있다"는 비판은 더 거세졌다.

물론 실제 상황은 더 복잡하다. 많은 나라가 중국산 장비를 수입하기 전까지 민주주의 국가가 아니었다. 중국의 보안감시 회사들은 아주 뛰어난 기능을 판매하는 건 아니지만, 그들은 돈만 내면 누구에게나 팔 용의가 있다. 반면 미국의 일부 기업들은 안면 인식 기술 활용을 규제하는 연방법이 제정되기 전까지는 미국의 법 집행 기관에 안면 인식 제품을 판매하는 걸 보류하고 있다.[100] 또 어떤 이들은 미국 정부가 안면 인식 기술 수출을 제한해야 한다고 요구하기도 했다.

감시 장비 시장이 총기 판매장이라면, 중국 기업들은 구매자의 신원 확인을 요구하지 않는 거래상일 것이다. 그들은 여러분이 누구인지, 자기네 제품을 어떻게 사용할 것인지에 대해선 딱히 신경 쓰지 않는다. 그리고 사람들이 지켜보는 실내보다 주차장에서 거래를 하고 싶다고 해도 그들은 기꺼이 응할 것이다. 중국의 보안감시 제품 판매 전략의 핵심은 조건은 줄이고 옵션은 늘리면서 꼬치꼬치 따지지 않는 것이다. 그리고 이 모든 걸 여러분이 감당할 수 있는 가격, 혹은 그 도구가 안겨줄 모든 이점 때문에 감당할 수 있다고 믿는 가격에 제공한다.

놀랍게도 지니가 정말 이런 소원을 이뤄주느냐고 물어보는 사람은 거의 없다. 이런 시스템을 옹호하는 사람들은 효율성과 안전성에서 엄청난 이득을 얻을 수 있다고 주장한다. 비평가들은 이런 시스템이 정부를 전능하게 만든다고 경고한다. 중국 디지털 인프라 프로젝트의 궁극적인 목적이 무엇인지에 대해서는 의견이 엇갈리지만, 이 논쟁의 양측은 모두 이 기술이 효과가 있다고 생각하는 경향이 있다. 하지만 자세히 보면 중국의 '세이프 시티' 수출이 항상 성공을 거둔 건 아니라는 사실을 알 수 있다. 기업들은 사업 거래를 성사시키기 위해 기꺼이 진실을 왜곡한다.

때로는 구매를 권유하기 위해 기적과 다름없는 일을 약속하기도 한다.[101] ZTE의 마케팅 자료에는 이 회사 시스템이 운송비용을 20~30퍼센트, 행정 승인 시간을 40~50퍼센트, 통신비용을 50~70퍼센트 줄여서 정부 효율성을 향상시켜 준다고 적혀 있다. 또 그 정도로는 부족할 경우에 대비해 빈곤과 문맹을 줄이고, 새로운 고용 기회를 창출하며, 외국인 투자를 유치한다는 약속까지 적혀 있다.[102]

'XX'라는 도시는 화웨이의 '세이프 시티' 솔루션을 도입한 뒤 강력 범죄가 15퍼센트 감소하고, 사건 해결률이 45퍼센트 증가했으며, 긴급 대응 시간이 10분에서 4.5분으로 단축되었다고 이 회사는 주장한다. 그런데 잠깐, 그게 다가 아니다. 이 도시의 '시민 만족도'가 60.2퍼센트에서 98.3퍼센트로 증가한 것이다. 아직 만족하지 못한 1.7퍼센트는 매우 까다롭거나 불만을 얘기할 수 있을 만큼 용감한 사람들인 게 분명하다.

중국의 '세이프 시티' 건설자들은 모두 의심스럽고 잠재적으로 위험한 주장을 한 흔적이 있다. 하이크비전, 다후아, 유니뷰는 한국으로 제품을 수출하는 데 필요한 테스트 결과를 위조했다.[103] 코로나19 팬데믹 상황에서 세계 각국으로 열 감지 카메라를 판매하고 있는 하이크비전과 다후아는 자기네 제품이 초당 최대 30명까지 체온을 잴 수 있다는 거짓 주장을 하면서 카메라의 기능을 과장했다.[104] 이런 약속을 믿은 앨라배마주의 한 교육구가 하이크비전 열감지 카메라를 구입하는 데 100만 달러를 써 공공자원이 낭비되고 지역사회가 위험에 빠졌다.[105]

많은 정부는 그 프로젝트가 실제로 효과가 있든 없든 상관없이 정치적으로 이득을 볼 수 있기 때문에 계약서에 서명한다. 위신은 중요한 요소다. '스마트 시티' 프로젝트를 발표하는 건 선진 발전의 선봉으로 진입한다는 신호탄이다. 이건 사회학자들이 '기술적 숭고'라고 부르는 것, 즉 의사결정자들이 실제로 필요한 것보다 많은 부가 기능을 추가하도록 부추기는 강력한 매력을 발휘한다.[106] 도시에 설치된 모든 카메라는 정부가 지켜보고 있다는 사실을 시각적으로 상기시킨다. 이름은 매우 직접적이지만 세련된 외관을 갖춘 지휘 센터는, 기술적으로 발전한 상태에서 모든 걸 통제하고 있는 것처럼 보이고 싶어 하는 정부를 위한 완벽한 프로젝트다. 람보르기니가 부자인 척하려는 사람들을 유혹하는 것처럼, 이런 보안 미학(통제된 외관)은 정부를 '세이프 시티' 시스템으로 끌어들인다.

파키스탄은 1억 달러를 들여서 수도 이슬라마바드에 화웨이의 '세이프 시티' 시스템을 설치했다. 화웨이는 약 2,000대의 카메라와 500킬로미터가 넘는 광케이블, 그리고 LTE 무선 네트워크를 설치했다. 지금까지 설치된 추가 시설 가운데 가장 눈에 띄고 인상적인 건 72개의 스크린이 있는 280제곱미터 크기의 동굴 같은 지휘 본부다. 이곳은 진도 9의 지진과 거대한 폭발도 견딜 수 있도록 설계되었다. 화웨이는 프로젝트 지원을 위해 정부 관계자들을 대상으로 프레젠테이션을 했다. 화웨이 관계자는 "우리 세이프 시티 CCC 지휘 센터를 방문한 사람들은 거대한 스크린에 깊은 인상을 받았다"고 말했다.[107]

하지만 셰리던 프라소Sheridan Prasso가 〈블룸버그Bloomberg〉에 보도한 것처럼, 이 시스템의 실제 성능은 별로 인상적이지 않았다.[108] 파키스탄 경찰국 자료를 보면, 2018년에 이슬라마바드에서는 살인, 납치, 강도 사건이 모두 전년도보다 증가했고, 전체 범죄도 33퍼센트 늘었다.[109] 카메라의 절반이 작동하지 않았다. 같은 해에 파키스탄 국회의장은 화웨이와 중국 정부 대표들을 만난 자리에서 "이슬라마바드의 세이프 시티 프로젝트에 몇 가지 오류와 결함이 있다"면서 이 문제를 거론했다. "안전한 수도를 만들기 위해 관계 당국과 협의해서 이런 결함을 제거하고 싶다."[110]

그중 몇 가지 오류는 인간과 관련된 것이었다. 2019년 초, 이슬라마바드의 세이프 시티 카메라로 찍은 듯한, 차 안에 있는 사람들의 모습이 담긴 사진이 온라인상에 유출되었다. 관계자들은 이 사진이 세이프 시티 카메라에서 나온 것이 아니며, 지휘 센터에는 무단 접근을 막기 위한 운영 절차가 마련되어 있다고 주장했다. 그러나 3개의 외부 정부 기관이 수도에 있는 세이프 시티 카메라에 대한 통제권을 가지고 있다는 사실은 인정했다.[111] 지휘 센터에서 항상 카메라를 통제할 수 있는 건 아니라는 사실을 인정한 것이다.

이슬라마바드에서 남쪽으로 5시간 떨어진 라호르에서는 시 공무원들이 지불한 돈보다 더 많은 걸 화웨이로부터 받았다. 그 도시에는 카메라가 1,800대 설치됐는데, 나중에 기술자들은 카메라에 자기들이 접근할 수 없는 와이파이 전송 카드가 장착되어 있는 걸 발견했다.[112] 화웨이는 이 카드가 보안감시 시스템의 입찰 문서에 포함되어 있고 기술자가 원격으로 접속할 수 있도록 설계됐다고 설명했다. 그러나 회의론자들은 이 시스템은 카메라에 기본 장착된 유선 네트워크를 통해 이미 원격 접속이 가능한 상태였다고 지적했다. 두 번째 진입점은 무단 액세스의 위험성을 높였다.

중국이 파키스탄을 염탐하고 있었을까? 라호르의 증거는 결정적인 증거와는 거리가 멀다. 중국의 스마트 시티 수출품을 외국 수도에서 작동시켜야 하는 문제를 고려하면, 현재 라호르의 카메라가 베이징에 있는 관계자들에게 중앙 집중식의 선명한 시야를 제공한다고 믿기는 어렵다. 하지만 파키스탄에서 중국이 차지하는 지분은 대부분의 지역보다 높다. 중국 관료들은 250억 달러 규모의 인프라 프로젝트 집합체인 중국-파키스탄 경제회랑China-Pakistan Economic Corridor을 시진핑의 대표적인 대외 정책 비전인 일대일로 계획의 대표주자로 선전하고 있다.[113] 또한 중국은 해외에서 이 프로젝트에 참여하고 있는 10,000~15,000명의 중국인들을 보호해야 한다.[114] 그러니 실시간 감시 기능을 갈망한 건 놀라운 일이 아닐 것이다.

그러나 그 방법은 매우 미심쩍다. 가까운 곳에 적절한 장비가 설치되어 있는 경우, 와이파이 접속을 통해 제3자가 선택한 영상을 다운로드하거나 더 많은 영상을 다운로드할 수 있다. 이는 카메라 한두 대가 매우 중요한 대상을 감시하는 경우에는 효과적일 수 있다. 하지만 대량 전송은 광섬유 케이블을 통해서 이루어져야 한다. 실제로 화웨이는 2018년에 파키스탄과 중국 사이에 광섬유 라인을 설치했다.[115]

파키스탄에 닥친 더 크고 즉각적인 위험은 카메라에 이중 기능이 있다는 게 아니라 아예 작동을 하지 않는다는 것이다. 이슬라마바드와 라호르, 그리고 다른 주요 도시에서 세이프 시티 장비를 설치하기 위해 많은 돈을 빌린 파키스탄으로서는 이 프로젝트가 성공해야만 한다. 다른 프로젝트를 위해 훨씬 많은 금액을 빌렸고 또 장기적인 문제까지 안고 있는 파키스탄의 재정 상태는 경기 침체나 예상치 못한 사건을 견뎌낼 수 있는 여력이 거의 없다.

루비오 상원의원이 알아낸 것처럼, 케냐도 화웨이의 세이프 시티 솔루션을 자랑스럽게 운영하고 있는 나라다. 나이로비와 몸바사에 설치된 카메라 1,800대가 포함된 이 프로젝트에 대한 화웨이의 홍보 영상은 스파이 스릴러물 같은 느낌으로 기획되었다.[116] 군용 위성에서 지구를 내려다보는 듯한 장면에 화면 가운데에 조준용 십자선이 그어져 있는 채로 시작된 이 영상은 곧 나이로비 시내를 빠르게 확대한다. "케냐 사람들은 꽤 오랫동안 나이로비와 몸바사에 설치되어 있는 이 CCTV 카메라가 작동하지 않는다고 생각했습니다." 해설자의 목소리가 들린다. "하지만 그건 사실이 아닙니다. 케냐인들이 모르는 사이에, 보안 기관에서는 이미 새로운 사파리캠Safaricom 보안 시스템을 가동했습니다." 케냐 보안군은 이 시스템의 기능 축소나 개인정보 보호를 약속하기는커녕 시스템 성능을 자랑하기 바쁘다. "그 카메라는 매우 정확하고 선명합니다." 동영상에 나온 한 경찰 고위 관부의 말이다. "누가 뭘 하든 항상 감시할 수 있죠."

2019년에 나이로비를 방문했을 때 나는 이 카메라들이 불편할 것이라고 예상했다. 카메라가 내 움직임을 추적하고 감시할 것이다. 그들이 겨누는 조준경 안에 내 모습이 들어갈 것이다. 하지만 거리를 걸으면서 그 예상이 얼마나 터무니없고 편집증에 가까운 것인지 깨달았다. 나는 그저 한 명의 관광객일 뿐이었다. 만약 날 지켜보고 있다면 중국이라는 나라는 주체할 수 없을 만큼 한가로운 게 틀림없다. 몇 시간 동안 이리저리 돌아다니면서 보안감시 시스템이 실제로 설치되어 있는 장소만 살펴본 나는 하급 관료들의 근무 시간만 낭비했을 것이다.

해가 질 무렵이 되자, 물리적 위험에 대한 위기감이 사생활에 대한 우려를 능가할 수 있다는 사실을 조금이나마 이해하게 되었다. 나를 가장 가까이에서 지켜보는 시선은 같은 거리에 있었고, 어느 나라 정부를 위해 날 감시하는 것도 아니었다. 누가 봐도 외국인인 나는 범죄율이 높은 이 도시에서 손쉬운 목표물이었다. 이런 낯선 곳에서는 프라이버시 따위 전혀 누리고 싶지 않았다. 나는 환한 가로등 아래에 머물렀다. 카메라를 피하기보다 카메라의 가시 범위 안에 있으려고 노력했다. 카메라가 날 지켜보고 있다는 걸 알고는 안전하다고 느꼈다. 여기 오기 전에 예상했던 편집증과는 정반대되는 기분이었다. 그 생각은 잘못된 것이었을지도 모른다.

나중에서야 이 카메라 성능이 광고만큼 훌륭하지 않다는 걸 알게 되었다. 화웨이는 자사의 세이프 시티 솔루션이 나이로비와 몸바사의 범죄를 극적으로 감소시켰다고 주장한다.[117] 하지만 시스템을 설치한 이듬해에 케냐 경찰청이 보고한 내용을 보면, 나이로비의 범죄율은 화웨이가 공개한 것보다 소폭 감소했고 몸바사의 범죄율은 오히려 크게 증가했다.[118] 그리고 2017년에는 나이로비의 범죄가 50퍼센트 급증해 설치 전 수준을 넘어섰다. 물론 범죄는 수많은 요인 때문에 늘기도 하고 줄기도 한다. 그러나 범죄 감소에 대한 공로를 인정받고자 하는 기업들은 범죄가 오히려 늘어날 때 받게 될 질문도 예상해야 한다.

하지만 질문을 하려는 이는 거의 없다. 대부분의 정부에는 소비자들을 사기로부터 보호하는 기관이 있다. 그러나 스마트 시티 프로젝트처럼 정부가 고객일 때는 공개 조사가 제한된다. 일단 판매가 이루어지면 양측 모두 그 제품을 성공적이라고 평가해야 하는 동기가 생긴다. 시스템이 약속대로 작동하지 않는다고 지적할 경우, 정부는 공금을 낭비하고 역할을 제대로 하지 못했다는 비판에 노출될 것이다. 또 많은 국가는 주요 대출국이자 무역 파트너인 중국 정부와의 관계가 위태로워질 위험을 무릅쓰는 걸 꺼린다. 따라서 정부는 이런 프로젝트의 효과를 엄격하게 평가하는 데 시간을 들이기보다는 그냥 프로젝트가 성공리에 끝났다고 공식적으로 얘기해 버린다.

나이로비에서 차로 2시간 거리에 있는 마차코스 카운티에서는 케냐가 디지털 도시를 처음부터 건설하는 작업을 중국이 돕고 있다.[119] 2008년에 콘자 테크노폴리스Konza Technopolis 건설 계획을 발표한 케냐 정부는 이곳이 세계적인 기술 허브가 되기를 바라고 있다.[120] 케냐 정부는 "스마트 시티 프레임워크를 활용한 콘자는 도시

디지털 실크로드

서비스를 최적화해서 주민, 근로자, 방문객의 요구에 직접 대응하는 지속 가능한 도시가 될 수 있을 것"이라고 말한다.[121] 그러나 이 프로젝트는 예정보다 늦어졌고, 정부는 2021년 말까지는 도시의 도로와 상하수도, 다른 기본적인 기반 시설이 완성되기를 희망하고 있다.[122]

기술 허브 설립은 리더들을 흥분시키는 대대적인 레거시 구축 프로젝트다. 누구나 그곳이 자기만의 실리콘밸리 시장이 되길 바란다. 문제는 세계에서 가장 유명한 혁신 허브들 대부분이 국가의 지원과 유기적인 성장이 혼합된 방식으로 성장했다는 것이다. 아무것도 없는 상태에서 기술 허브를 만드는 건 정말 어려운 일이다. 세금 감면과 다른 재정 인센티브가 제공되는데도, 실질적인 상업 활동이 진행되는 나이로비와 다른 주요 도시에 있는 케냐 기업과 서구 기업들은 콘자로 거점을 옮기는 데 주저한다.

케냐 정부는 프로젝트를 발표한 지 십여 년이 지났음에도 이런 도전에 굴하지 않는 듯하다. 관계자들은 현재 콘자 안에 '디지털 미디어 시티'를 만드는 게 실현 가능한지 연구하고 있다.[123] 최근 몇 년간 두 자릿수 성장을 보이고 있는 케냐의 활기찬 엔터테인먼트와 미디어 부문을 생각하면 이는 흥미로운 전망이다. 그러나 아직 완성되지도 않은 도시 안에 다른 도시를 만드는 건 여론 호도가 도를 넘었다는 느낌도 든다. 콘자에 더 많은 임무가 주어질수록 그중 하나라도 잘 해낼 가능성은 줄어든다.

그러나 중국 기업들은 일을 서두르고 있다. 이 프로젝트의 재정적인 미래가 불확실해지자, 중국 수출입은행이 개입해서 1억 7,270만 달러의 양허성 차관(이자율, 상환기간, 거치기간 등에서 차입국에 유리한 조건의 차관-옮긴이)을 제공했다.[124] 화웨이는 민간과 정부 양쪽 모두에 서비스를 제공하는 보안감시 시스템과 데이터 센터 등이 포함된 프로젝트 개발 계약을 체결했다. 화웨이 케냐 지사의 부대표를 역임한 존 타누이John Tanui가 2015년에 콘자 CEO로 임명되었다.[125] 케냐 정부는 이 도시에 전기를 공급하기 위해 중국 항공우주건설그룹에 40킬로미터의 전력선을 건설해서 국가 전력망과 연결해 달라고 요청했고, 중국 수출입은행이 이 공사 자금을 지원했다.[126] 그러니 테크노폴리스의 거품이 꺼지더라도 중국 기업들은 건설비용을 받게 될 것이다.

★☆ 더 스마트해진 눈

2020년 3월 31일, 시진핑 주석이 파란색 수술용 마스크를 쓰고 항저우 시찰에 나섰다. 코로나19가 전 세계를 휩쓸고 있지만 중국에서 보고되는 새로운 감염자와 사망자 수는 감소하고 있었다. 매일같이 대중들은 일상적인 삶이 돌아오기를 기다리며 초조해했고, 중국에 대한 세계의 분노는 커져가고 있었다. 시진핑은 중국 국민들이 잘 통솔된 모습을 유지하도록 격려하려고 했다. 중국이 코로나19에 정교하게 대응하고 있다는 걸 전 세계에 보여주고 싶었다. 또 자기가 상황을 통제하고 있다는 걸 모든 이에게 알리고 싶었다.

그가 선택한 목적지는 항저우의 시티 브레인 운영센터City Brain Operation Command Center였다. 알리바바와 하이크비전은 2016년에 AI 알고리즘과 4,500여 대의 교통 카메라에서 얻은 정보를 활용해 신호등을 관리하고, 당국에 사고를 알리고, 교통 혼잡을 완화하며, 사용자에게 실시간 교통 및 여행 경로를 추천하는 시스템을 구축하기 위해 협력했다.[127] 회사 측 발표에 따르면, 이 시스템이 가동된 후 교통량이 15퍼센트 줄고 비상 대응 시간도 절반으로 줄었다.[128] 알리바바 연구원들은 취저우에 있는 유사한 시스템에 대해, "우리는 사진 한 장, 심지어 뒷모습 사진만 가지고도 사람을 찾을 수 있다"고 주장한다.[129]

'시티 브레인City Brain'이 이런 개선에 대한 공로를 인정받긴 했지만, 구식 방법도 확실히 도움이 되었다. 항저우는 매년 등록되는 신규 차량 수를 제한하고 세계 최대 규모의 자전거 공유 프로그램을 운영하고 있다.[130] 신호등 자동화는 딱히 혁명적인 기술도 아니다. 2018년에 알리바바는 말레이시아의 수도 쿠알라룸푸르에 이 시스템의 두 번째 버전을 수출했다.[131] 위치정보회사인 톰톰TomTom의 자료에 따르면 쿠알라룸푸르의 교통 혼잡은 계속 심해지고 있지만, '시티 브레인' 브랜드는 아무런 타격을 받지 않았다.[132]

시진핑은 통제 센터에서 알리바바의 첨단 디스플레이를 살펴봤다. 대형 스크린 하나에는 항저우의 3D 지도가 표시되어 다양한 도시 구역과 건물 내부의 인구 변화를 확인할 수 있다. 또 다른 스크린으로는 도시의 교통 상황을 추적하는데, 위쪽에는 주요 도로와 고속도로에서 운행 중인 차량 수와 평균 속도가 표시된다. 세 번째 스크린으로는 항저우 주민들의 건강 상태를 모니터링해서 코로나 19 감염 현황을 컬러 코딩 시스템으로 분류하고 일일 감염률 변화를 계산했다.[133]

시진핑은 빅데이터, 클라우드 컴퓨팅, 블록체인, 인공지능 등을 언급하면서 도시를 '더 스마트하게' 만들라고 요구했다. 그리고 그가 '새로운 인프라'라고 부른 이 기술을 이용해 중국의 지배 체계를 철저하게 현대화하라고 지시했다.[134] 기술은 새로워졌지만 개발과 통제라는 두 가지 목표는 변하지 않았다.

시진핑은 개인 데이터를 너무 많이 수집할 때 발생할 수 있는 위험에 대해서는 언급하지 않았다. 2020년 1월에 한 독립 연구원이 권한 없는 사용자도 시티 브레인 데이터를 이용할 수 있다는 사실을 발견했다.[135] 그 이전 해에는 베이징 일부 지역에서 시민을 감시하는 알리바바의 데이터베이스가 몇 주 동안 보호되지 않은 채 방치되어 누구나 시스템의 안면 인식 데이터에 접근할 수 있었다.[136] 이 데이터베이스에는 시티 브레인을 참조하고 위구르인을 식별할 수 있는 기능도 포함되어 있었는데, 알리바바는 자사의 고유한 AI 플랫폼이 사용되고 있는 사실을 부인했다.

시진핑은 이런 사소한 일에 신경 쓸 겨를이 없었다. 현대 역사에서 가장 놀라운 홍보 마술 중 하나를 시도하고 있었기 때문이다. 중국은 코로나19 사태의 발원지이고 이를 은폐하려다가 귀중한 시간을 허비했음에도 자신들의 대응 사례를 전 세계의 본보기로 삼으려고 했다. 이를 위해 다른 나라에 마스크와 의료 전문가를 보내고 바이러스 탐지 및 접촉 추적을 위한 기술적 해결책을 옹호했다.[137]

중국 기업들은 이미 시진핑의 요구에 응하고 있었다. AI 전문가이자 'ChinAI'라는 뉴스레터 저자인 제프리 딩Jeffrey Ding은 500개 이상의 중국 기업이 AI를 이용해 팬데믹 사태에 대응하고 있다고 주장했다.[138] 이런 활용 사례 중 일부는 진실을 왜곡하고 있다. 예를 들어, 다후아는 자사의 열 감지 카메라를 이용하면 열이 나는 사람을 식별할 수 있다고 적극적으로 마케팅했다. 하지만 IPVM의 조사 결과, 이 회사 장비가 모자를 쓴 사람의 체온도 정확하게 측정하고 열차에서 한꺼번에 내리는 군중의 체온도 확인할 수 있다는 주장은 잘못된 것으로 밝혀졌다.[139]

코로나 바이러스 유행에 대한 중국의 대응은 다양한 데이터세트를 통합하고 중앙 집중화하는 일의 어려움을 보여줬다. 각급 정부가 자체적인 건강 모니터링 시스템을 가동하고 중국 기업들이 각자 맡은 부분에서 도움을 줬지만 중복되고 혼란스러운 결과를 초래했다.[140] 주민들은 각기 다른 데이터 포인트를 이용하는 휴대폰에 각기 다른 건강 애플리케이션을 다운로드받아서 사용했다. 정부는 주민들을 감시하기 위해 직접 찾아가 문을 두드리는 저차원적인 마오쩌둥식 감시 통제 기법에 의존할 수밖에 없었다.[141] 중국 도시들은 아직 별로 '스마트'하지 않은 모양이었다.

이 위기는 중국 당국이 '매의 눈'을 통해 달성하려고 했던 핵심 비전을 산산이 부숴놨다. 가난한 지역사회는 이런 시스템이 작동할 수 있는 기본적인 인프라가 여전히 부족하다. 이런 시스템을 설치하기 위한 표준 계획이 없다 보니 지방마다 고르지 않게 운영되고 있다. 중국 당국이 완전한 중앙 집중식으로 실행 가능한 감시 체제를 구축하겠다는 목표를 달성하기까지는 아직 갈 길이 멀다.

공산당의 보는 능력이 생각하는 능력을 앞질렀다. 너무나 많은 시스템에 너무나 많은 동영상 자료가 분산되어 있기 때문에 이를 대량으로 확인해서 처리하기가 힘들다. 정부 관계자와 학자들은 이런 '데이터 섬'을 피하는 방법을 논의하고 있다. 심지어 '시티 브레인'을 뒷받침하는 그 브레인도 우려를 표했다. 알리바바 클라우드 Alibaba Cloud의 설립자 왕지안王堅은 2018년에 "도시들이 너무 많은 스마트 시스템 때문에 부담을 느끼고 있다"고 말했다. "전신주 하나에 카메라를 10대씩 설치하는 건 현명한 방법이 아니다."[142] 하지만 하이크비전이나 다후아 같은 중국 보안감시 회사들에게 좋은 돈벌이가 되는 건 사실이다. "스마트 시티 건설이 도시를 괴물로 만들고 있다"고 왕지안은 경고했다.

항저우 사파리 공원에 대해서도 비슷한 말이 나올 수 있다. 이 공원은 고객 추적을 위한 AI 감시 시스템을 설치하려고 노력 중이지만, 그보다 훨씬 필수적인 보안 기능을 제공하는 데는 실패한 것으로 보인다. 2021년 5월에 지역 주민들이 SNS에 목격담을 올린 뒤, 공원은 표범 3마리가 탈출했다는 사실을 뒤늦게 인정했다.[143] 표범들은 포획되지 않은 채로 2주 이상 그 주변을 돌아다녔다. 수색대는 개와 드론을 이용해 수색 작업을 펼치면서 살아 있는 닭을 미끼로 삼았다. 보아하니, 이 공원과 주변 지역 감시 시스템에 "큰 고양이 탐지" 기능은 아직 포함되지 않은 듯하다.

중국의 감시 모델은 설계와 활용 면에서 비효율적이다. 의도적으로 대중을 동원해서 서로 감시하게 하고, 복제로 번창하는 산업에 활력을 불어넣는다. 이런 인센티브는 정부가 원하는 완전한 중앙 집중식 감시 체제 구축을 방해할 정도로 강력하다. 멀베논과 그의 동료들의 설명처럼, 중국은 엄청난 기술적 과제를 해결하게 되더라도 여전히 '대중'을 감시 모델 안에 포함시킬 가능성이 크다.[144]

보안감시 기능의 효율이 높아지면 필요한 카메라와 보안 인력은 줄어든다. 그러나 중국공산당의 목표는 효율성이 아니라 최대한의 통제 능력이다. 기술이 허락하더라도 보안 인력을 줄이면 안전성이 위태로워질 수 있다. 독재 정권의 통치 방식에 대한 지침서가 있다면, 보안 인력의 대량 해고는 '하지 말아야 할 일' 목록의 맨 윗자리에 자리할 것이다. 그래서 정부는 보안 인력을 대거 고용하는 것이다.

중국이 신장에서 벌이는 잔학 행위는 이 모델의 한계도 드러낸다. 충격적이고 비인간적인 기술 사용 때문에 중국의 방식과 기술이 실제보다 더 발전한 것처럼 보일 수도 있다. 〈파이낸셜 타임스〉 베이징 지국 부국장인 양위안杨缘은 "중국이 신장 지역에 가하는 탄압을 AI 기반의 정교한 치안 모델과 연관 짓는 건 너무 앞서 나간 생각일 수도 있다"고 경고한다.[145] 사실 중국의 방식은 "직설적이고 무차별적인 정치적 목표에 의해 추진된다." 당국은 소수의 개인이 아니라 한 인종 집단 전체를 식별하기 위해 기술을 활용하는 것이다.

국제인권감시기구Human Rights Watch가 조사를 위해 역설계한 신장지구 경찰 모바일 앱의 실제 명령 행code line에서도 이런 접근 방식을 확인할 수 있다. 데이터를 수집해서 사람들을 잠재적으로 위협적인 존재로 지정하는 시스템에 데이터를 제공하는 이 앱은 '이웃과 교제하지 않고, 현관문 사용을 피하는 경우가 종종 있다' 같은 수많은 행동과 특징을 표시한다. "이 시스템의 핵심 목표는 진짜 테러나 과격분자의 폭력에 대응하기 위한 정보를 수집하는 게 아니다"라고 이 조사의 수석 연구원인 마야 왕Maya Wang은 설명한다.[146] 이 앱은 정부 감독관들이 하위 공무원의 작업 수행 능력에 점수를 매기면서 이들을 감시하는 도구로도 쓰인다. 최전방에서 통제 업무를 수행하는 사람들도 결국 통제를 받는 것이다.

정치학자인 제니퍼 팬Jennifer Pan은 《독재자를 위한 복지Welfare for Autocrats》라는 책에서, 모든 감시 시스템은 정밀도와 재현율 사이의 근본적인 균형 문제에 직면해 있다고 말한다. '정밀도'를 선호하는 시스템은 위양성(위협적인 인물로 잘못 표시된 사람)을 최소화하고, '재현율'을 선호하는 시스템은 위음성(실제로 위협적인 인물인데 표시가 되지 않은 사람)을 최소화한다. 사회 불안을 피하고 막대한 보안 예산을 정당화하려는 중국 관료들은 분명히 후자를 우선시했다. 이들의 목표는 잘못된 식별로 인한 피해를 최소화하는 게 아니라 잠재적인

디지털 실크로드

위협이 눈에 띄지 않게 하는 것이다.[147]

시진핑에게 힌트를 얻은 하이크비전은 더 스마트해지는 쪽으로 눈을 돌렸다. 이 회사는 2019년에 중국의 인공지능 국가 챔피언 명단에 추가되었는데, 이는 정부 계약을 수주할 때 우선적인 입찰권을 보장받는 기업들의 명단이다.[148] 이미지와 방대한 양의 데이터를 처리하는 하이크비전의 전문 기술을 감안하면 이 회사가 AI에 집중하는 건 일리 있는 일이지만, 센스타임SenseTime, 메그비Megvii 등 다른 중국 경쟁사들이 많다. 하이크비전의 연례 보고서는 운영 상황을 훤히 보여주는 창문이라기보다 기술적인 단어들을 횡설수설 늘어놓은 탁한 구름 같아서 많은 확신을 심어주지 못한다. 이 회사는 2019년 보고서에서 한 문장 안에 다음과 같은 여러 주장을 늘어놓았다. "AI와 인식 빅데이터를 통합해 '빅데이터-AI 융합' 개념을 제시하고, AI와 다차원 빅데이터를 통합해 인지 지능을 실현하며, 제품 중심에서 시스템 중심으로, 기술 중심에서 비즈니스 확대 중심으로, 단일 비즈니스 중심에서 다양한 산업 전반의 비즈니스 중심으로 확장하고, 개방형 플랫폼을 통해 구축된 협업 생태계에서 사용자에게 완벽한 지능형 산업과 스마트 시티 솔루션을 제공한다."[149]

이 가운데 어느 정도가 진짜고 어느 정도가 수사적인 표현인지, 아니면 이 혼란스러운 문장은 그저 AI가 작성해서 그런 것인지 정확하게 파악하는 건 불가능하다. 전 세계적으로 AI를 구성하는 요소가 무엇인지에 대한 정의가 널리 합의되지 않은 상태라서, 기업들이 자사 제품을 과대 광고할 여지가 있다. 투자회사인 MMC 벤처스MMC Ventures가 AI 기업으로 분류된 유럽의 스타트업 2,830개를 조사한 결과, 그중 40퍼센트는 AI를 전혀 사용하지 않는 것으로 나타났다.[150] 하이크비전은 그동안 AI의 동영상 애플리케이션을 한계점까지 밀어붙였지만, 이 회사 제품이 여전히 자동차를 사람으로 인식하는 경우가 있는 걸 보면 도시 전체에 '인지 지능'을 제공한다는 주장은 과장된 듯하다.

그러나 하이크비전은 가장 큰 고객이 뭘 원하는지 알고 있다. 그리고 기술은 아직 성숙하지 않았지만 판매 기회는 이미 도래했다. 관영 매체의 보도에 따르면, 2020년에 중국 도시와 지방에서는 AI, 클라우드, 빅데이터, 기타 '핵심 기술'에 초점을 맞춘 '매의 눈' 다음 단계를 시행하기 시작했다. 이런 얘기를 허풍으로 치부하고 싶지만, 몇몇 프로젝트는 이미 진행 중이다. '매의 눈'이 한층 더 위협적으로 보이기 시작했다.

산둥성 동남쪽 지방인 주청시에서는 지방 당국이 '스마트 중재'와 '스마트 수정'을 시행하고 있다.[151] 시민들은 전자적인 방법으로 민원을 제기할 수 있고, 정부 측 중재자는 동영상을 스트리밍해 정보를 수집하고 권장사항을 제시한다. 관영 언론은 만족도가 100퍼센트에 이르는 것은 물론이고 시스템의 빅데이터 분석을 통해 분쟁을 예방하는 조기 경고가 생성된다고 주장한다. 이런 잘못된 확신 때문에 이 시스템은 〈판사 주디Judge Judy(법정 리얼리티 프로그램—옮긴이)〉보다는 〈저지 드레드Judge Dredd(미래의 디스토피아 세상을 다룬 SF 영화로, 저지 드레드는 정부도 통치자도 없는 그 세계에서 가장 뛰어난 심판자다—옮긴이)〉 같은 느낌을 준다.

지방 당국은 《마이너리티 리포트Minority Report(필립 K. 딕의 SF 소설—옮긴이)》의 한 페이지를 모방하고 있다. 정부는 성매매부터 정치적 반대까지 다양한 범죄를 저지른 시민들을 말 그대로 매 순간 추적한다. 시민들이 손목에 찬 전자 밴드는 심박수, 혈압, 기타 진단 정보를 실시간으로 지방 당국에 자동 전송한다. 당국은 대량의 위치 데이터를 분석해서 교정 대상의 행동을 예측하는 '시공간' 프로필을 구축한다. 관영 매체들은 이것이 "현재만 알고 과거는 모르는 전통적인 감독 모델을 무너뜨리고, 공동체 교정 대상의 활동 궤적을 정밀하게 특성화할 수 있는" 신적인 힘을 제공한다고 말한다.

중국공산당 본인들의 섬뜩한 '시공간' 프로필 궤적을 확인할 때는 빅데이터 분석도 필요 없다. 그들의 과거 프로필은 평화적인 반대 세력도 무력으로 진압하려는 의지를 보여주고, 현재 프로필엔 대량 학살과 반인륜적 범죄가 포함되어 있다.[152] 이들은 모든 규모의 시위를 포함해 자신들의 지배에 대한 도전이 커지기 전에 싹을 자를 수 있는 사회를 건설하고 있다. 차세대 네트워크, 인터넷에 연결된 장치, 클라우드 컴퓨팅 등 모든 도구가 이 목표를 달성하기 위한 것이다.

중국공산당은 새로운 시스템이 혼란스럽게 계속 출시되는 상황에서 디지털 감시 장비의 무기고를 강화하고 있지만, 그들에게 꼭 완벽한 시스템이 필요한 건 아니다. 이들은 첨단 감시 장비와 구식 협박을 결합한다. 카이 스트릿매터는 "파놉티콘이 기능하기 위해, 모든 걸 다 보는 눈이 반드시 당신을 쳐다봐야 하는 건 아니다"라고 썼다. "중요한 건 그게 당신을 쳐다보고 있을지도 모른다고 여기는 것이다. 실제로는 그런 게 아직 존재하지 않더라도 말이다."[153] 중국의 감시 능력을 부풀리는 공식 주장은 이런 목적에 도움이 되며 외국 바이어들의 관심도 끌 수 있다.

그러나 중국 국내에서 공산당에게 효과가 있는 방법이 해외에서는 더 큰 도전을 겪게 될 것이다. 중국은 이런 시스템에 다른 어떤 나라보다 많은 비용을 지출하고 있기 때문에, 동일한 도구와 기술을 이전할 수 있다고 하더라도 많은 나라가 이 모델을 복제하려면 불가능하진 않더라도 비용이 많이 든다. 국가의 칭찬을 받는 데 지나치게 익숙해진 중국 보안감시 회사들은 때로 자신들의 능력을 과장하지만 시스템 성능에 대한 질문에는 취약하다.

제니퍼 팬 교수는 "뉴스에서 읽은 내용을 전부 믿는다면, 우리 세계가 인공지능과 새로운 컴퓨터 기술 때문에 극적이고 어쩌면 끔찍한 변화를 겪기 직전이라고 생각할 수도 있다"고 말한다. "소셜 미디어에 대한 연구는 제외하고 정치학 연구 내용만 읽는다면 컴퓨팅 기술은 중요하지 않을 수도 있다. 현실은 그 사이 어디쯤에 존재할 테고, 정치가 작동하는 방식의 미묘한 뉘앙스에 숨겨져 있을 가능성도 크다."[154]

정치 상황을 고려할 때, 중국공산당이 국내에서의 통제력을 더욱 강화하기 위해 계속 기술을 활용할 것이라는 데는 의문의 여지

디지털 실크로드

가 없다. 또 중국 기업들은 구매 의향이 있는 사람이라면 누구에게
나 계속 제품을 판매할 것이다.

CHAPTER

5

인터넷의 주름

THE DIGITAL SILK ROAD

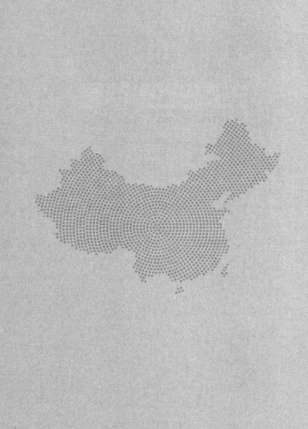

A CREASE IN THE INTERNET

○

　　　　　　　　　　　　　　로스앤젤레스에서 중국 감시 카메라 산업의 수도인 항저우까지 데이터가 이동하는 데는 230밀리초가 걸린다. 거의 눈 깜짝할 사이라서 자세히 보지 않으면 놓치기 쉽다. 그런데 2015년 12월에 데이터 전송 상황을 면밀히 들여다보고 있던 더그 매도리Doug Madory는 자기가 본 게 마음에 들지 않았다. 데이터는 로스앤젤레스에서 워싱턴 D.C.로 바로 이동했어야 했다. 그런데 태평양 바닥에 있는 해저 케이블을 통해 중국으로 건너갔다가 다시 로스앤젤레스로 돌아와 워싱턴으로 향하는 게 아닌가.

　　매도리는 거의 매일 아침마다 인터넷을 측정하는 데이터 표를 꼼꼼히 살펴보면서 하루 일과를 시작한다. 그는 르네시스Renesys라는 소규모 스타트업에서 매일 수억 개의 프로브probe를 발신하는 거대한 모니터링 시스템 구축을 도왔다. 이 각각의 '추적 루트traceroute'는 알려진 출발지에서 대상 목적지에 이르는 동안, 도중에 통과하는 노드 정보와 출발 지점과 각 노드 사이의 시간을 기록한다. 대체로 이런 측정치는 불완전하긴 해도 세부적인 인터넷 지도를 제공해준다.

매도리의 전문 분야는 인터넷 우편 시스템 같은 경계 경로 프로토콜Border Gateway Protocol, BGP 라우팅이다.[1] BGP 라우팅은 지역 우체국 지점 같은 자율 시스템Autonomous Systems, AS 사이에서 데이터를 전송하는 방법을 결정한다. 버라이즌이나 컴캐스트Comcast 같은 인터넷 서비스 공급업체에는 대학이나 대기업과 마찬가지로 AS가 있고, 각 AS에는 인터넷 프로토콜Internet Protocol, IP 주소 블록이 할당되어 있다. 여러분이 어떤 웹사이트에 액세스하면 먼저 지역 AS에 연결되고, 이 지역 AS는 BGP를 사용해 해당 웹사이트를 호스팅하는 AS까지 가는 최상의 경로를 찾는다. 최상의 경로는 속도, 비용 및 기타 요인에 따라 달라진다.

하지만 우편 서비스와 달리, AS는 모두 동일한 조직의 일부가 아니다. 그들은 이름에서 알 수 있듯이 '자율적'이며 서로 다른 관계를 맺고 있다. 큰 기업은 작은 기업에 액세스 권한을 판매한다. 개중 일부는 트래픽을 무료로 교환하는 데 동의한 동료들이다. 모든 AS는 인접한 AS를 통해 학습한 경로로 구성된 자체 라우팅 테이블을 가지고 있는데, 인접한 AS는 다른 많은 AS를 통해 정보를 들었을지도 모른다. 이런 과정을 '소문에 의지한 경로' 설정이라고 한다. 이는 그 동네에 처음 와 친구에게 들은 정보만 겨우 아는 사람에게 길을 물어보는 것과 같다.

디지털 실크로드

최근에는 네트워크를 탐색하는 게 더 위험해졌다. 1989년에 BGP가 발명되기 전까지는(점심을 먹다 냅킨 두 장에 휘갈겨 쓴 아이디어라서 BGP를 '2개의 냅킨 프로토콜'이라 부른다) 인터넷 영역이 너무 좁아서 연구자들이 인터넷 연결의 반대편 끝에 있는 사람들 이름까지 알고 있는 경우도 많았다.[2] 1989년 말에 약 500개 정도였던 AS가 2020년에는 거의 10만 개로 증가했다.[3] 진기한 동네로 시작된 이곳은 폭발적으로 성장해 가치 있는 활동뿐만 아니라 사고와 범죄가 넘쳐나는 번화한 대도시가 되었다.

매도리는 데이터를 파헤쳐서 문제의 원인을 찾아냈다.[4] 평소 버라이즌이 발표하던 300개 이상의 라우팅 경로를 한국의 SK브로드밴드가 발표한 것이다. 이 발표는 1분 남짓 지속되었는데, 인터넷상의 다른 AS들이 SK브로드밴드가 버라이즌이라고 확신하고 캐스케이드를 시작하기에 충분한 시간이었다. 이 경로 유출은 SK브로드밴드와 피어링peering(인터넷 서비스 제공업체끼리 서로 네트워크를 연결하고 트래픽을 교환하는 것-옮긴이)되어 있던 차이나 텔레콤 AS를 통해 이루어졌다. 그 결과, 전 세계 네트워크는 버라이즌에 보내야 하는 데이터를 차이나 텔레콤을 통해 전송하기 시작했다. 그게 바로 인터넷 지도에 발생한 주름이다.

미국 국가 안보 전문가들은 이런 사건들을 지적하면서, 중국이 의도적으로 데이터 흐름을 다른 쪽으로 우회시키고 있다고 경고했다. 이렇게 라우팅 조건을 바꾸는 '네트워크 셰이핑network shaping' 전술은 중국이 트래픽을 모니터링할 수 있는 연결을 통해서 트래픽이 이동할 가능성을 높인다. "미국과 캐나다로 들어가거나 그 지역을 가로지르는 정보가 풍부한 트래픽을 가로채거나 우회시킨 다음 복제하면 막대한 보상을 얻을 수 있다." 연구원 크리스 C. 뎀차크Chris C. Demchak와 유발 샤비트Yuval Shavitt는 차이나 텔레콤에게 '악의적인 의도'가 있음을 보여주는 그 회사의 라우팅 행동에 관한 연구 자료에 이렇게 썼다.[5]

라우팅 전문가들이 차이나 텔레콤이 예방 조치를 취하지 않았다는 데는 동의하지만, 명백한 실수와 악의적인 BGP 해킹을 구별하는 건 일반적으로 불가능하다.[6] 2010년에 있었던 차이나 텔레콤의 가장 악명 높은 사건을 자세히 조사한 결과, 이것이 사고일 가능성이 있다고 결론지었지만 악의적인 의도도 완전히 배제할 수는 없다.[7] 이 경로 유출은 미국 상원과 미군 부대, IBM, 마이크로소프트, 기타 상업용 사이트로 이동하는 데이터를 비롯해 미국 인터넷 경로의 약 8퍼센트에 영향을 미쳤다.[8] 민감한 데이터는 암호화되어 있기 때문에, 일부 전문가들은 중국이 향후 양자 컴퓨팅이 획기적으로 발전한 뒤에 해독하기 위해 데이터 경로를 우회시켜서 복사하고 있다고 추측한다. 하지만 매도리는 2010년에 발생한 경로 유출은 "규모가 너무 작고 지속 시간도 짧아서, 암호화된 것이든 아니든 상관없이 트래픽을 효과적으로 가로채는 건 불가능했을 것"이라고 말했다.[9]

중국 당국이 트래픽을 리디렉션하는 것이든 아니면 중국 통신사들이 신중하지 못한 행동을 하는 것이든, 중국이 글로벌 데이터 흐름을 통제하고 싶어 한다는 데는 의심의 여지가 없다. 시진핑은 2014년에 중국을 '사이버 초강대국으'로 만들자면서 "네트워크 정보는 국경을 넘나들면서 흐른다"고 설명했다. 또 "정보 흐름이 기술, 자본, 인재의 흐름을 이끈다"고 강조했다. "통제 가능한 정보 양이 국가의 소프트파워와 경쟁력을 나타내는 중요한 지표가 되었다."[10]

중국 정부의 난제는 연결성을 높이려면 통제권을 어느 정도 포기해야 한다는 것이다. 세계 최대의 인터넷 허브는 중립적이고 개방적이라서 기업들이 서로 쉽게 연결될 수 있다. 그러나 세계 인터넷을 자신들의 통치에 대한 위협으로 간주하는 중국 당국은 중립성을 혐오한다. 통제에 대한 그들의 끝없는 집착 때문에 글로벌 네트워크에서 일정한 규모를 달성하는 게 더 어려워진다.

이런 긴장 상태는 세 가지 영역에서 나타나고 있다. 중국 국내에서는 만리방화벽이 중국으로 들어오는 모든 트래픽이 국영 통신사를 통과하도록 하기 때문에, 중국 관계자들이 데이터 흐름을 모니터링, 검열, 차단할 수 있다. 중국은 대부분의 국제 데이터를 전송하는 해저 케이블의 점유율을 늘리고 있다. 중국 클라우드 업체들은 전 세계 해외 시장에서 새로운 데이터 센터를 설립하고 있다. 중국은 인터넷 지도를 조금씩 다시 그리고 있다.

★∴ 빅3

중세의 성처럼, 중국의 국내 네트워크에는 진입점이 몇 개 없다. 모든 해외 연결은 이 관문을 통하도록 하고 외국 통신 사업자들은 중국의 국영 통신사 3개 중 하나를 사용하게 함으로써, 중국 정부는 독보적인 트래픽 감시, 검열, 차단 능력을 보유하게 되었다. 그러나 이런 요새 스타일의 접근 방식 때문에 국내에서는 경제적 비용이 발생하고 해외에서는 취약성이 생긴다.

차이나 텔레콤, 차이나 유니콤, 차이나 모바일 등 빅3는 중국의 네트워크 게이트키퍼다. 이 국영 기업들이 중국 국제 대역폭의 98.5퍼센트를 통제한다.[11] 중국 네트워크에 연결하려는 사람은 누구나 이들과 합의해야 한다. 빅3는 결국 중국 국무원의 요구에 응해서, 고위 인사 임명이나 자산 배분, 주요 구조조정 방향 등 운영에 대한 최종 결정권을 정부 손에 쥐여 준다.

외국 클라우드 업체들도 만리방화벽을 쉽게 넘지 못하고 있다. 중국은 외국 기업이 직접 클라우드 컴퓨팅 서비스를 제공하는 걸 금지하므로, 외국 기업은 중국 기업과 파트너 관계를 맺고 기술과 지적재산권을 양도한 뒤 정부의 평가를 받아야 한다.[12] 아마존과 마이크로소프트는 제한된 서비스만 제공하는 것으로 계약을 체결해 업무를 진행했다. 마이크로소프트의 중국 내 클라우드 서비스 사용자 가이드는 "국가 간의 인터넷 트래픽을 규제하는 중간 기술 때문

디지털 실크로드

에 중국과 전 세계 다른 나라 사이에 불가피하게 네트워크 지연이 발생한다"고 외교적으로 지적하고 있다.[13]

중국은 인터넷 인구가 폭발적으로 증가했음에도 최근 몇 년간 요새 스타일의 접근 방식을 강화했다. 애리조나 주립대학교의 컴퓨터 과학 전문가인 커투스 레이바Kirtus Leyba의 말에 따르면, 2021년 초 현재 중국에 등록된 AS는 564개에 불과하다.[14] 반면 미국에는 AS가 17,715개나 있다. 2009년에 중국 당국은 이 나라에서 규모가 가장 큰 AS 10개를 모니터링하여 국제 트래픽의 90퍼센트를 가로챌 수 있었다. 10년 후에는 단 2개의 AS만 사용해서 동일한 목표를 달성할 수 있었다.[15]

중국의 만리방화벽은 이런 관문과 그 바로 너머에 있는 성省 단위의 액세스 포인트(무선 인터넷 접속을 도와주는 중계 장치-옮긴이)에서 작동한다. 이 장벽은 중국과 외부 세계 사이에서 오가는 트래픽을 읽고 다양한 방법을 사용해서 금지된 콘텐츠에 대한 요청을 종료시킨다. 만리방화벽은 전송 중인 데이터 패킷을 삭제하고 지연 시간을 늘리는 기존 방화벽보다 국제 트래픽에 영향을 덜 미친다.[16]

그러나 중국으로 들어오는 트래픽은 여전히 연구진이 '대병목 현상'이라고 부르는 문제에 직면해 있다.[17] 중국의 국제 데이터 흐름은 비대칭적이다. 중국으로 들어오는 데이터는 상당히 느려지고 불안정해지는 데 비해, 중국에서 나가는 데이터는 상대적으로 빠르고 안정적이다. 빅3는 데이터 속도가 느려지는 지점을 관리하는 역할을 한다. 이런 병목 현상 중 70퍼센트 이상이 중국 내에서 발생하는 걸 보면, 이 현상이 버그나 불충분한 국제 연결의 결과라기보다는 중국 네트워크 전략의 특징임을 알 수 있다.

마찰은 중국의 검열 전략에서 가장 강력한 도구 중 하나다. 정치학자 마거릿 로버츠Margaret Roberts가 《검열Censored: Distraction and Diversion Inside China's Great Firewall》이라는 책에서 설명한 것처럼, 정보를 얻기가 약간 더 어렵거나 비용이 많이 드는 것은 대부분의 개인에게 강력한 억제책이 될 수 있다.[18] 그 외국 영화 다운로드가 완료될 때까지 더 기다리겠는가, 아니면 정부가 인가한 영화를 지금 바로 스트리밍하겠는가?

더 부유하고 기술을 잘 아는 사람들은 그래도 정보에 접근할 방법을 찾을 수 있다. 과거에는 가상 사설망Virtual Private Network, VPN을 이용해 차단된 콘텐츠에 액세스하는 방법이 많이 사용되었다. 그러나 최근에는 이런 도구도 대폭 줄었다. 마찰은 더 많은 비용을 지불할 용의가 있는 사람이 누구인지 드러나게 하여 정부가 원할 경우 그들을 표적으로 삼을 수 있게 한다. 확실히 마찰은 전략상 중요한 방법이다.

2020년 10월, 안드로이드용 팬텀 앱이 만리방화벽을 우회하는 새로운 방법을 제공하는 것처럼 보였다. 튜버Tuber라는 이 앱은 중국의 인터넷 사용자들이 구글, 트위터, 유튜브와 일반적으로 중국 정부에서 차단하는 다른 사이트들의 콘텐츠를 확인할 수 있게 해줬다. 이 앱은 하루도 안 되어 500만 번 이상 다운로드되는 등 바로 히트를 쳤다. 게다가 이건 불법적인 것도 아니었다. 그런데 정부 승인

디지털 실크로드

을 받은 것처럼 보이던 이 앱의 배후에는 중국 최대의 사이버 보안 업체가 있었다. 그리고 정식 출시된 지 단 하루 만에 이 앱은 사라졌다.

홍콩 대학교의 중국 미디어 프로젝트 공동 책임자인 데이비드 반두르스키David Bandurski는 "튜버의 짧은 존재 기간은 만리방화벽이 그레이트 필터Great Filter에 대체될 수 있음을 시사한다"고 말한다.[19] 사이트를 금지하는 대신 이런 시스템을 활용하면 사용자의 행동을 보다 국지적으로 추적할 수 있다. 이 앱을 테스트할 기회가 있었던 사람들의 말에 따르면, 그 앱은 여전히 비디오 콘텐츠와 검색 결과를 필터링했다. 또한 사용자는 본인의 주민번호와 연결된 휴대전화 번호를 제공하고 주소록에 접근할 수 있는 권한을 허용해야 했다.[20]

이렇게 통제된 방식으로 도개교를 낮추면 중국의 민족주의 논객들이 외국 플랫폼으로 대거 진출해서 중국을 비판하는 이들과 논쟁을 벌이고 공식 입장을 방어할 수 있다. 또 믿기 어려운 얘기긴 하지만, 중국이 규제를 완화하고 개방을 추진 중이라고 주장할 수 있는 빌미를 제공할 수도 있다.

대병목 현상을 옹호하는 이들도 있는데, 몇몇 강력한 이익 집단도 여기 포함되어 있다.[21] 국제 트래픽이 불안정하기 때문에 중국 내에 서버를 배치해야 하는 외국 기업들이 많다. 그러면 중국 보안국은 해외 활동을 모니터링할 기회가 늘어나고 중국 데이터 센터에는 추가적인 비즈니스 기회가 생긴다. 검색, 소셜 미디어, 전자 상거래, 기타 온라인 서비스에 종사하는 중국 기업들은 외국 경쟁업체가 시장에 접근하기 어려운 상황에서 이익을 얻는다. 대병목 현상은 중국 인터넷 회사들이 외국 업체와의 경쟁 없이 등장할 수 있는 공간을 만들어줬다.

빅3는 느린 진입 트래픽을 마케팅 기회로 전환했다. 다른 통신사들과 마찬가지로 이들도 다양한 단계의 국제 통신 접속을 판매한다. 예를 들어, 차이나 텔레콤은 AS 사업자에게 네 단계로 구분된 대역폭을 판매하는데, 그중 속도가 가장 빠른 건 한 달 유지관리 비용이 38,000달러고 거기에 10,000달러의 서비스 요금이 부과된다.[22] 당연한 얘기지만 이런 서비스는 대기업을 제외한 모든 이에게 너무 비싸다. 따라서 이런 방식으로 중국의 검열을 뒷받침하는 마찰이 유지되고, 국영 기업은 또 다른 수익원을 얻게 된다. 국가가 두 번 이기는 셈이다.

빅3는 다른 이들과 잘 어울리지 않으며, 심지어 자기들끼리도 항상 잘 어울리는 건 아니다. 대부분의 나라에서는, 대형 사업자들이 비슷한 양의 트래픽을 피어링하고 무료로 교환하는 데 동의한다. 하지만 중국에서는 이런 거래에 대가가 따른다. 다른 두 회사에 비해 보유하고 있는 공용 인터넷 네트워크 규모가 작은 차이나 모바일은 그들에게 1년에 2억 8,000만 달러 이상을 지불해야 한다.[23] 중국 당국이 2020년부터 빅3에게는 수수료를 면제해 줬지만, 소규모 국내 통신사들은 계속 돈을 내고 있다. 결국 중국 네트워크끼리의 연결을 제한하는 이런 수수료 정책으로 중국은 안보 이익에 도움이 되는 계층적 네트워크 구조를 계속 보존한다.[24]

디지털 실크로드

이 요새 뒤에 자리 잡은 중국은 글로벌 인터넷과 단절될 수 있는 완벽한 위치에 있는 셈이다.[25] 2009년에 중국 정부는 신장 지역에 대한 강력한 탄압의 일환으로, 이 능력을 지역 규모로 시연했다. 반 년 동안 대부분의 모바일 문자 메시지와 국제 전화 서비스, 그리고 인터넷 접속까지 중단한 것이다. 서비스가 복구된 뒤에도 문자 메시지가 제한되고 해외 웹사이트는 차단되었다.[26]

인터넷 차단은 국가의 영향력이 미치는 범위를 확실하게 보여주지만, 그런 노골적인 조치는 역효과를 가져올 수도 있다. 차단은 특정 개인과 행동을 처벌하는 게 아니라 해당 지역에 있는 모든 사람에게 영향을 미친다. 신장의 인터넷 접속이 끊기자 기업 관리자들은 고객과 소통하기 위해 이웃 지방인 간쑤성으로 가야 했다.[27] 이러한 조치는 종종 사태 진정이라는 명분으로 정당화되기도 하지만 대중의 불안을 부추길 수 있다.

중국은 더욱 교묘한 통제 방법을 개발하고 있다. 인터넷 차단을 추적하는 비영리 단체인 액세스나우AccessNow는 2019년에 전 세계에서 인터넷 차단이 213회 발생한 가운데, 중국에서는 톈안먼 사건 30주년을 앞두고 단 한 차례만 있었던 것으로 집계했다. 중국의 검열 기능 때문에 인터넷 차단을 감지하고 확인하기가 어렵다는 걸 감안하면 실제 수치는 이보다 확실히 많겠지만, 이는 또한 정보 흐름에 대한 정부의 강한 통제력을 반영하는 것이기도 하다.

4장에서 얘기한 것처럼 중국은 '대중'을 계속 감시 모델 안에 포함시키고 있는데, 이는 검열 모델의 경우에도 마찬가지다. 중국 정

부는 약 200만 명의 인터넷 검열관을 고용해서 인민해방군의 현역
병 규모와 비슷한 수준의 온라인 콘텐츠 군대를 만들었다.[28] 이들의
권한은 콘텐츠를 차단하고 삭제하는 것 이상으로 확장된다. 로버츠
와 그녀의 동료들은 중국 정부가 1년에 4억 4,800만 개의 SNS 댓글
을 가짜로 조작해서 정부 입장을 지지하거나 바람직하지 않은 화제
를 다른 쪽으로 돌리는 것으로 추정한다.[29]

　프로퍼블리카ProPublica(미국이 비영리 인터넷 언론−옮긴이)의 조사 결
과, 중국의 검열은 2020년 1월 초부터 시작된 것으로 밝혀졌다.[30]
새로운 바이러스에 대한 소문이 돌기 시작하자, 그들은 길거리에
쓰러져 죽은 시신을 찍은 동영상과 병원에서 말다툼이 벌어진 영상
을 삭제했다. 코로나19 발생을 경고했지만 경찰의 협박만 받다가
바이러스로 숨진 중국 의사 리원량李文亮에 대한 추모 메시지도 다
삭제했다. 그들은 위기의 심각성을 얕보는 기사들만 골라 홍보했고
'치명적', '봉쇄', 기타 불안을 야기할 수 있는 단어는 피했다. 그리고
공산당원들의 영웅적인 행동을 강조했다.

　하지만 공산당의 비겁함은 사건의 타임라인을 통해서도 나타난
다. 바이러스가 확실하게 확인되기 전에도 당국은 이를 과소평가하
기 위해 안간힘을 쓰고 있었다. 중국의 검열은 자국 의료 전문가들
보다 앞서갔다. 사회 통제를 공공 안전보다 우선시했다. 정부는 중
요한 정보를 중국 시민이나 글로벌 커뮤니티와 공유하기보다는 억
압하려고 했다. 중국공산당이 상황을 확실하게 통제하고 있다고 확
신시키기 위해 중국 검열관들이 미친 듯이 노력하는 동안, 그 병은

세계적인 대유행으로 번지고 있었다. 진실은 팬데믹의 첫 번째 희생자였다.

이 힘에는 양면성이 있다. 중국공산당은 대규모 소요를 피했다. 하지만 어떤 대가를 치렀을까? 다음 위기가 닥치면, 시민들은 정부가 바이러스를 어떻게 통제했는지 기억할 수도 있지만 정부에 속았던 것도 분명히 기억할 것이다. 중요한 정보를 알고 있는 사람도 리원량에게 닥친 운명을 떠올리면서 침묵을 지킬 가능성이 크다. 중국의 검열관들이 국민이 긍정적인 이야기를 받아들이도록 설득하는 데 성공할수록, 새로운 바이러스의 출현 같은 부정적이면서 중요한 진실이 당국에 전해질 가능성은 적어진다.

경쟁이 갈수록 치열해지는 요즘 시대에 중국의 요새는 다른 전략적 이점을 제공할 수도 있다. 자국 내 트래픽은 나라 밖으로 나가지 않기 때문에 외국에서의 감시가 더 어렵다. 액세스 포인트 수가 적으면 외국 공격자가 이용할 수 있는 경로의 합인 '공격면'이 제한된다. 그러나 여기에 단점이 없는 건 아니다. 공격자가 소수의 경로에 노력을 집중할 수 있으며, 중국의 주요 통신사 중 하나에 액세스하면 많은 중국 사용자에게 영향을 미칠 수 있다.

또 모든 국제 데이터 흐름이 엄격하게 통제되는 진입점으로만 들어오게 하면, 중국 사이트를 방문하는 외국인 방문객을 위태롭게 하는 검열 도구인 그레이트 캐논Great Cannon 같은 공격적 조치가 용이해질 수 있다. 빌 마르크작Bill Marczak과 시티즌 랩Citizen Lab에서 일하는 그의 동료들의 조사 결과, 2015년에 그레이트 캐논은 바이두Baidu 서버에 대한 트래픽을 차단했고, 접근 요청 일부에 대해서는 악성 스크립트로 응답을 대신했다.[31] 이 스크립트는 중국 사용자가 검열을 피할 수 있는 도구를 제공하는 그레이트파이어GreatFire.org라는 비영리 단체에 대한 분산 서비스 거부 공격DDoS에 해외 컴퓨터들을 동참시켰다.

하지만 중국의 요새는 유지하는 데 막대한 비용이 든다. 인터넷소사이어티Internet Society는 "극도로 계층화된 망 형태와 (…) 중앙 집중식으로 통제되는 소수의 국제 게이트웨이를 엄격하게 통제한다는 건, 그 나라가 글로벌 인터넷을 경험하거나 교류하는 게 아니라 그 일부만 경험한다는 걸 뜻한다"고 설명한다.[32] 빅3는 이를 통해 이익을 얻지만, 수백만 개의 중국 기업, 특히 중소기업들은 높은 수수료와 긴 대기 시간, 그리고 국제 네트워크에 대한 액세스 제한 때문에 피해를 본다.

검열 규칙을 시행하려면 기업이 서로 상충되는 법적 이익과 상업적 이익 사이에서 줄타기를 해야 한다.[33] 기업은 사업을 지속하려면 정부의 명령을 따라야 하는 한편, 돈을 벌기 위해서는 콘텐츠를 통해 사용자를 유치해야 한다. 규정 비준수와 사용자 이탈 사이의 비용을 고려해 적절히 균형을 맞추려면 시간과 인력이 필요하다. 관리자는 정부 기관들의 상충되는 지침에 잘 대처해야 한다. 소셜 미디어 회사들은 수십에서 수백 명의 직원을 검열관으로 고용한다.[34] 그리고 검열은 관료주의를 낳는다.

또 정보에 대한 접근을 제한하면 혁신이 저해된다. 2014년에 중국이 구글 사용을 금지한 이후, 중국 특허의 가치가 8퍼센트 하락한 것으로 추정된다.[35] 이런 제한을 더 엄격하게 적용할 경우 중국의 대표적인 기업들에게 해를 미칠 수 있다. 예를 들어, 화웨이는 터키 수학자의 논문을 이용해서 5G 프로세스를 개발했다. 이 회사는 외부 세계에 대한 액세스를 유지할 수 있는 자원을 보유하고 있지만, 많은 신생 업체는 그렇지 못하다. 설립되지 않은 기업, 출원되지 않은 특허, 형태를 이루지 못한 아이디어 등으로 인해 발생한 피해를 전부 집계하는 건 불가능하다.

또한 중국의 요새는 글로벌 네트워크에 대한 영향력을 제한한다. 중국 본토의 도시들은 세계에서 가장 많이 연결된 허브 순위에서 눈에 띄게 빠져 있다. 2020년에 국제 대역폭 용량을 기준으로 측정한 세계 10대 허브 중 8개가 유럽과 미국에 있었다. 나머지 두 곳은 홍콩과 싱가포르였다.[36]

홍콩은 중국 국내 네트워크와 세계 사이의 완충지대 역할을 하지만, 2020년에 중국의 엄격한 국가보안법이 통과되면서 홍콩의 허브 위상이 위협받고 있다. 2021년 1월, 홍콩 최대의 인터넷 제공업체 중 하나가 민주화를 지지하는 웹사이트를 차단했는데, 이는 새로운 법에 따라 전체 웹사이트 검열이 시작된 첫 번째 사례이자 중국의 요새가 확장될 수도 있다는 경고였다.[37]

홍콩과 세계의 다른 주요 허브에는 모두 독립적으로 소유 및 운영되는 '통신사 중립적'인 인터넷 익스체인지 포인트internet exchange point, IXP가 있다. 중립성은 접근 장벽을 제거하고 경쟁을 촉진하여 성장을 이끈다. 특정 통신사가 IXP를 소유할 경우, 경쟁업체가 그 안에서 활동하는 걸 막거나 엄청나게 높은 수수료를 부과할 수 있다. 그로 인해 이용하는 통신사가 줄어들면 다른 네트워크에서 해당 포인트를 매력적으로 느끼지 않게 된다.

중국이 처음으로 통신사 중립적인 IXP를 시도했던 일은, 중국의 통제욕이 어떻게 연결을 제한하는지 보여준다. 2015년 12월, 차이나캐시ChinaCache의 CEO이자 공동 창업자인 왕송王松은 자기가 돌파구를 찾았다고 생각했다. 시진핑은 우전에서 열린 세계 인터넷 콘퍼런스에 참가한 국가들에 "글로벌 인터넷 인프라 구축을 가속화하고 상호 연결을 증진하자"고 촉구했다.[38] 물론 그런 제안을 하기 전에 디지털 주권 보호에 대한 얘기를 훨씬 길게 늘어놓았다. 그러나 중국 본토 최초의 중립적 인터넷 교환 사업을 준비하고 있었던 왕송은 시진핑의 연결성 강조를 자기 사업에 대한 지지 기반으로 활용했다.[39]

왕송과 그의 동료들은 매력적인 제안을 결합시켰다. 그들은 정부의 감독이 느슨해지기를 바라면서 베이징의 주요 국제공항 근처에 있는 톈주 자유무역지구Tianzhu Free Trade Zone를 선택했다. 또 800개 이상의 네트워크를 호스팅하는 세계에서 가장 큰 거래소 중 하나이자 비영리로 운영되는 허브인 암스테르담 인터넷 거래소AMS-IX의 도움을 받았다. 왕송은 차이나캐시 웹사이트의 블로그에 "AMS-IX와 협력해 최대한 빠른 시일 안에 중국 본토에도 진보된 국제 IXP 표준을 도입할 수 있기를 바란다"고 썼다.[40] 이 회사는 상하이와 광저우에 거래소 2개를 더 만들고 알리바바, 텐센트Tencent, 바이두, JD 같은 중국의 주요 기술업체들과 계약을 체결했다.[41]

하지만 차이나캐시는 규모를 확장하는 데 애를 먹었고, 운영에 여러 문제가 발생했으며, 그 여파로 오랫동안 소송을 겪었다. 2016년에는 시설 중 하나가 몇 시간 동안 연결이 끊어지기도 하는 등 거래소 운영자에게 최악의 악몽 같은 사태가 발생했다. 업계 최고의 서비스 제공업체는 99.999퍼센트의 가동 시간을 약속하는데, 이는 1년 동안 계획에 없던 가동 중지 시간이 5분 30초 미만이어야 한다는 뜻이다. 그 이듬해에 이 회사는 고객의 3분의 1 이상을 잃었다.[42] 회사 파트너, 공급업체, 투자자들은 공사가 지연되고 장비 대금이 연체되었으며 명세서가 잘못됐다고 비난했다. 중국 당국은 2019년 5월에 왕송을 뇌물 수수 혐의로 체포했다. 4개월 후, 나스닥은 차이나캐시의 주식 거래를 중단하고 상장을 폐지했다.

차이나캐시가 이런 실수를 피했다고 하더라도, 개방적이고 중립적인 인터넷 교환소를 제공한다는 이들의 목표는 근본적으로 중국의 요새와 양립할 수 없었다. 중국은 2021년 초 기준으로 14개의 인터넷 거래소를 보유하고 있으며, 베이징에 본사를 둔 최대 규모의 상업 거래소에서는 18개 회사를 호스팅하고 있는데 전부 중국 기업이다.[43] 미국에는 인터넷 거래소가 140개 있다.[44] 중국 거래소들이 차이나캐시의 실수를 피할 수 있다고 하더라도, 이들은 모두 공통적인 문제에 직면해 있다. 다들 중국 정부에서 통제하는 인터넷에 적합하지 않은 서비스를 제공한다. 중국이 빅3를 포용하고 외국 사업자들을 금지시킨 것은, 보다 다양하고 개방적인 환경에서 존재할 수 있는 상호 연결에 대한 수요를 좌절시킨다.

빅3는 세계무대에서는 훨씬 작아 보인다. 세계에서 가장 인기 있는 100개 웹사이트의 트래픽을 조사한 결과, 가장 많은 트래픽을 전달한 10개 AS 중 8개(상위 3개 포함)가 미국에 본사를 두고 있는 것으로 나타났다.[45] 중국은 상위 30개 AS 중 2개만 보유하고 있는데, 차이나 텔레콤과 차이나 유니콤이 각각 11위와 13위를 차지했다. 중국의 인터넷 인구가 많고 30대 인기 사이트 중 14개가 중국 사이트라는 점을 감안하면 이런 부진한 성과가 한층 더 두드러진다.[46] 빅3는 보호받고 있는 대규모 시장의 이점을 누리지만 미국 경쟁자들과 다르게 국내에서는 국제 연결을 쉽게 이용할 수 없다. 그래서 물리적으로 해외로 나가야 한다.

빅3는 해외로 나갈 때 미국, 유럽, 일본 네트워크에 많이 의존한다. 차이나 텔레콤에서 가장 활발한 국제 AS는 전 세계 326개 AS에 전송 서비스를 제공한다.[47] 미국에서 가장 활발한 AS를 운영하는 레벨 3Level 3는 차이나 텔레콤보다 17배 많은 AS와 32배 많은 고객에게 전송 서비스를 제공한다.[48] 실제로 레벨 3는 차이나 텔레콤에도 서비스를 제공하며, 이는 일본(NTT가 운영), EU(텔리아Telia가 운영), 호주(텔스트라Telstra가 운영)의 상위 AS들도 마찬가지다. 이런 통신 사업자의 우위는 인터넷 초기 연결을 구축한 선점자가 누리는 이점이자 그들이 막대한 투자를 한 국가의 개방성 덕분이다.

중국의 해외 트래픽은 연결망이 전부 외국에 집중돼 있어서 감시에 더욱 취약하다. 라우팅 문제를 감지하고 검사하는 데 사용되는 매도리의 인터넷 모니터링 도구는 전 세계 서버에서 추적 루트를 전송한다. 중국으로 향하는 추적 루트 중 거의 3분의 2(63퍼센트)가 미국을 통해 중국 네트워크에 진입했고, 17퍼센트는 서유럽을 통해 진입했다. 이 계산은 간단하지만 놀랍다. 중국 국제 트래픽의 80퍼센트가 미국과 유럽의 손을 거치고 있는 것이다.[49]

★ 올 레드 루트

중국은 외국 통신사에 대한 의존도를 줄이기 위해 대부분의 국제 데이터를 전송하는 해저 케이블을 더 많이 구축하고 있다. 기술은 신기술이지만 중국의 글로벌 활동은 19세기 후반 영국 제국주의의 활동과 비슷하다. 과거 영국의 전신 케이블 전략처럼, 중국도 상업적으로 이용 가능한 경로와 전략적인 기능을 할 수 있는 경로에 투자하고 있다. 케이블로 연결된 이 통신망은 아시아, 아프리카, 유럽, 남미에 걸쳐 대용량 고속 네트워크를 구축하고 있다.

처음에 영국의 동기는 주로 상업적인 것이었다. 영국 기업들은 1850년대에 최초의 해저 케이블을 설치했고, 그들의 혁신적인 재료와 케이블 설치 기술은 시장을 지배했다. 영국에서 가장 큰 전신 회사는 19세기에 전 세계 케이블의 3분의 2를 생산했고 그 이후에도 거의 절반을 생산했다.[50] 중국은 '중국 제조 2025' 계획을 통해 세계 광섬유 시장의 60퍼센트를 차지하는 등 당시 영국과 비슷한 우위를 점하는 걸 목표로 하고 있다.[51]

19세기 말에 전신 케이블의 전략적 중요성이 명확해지자, 영국 정부는 대영제국과 그 통치를 받는 나라만 연결하는 '올 레드 루트 All-Red Route'라는 규모가 작은 케이블 시스템을 개발하기 시작했다. 이 시스템이 없으면 통신망이 외국 영토를 통과할 때 감시에 취약해지고 분쟁이 발생할 경우 쉽게 차단될 수 있었다. 제1차 세계대전이 발발하기 직전에 영국의 한 군사 전문지는, 영국이 '전 세계에 그물처럼 퍼져 있는' 케이블 시스템을 보유하고 있다고 자랑했다.[52]

중국은 해저에서 어떤 전임자들보다 빠르게 움직였다. 영국 동방전신회사Eastern Telegraph Company까지 역사가 거슬러 올라가는 글로벌 마린Global Marine이란 회사와 화웨이가 2009년에 합작 투자를 진행해 화웨이 마린Huawei Marine이 탄생했다. 화웨이는 이렇게 새로운 영역에 도전할 때도 익숙한 전술을 따랐다. 자신들에게 부족한 기술적 전문성을 갖춘 외국 기업과 제휴를 맺고, 중국 정부에서 융자받은 자금으로 필요한 것들을 습득할 수 있는 프로젝트를 추진했으며, 점점 더 많은 기술 기능을 인수했다. 이 회사는 설립 후 10년 동안 104개 프로젝트에 참여했고, 전 세계를 한 바퀴 돌고도 남을 만큼의 해저 케이블을 설치했다.[53]

이 회사의 3가지 주력 사업은 대륙을 연결하려는 중국의 야심을 보여주며, 중국의 동기가 순수하게 상업적인 게 아님을 시사한다.

대서양을 가로질러 금융과 거래 정보를 전달하기 위한 첫 번째 프로젝트는 화웨이가 나중에 서구 시장에서 직면하게 될 어려움을 미리 보여주었다. 2010년에 미국의 해저 케이블 제공업체인 히버니아 네트웍스Hibernia Networks는 뉴욕, 뉴저지, 런던의 상거래 중심지를 연결하는 히버니아 익스프레스Hibernia Networks라는 새로운 시스템을 구축할 예정이라고 발표했다. 이 프로젝트는 자신의 능력을 증명하고 싶어 하는 젊은 회사인 화웨이 마린에게 서구와 일본 기업들이 오랫동안 지배해 온 선도적인 케이블 생산업체의 엘리트 대열에 합류할 수 있는 지름길을 제공했다.

화웨이 마린의 단기 실적은 벌써부터 큰 야망을 예고하고 있다. 이 회사는 전략적으로 기술을 익히고 자사 역량을 입증하기 위해 갈수록 까다로운 프로젝트를 모색했다. 튀니지와 이탈리아를 연결하는 첫 번째 케이블은 길이가 짧아서 장거리 프로젝트에 중요한 중계기를 사용할 필요가 없었다.[54] 그러나 짧은 국제 케이블도 복잡한 작업이다. 화웨이 관계자는 "바다와 날씨 문제는 차치하더라도 건설 과정에서 세관, 해군, 어민, 항만, 해운 등 관련 부서와 몹시 힘든 협상을 벌여야 했다"고 말했다. 카르타고 장군의 이름을 딴 한니발Hannibal 케이블은 2009년 말에 완성되었다.[55]

중계기와 분기점이 있는 화웨이의 첫 번째 케이블은 상당히 초라했다.[56] 이 프로젝트는 수리남으로 들어가는 분기점을 이용해 트리니다드토바고와 가이아나를 연결하기 위한 것이었는데, 총 길이가 히버니아 익스프레스의 6분의 1에 불과했다. 노르웨이 회사인 넥상스Nexans가 이 케이블을 만들었다. 화웨이는 중계기와 하드웨어를 제공했지만, 모든 걸 한데 모아 케이블을 깔기 위해서는 영국 파트너인 글로벌 마린에 크게 의지해야 했다. 화웨이 엔지니어들은 영국 첼름스퍼드에서 장시간에 걸쳐 하드웨어를 테스트한 다음, 노르웨이 로그난으로 가서 하드웨어와 케이블을 통합했다. 화웨이 관계자는 "해저 케이블 통합 작업은 우리에게 완전히 생소한 개념이었다"고 회고했다.[57]

이 과정에서 실수도 많았다.[58] 케이블 기획팀은 이들 세 나라가 서로 다른 시기에 축제를 연다는 사실을 미처 몰랐기 때문에 호텔 방을 구하느라 고군분투했다. 케이블을 설치한 뒤, 가이아나의 엔지니어들은 케이블과 함께 가설되어 육양국landing station에서 통신을 할 수 있게 해주는 전화선을 이용해 트리니다드에 전화를 걸려고 했다. 그런데 트리니다드가 아닌 수리남 육양국에서 전화를 받는 걸 보고 신호 캐리어가 거꾸로 설치되었다는 걸 깨달았다. 그 팀은 실수를 통해 배우면서 일을 계속해 나갔고, 결국 2010년 5월에 케이블을 완공했다.[59]

히버니아 익스프레스는 완전히 다른 차원의 일이었다. 그 프로젝트는 뉴욕과 런던 사이의 왕복 시간을 5밀리초 단축하는 게 목표였다. 그런 개선이 미미해 보일지도 모르지만 금융 기관들은 10여 년 만에 처음으로 새로 설치되는 대서양 횡단 케이블을 갈망했다. 알고리즘 거래(알고리즘에 따라 주식시장에서의 상품 거래를 자동으로 이루어지도록 한 거래 방식—옮긴이)는 거래량을 증가시켰고, 거래자들은 더

디지털 실크로드

빠른 시스템이 제공할 수 있는 우위를 원했다.

금융 거래에서 가장 중요한 건 보안과 안정성이다. 해저 케이블은 전 세계 증권 거래소를 통과하는 활동을 포함해 매일 10조 달러 이상의 거래를 처리한다.[60] 미국 연방 준비제도 이사회FRB 의장의 비서실장은, 이런 케이블 네트워크에 지장이 생기면 "금융 서비스 부문이 서서히 멈추는 게 아니라 한순간에 뚝 멎어버린다"고 설명했다.[61]

화웨이는 히버니아가 도저히 거절할 수 없는 제안을 해야 한다는 걸 알았다. 2007년에 히버니아는 유럽에 있는 기존 지상파 시스템과 캐나다, 미국 동해안, 영국을 연결하는 해저 시스템을 업그레이드하는 작업에 화웨이를 선정했다.[62] 하지만 화웨이는 해저 케이블 설치 실적이 여전히 미미했다. 대서양 횡단 케이블을 건설할 수 있다는 걸 증명하기 위해, 화웨이는 이 프로젝트에 2억 5,000만 달러의 자금을 제공했다. 유명한 해저 케이블 생산업체들은 장기간에 걸쳐 쌓은 실적을 자랑했지만, 화웨이의 재정 지원책에 필적하는 조건을 가진 곳은 없었다.

2012년에 화웨이 마린은 케이블 생산 및 설치 계약을 따냈다.[63] 이 회사 CEO인 나이절 베이리프Nigel Bayliff는 "프로젝트 익스프레스 Project Express는 중요하고 기술적으로 어려운 시스템이지만, 화웨이에게는 흥미로운 프로젝트"라고 말했다.[64] 이 젊은 회사에게 이 프로젝트는 아침 드라마 엑스트라에서 블록버스터 영화의 주연으로 발돋움하는 것과도 같은 기회였다. 특히 금융 정보 흐름처럼 중요한 분야에서 미국과 유럽 규제 기관들의 기준을 충족시킬 수 있다는 걸 입증하면, 해당 시장에 더 깊숙이 접근할 수 있을 터였다. 그리고 중국 정부는 자국의 핵심 기업이 서구 금융 정보 인프라에 깊이 파고든 모습을 보게 될 것이었다.

그러나 화웨이의 자축은 시기상조였다. 미국 의회가 화웨이와 ZTE 관련 보고서를 발표한 뒤, 미 당국은 프로젝트 제안에 회의적인 시선을 보냈다. 히버니아는 누가 이 시스템을 생산하고 설치하든 상관없이 결국은 자신들이 직접 시스템을 통제할 거라고 미국 관계자들을 납득시키려고 했지만, 그들은 설득에 넘어가지 않았다. 일정이 무한정 지연될 위험에 처하자 히버니아는 화웨이가 맡기로 했던 일을 미국 케이블 생산업체인 서브컴SubCom에 넘겼다.

2013년에 히버니아 익스프레스가 시작된 이후로 화웨이 마린은 미국과 연결되는 케이블을 설치한 적이 없다.[65] 이 회사는 재정적 인센티브가 제대로 어필되고 지정학적 환경 덕분에 더 환영받는 글로벌 사우스Global South(남반구의 저개발국–옮긴이)에서 두각을 나타낼 수밖에 없었다. 서구 세계에 외면 받는 화웨이는 나머지 세계를 연결할 것이다.

화웨이 마린의 첫 번째 대서양 횡단 케이블은 히버니아 익스프레스보다 훨씬 역사적인 사건으로 판명되었다. 이 회사는 2017년에 브라질과 카메룬을 연결하는 사우스 애틀랜틱 인터 링크South Atlantic Inter Link, SAIL 프로젝트를 발표했는데, 이 사업의 목표는 남대서양을 가로지르는 최초의 연결망을 구축하는 것이었다. 화웨이 마린의 케이블 구축 방식은 정부 간 거래, 중국 정부의 자금 조달, 안전보다 속도에 대한 선호 등 해외에서 초대형 프로젝트를 진행할 때 나타나는 중국의 대표적인 요소를 전부 합친 방식이었다. 상업적 논리에 허점이 있음에도 SAIL은 정치적 바람에 힘입어 앞서 나갔다.

그 프로젝트는 경쟁을 벌이는 중이었기 때문에 속도가 매우 중요했다. 3년 전에 세계 3대 해저 케이블 공급업체 중 하나인 일본 NEC가 브라질과 앙골라 사이에 사우스 애틀랜틱 케이블 시스템 South Atlantic Cable Systems, SACS을 설치할 예정이라고 발표했다. 화웨이 마린은 빡빡한 일정을 지켜야 했다. 그러지 않으면 일본 경쟁사가 헤드라인을 장식할 터였다. 최초가 되고자 하는 압도적인 열망 때문에 프로젝트의 상업적 실행 가능성까지 희생되었을지도 모른다.

화웨이 마린의 SAIL 프로젝트는 정부 간 업무였다. 차이나 유니콤이 카메룬 정부 소유이면서 재정적으로 어려움을 겪고 있는 캠텔Camtel이라는 회사와 함께 소유권 지분을 인수했다. 이 프로젝트에 투입되는 1억 3,600만 달러의 비용을 위해 중국 수출입은행이 8,500만 달러를 대출해줬고 차이나 유니콤이 3,400만 달러를 지원했다.[66] 두 정부의 이해관계가 일치하면서 거래가 체결되었고 그 즉시 프로젝트가 시작되었다.

2018년 9월 4일, 화웨이 경영진은 히버니아 프로젝트에서 퇴출된 후 계속 꿈꿔왔던 보도 자료를 발표했다. "중요한 이정표 달성: 남반구의 아프리카와 아메리카 두 대륙이 처음으로 완벽하게 연결되다."[67] 이건 18년 만에 처음으로 미국으로 직행하지 않는 남아메리카 최초의 국제 케이블이기도 하다. 화웨이는 더 광범위한 지정학적 영향도 암시했다. "이 케이블은 남반구의 브라질과 남아프리카공화국, 유라시아 대륙의 중국, 러시아, 인도 등 BRICS 국가들이 즉시 연결될 수 있게 해준다."

매도리의 데이터에 따르면, 2년이 지난 뒤에도 SAIL 케이블이 상당한 양의 트래픽을 처리하고 있다는 증거는 나타나지 않았다. 그는 이걸 일본 프로젝트와 비교하면서 "그때는 첫날부터 SACS 케이블의 작동 상태를 확인하고 분석할 수 있었다"고 말했다. "브라질과 카메룬 사이에 설치된 이와 유사한 저지연 경로는 한 번도 등장한 적이 없다."[68] 카메룬은 농업이 주를 이루는 자국 경제의 현대화를 위해 SAIL 프로젝트를 지원했다. 그러나 프로젝트에 대한 수요가 애초에 존재하지 않았기 때문에 구체화되지도 않았다. 화웨이 마린은 시범 사업을 벌였고 카메룬은 빚더미에 올랐다.

중국은 그 부채를 전략적 이점으로 전환할 수 있다. 코로나19 대유행의 여파로 재정 상태가 약해진 카메룬은 케이블을 남에게 떠넘길 방법을 찾으려고 할지도 모른다. 차이나 유니콤은 캠텔의 지분을 매수할 유력한 후보다. 하지만 그건 상업적으로나 정치적으로나 위험한 플레이가 될 것이다. 그 케이블은 트래픽은 계속 낮게 유지될 가능성이 크다. 중국이 케이블 소유권을 모두 가져간다면, 이들이 전략적 자산을 탈취하기 위해 '빚의 함정 외교'를 이용하고 있다고 경고하는 비판자들의 목소리가 커질 것이다. 그래도 이 경우 중국은 점점 더 활기를 띠는 두 대륙을 연결하는 케이블을 단독으로 소유하게 된다. 그러면 미국 영토를 건드리지 않고도 서반구로 들어가는 통신선을 통제할 수 있다.

중국은 자체적인 케이블을 설치하면서 서구 제국 열강의 발자취를 따르고 있다.[69] 최신 네트워크를 둘러싼 경쟁은 치열하고 데이터 흐름의 중요성을 고려하면 위험 요소는 훨씬 크지만, 중요한 부분에서 차이가 있다. 인류학자 니콜 스타로시엘스키Nicole Starosielski는 《해저 네트워크The Undersea Network》라는 저서에서 다음과 같이 설명했다. "식민지 제국이 해체되면서 케이블 네트워크 보호를 위한 노력의 중심이 자신의 영토나 식민지 소유지를 통한 경로 지정에서 케이블 네트워크 구축, 운영, 유지관리 과정에 대한 국가적인 통제로 바뀌었다."[70] 이런 관점에서 볼 때, 화웨이 마린의 설립은 네트워크 보안을 강화하기 위한 중국의 지름길이었다.

중국은 케이블 시스템을 통제하기 위해 영토를 차지할 필요가 없다. 개발도상국들이 연결 수요를 충족하려면 상당한 투자가 필요한데, 이럴 때 중국의 금융 패키지는 매력적으로 보일 수 있다. 또한 중국은 미국이 지배하는 네트워크에서 벗어나 다각화를 꾀하려는 일부 국가의 욕구를 이용할 수도 있다. 2013년에 스노든Snowden의 기밀 유출 사건(미국 국가안보국에서 근무하던 에드워드 스노든이 기밀 자료를 수집해서 폭로한 내부 고발 사건–옮긴이)이 발생한 후, 브라질의 막시밀리아누 마르티냥Maximiliano Martinhão 통신부 장관은 "세계와의 소통 경로는 주로 미국을 경유한다. 그래서 브라질 통신에 취약점이 발생한다"는 사실을 인정했다.[71] 브라질은 SACS와 SAIL 케이블 건설을 통해 아프리카와 두 개의 독립적인 연결로를 확보했다.

대안에 대한 수요에 편승하는 건 중국뿐만이 아니다. 유럽에서 자금을 대서 건설한 케이블인 엘라링크EllaLink는 브라질과 포르투갈을 연결하는데, 2021년 중반부터 서비스를 시작할 예정이다. 이 프로젝트의 CEO인 필립 뒤몽Philippe Dumont은 "브라질과 EU 사이의 통신은 북미를 통해 이루어지고 있기 때문에, 예전에는 케이블을 설치하는 주된 이유가 데이터 보안이라고 선전했다"고 말한다.[72] 이 프로젝트에는 포르투갈 시네스부터 프랑스 마르세유까지의 확장 구간도 포함되는데, 이곳은 아시아 통신사들의 새로운 거점이자 화웨이 마린이 진행하는 가장 야심 찬 프로젝트의 핵심 노드다.

PEACE 케이블이라는 절묘한 이름을 붙인 중국의 세 번째 주력 사업은 영국의 전신 케이블 전략을 가장 확실하게 반영하고 있다. 이 프로젝트의 원래 이름은 파키스탄 이스트 아프리카 케이블 익스프레스Pakistan East Africa Cable Express다. 아시아와 아프리카를 잇는 가장 빠른 연결 수단이라는 이 케이블은 중국의 현재와 미래의 군사적 야망 사이에 선을 그어준다.

케이블의 아시아 쪽 끝부분은 파키스탄의 과다르 항까지 도달하는데, 이곳은 중국 관계자들이 일대일로 구상의 대표 프로젝트라고 부르는 250억 달러 규모의 인프라 프로젝트인 중국-파키스탄 경제 회랑CPEC의 남쪽 종착역이다. 이름은 '회랑(통로)'이지만, 이 사업은 국경을 초월한 인프라 프로젝트에서 빛을 발하고 있다.

중요한 예외는 화웨이가 2018년에 중국-파키스탄 국경에 설치한 광섬유 케이블이다. 이 연결이 완료되기 전까지 파키스탄은 카라치까지 연결된 해저 케이블에 의존해야 했기 때문에 경쟁국인 인도 회사들에 의지했다. 파키스탄 군 고위 관계자는 2017년에 화웨이 케이블 승인을 지지하면서, "해저 케이블을 통해 파키스탄으로 인터넷 트래픽을 가져오는 네트워크는 인도 기업이 파트너 또는 주주로 있는 컨소시엄이 개발한 것으로, 안보에 심각한 우려를 야기한다"고 말했다.[73]

파키스탄뿐만 아니라 중국도 이득을 볼 것이다. PEACE 케이블의 보도 자료에는, "중국과 유럽 국가들을 연결하는 모든 케이블은 경로가 비교적 단순하고 효과적인 보호 메커니즘이 부족한 홍콩과 싱가포르를 통해 라우팅된다. 따라서 지질학적 재해나 인위적 파괴가 발생할 경우 해저 케이블의 안정성에 영향을 미친다"고 설명되어 있다.[74] 유출된 중국의 계획 문서는 여기서 한 걸음 더 나아가, "중국이 아프리카에 제공하는 통신 서비스는 유럽에서 이동되어야 하기 때문에 전반적인 보안에 위험이 숨겨져 있다"고 지적했다.[75]

그러나 업계 분석가들에 따르면, 지금까지 이 케이블은 상대적으로 적은 양의 데이터만 실어 날랐다고 한다. 파키스탄은 이 케이블이 개통된 지 2년이 지난 2020년 7월에야 케이블 가동 사실을 발표했다. 감지하기 어려운 방식으로 경로를 실행시켜서 가동 중일 수도 있다. 과다르와 지부티를 연결하는 PEACE 케이블이 완성되면 연결이 더 활성화될 수 있다. 아니면 과다르 항에서 진행되는 돈만 많이 들고 별로 쓸모는 없는 프로젝트 목록에 포함될 수도 있다.

과다르 항의 부진한 상업적 성과는 그 목적에 대한 추측을 부채질했다. 중국은 즉각적인 상업적 수요 이상의 규모로 항구를 확장하고 자금을 조달하도록 도와줬다. 파키스탄 지도자들은 수십 년 동안 낙후된 지역에 있는 항구를 위해 낚시를 해왔으며 아마도 중국 해군의 접근을 허락했을 것이다. 파키스탄 국방장관은 2011년 〈파이낸셜 타임스〉와의 인터뷰에서, "중국 형제들에게 과다르에 해군 기지를 건설해 달라고 요청했다"고 밝혔다.[76]

파키스탄에서 시작되는 PEACE 케이블의 다음 기착지는 지부티인데, 중국은 2017년에 지부티에 첫 번째 해외 군사 기지를 건설했다. 지부티는 폭풍우가 치는 이 지역에서 비교적 안전한 항구를 제공하여, 세계 강대국들이 해안 접근 비용을 지불하도록 유혹했다. 또 미국, 프랑스, 이탈리아, 일본을 위한 군사 시설도 갖추고 있다. "신은 우리에게 석유를 주지 않았지만 전략적 요충지를 줬다"고 지부티 대통령의 선임고문은 말했다.[77]

중국은 파티에 늦었지만, 최근 들어 지부티에서 입지를 넓혀가고 있다. 중국은 군사 기지 외에 물류, 비즈니스, 제조시설을 갖춘 자유 교역 구역에도 투자했다. 초반에는 이 구역 넓이가 2.6제곱킬로미터에 불과했지만, 최종적으로는 주요 해안 지역에 47제곱킬로미터 넓이로 확장될 예정이다.[78] 2019년에 배를 타고 지부티 해안선을 따라 이동하던 중에 중국군 기지가 항구나 인근에 우뚝 솟은 물류 인프라와 매끄럽게 어우러지는 모습을 봤다. 현지 어민들은 중국군 기지에 너무 가까이 다가가면 공격을 받는다고 말했다. 중국은 이 땅을 임대한 것일 뿐 소유권은 없지만, 중국의 존재가 일시적인 게 아닐 듯하다는 느낌이 든다.

가장 소란스러운 세입자에게서 가장 많은 돈을 빌린 지부티 입장에서는 중국을 쫓아내기가 힘들 것이다. 이 나라의 건설 붐 때문에 부채가 위험할 정도로 늘어났고, 중국은 외채의 57퍼센트를 보유하고 있다.[79] 미국 관계자들은 지부티가 2018년에 두바이에 본사를 둔 DP 월드DP World로부터 압류한 또 다른 항구를 중국이 장악할 수도 있다고 경고했다.

지부티의 물속에서 진행된 일은 주목을 덜 받았지만 훨씬 더 중요할 수도 있다. 지부티는 최소 11개의 해저 케이블이 완공되었거나 이쪽 해안에 육양할 계획인 글로벌 통신의 중요한 관문이다.[80] 빅3는 이 케이블의 절반에 투자자로 참여하고 있다. 화웨이와 ZTE는 2000년대 중반부터 이 나라의 국영 독점 기업인 지부티 텔레콤Djibouti Telecom과 협력해 왔다.

이 지역에서 중국의 입지가 확대되는 바람에 미국의 작전이 복잡해졌다. 미군은 '검은 섬유'라고 하는 전용 해저 연결망을 보유한 경우가 많다. 그러나 2009년도 추정치에 따르면, 미군 통신 중 최대 95퍼센트를 민간 소유 인프라에 의존하고 있다.[81] 점점 정교해지는 센서가 장착된 드론이 배치되면서 안정적인 대역폭에 대한 수요가 더욱 증가하고 있다. 2008년 12월에 이집트와 이탈리아를 잇는 해저 케이블 3개가 끊어지자, 이라크 내에서 비행하는 미국의 드론 수가 하루 수백 개에서 수십 개로 줄었다.[82]

또한 미군은 PEACE 케이블이 아프리카 해안에서 거의 1,600킬로미터나 떨어져 있는 세이셸까지 확장될 계획이라는 사실을 주시하고 있다. 세이셸은 두 번째 해저 통신망을 확보해 이익을 얻고, 통신이 끊어졌을 때를 대비해 회복력도 높일 수 있다. 하지만 이 섬나라에는 미군도 주둔해 있으며, 소말리아로 날아가는 드론 작전 등이 이곳에서 수행된다. PEACE 케이블이 연결된 이후에는 미국 정부의 통신이 중국이 건설하거나 운영하는 시스템을 거치지 않는 것이 더 어려워질 수 있다.

PEACE 케이블은 중국의 현재와 미래의 군사력을 다른 방식으로 연결한다. 이 케이블의 주요 투자자인 헝퉁 그룹은 중국군에 이익이 되는 업무를 수행하는 기업을 뜻하는 '민군융합' 기업으로 중국 정부의 찬사를 받았다. 이 회사는 중국 광케이블 시장의 4분의 1을 차지하며 중국 인민해방군과 공식적인 연구 제휴를 맺고 있다. PEACE 케이블의 최고운영책임자는 전직 헝퉁사 직원이다.

PEACE 케이블은 건설이 발표된 이후 계속 성장해 왔다. 프랑스에서 가장 큰 통신 사업자인 오랑주Orange는 2018년에 수에즈 운하를 통해 마르세유까지 케이블을 연결하기로 합의했다. 이 케이블의 이름은 파키스탄 앤 이스트 아프리카 커넥팅 유럽Pakistan and East Africa Connecting Europe 케이블 시스템으로 바뀌었지만, 소중한 두문자어 PEACE는 그대로 유지하고 있다. 오랑주는 국유 기업이지만 순진한 마음으로 이 사업에 참여한 게 아니다. 마르세유에 케이블이 연결되면 프랑스도 감시할 기회가 생긴다. "프랑스 사람들이 실제로

한 말은, '그럼요, 케이블을 여기 주차하셔도 됩니다. 저희가 대신 지켜봐 드릴게요'였다." 한 업계 전문가는 이렇게 말했다.[83]

이런 프로젝트를 종합해 보면 새로운 지도가 등장하고 있음을 알 수 있다. 중국은 SAIL 케이블을 통해 남아메리카와 아프리카를 잇는 항로를 확보했다. PEACE 케이블로는 아시아와 아프리카, 유럽 사이의 항로를 확보한다. 일본이 아시아와 칠레를 잇는 케이블을 설치하면 중국은 틀림없이 남아메리카와 아시아를 연결할 다른 기회를 모색할 것이다. 종합적으로 볼 때, 이런 경로는 10년 전에는 존재하지 않았던 중국 중심의 글로벌 네트워크의 윤곽을 드러낸다.

이런 새로운 경로에는 제한이 있다. 모든 국제 케이블이 다 그렇듯이, 공해를 통과할 때는 외부의 간섭에 취약해진다. 케이블은 서로 인접해 있지 않으며, 영국의 '올 레드' 루트와 다르게 중국은 이 시스템이 상륙하는 외국 영토를 소유하지 않는다. 그러나 이 새로운 연결망 가운데 상당수는 중국의 증가하는 상업 활동과 막대한 대출 포트폴리오 덕분에 정밀 조사를 면제받을 수 있는 나라에 상륙한다.

이 해저 대결에서 중국은 아직 외국 기업들과 어깨를 나란히 하지 못하고 있다. 헝퉁이 2019년에 화웨이 마린을 인수하면서 이 회사는 보다 확실하게 중국 정부의 지배를 받게 되었다. HMN 테크놀로지HMN Technologies로 사명을 변경한 이들은 설치된 케이블 길이를 기준으로 따졌을 때 해저 케이블 시장의 10퍼센트 미만을 차지하며, 총 점유율이 90퍼센트인 미국, 유럽, 일본 업체들과 비교해 현재 상승세이긴 하지만 여전히 큰 차이로 4위다.[84] 헝퉁은 일부 시스템의 테스트, 설치, 수리를 위해 글로벌 마린에 계속 의지하고 있다. 이렇게 의존적인 모습에서 벗어나려면 선박 인수보다 복잡한 프로젝트를 혼자 힘으로 성공적으로 수행하는 데 필요한 기술 습득이 더 중요할 듯하다.

이런 한계가 있는데도 중국의 급속한 성장은 놀라울 정도다. 해외 업체에 의존하던 나라가 불과 10여 년 만에 세계 4위의 해저 케이블 회사를 장악하게 되었다. 케이블을 구매하던 입장에서 벗어나 국내에서 생산하게 되었다. 헝퉁의 다음 목표는 쉽게 추측할 수 있다. 케이블 설치와 수리를 자급자족하게 되면, 중국 대표 기업이 해저 케이블 공정을 전부 처리할 수 있다. 전략적인 관점에서 볼 때, 케이블을 설치하고 수리하는 능력은 케이블을 생산하고 소유하는 것만큼이나 중요하다.

헝퉁은 민족주의적 사명을 거의 숨기지 않는다. 중국어판 홈페이지에서만 볼 수 있는 보도 자료에는 다음과 같이 명시되어 있다. "헝퉁 마린은 해저 케이블 업계의 대기업들이 가지고 있는 산업 독점을 대담하게 깨뜨리고, 자체적인 해저 광케이블을 개발하며, 글로벌 정보화의 발전을 촉진하고, 중국 국방의 현대화를 강력하게 지원하며, 국제 시장에 진출하고, 고급 국제 해저 케이블을 건설하며, '중국에서 글로벌 품질'을 달성할 것이다."[85]

영국이 세계 전신망을 장악한 비결은 케이블을 소유하고 있었기 때문만이 아니라 타의 추종을 불허하는 기술적 전문지식을 보유하

디지털 실크로드

고 있었기 때문이다. 1890년대 후반, 영국은 전 세계에 있는 30척의 케이블 수리선 중 24척을 소유하고 있었다.[86] 제1차 세계대전이 발발했을 때, 영국은 적의 통신을 감시하고 방해하면서 우군 사이의 통신을 유지하기 위한 준비가 누구보다 잘되어 있었다. 영국 함대는 전쟁 초반에 적진을 차단하기 위해 빠르게 움직였다. 일부 독일 장교들의 통신기에는 8월에 총성이 들린 이후 완벽한 침묵만 흘렀다.[87]

★ 새로운 변방

　　　　　　글로벌 인터넷과 연결되는 중국의 기존 네트워크 변방은 국경을 훌쩍 뛰어넘어 정치적 관계가 경색되고 있는 국가에 집중되어 있다.[88] 중국 기업들은 상업적이고 전략적인 필요에 따라 아시아, 아프리카, 라틴 아메리카의 신흥 시장에서 성장 기회를 찾고 있다. 그리고 중국의 영향력이 큰 나라에서 중국 기술을 사용해 새로운 네트워크 변방을 구축하고 있다.

중국 클라우드 공급업체들은 해외의 새로운 시장에 진출하면서 치열한 경쟁에 직면했다. 아마존은 2006년에 첫 번째 클라우드 상품을 개척했으며 클라우드 사업에 많은 투자를 했다. 2016년에는 〈포춘Fortune〉 500대 기업의 스토리지와 컴퓨팅 요구를 지원하기 위해 날마다 서버 용량을 추가했다.[89] 리서치 회사인 캐널라이스Canalys

의 보고에 따르면, 2019년에 아마존은 전 세계 클라우드 서비스 시장의 3분의 1을 장악했다. 마이크로소프트와 구글은 각각 17퍼센트와 6퍼센트의 점유율로 2, 3위를 차지했다. 종합하자면, 전부 미국 기업인 이 상위 3개의 클라우드 업체들이 세계 시장의 절반을 점유하고 있는 것이다.[90]

알리바바는 중국 내에서는 거대 클라우드 기업이지만 중국 밖에서는 신생아다. 2009년에 알리윈Aliyun 혹은 알리클라우드AliCloud라는 이름으로도 알려진 알리바바 클라우드를 출시해서 2020년까지 중국 시장의 거의 절반을 차지했다. 하지만 5년 후에 출시한 해외 서비스는 제공하는 기능도 적고 고객 유치 속도도 훨씬 느렸다. 2019년에 알리바바 클라우드가 중국 이외의 지역에서 올린 매출은 전체 매출의 10퍼센트에 불과했고, 미국 최대의 업체와 달리 2020년 말에야 겨우 수익이 났다.[91] 하지만 중국 내수 시장이 워낙 크기 때문에 알리바바는 현재 세계 4위의 클라우드 업체가 되어 전 세계 시장의 5퍼센트를 차지하고 있다.[92]

영리하게도 알리바바는 중국과의 가교 역할을 하면서 외국 기업들이 맞닥뜨린 장벽을 자신들에게 유리한 쪽으로 전환시키고 있다. 중국의 만리방화벽은 가장 무해한 상호작용을 할 때도 트래픽 속도가 느려지게 한다. 데이터 패킷이 이동 중에 손실되는 경우도 종종 있는데, 이런 현상은 효율적인 시스템에 큰 피해를 입힐 수 있다. 알리바바는 이런 장애물을 헤쳐 나갈 수 있는 노련한 항해사 겸 외부에 갇혀 있는 모든 이를 위한 가이드 역할을 자처한다. 미국 기업인 사우전드아이ThousandEyes의 분석에 따르면, 이 서비스는 중국 국경 근처에서 접속하는 고객에게 가장 적합하며 중국 본토와 싱가포르 또는 중국 본토와 홍콩을 연결할 때 경쟁업체보다 우수한 성능을 발휘한다.[93]

알리클라우드는 중국에 진출하려는 서구 기업들보다 세계로 진출하는 중국 기업들에게 훨씬 매력적이다. 알리바바는 클라우드 컴퓨팅에 대한 협력을 포함해 빅3와 파트너십 계약을 체결했다. 그리고 2016년과 2019년 사이에 정부 계약을 77건이나 따내는 등 중국 정부의 우선 협상 사업자로 자리매김했다.[94] 중국 국영 기업은 사업 확장을 위한 자연스러운 경로를 제공한다. 많은 기업이 이미 해외에서 사업을 운영하고 있으며, 당연히 모든 직원이 동일한 데이터와 서비스에 액세스하는 걸 선호한다. 2020년에 알리바바는 앞으로 3년 동안 클라우드 사업부에 280억 달러를 투자할 것이라고 발표했다.[95]

하지만 알리바바는 중국에서 유일하게 부상 중인 클라우드 업체가 아니다. 몇 주 뒤, 텐센트는 클라우드 컴퓨팅, 인공지능, 기타 우선순위 사업에 5년간 700억 달러를 투자하겠다는 공약을 내걸어 알리바바보다 한 발 앞서나갔다.[96] 텐센트는 이미지 인식, 자연어 인식, 머신러닝 등 AI 클라우드 애플리케이션 공급업체로 자리매김했다. 2021년 초 기준, 텐센트는 중국 이외의 지역에서 20개의 데이터 센터를 운영하고 있으며 그해 말까지 해외에 6~10개의 지점을 추가로 열 계획이다.[97]

다른 기업들도 자기 몫을 차지하려고 경쟁하고 있다. 2020년 11월, 차이나 텔레콤은 클라우드 컴퓨팅을 '미래의 주요 사업'으로 삼겠다고 발표했다.[98] 바이두는 2030년까지 '지능형 클라우드 서버' 500만 대를 구축하는 걸 목표로 하고 있다.[99] 킹소프트Kingsoft는 2019년에 중국 시장의 5.4퍼센트를 점유하면서, "클라우드 시장의 포화도가 낮아 매력적인 기회를 제공하는 '일대일로' 국가에 집중하겠다"고 밝혔다.[100] 기업마다 고유한 가치 제안이 있지만, 모두 전 세계로 사업을 확장해야 하는 공통 과제에 직면해 있다.

화웨이는 정부를 위한 330개 이상의 프로젝트를 비롯해 140개 이상의 국가에 클라우드 서비스를 제공했다고 주장한다.[101] 그러나 전략국제문제연구소CSIS 조사에 따르면, 2021년 초 현재 이 회사의 서비스를 이용하는 국가는 50개국 정도다.[102] 공개되지 않은 사례도 있겠지만, 화웨이가 계산에 넣은 '정부' 중 상당수가 중국 내 지방 정부일 가능성이 있다. 하지만 이것만으로도 이미 해외 활동 규모가 상당하며, 화웨이는 이 분야에서 계속 성장을 꾀하고 있다. 미국의 제재로 반도체 구입이 제한되자, 화웨이는 2020년 중반에 클라우드 컴퓨팅 사업 비중을 더 늘리겠다는 전략적 결정을 내렸다.[103]

런정페이는 2020년에 직원들에게, "고객이 전기를 사용하는 것처럼 편리하게 화웨이 클라우드 서비스를 이용할 수 있게 하는 것이 우리의 목표"라고 말했다.[104] 후허우쿤胡厚崑 화웨이 순환 회장의 말에 따르면, 팬데믹으로 전 세계의 클라우드 서비스 도입 속도가

3배 가까이 빨라져 2020년에 화웨이 클라우드 매출은 168퍼센트 늘었다.[105]

화웨이의 5G 하드웨어가 선진 시장에서 받았던 정밀 조사와 비교할 때, 화웨이가 개발도상국 정부에 제공한 클라우드 서비스의 성공은 매우 두드러진다. 5G 하드웨어의 경우, 많은 정부가 화웨이를 국내 네트워크 주변부에만 국한시킬 수 있는지 논의하다가 결국 화웨이 장비를 전면 제한하기로 결정했다. 클라우드 서비스의 경우, 화웨이는 가장 민감한 정부 기능 중 일부를 제공한다. 클라우드 서비스는 정부 커뮤니케이션, 사회보장과 의료 기록, 예산, 심지어 전자 선거에 이르기까지 모든 걸 다룬다.[106] 선진국에서 밀려난 화웨이는 개발도상국 시장만 파고드는 게 아니라 그 나라 정부까지 파고드는 모양새다.

아마존 웹 서비스 팀 부사장이자 유명 엔지니어인 제임스 해밀턴James Hamilton의 설명처럼 글로벌 데이터 센터 붐은 이제 막 시작됐다.[107] 세계 최대 규모의 콘텐츠 제공 네트워크를 보유한 넷플릭스Netflix는 전 세계에 약 1,000개의 지점이 있는데, 이걸 보면 각각의 글로벌 클라우드 제공업체가 커버해야 하는 '지역' 수를 대략적으로 알 수 있다. 그러나 정전, 자연재해, 기타 위험으로부터 데이터를 보호하려면 각 '지역'마다 데이터 센터가 3개에서 수십 개까지도 필요하다. 글로벌 공급업체 수에 따라 달라지겠지만, 결국 전 세계 데이터 센터 수는 1만~10만 개에 이를 수도 있다.

그 지도는 오늘날의 모습과 매우 다르게 보일 것이다. 시너지 리서치 그룹Synergy Research Group의 조사에 따르면, 2020년 중반에 전 세계에 약 540개의 하이퍼스케일 데이터 센터가 있는데 각 센터마다 평균 930제곱미터의 공간에 최소 5,000대의 서버를 수용한다. 이런 센터들 가운데 38퍼센트는 미국에 있다. 21퍼센트는 영국, 독일, 일본에, 9퍼센트는 중국에 있다.[108] 신흥 시장의 수요 증가, 데이터를 해당 지역에 저장해야 한다는 요구, 사용자와 더 가까운 곳에서 데이터를 처리할수록 이익이 되는 기술 등 몇 가지 요인 때문에 데이터 센터가 새로운 장소로 이동하고 있다. 향후 몇 년 동안 증가할 가능성이 있는 분산된 소규모 데이터 센터를 통해 하이퍼스케일 시설을 보강하는 작업이 진행 중이다.

선진국 시장에서는 중국의 클라우드 야망이 경쟁과 보안 문제 때문에 제한된다. 알리바바 클라우드는 코로케이션co-location(데이터 센터의 일정 공간과 회선을 임대해 주는 것—옮긴이) 업체를 이용해 미국과 유럽에 작은 발걸음을 내디뎠지만, 미국의 거대 클라우드 기업들과 경쟁하느라 고군분투하고 있다. 일단 클라우드 업체를 선택한 뒤에는 대부분의 고객이 새로운 시스템으로 전환하는 번거로움을 피하기 위해 해당 업체를 계속 고수한다. 중국 기업들이 더 낮은 가격을 제시하더라도, 제공하는 기능도 적은 해외 업체를 선택하기 위해 외국 고객들이 전환 비용을 감수할 이유는 없다.

중국 기술과 데이터 보안에 대한 우려가 높아지면서 또 다른 장애물도 추가되었다. 중국의 광범위한 사이버 보안법은 외국 데이터를 위험에 빠뜨린다. "중국 내에 위치한 모든 서버에 포함된 정보는 감시와 검열을 피할 수 없다. 중국과 주고받는 모든 연락도 마찬가지다. 비밀은 없다. VPN(가상 사설망)은 금지되었다. 비공개 메시지나 암호화된 메시지는 존재할 수 없다. 익명의 온라인 계정도 없다. 영업 비밀도 없고 기밀 데이터도 없다. 중국 정부는 모든 데이터를 입수해서 확인할 수 있다." 중국 법률 전문가인 스티브 디킨슨Steve Dickinson의 설명이다.[109]

기업들이 이런 문제를 해결하려면 고객이 자신의 데이터를 제어할 수 있는 권한을 강화하고 투명성을 높여야 한다. 알리바바는 국제 클라우드 서비스 사업부의 본부로 싱가포르를 선택했으며, 경영진은 싱가포르의 데이터법을 준수한다고 주장한다.[110] 그러나 알리바바 고객들은 데이터가 통과하는 관할권을 비롯해 데이터가 지나가는 경로를 선택할 수 없으며, 데이터가 이동하는 경로를 보여주는 문서도 얻을 수 없다.[111]

또한 중국 클라우드 업체들은 자국 내의 규제 장벽 때문에 중요한 수익원이자 역량을 강화할 기회인 금융 부문에 서비스를 제공하는 능력이 제한된다. 중국 기술 분야를 다루는 뉴스레터인 '인터커넥티드Interconnected'의 저자 케빈 수Kevin Xu는 "은행과 증권사 고객의 클라우드 이용이 금지됨에 따라, 중국 클라우드 업체들은 업계에서 가장 까다로운 두 가지 용도에 적합한 클라우드 네이티브 제품을 구축할 기회를 가질 수 없다"고 설명한다.[112]

중국 업체들은 이런 과제를 해결하기 위해 아시아, 아프리카, 중남미 지역의 신흥 시장을 목표로 하고 있다. 시장 조사 및 자문 회사인 인터내셔널 데이터 코퍼레이션International Data Corporation에 따르면, 2020년 현재 중국 기업은 이 시장에서 거의 두각을 나타내지 못했다.[113] 일본과 중국을 제외한 아시아태평양 시장에서 알리바바가 차지하는 점유율은 0.3퍼센트에 불과했다. 화웨이는 중남미 시장과 중동 및 아프리카 시장에서 각각 0.9퍼센트와 0.7퍼센트의 점유율을 차지해 중국 기업들 사이에서 선두를 달리고 있다. 또한 이들 시장에서의 전년 대비 성장률은 각각 155퍼센트, 125퍼센트로 앞으로 더 큰 성장세를 보일 것임을 암시했다.

중국의 경우, 자국에서 가장 가까운 시장인 동남아 지역에서 매우 치열한 글로벌 클라우드 경쟁을 벌이고 있다. 이 시장은 2025년까지 인터넷 경제 규모가 3배 증가해 총 3,000억 달러에 이를 것으로 전망된다.[114] 이런 소중한 기회를 차지하기 위해 나선 알리바바 클라우드는 2021년에 앞으로 3년 동안 이 지역에 10억 달러를 투자해 개발자 10만 명을 양성하고 스타트업 10만 개를 지원하겠다고 약속했다. 현재 이 지역의 중심지인 싱가포르는 기업 친화적인 환경과 이곳 해안까지 연결된 27개의 케이블에 접속할 수 있는 기회를 제공한다.[115] 중국의 주요 클라우드 업체들은 모두 싱가포르에 지사를 두고 있으며, 이 도시 국가를 지역 진출을 위한 발판으로 여긴다. 하지만 싱가포르는 사무 공간을 구하려면 웃돈을 줘야 하는 상황이라서 세계에서 가장 비싼 허브 중 하나이다.[116]

싱가포르 해협 건너편에 위치한 인도네시아의 수도 자카르타는 성장 여지가 더 많아 싱가포르를 대신할 거점으로 떠오르고 있다.

알리바바는 2018년에 글로벌 클라우드 업체로서는 처음으로 인도네시아에 데이터 센터를 개설했고 이듬해에 두 번째 데이터 센터를 열었다. 구글은 2020년에 알리바바에 뒤이어 인도네시아에 진출했다. 두 업체 모두 독자적인 시설을 구축하지 않고 기존 데이터 센터를 활용하는 코로케이션 전략을 사용했다. 텐센트는 2021년 말까지 인도네시아에 데이터 센터 2개를 열 계획이고, 마이크로소프트도 새로운 작업을 준비하고 있다. 아마존은 2022년부터 인도네시아에서 서비스를 개시한다는 계획을 밝혔다.[117]

한때 유망한 시장이었던 인도는 중국 기업들에게 큰 물음표를 안겨주고 있다. 2020년 6월, 중국군과 인도군이 히말라야산맥의 분쟁 지역에서 충돌하면서 양국 관계가 수십 년 만에 최악으로 치달았다. 인도 정부는 인도에 약 1억 2,500만 명의 사용자가 있는 것으로 추산되는 틱톡을 비롯해 중국산 앱 100여 개의 사용을 금지했다. 하지만 7장에서 자세히 설명하겠지만, 인도 시장은 중국에 완전히 문을 닫은 상태가 아니며 여전히 중국 하드웨어에 대한 의존도가 높다. 2019년에 인도는 데이터 센터 장비의 거의 3분의 2를 중국과 홍콩에서 수입했다.[118]

아프리카에서는 중국의 글로벌 클라우드 기업들이 국영 기업의 발자취를 따라갈 수 있다. 이 대륙에는 전 세계 인구의 약 17퍼센트가 살고 있지만, 전체 데이터 센터 용량에서 차지하는 비율은 1퍼센트도 안 된다. 2020년 초 기준으로, 런던이 사하라 사막 이남 아프리카에 비해 약 4배나 많은 데이터 센터 용량을 보유하고 있었다.[119] 지부티 데이터 센터의 회장인 존 멜릭John Mellick은 "아프리카는 지속 가능한 두 자릿수 성장을 위한 마지막 개척지"라고 말한다.[120]

그러나 알리바바 클라우드에게 아프리카는 아직 미지의 영역이다. 2021년 중반 현재, 중국 최대의 클라우드 업체는 아직 아프리카에 전용 데이터 센터가 없다. 중국 기업들이 아프리카 대륙 곳곳에서 수많은 일에 관여하고 있다는 걸 생각하면 놀라운 일이다. 알리바바의 자회사인 웨일 클라우드Whale Cloud가 남아프리카공화국에서 클라우드 서비스를 제공하고 있다.[121] 이 회사는 알리바바가 ZTE를 인수해서 브랜드를 변경하기 전까지는 ZTE소프트ZTEsoft라는 이름으로 알려져 있었다.

최근 몇 년간 아프리카의 가장 큰 고객은 각국 정부였다. CSIS의 조사에 따르면 화웨이는 최소 15개의 아프리카 정부에 클라우드 서비스를 제공하고 있으며, 이 대륙 전체에 퍼블릭 클라우드 서비스를 제공하려는 야심을 품고 있다. 현재 아프리카 대륙의 중심지인 요하네스버그에 있는 데이터 센터에서 용량을 임대하고 있으며, 그 다음으로 많은 국제 기업이 밀집해 있는 케냐와 나이지리아에 데이터 센터의 추가 설립을 계획하고 있다.[122]

아프리카가 발전하는 동안, 미국 클라우드 기업들은 비교적 확장하기에 유리한 위치에 있었다. 남아프리카공화국에 대한 마이크로소프트와 아마존의 투자는 화웨이의 투자를 무색하게 만든다.[123] 새로운 해저 케이블 덕분에 아프리카 대륙의 국제 대역폭 접속이 개선되었다.**124** 구글은 포르투갈에서 남아프리카공화국까지 이어지는 에퀴아노Equiano라는 케이블을 건설 중인데, 그 지선은 나이지리아까지 연결된다.**125** 페이스북은 이 대륙의 16개 국가를 연결하는 케이블인 2아프리카2Africa를 지원하는데, 이 사업에 참여한 파트너 중에는 차이나 모바일도 포함되어 있다.**126** 중국의 정부 간 접근 방식과 달리, 미국은 민간 부문에서 이런 노력을 주도하고 있다.

세 번째 국경은 라틴 아메리카다. 멕시코에서 칠레까지 뻗어 있는 이 지역의 인구는 6억 5,000만 명인데 그중 3분의 2가 인터넷에 접속할 수 있다. 미국은 엄밀히 따지면 라틴 아메리카에 속하지 않지만, 현재 라틴 아메리카의 중심국이다. 그러나 미국의 그늘 아래에서 중국 기업들은 정치적인 공격을 꾀하고 있다.

이 지역에서 두 번째로 중심적인 노드 역할을 하는 브라질과 다른 지역에서 중국 기업들은 미국에 대한 대안으로 자신들을 포지셔닝하고 있다. 브라질의 네트워크에서 세계 100대 웹사이트로 연결되는 경로의 84퍼센트를 포함해 엄청난 양의 트래픽이 미국을 통과한다.**127** 아마존, 구글, 마이크로소프트는 모두 브라질에 데이터 센터를 설립했다. 그와 동시에 브라질 관계자들은 SACS, SAIL, 엘라링크 케이블 등에 관심을 보이면서 브라질의 연결 경로를 다각화하려고 노력했다.

화웨이는 멕시코, 칠레, 브라질에 알리바바보다 먼저 자체 데이터 센터를 구축하기 위해 각국 정부의 이런 관심과 오래 묵은 지역적 불만을 활용하려고 한다. 화웨이 지사장은 "중남미 지역에서 서비스 범위 개선과 연결성 개선이라는 거대한 삼각구도를 형성하는"
게 자신들의 전략이라고 설명했다.[128] 알리바바는 멕시코와 브라질
에서 클라우드 서비스를 재판매하는 현지 업체들과 파트너십을 체
결하는 등 보다 신중한 태도로 접근하고 있다. 알리바바는 2021년
중반까지는 아직 이 지역에 데이터 센터를 개설하지 않았다.[129]

　화웨이는 판매 홍보의 일환으로 미국에 대한 비판을 쏟아내고
있다. 화웨이 CEO 런정페이는 2019년 12월에 이 지역 기자들과 만
나, "라틴 아메리카는 중진국 함정, 빈부 격차 확대, 금융 위기 등 많
은 함정에 걸려들었다"고 말했다. "사실 이 모든 게 미국의 먼로주
의Monroe Doctrine 때문에 발생한 것이다. 미국은 라틴 아메리카를 통제
하고 싶어 했고 이 지역을 마치 자기네 뒷마당처럼 여겼기 때문에
이런 일들이 생겼다. 중국은 현재 라틴 아메리카에 투자하고 있지
만 이 지역은 여전히 주권을 유지하고 있으며, 중국이 라틴 아메리
카에 투자함으로써 이런 함정에서 빠져나오기 위한 사다리가 만들
어지고 있다."[130]

　스스로를 시인의 나라라고 칭하는 칠레는 0과 1을 저장하는 허
브 역할을 하기에는 어울리지 않아 보일 수도 있지만, 세계 최대 클
라우드 업체들의 관심을 끌었다. 칠레 인구는 브라질 인구의 10분
의 1도 채 안 되지만, 6,400킬로미터가 넘는 칠레 해안 지대에 육양
되는 해저 케이블 수가 점점 늘고 있다. 에너지를 많이 소비하는 데
이터 센터를 운영하기에 좋은 쾌적한 기후에 세금 우대 혜택까지
제공되기 때문이다.

2015년에 구글이 유명 기업들 가운데 처음으로 칠레에 데이터 센터를 설립했고, 3년 뒤에 시설을 확장했다. 이 데이터 센터는 아타카마 사막의 태양 전지판을 이용해 100퍼센트 재생 에너지를 공급한다. 구글은 2019년에 칠레 발파라이소에서 미국 캘리포니아주 로스앤젤레스까지 10,500킬로미터에 이르는 새로운 해저 케이블을 완성하고 두 번째 데이터 센터 설립을 발표했다. 칠레 정부에 따르면 2019년 한 해에만 15개의 데이터 센터가 확장되거나 새로 설립되었다.[131] 알리바바도 이 명단에 합류하는 걸 고려 중인 것으로 알려졌다.[132]

칠레는 확장 중인 중국 네트워크에서 더 중요한 노드가 될 수 있다. 화웨이는 2019년에 칠레 남해안을 따라 2,860킬로미터의 해저 케이블을 완성하고 '세계 최남단에 있는 해저 케이블'이라고 자랑스럽게 광고했다.[133] 그리고 몇 달 뒤에는 칠레 수도인 산티아고 근처의 페인에 데이터 센터를 열고 1억 달러를 투자하겠다는 계획을 발표했다. 이 데이터 센터는 구글 데이터 센터처럼 독립적인 시설이 아니라 공용 시설이지만, 이런 조치는 더 큰 야망을 나타낸다.

두 프로젝트 모두 화웨이가 건설한 것 가운데 가장 규모가 큰 국제 연결망이자 남미와 아시아를 직접 연결하는 최초의 네트워크를 건설할 수 있는 입지를 다지기 위한 것이었다. 칠레 정부는 아시아로 향하는 해저 케이블을 원했고 당연히 화웨이 마린도 케이블 건설을 원했다. 하지만 2020년 7월에 칠레 정부는 중국까지 연결되지 않고 칠레에서 호주, 뉴질랜드까지만 연결되는 일본의 케이블 건설안을 채택했다.[134] 칠레는 제2의 케이블을 건설할 가능성도 배제하지는 않았지만, 순전히 상업적인 관점에서만 본다면 정당화하기 힘든 계획이었다. 그러나 브라질이나 다른 신흥 허브처럼, 칠레도 관련 분야에서의 경쟁을 부추겨서 이득을 볼 수 있다. 2020년 9월, 아직 단념하지 않은 화웨이는 칠레에 두 번째 데이터 센터를 열겠다고 발표했다.[135]

중국이 새로운 네트워크 변방을 계획할 때, 남아메리카 대륙의 남단 끝은 여전히 매력적일 수 있다. 런정페이는 칠레 옆 나라인 아르헨티나 기자에게, "당신네 나라는 세계의 끝에 위치해 있어서 지리적으로 안전하다. 다른 나라들이 큰 전쟁에 휘말리더라도 아르헨티나는 무사할 것이다"라고 말했다.[136] 역사를 좋아하는 런정페이는 세계 최초의 해저 케이블 부설 경쟁이 처음에는 상업적인 경쟁으로 시작되었지만 국가 안보에 대한 우려가 커지면서 점점 격화되어 결국 전장의 일부가 되었다는 사실을 잘 알고 있을 것이다.

★ ☆ 지도 방어

전신 분야에서의 경쟁은 미국에게도 교훈을 안겨줬다. 제1차 세계대전이 발발하기 전 수십 년 동안 전 세계에 새로운 전신 경로가 만들어지면서, 각 나라가 자국 영토에 접근하려는 외국 사업자들에게 요금을 부과하는 게 일반적인 일이 되었다. 영국은 외국 접속자들을 많이 끌어들이기 위해 남들과 다른 전략을 채택하고 수수료와 기타 장벽을 낮췄다. 런던이 오늘 날까지 국제 통신과 금융의 중심지로 남아 있는 데는 이런 개방성 이 매우 중요한 역할을 했다.

수십 년 동안 이와 유사한 전략을 활용한 미국은 국내 네트워크, 인터넷 교환, 해저 케이블에 대한 감시를 강화하면서 보다 방어적 인 자세를 취하고 있다. 중국의 과거 행적이나 사이버 공격, 간첩 활동, 국유 기업과 인민해방군의 협력 같은 활동이 확대되는 상황 에서 보다 확실한 보호를 원하는 건 당연한 일이다. 그러나 미국은 각각의 결정이 글로벌 네트워크 내에서의 자신들의 지위에 어떤 영 향을 미칠지 고려해야 한다. 결과는 처음에 생각하는 것만큼 간단 하지 않을 것이다.

차이나 텔레콤과 차이나 유니콤에게 라이선스를 제공하고 거의 20년이 지난 뒤, FCC는 이들을 미국 시장에서 몰아내기 시작했다. 2019년에 FCC는 차이나 모바일이 2011년에 신청한 미국과 외국 간 통화 전달 허가를 거부했다. 위원들은 만장일치로 "국가 안보 및 법 집행 문제를 적절히 해결하기 위한 안보 위험 완화 협정에 필요한 기본적인 신뢰 기반이 존재하지 않는다"는 결론을 내렸는데,[137] 이 는 FCC가 국가 안보와 법 집행을 이유로 신청을 거부한 첫 번째 사 례다.[138]

차이나 모바일은 이렇게 8년간의 시련이 끝났지만, 차이나 텔레 콤과 차이나 유니콤은 새로운 싸움이 이제 막 시작되었다. 2020년

4월, FCC는 차이나 텔레콤과 차이나 유니콤을 비롯한 중국 통신사 4곳에 "그들이 중국 정부의 영향과 통제를 받지 않는다는 사실을 증명해 달라"고 요청했다.[139] 〈월스트리트 저널〉의 케이트 오키프 Kate O'Keeffe가 지적한 것처럼, FCC의 요청은 기본적으로 국영 기업에게 국영 기업이 아니라는 걸 증명해 달라고 한 것이다.[140] 트럼프는 11월에 차이나 텔레콤과 차이나 유니콤 등 중국 인민해방군과 관련이 있는 기업들에 대한 미국의 투자를 금지하는 행정 명령을 내렸다.[141] 그다음 달에 FCC는 차이나 텔레콤과 차이나 유니콤의 라이선스 취소 절차를 시작했다.[142]

미국은 해저 연결도 다시 평가하고 있다. 미국 정부는 2020년 6월에 로스앤젤레스와 홍콩을 연결하는 최초의 직통 케이블인 퍼시픽 라이트 케이블 네트워크Pacific Light Cable Network의 작동을 일부 차단했다. 로스앤젤레스, 필리핀, 대만을 잇는 케이블 구간은 활성화되어 있지만 홍콩까지 연장된 케이블 구간은 계속 막아두라는 명령이 내려졌다. 미국 관계자들은 이 케이블이 홍콩에서 육양되는 데다 중국 기업인 닥터펑 텔레콤Dr. Peng Telecom이 대주주라는 사실은 도저히 극복할 수 없는 위험이라는 결론을 내렸다. 몇 주 뒤, 중국의 국가보안법 때문에 홍콩은 사실상 지도에서 사라지게 되었고, 해저 경로를 계획 중인 기업들은 이제 다른 곳을 알아보고 있다.[143]

그러나 미국이 중국 및 홍콩과의 기존 해저 연결을 끊는다면, 글로벌 네트워크가 미국의 이익에 도움이 되지 않는 쪽으로 적응할 수 있다. 미국 기업들은 대체할 육양점이 있는 케이블을 구축하거나 컴퓨팅 성능을 대거 해외로 이전할 수 있다. 캐나다와 멕시코가 대체 관문으로 자리매김하게 될 것이다. 예를 들어, 멕시코의 티후아나가 서해안의 허브가 될 수도 있다는 얘기다. 미국의 일부 통신 사업자들은 이미 그 지역을 통과하는 통신망을 보유하고 있으며 이를 미국과 연결시킬 수도 있다. 미국은 사업 기회뿐만 아니라 모니터링 프로젝트에 대한 접근 권한도 잃게 될 수 있다.

미국 인터넷 익스체인지 포인트에서 중국 기업들을 쫓아내는 데에도 비슷한 장단점이 있다. 2021년 기준으로 중국의 빅3는 로스앤젤레스, 시애틀, 뉴욕 등 미국 주요 도시에 총 62개의 인터넷 접속점을 설치했다.[144] 이미 누군가 자리를 잡은 곳에서 새로운 연결망을 구축할 때는 한계 비용이 적게 들기 때문에, 미국 통신사들은 자기 뒷마당에서 중국 통신사들과 트래픽을 교환하는 것에 만족해 왔다. 단점은 미국과 중국 통신사 간의 연결이 늘어날수록 라우팅 오류가 전파될 기회가 많아진다는 것이다. 해외에 있는 중국 통신사들과 강제로 연결된다면 이를 시도하는 미국 통신사 수가 줄어들 것이다.

차이나 텔레콤의 수상한 라우팅 행위가 우연이 아니라고 생각하는 뎀차크와 샤비트는 '접근 상호주의'를 주장했다.[145] 이들은 눈에 띄는 불균형을 지적한다. 중국은 외국 기업들이 자국 네트워크 안에 인터넷 접속점을 설치하는 걸 금지하는 반면, 중국 기업들은 미국 네트워크에 액세스할 수 있다. 이들은 더 공정한 균형을 제안한다. 예를 들어, 인터넷 접속점이 고객 수에 비례한다면 미국 기업들은 더 많은 사용자에게 서비스를 제공하기 위해 중국보다 많은 접속점을 보유해야 한다. 중국이 상호 접근 요구를 거부할 경우, 미국과 잠재적으로는 그 동맹국들까지 중국의 인터넷 접속점을 오가는 트래픽을 차단하게 될 것이다.

다른 전문가들은 미국 기업이 중국에서 접근 권한을 얻는다면 상업적으로는 이익이 되겠지만, 미국 네트워크가 직면한 근본적인 위험을 해결하지는 못할 것이라고 경고한다. 중국 영토에 트래픽 핸드오프 지점을 많이 만들수록 중국 정부가 미국 기업을 염탐할 위험이 높아진다. 더 근본적으로 따지자면, 미국 네트워크가 적절한 예방 조치를 취하지 않은 사업자(외국 기업이든 미국 기업이든 상관없이)에게 계속 열려 있는 한, 라우팅 오류와 하이재킹에 계속 취약할 수밖에 없다. 일례로 2019년 6월에는 한 스위스 회사의 라우팅 실수 때문에, 유럽 최대의 모바일 네트워크로 전송되었어야 할 트래픽(미국에서 오는 트래픽도 포함된)이 차이나 텔레콤 네트워크를 통해 전송되었다.[146]

상호주의에 초점을 맞추면 개방형 네트워크를 통해 미국으로 유입되는 불균형한 이점도 간과하게 된다. 미국 영토에 있는 중국의 인터넷 접속점은 미국을 통과하는 인터넷 트래픽의 글로벌 점유율을 높인다. 이런 데이터 물결은 상업적 이익도 안겨주고 해외 통신망을 감시하는 미국 정보기관에도 좋은 선물이 된다. 물론 이 선물이 얼마나 큰지, 그 '포장을 풀기' 위해 뭘 해야 하는지는 기밀 사항이다. 그러나 공개 보고서와 기밀 해제 서류는 글로벌 데이터 흐름에서 미국이 중심적인 위치를 차지하고 있는 덕분에 중요한 정보를

얻곤 한다는 걸 시사한다.[147]

　의도치 않게 벌어지는 일이긴 하지만, 상호주의를 시행하기 위한 공조 방식 때문에 미국을 떠난 일부 트래픽의 보안이 약화될 수도 있다. 데이터 흐름을 완전히 분리시키지 않는 이상, 트래픽은 여전히 동맹 네트워크와 중국 네트워크 사이를 이동한다. 이런 교환은 동맹국 영토가 아니라 보안 기준이 낮은 외국에서 많이 이루어지므로 동맹국 데이터가 더욱 취약해질 수 있다.[148] 역으로, 비동맹국인 외국은 리디렉션된 데이터 흐름을 끌어들임으로써 상업적으로나 전략적으로나 이득을 얻게 될 것이다.

　인터넷 지도를 다시 그리면 다른 의도치 않은 결과가 초래될 것이다. 효율성이 떨어지면 미국 기업과 소비자가 부담해야 하는 비용이 증가하고 라우팅에 대한 기본적인 가정이 무효화된다. 그러면 비정상적인 라우팅 동작을 감지하기가 훨씬 어려워질 수 있다. 이런 제한사항을 감안하면 매도리 같은 분석가도 비최적화된 경로가 최선의 선택인지 파악하는 데 어려움을 겪을 것이므로, 이상 징후를 검사하는 게 훨씬 부담스러워진다.

　미국은 신뢰할 수 있는 파트너에게만 데이터 흐름을 제한하기보다, 신뢰에 의존하지 않아도 되는 기술을 개발하고 모범 사례를 광범위하게 채택하도록 장려할 수 있다. 예를 들어, 양자 암호화 기술은 가장 위험한 환경에서도 보안을 강화한다. 인터넷 협회의 '라우팅 보안을 위한 상호 합의 규범MANRS' 같은 모범 사례는 라우팅 사고를 예방하고 더 빨리 대응하는 데 도움이 된다.[149] 인터넷 협회는 "진정한 해결책은 상호 연결을 제한하는 게 아니라 인터넷 라우팅 프로토콜인 BGP가 안전하게 작동하도록 하는 것"이라고 조언한다.[150]

바이러스 확산을 막기 위해 마스크를 착용하는 것처럼, MANRS는 사용자 본인보다 주변 사용자에게 더 많은 이익을 준다. 보편적인 참여는 모든 이에게 도움이 될 것이다. 하지만 마스크 없이 돌아다니는 차이나 텔레콤은 다른 네트워크에서 쫓겨날 위험에 처했다. 차이나 텔레콤은 FCC가 라이선스 종료를 발표한 날에 뒤늦게 MANRS에 정식 가입했다. 다소 아이러니한 일이지만, 차이나 텔레콤 미주 법인의 커뮤니케이션 담당 이사는 트위터를 통해 '수년간 이 문제를 위해 싸워온' 매도리에게 공개적으로 감사를 표했다.[151]

매도리도 지적했지만, 2015년 12월에 벌어진 사건이나 문제 해결이 지연된 건 차이나 텔레콤만의 책임이 아니다. 그는 버라이즌이 조치를 취하도록 설득하기 위해 몇 달간 애썼다. 버라이즌이 굼뜨게 행동하는 동안, 매도리는 다른 주요 업체를 설득해서 차이나 텔레콤이 제공하는 버라이즌 경로를 차단하는 필터를 배포하도록 했다. 결국 라우팅 오류는 2018년 4월경에 수정되었다. 사건이 벌어진 시간은 1분도 채 안 되었지만 그 결과는 2년 반 동안 지속되었다.[152] 버라이즌은 아직 MANRS에 가입하지 않았고, 차이나 유니콤이나 차이나 모바일도 마찬가지다.[153]

인터넷이 발명된 뒤로 글로벌 인터넷의 개방성은 큰 보상과 함께 상당한 위험도 가져왔다. 특히 중국의 활동은 미국 네트워크 내에 존재하는 이런 위험성에 대한 재측정과 더 정밀한 조사를 촉발시켰다. 그러나 갑판 승강구를 꼭 닫고 친구들과 몸을 웅크리고 있는 건 실행 가능한 장기적 전략이 아니다. 미국이 중국의 요새식 접근을 모방하기 위해 중대한 조치를 취한다면 그건 실수를 저지르는 것이다.

결국 중국이 글로벌 인터넷의 새로운 지도를 그리는 건, 현재 버전의 지도가 미국과 그 동맹국들에게 압도적으로 유리하기 때문이다. 미국 클라우드 업체의 독주는 선점자의 우위에서 비롯된 것이지만, 물리적 인프라 확충을 위한 국내 투자와 해외 연결에 대한 개방성도 큰 몫을 했다. 중국 클라우드 업체는 자국 내에서는 거대 기업이지만 국경 너머에서는 여전히 신생 업체 신세를 못 벗어났다. 중국이 자국의 대표 기업을 진정한 글로벌 기업으로 만들려고 안간힘을 쓰고 있어서 제3시장에서의 경쟁이 치열해지고 있다.

미국이 승리하려면 국내 안보 조치와 해외에서의 상업 범죄에 더 중점을 둬서 균형을 맞춰야 한다. 아직 인터넷을 이용하지 못하는 전 세계 인구 절반의 요구와 열망에도 부합해야 한다. 미국 정부는 파트너 및 동맹국과 협력해서 미국 기업들을 이 시장에서 제외시킨 위험-보상 계산을 조정하는 방법에 대해 창의적으로 생각해야 한다. 대담한 접근 방식에는 신흥 경제국을 연결하기 위해 데이터 센터를 구축하고 해저 케이블을 설치하는 것도 있다. 또 새로운 기술을 활용해서 말 그대로 별에 도달하는 것도 포함될 수 있다.

주도 세력

THE DIGITAL SILK ROAD

THE COMMANDING HEIGHTS

○

2020년 6월 23일 오전 9시 43분, 인샹위안尹相原 사령관은 시창위성발사센터에서 마지막 카운트다운을 시작하며 "10!"이라고 외쳤다. 우주비행 관제센터에 있는 그와 동료들이 느끼는 긴장감은 눈빛을 통해서만 드러났다. 코로나19 확산 방지를 위해 다들 수술용 마스크를 쓰고 있었다. 모두 발사대 위에 20층 높이로 우뚝 솟은 흰색 로켓 발사체를 지켜봤다. 그 안에 압력이 쌓이면서 하얀 연기가 몸체를 빠져나와 아침 공기 속으로 흩어졌다.[1]

꼭대기부터 맨 아래까지, 이 발사체는 중국 민족주의의 기념비다. 꼭대기 부근에는 노즈콘 측면에 빨간색 중국 국기가 그려져 있다. 발사체 기저부는 창정 3BLong March 3B 로켓인데, 로켓의 이름은 1934년에 시작되어 마오쩌둥을 집권시킨 중국공산군의 전략적 후

퇴에서 따온 것이다. 가장 중요한 탑재 화물은 미국 GPS 시스템을 대신할 중국의 3세대 베이더우 글로벌 항법 위성 시스템의 마지막 부품이었다.

베이더우는 중국 과학계와 군사계의 결합을 통해 태어난 아이로, 수많은 가족이 그 자리에 모여 이를 지켜보고 있었다. 중국 정부는 일반적으로 발사가 성공한 뒤에만 인공위성 발사 장면을 공개하지만, 이례적인 정책 변화 덕분에 이번 발사는 생중계로 진행되어 중국이 우주 강대국의 엘리트 대열에 합류하는 모습을 전 세계가 볼 수 있었다. 지금까지 진정한 글로벌 항법 위성 시스템을 구축한 나라는 미국과 유럽연합, 러시아뿐이다.

냉전 시대에 핵무기 배치를 위해 개발된 글로벌 항법 위성은 군사 작전에 매우 중요하며, 군대가 움직임을 조정하고 군수품을 목표물로 인도하는 데 도움을 준다. 지금은 전 세계의 휴대폰과 자동차, 기타 소비자 애플리케이션에 64억 개의 수신기가 설치되어 전장보다 실생활에서 많이 사용되고 있다.[2] 초정밀 원자시계를 사용하는 이 시스템은 소비자용 ATM부터 주식 거래, 모바일 네트워크에 이르기까지 모든 것에 정확한 시간을 제공한다. 이것 덕분에 세상이 계속 돌아가는 것이다.[3]

2000년에 첫 번째 베이더우 위성을 쏘아 올린 중국의 GPS 독립을 위한 대장정이 이제 막 마무리 단계에 접어들었다.[4] 하지만 성공은 보장된 게 아니고, 중국의 높은 야망은 전에도 무너져 내린 적이 있다. 1996년에 발사된 창정 3B 로켓의 첫 비행은 제어 시스템 오류로 인해 로켓과 운반 중이던 미국 위성을 인근 마을로 날려 보내는 비극으로 끝났다. 공식적으로 6명이 사망하고 57명이 부상을 입었다. 그러나 이후 증언에 따르면 이때 사망한 지역 주민이 수백 명에 달할 수도 있다고 하니, 역사상 최악의 발사 참사일 가능성도 있다.[5]

이 로켓은 그 후에 성능이 개선되었지만, 최근 실적도 완벽한 것과는 거리가 멀다. 2020년 4월에도 같은 종류의 로켓을 같은 장소에서 발사했는데, 실패로 끝나는 바람에 괌에 파편이 쏟아졌다.[6] 베이더우 시스템 완성을 위한 발사는 원래 6월 초로 예정되어 있었지만 로켓 엔진 문제로 연기됐다.[7]

"점화. 발사!" 관제센터에서 말하자 로켓이 상승하기 시작했다. 중국 중앙텔레비전CCTV 방송 화면은 로켓을 따라 움직이다가 2분할 화면으로 바뀌었다. 왼쪽에는 컴퓨터로 제작된 애니메이션으로 로켓의 좌표, 높이, 속도가 표시됐다. 오른쪽 화면에는 로켓의 동체 중간부에 장착된 카메라가 보여주는 엔진과 점점 작아지는 지상의 모습이 실시간으로 나타났다. 모든 위성 발사는 신중하게 연출되지만, 이번은 특히 TV 방송용으로 만든 것이었다.

비행을 시작하고 26분 뒤에 인공위성이 분리되자 발사체의 마지막 임무가 진행되었다. 로켓 상단부가 우주로 떠내려가는 동안에도 카메라는 푸른 바다 위 225킬로미터 높이에 떠 있는 상자형 구조물인 인공위성에 초점이 맞춰져 있었다. 두 개의 팔이 위성 양쪽에 아코디언처럼 펼쳐졌다. 팔을 완전히 뻗자 태양 전지판에 햇빛이 반사되어 눈부시게 반짝였다.

　잠시 질서정연한 박수갈채가 관제센터를 가득 채웠다. 함성을 지르는 사람은 아무도 없었다. 휘파람을 부는 사람도 없었다. 다른 사람보다 더 크게 혹은 더 길게 박수를 치는 사람도 없었다. 발사센터 책임자인 장쉐위張學宇는 연단에 서서, "위성이 예정된 궤도에 성공적으로 진입했다"고 사무적으로 발표했다. 그의 머리 위에는 붉은 바탕에 금색 글씨로 쓴 짧은 메시지를 띄운 대형 스크린이 있었다. "축하합니다. (…) 베이더우 위성 항법 시스템의 55번째 위성이 완벽하게 성공했습니다."

　그의 차분한 어조는 매우 강력한 효과를 발휘했다. 중국은 세계 최고의 엘리트 클럽 중 하나에 합류했는데, 중국 관계자들은 이미 다음 이정표에 기대를 걸고 있었다. 그들은 3세대 베이더우 시스템이 완전히 자리를 잡기도 전에, 벌써 2035년까지의 업그레이드 계획을 발표했다. 중국 관료들은 이 시스템이 끊임없이 발전할 뿐 결코 완성되지는 않을 거라고 여긴다.

　중국이 우주에서 미국을 따라잡고 싶다면 속도를 늦출 수 없다. 중국 국영 기업들이 베이더우 시스템(미국이 1990년대에 기본적으로 달성한 기술)에 공을 들이는 동안 미국 기업들은 훨씬 혁신적인 기술을 개척해 왔다. 중국이 베이더우 시스템을 완성한 지 일주일 뒤 일론 머스크의 스페이스X가 미국 플로리다주 케이프 커내버럴에서 미 공군을 위해 3세대 GPS 위성을 발사했다.

　한때 환상으로 치부되던 스페이스X는 재사용 가능한 로켓 부품으로 비용을 대폭 절감하면서 현재 NASA 발사 업무의 약 3분의 2를 처리하고 있다.[8] NASA는 매 발사마다 약 1억 5,200만 달러를 쓰는 데 비해 스페이스 X는 이를 6,200만 달러로 줄였다. 머스크는 앞으로 자기 회사가 비용을 더 줄일 수 있다고 확신하면서 발사 비용이 200만 달러까지 급감할 수도 있다고 전망했다.[9] 헤드라인을 장식하는 데 재능이 뛰어난 머스크는 미국 관료들에게 어필하는 방법도 안다. 그는 처음 열린 미 공군 우주산업 전략 발표회에서 이 계획안을 제시했다.

스페이스X는 공상과학 소설처럼 전 세계 통신을 뒤집어놓을 수 있는 새로운 위성군을 제공하기 위해 노력하고 있다. 이 회사는 지구 저궤도에 글로벌 광대역 통신망을 제공할 거대 위성군을 발사하려는 계획을 세우고 있는 몇몇 회사들 중 하나다. 이런 노력이 성공한다면, 세계에서 가장 외딴 지역에서도 인터넷을 이용할 수 있을 것이다.

아직 어느 쪽으로 흐를지 모르는 막대한 양의 데이터를 놓고, 서구 기업들도 개발도상국 시장에서 중국 기업과 겨루고 있다. 아마존부터 페이스북, 구글에 이르기까지 거의 모든 기술 대기업이 하늘을 바라보고 있다. 소프트뱅크 CEO이자 위성 광대역 통신사 원웹OneWeb의 주요 투자자인 손정의 사장은 2017년에 "데이터를 가장 많이 얻는 쪽이 승리한다"고 말한 바 있다.[10]

앞으로 위성 인터넷을 제공하기 위한 경쟁은 3단계에 걸쳐 진행될 것이다. 우주에서 기업들은 지구 궤도에 있는 유한한 부동산을 놓고 경합을 벌이고 있다. 통신을 전달하는 주파수 대역인 스펙트럼을 둘러싼 싸움은 더욱 치열하다. 하지만 결국 경쟁은 국가가 위성 서비스 제공업체에 '전송권'을 부여할 수 있는 권한이 있는 지상으로 돌아간다.

중국은 세 단계에서 모두 취약한 상태지만 물러서지 않을 것이다. 우주는 군사 전략의 중심이자 갈수록 상업적 야망의 중심이 되어가고 있다. 중국군 최고위 장성인 쉬치량許其亮은 2009년에 "21세기는 정보화의 세기이자 항공우주의 세기다. 항공우주와 정보 시대는 이미 동시에 도래했으며, 정보와 항공우주 분야는 국제 전략 경쟁의 새로운 주도 세력이 되었다"고 말했다.[11]

'주도 세력'이라는 말은 정치적인 이유로나 군사적인 이유로나 모두 적절하다. 마르크스주의 사상이 떠오르는 이 말은 블라디미르 레닌Vladimir Lenin이 국가가 철강과 석탄 생산, 철도, 은행, 기타 주요 부문을 통제해야 한다고 주장하기 위해 사용한 것이다. 다시 말해, 보이지 않는 시장의 손에 맡기기에는 너무 중요한 활동들이다. 중국공산당은 중국 경제를 21세기로 이끌면서 항공우주 분야를 계속 장악할 계획이다.

하지만 이 말은 군사적 은유로도 사용된다. 전쟁의 진화는 점점 더 높은 고지를 차지하기 위한 노력으로 요약할 수 있다. 고대 장군들은 전략적 우위를 위해 언덕에 병력을 배치하는 법을 배웠다. 공군력의 등장은 전장의 높이를 더 상승시켰다. 쉬치량은 "하늘을 제어하면 땅과 바다, 전자기 영역까지 제어해 전략적 주도권을 쥐게

된다"고 설명했다.[12] 미군과 중국 인민해방군은 우주가 궁극적인 고지라는 데 동의한다.[13]

★⋰ "잊을 수 없는 굴욕"

중국은 우주 분야의 후발주자이지만, 베이더우 위성 항법 시스템을 통해 군사 및 상업 분야의 별들을 정렬시키고 빠르게 움직일 수 있다는 걸 증명했다. 북두칠성을 뜻하는 중국어에서 이름을 따온 베이더우는 1994년에 공식적으로 시작되었다. 이후 사반세기 동안, 중국 기술자들은 3단계에 걸쳐 글로벌 항법 위성군을 건설하는 과제에 접근했다. 각 단계마다 외국의 위협이 그들을 앞으로 내몰았다.

영리하게도 중국은 베이더우 프로그램을 순수한 공공재이자 혁신의 최전선으로 복귀한 사례로 내세우려고 했다. 중국은 2019년에 오스트리아 빈 국제 센터에서 열린 전시회를 후원하기도 했다. 위성에 관한 유엔 연례 회의가 열리기 전에 수개월 동안 진행된 '나침반부터 베이더우까지'란 제목의 이 전시회는 항법 및 타이밍 시스템 개발에 대한 중국의 공헌을 강조했다. "사람들의 이해도를 높이기 위해 사회 발전에 항법이 얼마나 중요한 역할을 하는지 보여주고 싶었다." 중국위성항법국 부국장은 전시회 개막식에서 이렇게 말했다.[14]

그러나 중국의 베이더우 시스템은 미국 시스템과 마찬가지로 군사적인 뿌리를 가지고 있다. 1970년에 중국은 마오쩌둥 혁명가를 상징하는 둥팡훙東方紅 1호, 즉 '동방은 붉다 1호'라는 이름을 붙인 첫 인공위성을 발사했다. 이 위성은 소련, 미국, 프랑스, 일본이 발사한 최초의 인공위성을 다 합친 것보다 무게가 더 나갔다. 기능도 기본적인 것만 있었고 원격 측정 데이터를 수집해 지구로 다시 전송하도록 설계되었다.[15] 그러나 이 인공위성은 중국의 국가적 야망을 끌어올렸고 28일간의 짧은 생애 동안 동명의 노래를 반복해서 틀었다.[16]

우주와 다른 전략 기술에 대한 중국의 투자는 1986년 3월 중국 최고의 전략 무기 과학자 4명이 덩샤오핑에게 편지를 쓰면서 한층 탄력을 받았다.[17] 이들은 기술 발전은 본질적으로 국제사회의 권력 다툼과 맞물려 있음을 강조하면서 중국이 이에 무관심하면 뒤처지게 될 거라고 경고했다.[18] 덩샤오핑이 단 이틀 만에 결단을 내렸다. 그는 보고서 사본에 "이 문제에 대해 즉시 조치를 취해야 한다. 절대 미룰 수 없는 사안이다"라고 썼다.

1990년대에 벌어진 두 사건은 우주에서의 미국의 힘과 중국의 취약성을 강조했다. 제1차 걸프전은 GPS가 전장에서 발휘하는 능력을 멋지게 시연했다.[19] 중국군 관계자들은 미국이 전장에서 조준, 정보 수집, 통신을 위해 우주 역량을 이용하는 모습을 지켜봤다.[20] "이 전쟁에서 벌어진 일들은 전자전이 이미 현대 합동 작전에 중요한 전투 수단이 되었음을 보여준다"고 중국 군사 저널은 논평했다.

"우주가 전장으로 공식 데뷔하는 건 시간문제다."[21]

중국의 취약성은 1996년에 발생한 대만 해협 위기 때 더욱 명확해졌다. 이 위기는 미국 의회의 도움을 받은 대만 총통 리덩후이李登輝가 중국의 압력을 무시하고 코넬 대학교에서 연설을 한 이전 해부터 시작되었다. 리덩후이의 재선이 다가오자 중국은 대규모 군사훈련을 발표하고 대만 군사 기지에서 불과 16킬로미터 떨어진 동중국해에 미사일 3발을 발사했다.

첫 번째 미사일은 예정된 위치에 명중했지만 두 번째와 세 번째 미사일은 어디에 떨어졌는지 찾지 못했다. 수년 후, 은퇴한 중국 대령은 미국이 GPS 수신을 차단한 게 실패의 원인이었다고 말했다. 그는 2009년에 〈사우스 차이나 모닝 포스트South China Morning Post〉와의 인터뷰에서 "그건 인민해방군에게 큰 수치였고 잊을 수 없는 굴욕이었다. 그래서 우리는 비용이 얼마가 들든 간에 독자적인 글로벌 [위성] 항법 및 위치 확인 시스템을 개발하기로 했다"고 말했다. "베이더우는 우리에게 꼭 필요한 장비다. 우리는 그 사실을 어렵게 배웠다."[22]

중국은 위성 역량을 향상시키기 위해 이미 미국에 의지하고 있었다. 중국 정부는 최근에 발생한 일련의 발사 실패를 해결하기 위해 로럴 스페이스 앤 커뮤니케이션Loral Space and Communications과 휴즈 일렉트로닉스Hughes Electronics Corporation를 비롯한 미국 기업들에 도움을 요청했다. 1999년에 발표된 의회 보고서에 따르면, 그 기업들의 권고 덕분에 중국 창정 로켓의 신뢰도가 향상되었다.[23] 미국 정부는 이 회사들에게 벌금을 부과했고, 의회는 중국에 대한 위성 수출 규제를 강화했다. 하지만 중국은 이미 설계와 안내 시스템 개선 등 위성 퍼즐의 핵심 부품을 손에 넣은 상태였다.

중국은 중국군 관계자들이 우주가 다른 모든 영역에서의 전쟁 수행에 필수적이라고 설명하기 시작한 무렵인 2000년에 첫 번째 베이더우 위성을 발사했다.[24] 물론 중국은 베이더우 계획과 우주에서의 다른 활동이 평화적이라고 계속 주장했다. 중국 외교부는 2003년에 유럽연합이 발표한 글로벌 항법 위성인 갈릴레오Galileo 건설 프로젝트에 참여하면서, "중국은 평등과 상호 이익의 원칙에 따라 갈릴레오 시스템 개발과 향후 적용에 적극 참여할 의향이 있다"고 선언했다.[25]

갈릴레오는 중국이 베이더우 시스템을 개선할 수 있는 지름길을 제공했다.[26] 중국은 아직 공개되지 않은 12건의 계약에 명시되어 있는 EU와의 협정을 통해, 신호 간섭, 위성 위치 확인, 지상 수신기 등과 관련된 기술을 제조하고 시험하는 임무를 맡았다. 이 프로젝트에 참여한 중국 과학자들은 유럽 과학자들에게 쉽게 접근할 수 있었고, 중국은 항법 시스템의 필수 구성요소인 원자시계를 구입해 역설계할 수 있게 되었다. 한편 이 프로그램에 중국이 기부한 2억 2,800만 달러는 중국 기업들에게 쓰였는데, 이 기업들은 하드웨어와 지적재산권에 대한 소유권을 유지하고 있다.

중국은 2007년에 베이더우 1단계를 완료하면서 시스템이 작동하는 데 필요한 최소 개수의 위성인 네 번째 위성을 성공적으로 발사했다. 이 시스템은 주로 중국 영토에 적용되었고 성능은 대체로 실험적이었다. 하지만 중국은 큰 도약을 했다. 중국은 이제 필수적인 재료를 갖췄고, 그걸 올바르게 결합해서 만든 최종 산물을 우주로 보낼 수 있다는 사실을 증명하고 있다.

중국은 거기서부터 글로벌 커버리지(우수한 품질이 유지되는 통신 영역-옮긴이)를 목표로 질주했다. 베이더우 시스템은 2012년 말까지 위성 16개를 궤도에 올려놓고 상업용으로 개방해 중국과 주변 아시아 태평양 국가에 서비스를 제공하고 있다.[27] 2018년에는 위성 18개를 추가해서 전 세계를 커버할 수 있게 되었다. 그리고 그해에는 세계 어떤 나라보다 성공적으로 임무를 수행했는데 이는 중국 우주 프로그램 역사상 처음 있는 일이었다.[28] "이제부터는 어디를 가더라도 베이더우 시스템이 항상 여러분과 함께할 것이다"라고 프로그램 대변인은 선언했다.[29]

중국은 베이더우 시스템을 완성하기 위해 박차를 가하면서, 미래 전쟁에서의 승리를 위해 우주 역량과 사이버 역량을 결합시켰다. 중국 인민해방군은 2015년 말에 우주전, 사이버전, 전자전 능력을 군사 작전에 통합하는 임무를 맡은 새로운 조직인 전략지원군을 창설했다.[30] 중국 군사 기획자들이 '정보 지원'과 '정보 지배'라고 부르는 것을 이제 단일 조직이 책임지게 되었으며, 인민해방군은 분쟁 중에 적의 시스템을 마비시키고 작전을 수행할 수 있게 됐다.[31] 이듬해에 중국은 2021년까지 '안정적이고 신뢰할 수 있는 우주 인프라'를 완성하겠다는 목표를 담은 백서를 발표했다.[32]

중국의 베이더우 시스템은 어떤 측면에서는 GPS를 능가하기도 한다. 전 세계적으로는 약간 정확도가 떨어지지만 아시아 태평양 지역에선 GPS보다 정확하다.[33] 이 시스템에 속한 위성은 궤도면을 덜 차지해서 유지 보수가 쉬운데, 이는 예전 시스템을 통해 배운 이점이다.[34] 또한 이 시스템은 사용자가 짧은 문자 메시지를 보낼 수 있게 해주며, 지상 수신 범위가 넓어서 가용성도 크다. 닛케이 아시아Nikkei Asia의 조사 결과에 따르면, 베이더우 위성은 165개국 수도에서 GPS보다 넓은 커버리지를 제공했다.[35]

인민해방군은 10센티미터 단위까지 정확한 위치를 제공하는 훨씬 강력한 베이더우 서비스를 이용할 수 있으며, 이를 이용하는 데 시간을 허비하지 않는다. 2020년 8월, 중국은 대만 해협에서의 활동을 총괄하는 동부전구Eastern Theater Command 지상군에 베이더우 기능을 갖춘 로켓 시스템을 배치했다.[36] 다음 달에 대만 해협에서 실시된 중국 해군-공군 합동 훈련 때 베이더우의 지원을 받는 군사 자산의 기능을 시험했을 수도 있다.[37] 25년 전에 있었던 사건의 굴욕은 아직 잊히지 않았다.

★ ﹕ 의존성 키우기

　　　　　　　　　　중국은 무선 네트워크, 커넥티드 장치, 해저 케이블 같은 다른 디지털 분야에서도 그랬던 것처럼, 후발주자에서 선도적인 위성 서비스 공급자로 발전했는데, 특히 개발도상국 위주로 서비스를 제공한다. 이는 상업적, 정치적, 전략적 면에서 이득이 될 것이다. 하지만 그 파트너들은 중국 정부에 의존하게 될 위험이 있다.

중국의 파트너들이 고급 항법 기능을 이용할 수 있길 바랐기 때문에, 베이더우는 수익성 높은 협상 도구가 되었다. 미 공군 산하의 중국항공우주연구소 롭 밀터슨Rob Miltersen 분석가는, "정확도 차이는 전투 환경에서 매우 중요할 수 있으므로, 10센티미터 단위까지 정확하게 측정 가능하다는 주장은 군사적 야망을 품은 잠재적인 [일대일로] 파트너들에게 매우 큰 영향을 미칠 수 있다"고 말한다.[38] 파키스탄은 베이더우의 군사적 역량을 가장 먼저 접했고, 사우디아라비아와 이란도 협력 협정에 서명했다.[39] 향후 중국 정부는 무기를 판매할 때 은밀한 우대 조건으로 베이더우 이용을 제안할 수도 있다.

중국은 전통적인 의미의 군사 동맹이 없기 때문에, 중국의 위성 외교는 더욱 흥미롭다. 조약을 통해 공식화된 관계망을 갖고 있는 미국과 달리, 중국 정부는 협력 관계 구축을 선호해 왔다. 중국은 국빈 방문 기간에 평범한 '동반자' 관계부터 보다 웅장한 '포괄적 전략 파트너'에 이르기까지 ―그 사이에는 다양한 변형이 존재한다― 인상적인 칭호를 제시한다. 중국은 2016년 말까지 공식적으로 국교를 체결한 나라의 절반에 가까운 78개국과 24가지 유형의 파트너십을 체결했다.[40] 그러나 이런 방식은 별로 공식적이라고 볼 수 없다. 베이더우의 제한적인 군용 서비스를 기꺼이 공유하려는 의지가 중국 정부의 101가지 파트너십보다 훨씬 깊은 관계를 의미할 수 있다.

아이러니한 사실은 미군도 때때로 베이더우 시스템을 통해 이익을 얻는다는 것이다. 당시 미 공군 전투사령부 대장이었던 제임스 홈스James Holmes 장군은 2020년에 U-2 고공 정찰기에 대해 얘기하면서, "U-2 요원들은 GPS뿐만 아니라 베이더우와 러시아 [글로나스GLONASS] 시스템, 유럽 [갈릴레오] 시스템에 연결된 시계를 가지고 비행하기 때문에, GPS에 문제가 생겨도 다른 시스템을 이용할 수 있다"고 말했다.**41** 물론 미국은 중국과 러시아의 위치 확인 시스템 가운데 민간인 버전에만 접근할 수 있다. 미국 회사인 가민Garmin은 일반 대중이 이용할 수 있는 시계를 만든다.

중국은 더 많은 사람의 손목과 호주머니와 차에 베이더우가 존재하길 바란다. 전화부터 농기구에 이르기까지 수억 대의 기기에 베이더우 기능이 포함되어 있다. 베이더우를 가장 많이 사용하는 곳은 당연히 휴대폰의 70퍼센트 이상이 베이더우와 호환되는 중국이다. 중국에는 베이더우를 이용하는 차량도 650만 대나 되며, 관영 매체들은 이를 '차량 운행을 위한 세계 최대의 동적 모니터링 시스템'이라고 선전한다. 중국의 위성 항법 부문은 2019년에 모두 합쳐 약 500억 달러를 벌어들였다.**42**

중국이 전자제품을 수출할 때 베이더우 시스템이 함께 딸려가는 경우가 늘고 있다. 화웨이, 샤오미, 오포Oppo, 비보Vivo 등 중국의 대표적인 휴대전화 브랜드에는 베이더우 서비스가 기본으로 탑재돼 있다. 2020년에 이 4개 브랜드는 전 세계 스마트폰 판매량의 44퍼센트를 차지했으며, 최소 90개 국가와 지역으로 영역을 확장했다.[43] 전 세계 상업용 드론의 70~80퍼센트를 생산하는 DJI의 제품에도 베이더우 기능이 장착됐다.[44] 시계, 피트니스 트래커, 기타 '웨어러블' 장비에도 갈수록 위성 위치 추적 기능이 탑재되는 추세인데, 중국 제조업체들은 이 분야에서도 강세를 보인다. 위성 항법 장비 시장은 전 세계에 설치된 수신기가 100억 대에 달하는 2029년까지 약 3,600억 달러 규모로 성장할 것으로 예상된다.[45]

그들이 시장의 한 부분을 차지하기 위해 경쟁하는 동안, 외국 업체들도 자사 장비에 베이더우를 통합하고 있다. 삼성은 2013년부터 베이더우 기능을 지원하는 제품을 내놓았고, 애플도 아이폰에 2020년부터 서비스를 시작했다.[46] 세계 양대 자동차 제조사인 폭스바겐과 도요타는 자동차에 베이더우 기능을 탑재할 계획이다. 다른 시스템에 베이더우를 추가하는 비용은 미미하며, 중국과 자기 지역 내에서 더 광범위하게 경쟁하려는 기업들에게는 베이더우를 설치해야 할 필요성이 커지고 있다. 베이더우가 가장 넓은 지역에 서비스를 제공하는 아시아 태평양 지역이 글로벌 항법 위성 시스템 시장의 절반 이상을 차지한다.[47]

중국 자동차 회사 지리Geely는 여기서 한 걸음 더 나아가, 자율주행 차량과 관련된 데이터를 제공하기 위한 위성군을 자체적으로 발사할 계획이다. 지리가 볼보, 다임러Daimler, 말레이시아 제조업체인 프로톤Proton 등 여러 해외 자동차 브랜드에 투자하고 있다는 걸 감안하면, 이들은 위성 투자가 성공할 경우 중국 국경을 훌쩍 뛰어넘을 수 있다. 이 회사는 실험 위성 2개를 만들었으며 2025년까지 연간 500개의 소형 지구 저궤도 위성을 생산하기 위해 3억 2,600만 달러 규모의 공장을 짓고 있다. 이 회사 설립자이자 회장인 리슈푸李书福는 "우리는 땅에 발을 단단히 디딘 채로 항상 넓은 우주를 주시해야 한다"고 말한다.[48]

자기가 가지고 있는 장치로 중국 항법 서비스를 이용할 수 있다는 사실을 모르는 이가 많다. 중국이 유럽연합, 러시아, 미국과 제품 배치를 조정했기 때문에 베이더우는 기존 시스템과 함께 작동한다.[49] 여러 개의 항법 서비스에 액세스할 수 있으면 성능이 향상되지만, 제대로 조정하지 않으면 다른 시스템을 방해할 수 있다. 중국 베이더우 프로그램의 한 가지 골칫거리는 많은 장치에서 기본적으로 이런 모든 서비스를 미국 시스템 이름인 GPS로 지칭한다는 것이다. 중국 관계자들은 장치의 'GPS 신호'라는 이름을 좀 더 일반적인 이름인 '위성 항법 신호'로 바꾸자고 제안했다.[50] 마침내 글로벌 항법 클럽에 가입한 중국은 남들의 인정을 받고 싶어 한다.

하지만 베이더우가 인정을 받는 건 중국의 계획에 없었던 일일 수도 있다. 일부 논평자들은 중국이 자국 네트워크를 이용해서 베이더우를 지원하는 장치를 추적할 수 있다고 경고했다. 그러나 대부분의 장치는 신호를 수신하는 기능만 있고 그걸 다시 베이더우 시스템으로 전송할 수는 없다. 일부 장치, 특히 탐색 및 구조 기능이 있는 장치에는 베이더우 시스템으로 신호를 전송하는 기능이 포함되어 있다. 그런 기능은 공개적으로 광고되면서 제품의 높은 가격을 정당화하는 데 이용되곤 한다.

중국이 베이더우 장치의 기능을 전부 숨기기는 어려울 것으로 보인다. 대부분의 위성 항법 수신기는 가격이 6달러 미만이다.[51] 신호 전송 기능을 추가하면 가격이 훨씬 비싸지므로 누군가는 비용을 부담해야 한다. 전송 기능을 사용하면 에너지도 소비되어 장치 성능이 저하된다. 일반적으로 물리적 하드웨어 추가가 필요한 이 기능을 숨기려면 훨씬 많은 비용이 든다. 이런 작업을 대량으로 처리하다 보면 누군가가 숨겨진 기능을 발견하게 될 것이다.

위치 데이터를 얻을 수 있는 훨씬 쉬운 방법이 있다. 가장 간단한 방법은 데이터를 사는 것이다. 사용자들은 대부분 자기 위치 데이터가 기록되어 패키지로 팔리고 있다는 사실을 모른다.[52] 어떤 사람은 위험을 제대로 인식하지 못한 채 일부러 공유한다. 웨어러블 기기가 유행하면서 위치 데이터 수집 기회가 늘고 이로 인해 의도치 않은 결과가 발생한다. 2018년에 피트니스 앱 스트라바Strava가 사용자 활동을 보여주는 전 세계 열 지도를 공개하자 미군은 기술 정책을 수정했다.[53] 당시 스무 살의 대학생이었던 네이선 루저Nathan Ruser는 이 지도가 미공개 미군 기지의 위치를 드러낸다는 사실을 처음 지적했다.[54]

중국은 베이더우 네트워크를 이용해 과학적 제휴를 강화하고, 정치적 유대 관계를 공고히 하며, 제품을 마케팅하기도 한다. 2018년에 중국과 아랍 연맹은 튀니지에 베이더우 이용 활성화를 위한 센터를 설립했다. "이 센터는 베이더우 시스템을 선보이는 창구이자 국제 교류와 협력을 촉진하는 플랫폼 역할을 할 수 있다"고 중국 위성항법국장은 말했다. 이 센터는 베이더우와 이를 사용하는 중국 제품의 장점을 강조하는 공동 연구와 테스트 활동, 워크숍을 주선한다.[55] 중국은 항법 시스템을 공부하는 아랍 학생들에게 장학금을 제공하면서 그들의 전망뿐만 아니라 베이더우의 전망도 높이고 있다.

중국-아랍 국가 베이더우 협력 포럼은 중국 기업들이 제품을 판매할 수 있는 또 다른 무대를 제공한다. 강연과 제품 전시가 이뤄진 이 모임에는 베이더우를 보안, 교통, 농업에 활용하는 최신 방안을 시연하는 '강사'들도 있었다.[56] 2019년도 포럼에서는 중국 기업이 건설한 지상 수신소를 활용한 베이더우 시스템의 기술 시험 결과가 공개됐다.[57] 당연히 그 시스템은 대성공을 거두었다고 선언됐다.

베이더우 시스템의 지상 인프라는 위성보다 주목을 덜 받지만 북극뿐만 아니라 모든 대륙으로 조용히 확장되었다. 중국은 글로벌 기준국을 30개 건설해서 정밀도를 높이고 있다. 엄밀히 따지면, 이런 지상 인프라는 적의 신호를 교란시키는 등의 악의적인 활동에도 사용될 수 있다.[58] 미국은 자국 영토 내에 베이더우 기준국이 있는 걸 허용하지 않았고, 러시아의 글로나스 기준국도 마찬가지였다.[59] 그러나 모든 미국 동맹국이 다 그렇게 조심스러운 건 아니다. 호주에는 베이더우 기준국이 두 개 있고, 캐나다와 영국에도 각각 하나씩 있다.[60]

베이더우가 육지에 남긴 발자취는 중국의 일대일로 경로와 훨씬 많이 겹친다. 브라질, 파키스탄, 나이지리아, 러시아, 스리랑카는 모두 일대일로에 참여하며, 글로벌 기준국도 설치되어 있다. 중국은 동남아시아에 1,000개를 비롯해 해외에 소규모 지상국들로 이루어진 훨씬 광대한 네트워크를 구축하고 싶다면서 태국에 광범위한 지원을 제공했다.[61] 관계자들은 심지어 원격 감지, 항법, 통신 위성이 결합된 '일대일로 공간 정보회랑'을 만들자고 요구했는데, 이건 완료하기까지 10년은 걸릴 것으로 예상되는 야심차고 아직 확실한 형태가 정해지지 않은 목표다.[62]

일대일로를 따라 이런 역량을 결합하는 데는 강력한 논리가 있다. 중국 기업들은 외국에 통신 네트워크, 파이프라인, 전력망 등을 구축하느라 바쁜데, 이런 시스템은 모두 정확한 타이밍에 의존한다. 중국의 군사 및 우주 역량 전문가인 딘 청Dean Cheng은, "이건 베이더우가 중요한 건설 현장에 대한 측량 및 계획뿐만 아니라 기반 시설이 완공된 뒤에는 그 대부분의 기본적인 운영에도 관여할 것이라는 뜻"이라고 설명한다.[63] 이런 일괄 공급 체계를 얻기 위해 중국으로 눈을 돌리는 나라들은 관련 기술을 활용하기 위해 다시 중국 업체를 이용하고 싶은 유혹을 느낄 수도 있다. 예를 들어, 화웨이에서 5G 네트워크를 구입하면 중국 위성 시스템과 보다 쉽게 통합되는 이점이 있을지도 모른다.

GPS와 관련된 미국의 경험은, 베이더우가 폭넓게 채택될 경우 중국이 엄청난 이득을 얻을 수 있음을 시사한다. 정부의 자금 지원을 받아 진행된 한 조사에 따르면, 1980년대에 GPS를 상업적으로 이용할 수 있게 된 후로 GPS는 미국 민간 부문에 1조 4,000억 달러를 기여했다.[64] 이 기술은 일상생활에서 너무나도 광범위하게 활용되기 때문에, GPS에 접속하지 못할 경우 미국 경제가 하루에 10억 달러의 손실을 입을 것으로 추산된다. 미국 농부들이 파종기에 GPS를 이용할 수 없으면 피해액이 훨씬 더 늘어나 하루에 15억 달러에 이를 수도 있다. 이 모든 상황은 현대 경제가 위성 항법 시스템에 얼마나 의존하고 있는지를 잘 보여준다.

중국의 베이더우 시스템이 배치되면서 위험성은 더 커졌다. 정밀한 타이밍과 위치 지정에 크게 의존하는 새로운 기술이 등장하고 있다. 베이더우는 결국 전 세계의 스마트 시티, 자율주행 차량, 첨단 통신 네트워크에 서비스를 제공할 수 있다. 미국 기업들이 GPS의 혜택을 받은 것처럼 중국도 상업적으로 이익을 얻을 것이다. 게다가 더 중요한 인프라가 베이더우에 의존하게 되면 중국은 동맹국들에 대해 강압적인 영향력을 행사할 수 있다. 접근을 차단하겠다고 위협하거나 분쟁 발발 시 아무런 경고 없이 접근을 차단할 수도 있고, 1996년 대만 해협 위기 때 경험한 역할을 뒤집을 수도 있다. 중국이 GPS에서 독립하는 건 첫 번째 단계에 불과했다. 중국 정부는 전 세계가 베이더우에 의존하기를 바란다.

디지털 실크로드

★⋰ "이 과감하고 전략적인 단계"

중국은 자체적인 통신 위성을 원하는 개발도상국들을 위한 공급자 역할을 하면서 틈새시장을 개척하고 있다.[65] 약 2억 5,000만 달러(선행 투자를 위해 필요한 금액에 비하면 극히 적은 액수다)만 있으면 어느 나라든 자체 통신 위성을 확보할 수 있다. 중국은 수출입은행과 중국개발은행을 통해 필요한 자금을 최대 85퍼센트까지 넉넉하게 융자해주고 있다. 통상적으로 위성 자금을 조달하려면 초기 계약을 체결한 후 반년 이상 기다려야 하지만 중국은 계약하자마자 바로 제공해준다. 중국은 인공위성과 함께 지상국, 시험, 훈련, 발사, 운영 지원까지 제공한다.

우주에 야심을 품은 나라들을 위한 중국의 스타터 키트는 폭넓은 매력을 가지며, 그 위험성은 대부분 무시된다. 모든 리더가 존 F. 케네디John F. Kennedy 대통령과 같은 역할을 맡아, 별을 향해 손을 내미는 시민들의 상상력에 불을 붙인다. 귀찮은 일은 다 중국이 하더라도 말이다. 위성의 이름에는 국가적 자부심이 뚜렷하게 드러난다. 베네수엘라는 중국에서 만든 인공위성에 '시몬 볼리바르Simon Bolivar(베네수엘라의 독립 혁명 지도자-옮긴이)'라는 이름을 붙였다. 볼리비아는 18세기 원주민 지도자의 이름을 따서 '투팍 카타리Tupac Katari'라고 지었다. 2021년 초 현재, 중국은 최소 9개국에 통신 위성을 판매했거나 판매하는 중인데, 이는 수십 년간 위성을 판매해 온 미국과 유럽 기업들의 뒤를 잇는 행보다.[66]

중국에서 만든 위성 중 가장 인기 있는 모델은 코끼리 정도의 무게에 30미터 이상의 태양 전지판을 가진 거대한 DFH-4다.[67] 대부분의 통신 위성처럼 DFH-4도 지구의 정지궤도상에 위치한다. 즉, 궤도를 도는 속도가 지구의 자전 속도와 일치하기 때문에 한 지점 위에 떠 있는 것처럼 보인다는 얘기다. 수출 규제를 피하기 위해 미국 부품을 쓰지 않고 제조된다.

중국의 모든 해외 위성 판매는 중국만리장성산업공사China Great Wall Industry Corporation를 통해 이루어지는데, 미국 관계자들은 군사 기술을 공유하는 이 회사를 '연쇄 확산자'라고 규정했다.[68] 1980년에 설립된 이 회사는 방위 산업계의 대기업인 중국항공우주과학기술공사CASC의 자회사인데, 1990년대에는 파키스탄에, 2000년대에는 이란에 무기를 수출해 제재를 받았다.[69] 중국만리장성산업공사는 위성과 위성 용량만 판매하는 게 아니라 발사 서비스도 제공하며, 이미 하드웨어를 보유한 상태에서 편승하길 원하는 고객들도 유치한다. 회사가 성장함에 따라, 호텔과 부동산 운영을 비롯한 여러 자회사를 다 분사시켰다. 만리장성산업공사는 실제로는 아무것도 만들지 않는 일종의 무역 회사로, CASC에서 임대료를 받으면서 중국 국영 방식의 비효율성을 높인다.

많은 중국 고객이 어려움을 겪고 있다. 결국 인공위성 비용은 엔지니어링, 마케팅, 고객 서비스 등 수많은 업무가 망라된 위성 회사 운영의 한 부분일 뿐이다. 위성 회사는 한 나라의 가장 외딴 지역에 지상 인프라를 건설해야 할 수도 있다. 위성 사업자들이 모인 엘리트 클럽에 합류한 이 새로운 회원은 더 많은 경험과 더 나은 자원을 가진 기성 기업들과 경쟁을 벌여야 한다. 대역폭 수요도 무제한은 아니다. 아시아와 전 세계에서 위성 시장에 새로 진입하는 기업들 수가 대역폭 액세스에 대한 수요를 빠르게 앞지르고 있다. 특히 처리량이 많은 위성이 용량을 더욱 증가시킬 태세이기 때문에 더 그렇다.[70]

결과는 실망스러울 때가 많다. 중국의 대표적인 항공우주업체 전문가이자 오비탈 게이트웨이 컨설팅Orbital Gateway Consulting 창업자인 블레인 커시오Blaine Curcio는 "자국 국기를 단 로켓이 우주로 발사되는 모습을 보며 사람들은 국가적 자부심을 느낄 수도 있지만, 그 자부심은 오래가지 못한다. 기존 위성 가운데 상당수는 국가에 이익을 안겨주기보다 비용 부담만 늘리기 때문이다."[71]

나이지리아는 2004년에 중국의 첫 번째 외국 위성 고객이 되었다. 아프리카 최초의 인공위성인 이 위성은 양국 모두의 위신을 높여주었다. "핵심 ICT(정보통신기술) 인프라 개발을 위한 이 대담하고 전략적인 발걸음이 나이지리아뿐만 아니라 아프리카 전체의 운명을 영원히 바꿀 것이다."[72] 나이지리아 우주국 국장인 로버트 보로피스Robert Boroffice는 이렇게 말했다.

보로피스의 임무는 야심적이었다. 그의 설명처럼, "NigComSat-1 프로젝트의 주요 목표는 아프리카의 통신, 방송, 광대역 산업에 양자 변환을 일으킬 역량을 구축하고 위성 기술을 개발하기 위해 중요하고 혁신적인 협력을 제공하고, 그와 동시에 새로운 세계 경제

질서의 전략적 정보에 액세스하여 시골과 외딴 지역의 비즈니스를 위한 새로운 기회와 도전적인 플랫폼을 제공하는 것"이었다.[73]

이 모든 목표는 고귀했지만 그 사이에는 긴장감이 감돌았다. 프로젝트의 주된 목적이 나이지리아 고유의 기술력을 개발하는 것이라면, 프로젝트의 상업적 성과는 부차적인 관심사가 되어야 한다. 프로젝트의 주된 목적이 산업 혁신이라면 상업적인 성과와 수익성을 가장 중시해야 한다. 주요 목적이 시골 지역의 원격 액세스를 확장하는 것이라면, 기술 훈련과 상업적 성과는 경제성보다 뒷전으로 밀려야 한다. 그런데 이 모든 목표를 하나의 위성에 묶어놓았으니 나이지리아는 실패할 수밖에 없었다.

위성을 발사하기 훨씬 전부터 문제가 분명하게 드러났다. 2004년에 나이지리아가 입찰 공고를 발표했을 당시에는 21개 업체가 관심을 보였지만 경쟁은 순식간에 줄어들었다. 보도에 따르면 이스라엘과 러시아 회사들은 이 프로젝트의 요건을 충족시킬 수 없었고, 미국과 유럽 기업들은 사양에 의문을 제기해서 나이지리아 관계자들을 화나게 했다. 보로피스는 〈스페이스뉴스SpaceNews〉와의 인터뷰에서, "이 회사 고위 경영진이 우리를 찾아와서는 자기들에게 필요한 게 뭔지, 그리고 [제안 요청서에서] 말한 것들을 원하지 않는 이유가 뭔지 무례하게 떠들었다"고 말했다. "나는 그에게 그가 하지 않은 두 가지 질문을 예상했다고 말하고는, 직접 물어봤다. 이곳 사람들이 나무에서 사는 걸 봤습니까? 사자나 하이에나가 거리를 달리는 모습은요? 그 회사는 우리를 진지하게 여기지 않았다."[74]

중국만리장성산업공사는 마감일까지 입찰서를 제출한 유일한 회사였다. 이 회사는 아직 발사된 적이 없는 DFH-4 개발에 막대한 투자를 해온 만큼, 위성을 시연하고 해외 시장을 공략하는 데 열심이었다.

손에 쥔 거라고는 검증되지 않은 옵션 하나뿐이지만, 나이지리아는 일을 진행시켰다. 2004년 말, 나이지리아는 위성과 위성 발사, 훈련, 보험, 그리고 미래 위성에 대한 옵션 등이 포함된 3억 1,100만 달러짜리 계약을 체결했다.[75] 하지만 나이지리아는 그 비용의 3분의 1 정도만 부담하면 됐다. 2006년, 아프리카 국가 중에서는 처음으로 중국과 전략적 동반자 관계를 맺기 며칠 전에 이 프로젝트를 위해 중국 수출입은행에서 2억 달러의 신용 대출을 받았기 때문이다.[76]

나이지리아가 제품 인도를 기다리는 동안, 중국은 첫 번째 DFH-4 위성을 발사했다. CASC의 또 다른 자회사인 시노샛Sinosat은 디지털 방송과 TV 생방송 서비스를 제공하기 위해 위성을 구입했다. 이 첫 번째 임무는 DFH-4를 해외 관객들에게 선보이기 위한 것이었다. 인공위성은 궤도에 진입했지만 태양광 어레이와 안테나는 작동되지 않았다. 도착하자마자 고장 난 것이다.

나이지리아의 위성도 그보다 약간 나은 수준밖에 안 됐다. 그 위성은 2007년 5월에 시창위성발사센터에서 발사되었다. 양측 모두 발사가 성공적이었다고 선언했다. 올루세군 오바산조Olusegun Obasanjo 나이지리아 대통령은 이번 발사가 그와 나이지리아 국민들이 함께 받은 '최고의 선물'이라고 극찬했다.[77] 한 중국 관료는 "이 인공위성은 인류의 이익을 위해 우주를 평화적으로 이용하려는 우리나라의 일관된 임무를 구현한 것"이라고 말했다.[78] 하지만 1년 뒤, 위성의 태양 전지판이 오작동했고 전력이 끊겼다. 15년 동안 설계한 위성의 수명은 겨우 1년 반 만에 다했다.

하지만 나이지리아는 프로젝트에서 손을 떼기는커녕 더 완강하게 밀어붙였다. 중국의 한 보험사가 손실을 메워줬고, 나이지리아는 중국만리장성산업공사와 2011년에 새로운 교체 위성을 발사하기 위한 계약을 체결했다. 대체 위성은 성공적으로 발사되었지만, 이를 관리하는 나이지리아 회사인 나이지리아컴새트NIGCOMSAT는 여전히 수익성이 좋지 않았다.[79] 이 회사에는 중간급 직원도 많았고, 이 회사보다 많은 위성을 관리하는 외국 위성 회사들보다 몇 배나 많은 직원 때문에 조직이 비대해져 있었다. 업계 전문가들에 따르면, 중국만리장성산업공사는 첫 번째 위성 비용을 받고 두 번째 위성 판매를 정당화하기 위해 나이지리아컴새트의 위성 용량 판매를 도와줬다고 한다.[80]

새로운 과정을 위한 정치적 지지도 마련되었다. 2020년 6월에 나이지리아 연방 하원은 이 회사에 대한 감사를 명령했다. 소수당 지도자인 은두디 엘루멜루Ndudi Elumelu는 "이렇게 막대한 돈을 투자했는데도 보여줄 게 거의 또는 전혀 없다"고 지적했다. 그는 구매 부정, 무단 지출, 뇌물 수수 혐의를 시사했다. 두 달 뒤, 하원 위원회는 5억 달러의 중국 융자를 비롯해 교체 위성 발사에 자금을 댄 거래

에 대한 조사를 시작했다.[81]

나이지리아는 민영화를 향한 불확실한 경로 때문에 중국과 훨씬 더 가까워질 수 있었다. 2018년에 중국만리장성산업공사와 나이지리아는 위성 2개에 대해 5억 5,000만 달러의 계약을 체결했다고 발표했다. 원래 계약에 따르면 나이지리아가 총 비용의 15퍼센트를 부담하고 나머지 비용은 중국이 부담해야 했다.[82] 그러나 당시 나이지리아 통신부 장관이었던 아데바요 시투Adebayo Shittu의 말에 따르면, 그런 합의가 지켜지지 않게 되자 중국만리장성산업공사 측이 나이지리아컴새트의 지분을 유지하기 위해 인공위성을 제공하겠다고 제안했다고 한다.

그 거래는 여전히 수수께끼로 남아 있다. 아직 일이 마무리되지 않았고, 시투가 2019년에 퇴임한 뒤로는 지분 제안에 대한 언급이 거의 없었다. 이 제안이 사실이 아니었을 가능성도 있고, 국내 정치와 관련된 목적으로만 발표되었을 수도 있다. 그러나 그런 가능성 자체도 흥미롭다. 이는 나이지리아의 집권 엘리트층은 국민들이 국가 안보와 명확하게 연결된 회사의 소유권이 중국에 넘어간 걸 걱정하기보다 두 번째 위성 발사 발표에 더 흥분할 것이라고 믿었다는 뜻이다. 이런 정치적 계산은 국민들의 우려만으로는 신흥시장으로 뻗어나간 중국의 디지털 실크로드를 막을 수 없다는 걸 다시 한 번 시사한다.

새로운 위성 네트워크 허브로 자리매김한 중국은 파트너들 사이에서 중매인 역할을 하면서 상업적, 정치적 이득을 취할 수 있다.

중국에서 DFH-4 위성을 구입한 벨라루스는 위성 감시 서비스를 제공할 파트너를 찾고 있었다.[83] 중국만리장성산업공사가 이 입찰 과정을 감독하여 결국 나이지리아가 낙찰받았고, 2016년에 벨라루스 위성을 발사할 때 나이지리아 관계자들이 초청됐다. 중국은 이 위성의 지분을 그대로 보유하고 있으며, 아프리카와 중동, 남유럽에 커버리지를 제공하는 인공위성 트랜스폰더도 여러 대 소유하고 있다.[84] 이듬해에 나이지리아와 벨라루스는 서로에게 위성 백업 서비스를 제공하기로 합의하면서 협력 관계를 확대했다. 서명식에는 중국만리장성산업공사 대표들도 참석했다.[85]

해외 위성 사업자에 대한 중국의 지분 투자는 아직까지 제한적이지만 여기에는 전략적인 측면이 있다. 인구 730만 명에 연평균 소득이 2,570달러인 라오스는 자체 위성을 확보하는 것보다 더 시급한 문제가 많아 보인다. 하지만 2015년에 중국은 라오스 최초이자 유일한 통신 위성을 발사했다. 히엠 폼마찬Hiem Phommachanh 라오스 우정통신부 장관은 "중국이 발사한 인공위성은 라오스 건국 40주년을 기념하는 특별한 선물"이라고 말했다.[86] 시진핑은 이를 "새로운 상황에서 중국과 라오스의 포괄적이고 전략적인 동반자 관계를 나타내는 의미 있는 표시"라고 평가했다.

그러나 이 상황은 동반자 관계라기보다는 라오스가 패배하는 독점 게임에 가깝다. 다른 기반시설 건설을 위해 많은 돈을 빌린 라오스는 부채 수준이 위험할 정도로 높은데 중국이 단연코 최대 채권국이다. 이런 의무에 2억 5,900만 달러짜리 통신 위성이 추가되었다. 판매자이자 구매자인 중국은 인공위성의 최대 이해 관계자가 되었다. 그렇게 함으로써 라오스는 부담해야 하는 초기 비용은 크게 줄었지만, 자국 위성에 대한 통제력이 약해졌다.

중국은 라오스를 끌어들임으로써 또 다른 정지 위성靜止衛星을 위한 주차 공간이라는 희귀한 자원을 손에 넣었다. UN 산하 기관인 국제전기통신연합ITU은 궤도 슬롯이라고 하는 이런 지점을 선착순으로 할당하기 때문에 경쟁이 치열하다. 국가들은 필요한 것보다 많은 궤도 자원을 신청해 이 시스템을 조작한다. 그 결과, 현재 궤도에 있는 인공위성이 모든 슬롯을 차지한 건 아니지만 소위 '종이 위성'들이 소유권을 주장하고 있다.[87] 중국은 라오스와 협력해 추가 슬롯을 확보한 것이다.[88]

중국만리장성산업공사와 거래한 뒤에 후회한 나라는 나이지리아와 라오스뿐만이 아니다. 베네수엘라의 첫 번째이자 유일한 통신 위성은 예정보다 4년 빠른 2020년 3월에 고장이 났다.[89] 그다음 달에 발사된 인도네시아 위성은 창정-3B 로켓이 폭발하는 바람에 궤도에 오르지 못했다. 위성이 보험에 가입되어 있기는 했지만 이 실패는 당혹스러울 수밖에 없었다. 대중은 무척 실망했지만 중국은 다른 경제적 기회가 위태로워지는 걸 피하고 싶어 하는 동반자들 덕분에 대중의 비난을 면했다.

불투명한 거래를 선호하는 중국의 태도 때문에 위성의 사회적 비용이 증가한다. 2012년에 중국은 스리랑카의 첫 번째 인공위성을 발사했는데, 이 위성의 진정한 소유권이 누구에게 있는가 하는 의

문이 대두되었다. 중국제 위성의 일부를 임대한 스리랑카 회사 슈프림SAT SupremeSAT는 이 임대가 지분 투자라고 주장하면서 위성 전체를 '슈프림SAT-1'이라고 명명해 마치 자신들이 위성을 소유하고 있는 듯한 인상을 주려고 했다. 자금 조달을 위한 국가의 승인을 받지 못한 이 회사는 당시 대통령이었던 마힌다 라자팍사 Mahinda Rajapaksa 의 아들인 로히타 라자팍사 Rohitha Rajapaksa의 도움을 받아 국가 전력 부문에 지원된 자금을 전용했을 수도 있다.[90] 스리랑카는 중국만리장성산업공사의 자금과 기술 지원을 받아 위성 제어 센터를 세우고 최소 2,000만 달러가 드는 대표적인 프로젝트인 우주 아카데미도 설립했다.

중국이 제안하는 인공위성의 정치적 매력은 여전히 강력하다. 중국은 세부 사항을 비밀로 유지하면서 누구에게나 기꺼이 판매할 의향이 있기 때문이다. 캄보디아, 콩고민주공화국, 니카라과는 계약을 체결했고 아프가니스탄도 관심을 표명했다.[91] 이 나라들은 모두 심각한 재정적 어려움을 겪고 있어서 위성 프로젝트 일정이 계속 지연되고 있고, 일부 국가는 당분간 위성 발사를 못 할 수도 있다. 한편 나이지리아, 파키스탄, 브라질 등 중국의 기존 고객들은 위성을 추가 인수할 계획이다.[92] 손해를 보는 프로그램의 경우에도 확장을 하는 게 손실을 줄이는 것보다 정치적으로 편리하기 때문이다.

정지 궤도상의 통신 위성이 갈수록 정교하고 저렴해짐에 따라, 중국의 스타터 키트는 더 많은 구매자를 찾을 수 있을 것이다.[93] 다중 빔을 사용하고 주파수를 재사용하는 고전송률 위성은 데이터 전송 비용을 대폭 줄여줄 것이다.[94] 중국은 2017년 말에 이 기술을 적용한 첫 번째 국제 상업 위성을 알제리에 배치하는 데 성공했다.[95] 이런 기술 발전 덕분에 미래에는 기존의 정지 위성과 거의 동일한 비용으로 그보다 훨씬 많은 대역폭을 제공받을 수 있다. 하지만 이 기술도 더 낮은 고도에서 새로운 기술과 경쟁하게 될 가능성이 있다.

★ "우주에서 인터넷 재구축"

차세대 통신 위성은 지구와 훨씬 가까운 높이에서 날면서 글로벌 연결 경쟁의 판도를 뒤집을 수 있다. 2021년 초 현재, 약 1,800개의 통신 위성이 작동 중인데, 이 위성들이 전송하는 국제 데이터 양은 전체의 약 1퍼센트 정도다. 하지만 우주는 앞으로 훨씬 더 붐비게 될 것이다. 기술 분야의 거물들이 대중들에게 위성 인터넷을 제공하기 위해 경쟁하고 있기 때문이다.

향후 10년 동안 수만 개의 통신 위성이 발사될 수도 있는데, 그 대부분이 500~2,000킬로미터 높이의 지구 저궤도, 즉 LEO로 발사될 것이다. 이런 노력의 배후에 있는 기업들은 전 세계에 저지연 고속 인터넷을 제공하기 위해 경쟁하고 있다. 승자는 사용자들을 연결하고 엄청난 양의 데이터를 운반하면서 큰돈을 벌 수 있다.

일론 머스크의 스페이스X가 가장 큰 위성군을 만들고 있다. 스타링크라고 하는 이 위성군은 크기가 사무실 책상만 한 227킬로그램짜리 위성들로 구성되어 있다. 스타링크는 2019년에 첫 번째 위성들을 발사했고, 2027년 중반까지 12,000여 개의 위성을 가동할 계획이며, 그 이후 3만 개의 추가 발사를 신청했다. 머스크는 "장기적으로는 우주에서 인터넷을 재구축하는 것과 같다"고 설명했다.[96]

이런 거대한 위성군은 글로벌 연결을 위한 새로운 장을 열 수 있다.[97] 이런 영향은 선진국의 농촌 시장에서 가장 먼저 느낄 수 있는데, 결국 개발도상국과 신흥 시장에서도 광대역 접속을 확대할 수 있다. 이런 노력의 선봉에 선 기업들은 거의 대부분 미국과 유럽 회사들이다. 그들은 까다로운 기술적, 상업적 장애물에 직면해 있지만, 성공할 경우 중국에서 가장 유망한 성장 시장 중 일부를 차지할 수 있다.

고도가 낮을수록 속도는 빠르다. 이동 거리가 짧고 간섭이 적은 LEO 위성의 신호는 더 높은 고도에 있는 정지 위성보다 빠르게 통신을 전달할 수 있다. 그런데 LEO 위성도 지구가 회전하는 속도보다 빠르게 움직인다. 따라서 단일 영역에 커버리지를 제공하려면 대량으로 발사해야 한다. LEO 위성군은 릴레이 팀 같다. 각 위성은 약 5분 동안 커버리지를 제공하다가 커버리지 영역에 진입한 다음 위성에게 작업을 넘긴다.[98]

위성들 사이에서 정보를 전송하는 레이저인 위성 간 링크를 사용하면 LEO 위성이 지상 네트워크보다 성능이 우수할 수도 있다.[99] 우주의 진공 상태에서는 데이터가 지상의 광섬유 케이블을 통해 이동할 때보다 빠르게 움직인다. 위성 간 링크는 위성군을 효과적으로 메시 네트워크mesh network로 전환한다. 메시 네트워크는 잠재적으로 복원력이 뛰어나고, 지상 시스템에 덜 의존하며, 지구상에서 가장 외딴 지역까지 인터넷을 제공할 수 있다.[100]

LEO 위성군을 관리하는 국가는 여러 전략적 이점을 누릴 수 있다. LEO 위성은 교체 비용이 저렴하고, 하나 또는 소수의 LEO 위성이 고장 나더라도 나머지 네트워크 작동이 중단되지 않는다. 낮은 고도에서는 신호 왜곡이 어려우므로, LEO 위성은 정지 궤도에 있는 글로벌 항법 위성의 유용한 예비 수단이 된다. 미래의 LEO 시스템은 보다 정확한 위치 확인 서비스와 조기 경고 기능을 제공하며, 심지어 구형 정지 위성이 놓칠 수 있는 극초음속 무기도 감지한다.

미군은 이미 LEO 위성으로 실험을 하고 있다.[101] 정부가 육상, 해상, 항공, 우주 자산을 연결하는 안전하고 탄력적인 글로벌 통신 및 제어 시스템을 개발하자, 미 국방부는 스타링크로 눈을 돌렸다.[102] 미 공군은 이미 공격기와 급유기를 이용해서 스타링크 연결을 시험했다. 윌리엄 로퍼William Roper 공군 소장은 2020년에 인공위성을 이용한 실사격 훈련을 마친 뒤, 기자들에게 "스타링크 기능이 매우 인상적이고 긍정적이었다"고 말했다.[103]

소비자 입장에서 볼 때 중요한 판매 포인트는 가용성과 속도다. 장거리에서는 LEO 위성이 시스템들 사이의 '연결' 수를 줄인다. 머스크는 스페이스X의 두 번째 사무실이 있는 시애틀에서 본인이 자란 남아프리카공화국으로 데이터가 이동하는 모습을 보여주고 싶어 한다. 인공위성이 없다면 데이터는 해저 케이블을 통해 이동하면서 여러 대륙을 따라 흘러가다가 그 과정에서 200여 개의 라우터와 중계기를 통과하게 될 것이다. 스타링크를 이용하면 이 과정을 3~4개의 연결로 줄일 수 있다고 머스크는 말한다.[104]

머스크의 사례는 시애틀과 남아프리카공화국 사이의 거리가 16,000킬로미터 이상 떨어져 있기 때문에 편리하다. 로스앤젤레스와 브라질 리우데자네이루처럼 6,000킬로미터 정도밖에 안 되는 단거리 여행의 경우에는 스타링크의 이점이 줄어들 것이다. 그보다 짧은 거리(3,000킬로미터 정도)의 경우 '티핑 포인트'가 존재하기 때문에, 스타링크와 다른 LEO 위성군이 지상 네트워크보다 느릴 것이다.[105]

LEO 위성군은 정보 격차 해소에 도움이 될 수 있으며, 많은 통신 사업자가 다양한 사회적 이익을 위해 이를 쓸 수도 있다고 주장한다. 자체적인 LEO 위성군을 개발하고 있는 원웹에게 "모든 사람이 전 세계의 모든 정보에 액세스할 수 있어야 하지 않겠는가?"라고 물었다. 이 업계에서 일하는 인텔샛Intelsat이라는 다른 기업의 고위 관계자는, "우리는 글로벌 시민으로서 연결 격차를 해소하는 임무를 수행 중이며, 세계에서 가장 외진 시골 지역에 사는 사람들을 간과하지 않는 것도 우리 임무에 포함된다"고 말했다.[106]

아마존과 페이스북은 LEO 위성 계획에 관한 세부적인 내용을 거의 발표하지 않았지만 이들도 광범위한 사회적 혜택을 암시했다. FCC에 제출한 보고서에 따르면, 아마존 창업자 제프 베조스Jeff Bezos

는 위성 3,200개가 포함될 수 있는 프로젝트 카이퍼Project Kuiper에 100억 달러를 투자하겠다고 발표했다. 아마존은 이 프로젝트가 "기본적으로 광대역 인터넷을 이용하지 못하는 수천만 명의 사람들에게 서비스를 제공하고자 하는 우리 목표를 상당히 진전시켰고, 정보 격차 해소에 열정을 품은 다양한 전문가들로 구성된 세계적인 수준의 팀"이 프로젝트를 주도하고 있다고 말한다.[107]

페이스북은 훨씬 더 비밀스러웠다. 〈와이어드〉의 조사에 따르면, 코드명이 아테나Athena인 이 회사의 위성 프로젝트는 포인트뷰 LLCPointView LLC라는 자회사가 관리하고 있다. 이 회사의 FCC 문서에는 "전 세계에서 서비스가 제공되지 않거나 부족한 지역에 효율적으로 광대역 접속을 제공하는 것"이 목표라고 되어 있다.[108] 아테나는 이밴드E-band를 실험 중이며, 최대 10Gbps의 다운로드 속도와 30Gbps의 업로드 속도를 제공하는 걸 목표로 하고 있다.[109] 또한 페이스북은 거대한 태양열 드론을 이용한 실험도 했는데, 항공기 제작비용이 너무 많이 든다는 걸 깨달았다.[110]

10년 동안 구글은 프로젝트 룬Project Loon을 통해 하늘을 날았다. 종종 이 회사의 '혁신 공장'이라고 불리는 구글 X 대표 아스트로 텔러Astro Teller는 "바람을 타고 자유롭게 날아다니는 풍선이 하늘에 떠다니는 휴대폰 기지국처럼 작동하도록 조종할 수 있다는 예감이 들었다"고 회상했다.[111] 구글의 풍선은 자동으로 팽창 및 수축되는 태양열 펌프를 이용해 고도 15~21킬로미터 사이의 성층권을 날아다닌다. 풍선 한 개당 수만 달러의 비용이 들며 4G/LTE 네트워크와

비슷한 대역폭 속도를 제공한다.[112]

구글의 풍선이 100만 시간 이상 비행하면서 달 여행을 100번 할 수 있을 만큼의 거리를 이동하는 동안 기술은 더욱 정교해졌다.[113] 구글이 수집한 대기 데이터는 풍선의 이동 경로를 최적화해서, 더 적은 수의 풍선이 더 오랫동안 더 많은 지역을 커버하고 목적지에 더 빨리 도착할 수 있게 해줬다. 프로젝트 룬은 2017년에 허리케인 마리아로 피해를 입은 푸에르토리코에 통신 기능을 제공하면서 인도적 구호 활동의 일환으로 그 가치를 입증했다.

룬의 가장 큰 과제는 기술적 문제가 아니라 정치와 상업적 문제였다. 일부 국가들은 이 풍선이 미국 정부의 떠다니는 감시 네트워크가 될 수 있다고 우려했고, 어떤 국가들은 자국 기업을 외국 기업과의 경쟁에서 보호하려고 했다. 인도 관료들은 프로젝트 룬이 휴대폰 서비스를 방해할 것이라고 주장하면서 이를 저지했다. 2020년에 케냐는 비응급 상황에서 프로젝트 룬 장비를 사용한 최초의 국가가 되었다.[114] 계약에 대한 세부적인 사항은 비밀로 유지되지만, 구글 경영진은 언젠가 이 서비스 비용으로 월 5달러를 청구할 수도 있다고 암시했다.[115]

하지만 2021년 1월, 룬의 CEO인 알라스테어 웨스트가스Alastair Westgarth는 이 사업을 중단한다고 발표했다. 그는 "우리는 다음에 확보할 10억 명의 사용자들을 연결시키는 문제에 대한 얘기를 많이 하지만, 실제로 룬은 연결 부문에서 가장 어려운 문제인 최근 확보한 10억 명의 사용자를 관리하는 문제 때문에 골머리를 앓고 있다.

접근하기 너무 어렵거나 외딴 지역, 기존 기술을 이용해서 서비스를 제공할 경우 비용이 너무 많이 드는 지역들 때문이다"라고 설명했다.[116] 룬은 인터넷에 접속하려는 많은 사람이 4G 폰을 구입할 여유가 없거나 인터넷 연결의 가치를 충분히 인식하지 못한다는 걸 발견했다. 웨스트가스는 "그 과정에서 적극적인 파트너를 많이 만났지만, 장기적이고 지속 가능한 비즈니스를 육성할 만큼 비용을 절감할 수 있는 방법은 찾지 못했다"고 인정했다.[117]

머스크는 스타링크의 최우선 목표가 이익 창출이고 위성 통신 제공은 이를 위한 수단일 뿐이란 사실을 숨기지 않는다. 스타링크의 목표 시장은 "통신사들이 서비스를 제공하기 가장 힘든 3~4퍼센트의 고객, 현재 인터넷에 연결되어 있지 않거나 연결 상태가 매우 좋지 않은 고객"이다. 세부적인 부분은 아직 준비 중이지만, 초기 징후는 스타링크 가격이 저렴하지 않으리란 걸 암시한다. 2021년 초에 베타테스터들은 사용자용 단말기 요금으로 499달러, 서비스 요금으로 월 99달러를 지불했다. 사용자 단말기의 실제 가격은 2,400달러에 가까울 수 있는데, 이는 스타링크가 사용자 단말기에 많은 보조금을 지급하고 있다는 뜻이다.[118] 생산 수량이 증가하고 제조 공정이 개선되면 원가가 하락할 수도 있지만, 상당한 재정 지원이 없으면 전 세계의 인터넷 사용 지망자들 중 상당수는 이런 단말기를 이용할 수 없을 것이다.

머스크는 더 큰 사회적 목표를 가지고 있는데, 그건 외계와 관련된 것이다. 그의 장기적인 목표는 지구를 연결하는 게 아니라 화성에 정착하는 것이다. "스페이스X의 전체적인 목적은 실제로 생명체가 여러 행성에서 살 수 있도록 돕는 것"이라고 그는 말한다.[119] "화성에 도시를 만들려면 뭐가 필요할까? 한 가지 확실한 건 돈이 많이 든다는 것이다. 그래서 우리는 많은 돈을 벌 수 있는 것들이 필요하다."[120] 머스크는 스페이스X의 발사 사업 수익은 연간 최대 30억 달러 정도지만, 스타링크는 시장의 3~4퍼센트 정도에만 서비스를 제공해도 연간 300억 달러를 벌어들일 수 있을 것으로 추정한다.[121]

심지어 스타링크의 서비스 약관에도 행성 간 이동에 대한 포부가 담겨 있다. "화성에서 제공되거나 우주여행용 우주선 혹은 식민지화 우주선을 타고 화성으로 이동하는 도중에 제공되는 서비스와 관련하여, 당사자들은 화성을 자유 행성으로 인정하며, 지구에 기반을 둔 그 어떤 정부도 화성 활동에 대한 권한이나 주권을 갖고 있지 않음을 인정한다." 사용자 계약서에는 이렇게 명시되어 있다. "따라서 화성에 정착할 때 선의로 정한 자치 원칙에 따라 분쟁을 해결할 것이다."[122] 그동안 지구에서 우리에게 제공되는 서비스는 캘리포니아 법률을 따른다.

머스크는 자기 이전에 다른 사람들이 실패했다는 걸 알고 있다. 1990년대에도 몇몇 회사들이 거대한 LEO 위성군을 만들려고 노력했다. "파산하지 않은 LEO 위성군이 몇 개나 되는지 아는가? 하나도 없다." 머스크는 2020년에 이렇게 말했다. "이리듐Iridium은 잘되고 있지만 이리듐 원은 부도가 났다. 오브콤Orbcomm은 파산했다. 글로벌스타Globalstar는? 파산했다. 텔레데식Teledesic도? 파산했다. (…) 별로 큰 진전을 이루지 못하고 파산한 기업들이 많다." 머스크는 "파산하지 않은 것만으로도 큰 업적이 될 것"이라고 했다.[123]

최근에는 실패한 기업이 더 많다. 2019년 말, 최대 108개의 LEO 위성을 발사하려던 리오샛LeoSat이란 회사는 투자자들이 물러나는 바람에 문을 닫았다.[124] 2020년에 원웹과 인텔샛은 둘 다 파산 신청을 했고 새로운 소유권 구조를 통해 다시 부상했다. 원웹은 경매를 통해 영국 정부와 인도 회사인 바티Bharti로 넘어갔다. 영국은 EU에서 탈퇴한 탓에 2020년 말부터 갈릴레오의 군용 서비스를 비롯한 고급 서비스에 대한 접근 권한을 잃었다. 향후 원웹 위성군을 이용해 글로벌 위치 확인 서비스를 제공하는 데 관심이 있을 수도 있다.

이카루스 같은 운명을 피하려면, LEO 위성 회사들은 비용을 대폭 줄여야 한다.[125] 앞날이 낙관적인 이유 중 하나는 인공위성 제작과 발사 비용이 감소하고 있다는 것이다. 스페이스X 팔콘 9Falcon 9 미사일 하나가 스타링크 위성 60개를 궤도로 옮길 수 있다. 스페이스X는 발사 뒤에 미사일의 첫 번째 단계를 회수해서 재사용할 수 있고, 노즈콘을 회수하는 방법도 실험 중이다.

인공위성에 대해 흥분하는 이들은 똑같이 중요한 지상에서의 개발 단계보다 발사를 강조하는 경향이 있다.[126] MIT에서 진행된 연구에 따르면, 스타링크를 최대한도까지 가동시키려면 120개 이상의 지상국이 필요할 수도 있는데, 이는 텔레샛과 원웹을 합친 것보다 많은 수치다.[127] 이런 지상국에는 3,500개의 게이트웨이 안테나가 설치될 텐데 안테나의 개당 가격은 100만~400만 달러 사이다.[128]

또한 사업자들은 신호를 수신할 사용자 단말기를 합리적인 가격으로 제공해야 한다. 스타링크의 499달러짜리 단말기는 앞서 얘기한 것처럼 많은 보조금이 지급된 것이다.

이런 비용은 모두 합산된다. 대형 LEO 위성군을 배치하는 데 드는 비용은 50~100억 달러 사이이며 연간 운영비도 10~20억 달러나 든다. 모건 스탠리Morgan Stanley의 예측에 따르면, 스타링크는 2031년에 이윤을 내기 시작하기 전까지 최대 330억 달러를 쓸 수도 있을 것이다.[129] 그런데 동일한 연구에서, 스타링크는 2040년까지 3억 6,000만 명의 가입자를 확보해 연 900억 달러의 매출을 올릴 것으로 예상됐다. 하지만 엄청난 보상을 받을 수 있다는 감질 나는 예상으로 그렇게 먼 미래를 내다보는 건 본질적으로 위험하다. 만약 머스크가 이 길을 계속 간다면 그의 화성 임무는 강력한 자금 흐름을 확보하거나 저궤도에서 불타버릴 수 있다.

LEO 경주는 마라톤이 될 수도 있다. 현재 스페이스X는 2020년 8월에 마감된 19억 달러 규모의 자금 조달 라운드와 2021년 2월의 8억 5,000만 달러 규모의 자금 조달 라운드 등을 통해 손쉽게 자금을 모으고 있다. 아마존과 페이스북은 기록적으로 많은 현금을 보유하고 있다. 원웹처럼 예산이 빠듯한 기업의 경우 앞으로의 여정이 더 어려울 수 있다. 그러나 중국은 또 다른 대장정을 시작할 자원을 가지고 있다.

★ "최고의 프레너미"

중국은 지구 저궤도로 진입하는 다른 경로를 꾀하고 있다. LEO 위성군을 발사하려는 경쟁에서는 뒤처져 있지만, 정부 지원이 넉넉하기 때문에 당장 수익을 올려야 한다는 부담감은 덜하다. 이렇게 후발주자에다가 국가가 지원해주는 전략을 쓴 덕분에, 중국은 어떤 방식이 효과적인지 확인하고 외국의 성공을 모방할 수 있으며 개척자에게 발생하는 비용도 피할 수 있다. 하지만 중국이 기다리는 동안 외국 기업들은 위성 운영을 위한 궤도 슬롯과 임계 스펙트럼critical spectrum을 요구하고 있다. LEO에 참가할 타이밍을 놓치면 중국 정부는 다시 괴로운 상황에 처할 수 있다.

중국의 우주 산업은 최근 상업화 조치가 이루어졌지만, 여전히 국가가 단단히 장악하고 있다.[130] 커시오의 말에 따르면, 2019년 중반 현재 중국의 민간 항공우주 기업들이 모은 자금은 10억 달러도 채 안 된다.[131] 이에 비해 중국의 2대 국영 항공우주 기업인 중국항공우주과학기술공사CASC와 중국항공우주과학산업공사CASIC는 그해에만 750억 달러의 매출을 올렸다.[132]

중국의 LEO에 대한 노력과 미국 기업들의 공통점은 세부 사항이 거의 공개되지 않았다는 것이다. CASC와 CASIC라는 비슷한 이름의 회사들이 훙옌鴻雁과 훙윈虹雲이라는 비슷한 이름의 위성군 프로젝트를 진행 중이란 사실 때문에 외국 관측통들 사이에서는 약간의 혼란이 빚어지기도 했다. 구체적인 내용은 잘 몰라도 전반적인 추세는 분명하다. 중국은 해외 기업들에 대응하기 위해 자국 대표 기업들 간의 경쟁을 부추기면서 LEO 활동을 강화하고 있다. CASC와 CASIC는 2018년 12월에 첫 번째 LEO 광대역 위성을 발사했다.

이 계획을 심지어 코로나19 팬데믹이 한창인 와중에도 추진한다는 것에서 중국의 진지함을 엿볼 수 있다. 우한에 본사가 있는 CASIC는 2020년 12월에 중국 최초로 인공위성 '스마트 제조' 시설을 완공했다. 2021년 5월에 가동을 시작한 이 공장은 부품 설치, 조립, 테스트를 자동화해서 연간 240개의 소형 위성을 생산할 수 있도록 설계되었다.[133]

커시오의 표현처럼, CASC와 CASIC는 '역대 최고의 프레너미' 팀이다. 비슷한 규모의 두 회사가 비슷한 프로젝트를 진행하는 건 비효율적으로 보일 수도 있지만, 중국 정부는 이로 인해 벌어지는 경쟁을 통해 이익을 얻을 수 있다. 캘리포니아 주립대 정보 시스템학과 교수인 래리 프레스Larry Press는 중국이 1990년대에는 국내에 인터넷을 제공하기 위해, 그리고 최근에는 인공지능 개발을 위해 국영 기업들끼리 서로 경쟁시키는 유사한 방식을 사용했다고 지적한다.[134]

중국의 두 대표 기업은 협력을 통해서도 이익을 얻는다. CASIC는 종종 CASC가 주도하는 프로젝트에서 하청업체로 일하며, CASIC의 첫 번째 위성 홍원은 CASC 로켓으로 발사되었다. 발사 서비스에 대한 협력은 민간 부문의 경쟁자들 사이에서도 드문 일은 아니다. 베조스의 항공우주 회사인 블루 오리진Blue Origin은 LEO 경쟁사인 텔레샛과 원웹에 서비스를 제공하는 계약을 체결했다.[135] 마찬가지로 머스크도 스페이스X가 경쟁사에 발사 서비스를 제공할 수 있다고 말했다. 그러나 CASC와 CASIC는 이들보다 훨씬 긴밀한 관계를 맺고 있으며, 궁극적으로 소유주가 동일하다.

CASC는 다른 무엇보다도 창정 로켓을 관리하는 중국 우주 프로그램의 주요 계약자다. 이 회사의 핵심적인 LEO 광대역 프로젝트는 훙옌('기러기'라는 뜻)이라고 하는데, 이는 한나라 시대부터 기러기를 이용해 메시지를 전달했다는 고대 관습에서 따온 이름이다. 이 위성군은 총 320개의 위성으로 이루어지도록 설계되었는데, 2023년까지 위성 60개가 가동되고 2025년까지 모든 위성이 제자리에 배치될 것이다.[136]

CASIC는 중국 방위산업과의 인연이 더 깊지만 인공위성 개발 경험은 적다. 이 회사의 핵심적인 LEO 프로젝트 이름은 훙윈, 즉 '무지개 구름'이다. 계획이 처음 발표되었을 때는 원래 이 위성군에 156개의 위성이 포함되어 있었다. 하지만 외국 경쟁사들의 계획이 늘어남에 따라, 결국 이 시스템은 864개의 위성으로 확장되었다. 중국 관계자들의 말에 따르면 훙윈이 처음 계획했던 위성 156개는 2023년까지 가동될 예정이며, 이 위성군은 중국의 일대일로 구상에 참여하는 국가들에 중점을 두고 설계되었다고 한다. 그러나 실제로 이런 서비스를 제공하려면 중국 정부가 상륙 권한을 협상하고 각국의 승인을 받아야 하는데, 그러자면 잠재적으로 엄청난 외교적 노

력이 필요할 것이다.[137]

구글과 페이스북처럼 CASIC도 다른 날아다니는 플랫폼으로 실험을 하고 있다. 중국 정부라는 강력한 자금원이 있는 이 회사는 홍원과 다른 4개의 '클라우드'(-윈) 프로젝트에 약 154억 달러의 예산을 책정했다.[138] 싱윈行雲 프로젝트는 위성 80개로 구성된 소규모 LEO 위성군으로 협대역 주파수와 위성 간 링크를 이용해 사물 인터넷 네트워크를 구축하도록 설계되었다.[139] 페이윈飛雲 프로젝트는 장거리 비상 통신과 인터넷, 지상 관측 서비스를 원활하게 하기 위해 태양광 드론 기반의 네트워크 구축을 목표로 한다.[140] 콰이윈快雲 프로젝트는 공기보다 가벼운 성층권 항공기를 이용해 신속하게 응급 서비스를 제공할 계획이다. 마지막으로 텅윈騰雲 프로젝트는 2030년까지 2단계 수평 이착륙과 재사용이 가능한 우주선을 개발하는 걸 목표로 하고 있다.[141] 또 이런 클라우드 프로젝트는 광고 가치도 있으며, CASIC는 CASC의 사업에서 더 많은 부분을 차지하려고 경쟁하는 동안 남들을 제치고 선두 자리에 올라서게 된다.

가장 큰 문제는 중국이 이런 노력을 성공적으로 통합할 수 있느냐는 것이다. 2021년부터 2025년까지 진행되는 중국의 제14차 5개년 계획에 통신, 지구 관측, 항법 위성의 네트워크 통합이 포함된다. 통합을 위한 중요한 단계로, 중국은 2021년 4월에 모든 위성 인터넷 운영을 책임질 국영 기업인 중국 위성 네트워크 그룹China Satellite Network Group을 설립했다.[142] 이 새로운 회사는 홍원과 홍옌 프로젝트를 가칭 궈왕, 즉 "국가망"이라는 단일 위성군으로 통합하고,

총 13,000개에 가까운 위성이 포함된 두 개의 LEO 위성군에 중국의 ITU 애플리케이션을 활용할 것으로 예상된다.[143] 커시오는, "싱윈도 이 프로젝트에 통합될 것이냐가 흥미로운 부분"이라고 말한다.[144]

이런 노력은 참신해 보이겠지만, 외국의 상업 우주 기업들에 비하면 뒤처진 것이다. 과거에는 이런 후발주자 방식이 중국의 다른 산업, 특히 철도나 통신 회사들에게 효과가 있었다. 중국의 한 항공 우주 업체 직원은 국방연구원 사람들에게 "뭐가 효과적인지 확인한 다음 그 부분을 개선해서 시장에 출시하면 된다"고 말했다.[145] 역사가 반복되어 LEO 위성군이 1990년대처럼 실패한다면, 중국은 잠재적으로 비용이 많이 드는 수렁을 피할 수 있을 것이다. 개중 한두 개가 성공한다면, 그 성공을 모방해서 자체적인 목표 시장에 맞게 조정할 수 있다.

하지만 우주에서 2등을 하는 건 위험하다. 골드러시가 임박하자, 기업들은 벌써부터 ITU가 규제하는 가장 유망한 주파수 대역에 대한 권리를 주장하고 있다. 원웹의 규제 담당 부사장인 루스 프리처드 켈리Ruth Pritchard-Kelly는 "글로벌 연결에 실질적인 영향을 미치려고 하는 이들에게 힘든 점은 네트워크가 아무리 훌륭해도 올바른 스펙트럼 없이는 성공할 수 없다는 가혹한 현실"이라고 말한다.[146] ITU 프로세스를 먼저 통과한 기업들은 '우선순위' 지위를 누릴 수 있다. 즉, 나중에 진입하는 기업들과 달리 주파수 충돌을 피하기 위해 자꾸 조정 작업을 할 필요가 없는 것이다.

차세대 LEO 위성에게 가장 인기 있는 대역 3개는 Ku, Ka, V다.

단점은 주파수가 높을수록 속도는 빨라지지만 범위는 좁다는 것이다. 3개 대역 가운데 가장 낮은 주파수가 포함된 Ku는 하나의 빔으로 가장 넓은 지리적 범위를 커버하며 기상 간섭에 가장 잘 견딘다. Ka 대역의 높은 주파수는 더 넓은 대역폭을 제공하므로 속도가 더 빠르다. 주파수가 가장 높은 V 대역은 상업적으로 가장 개발이 덜 된 부분이다. V 대역의 주파수는 건물을 관통하지 못하는 경우가 종종 있고 공기 중에서 비나 습기를 만나면 약해진다.

위성 분야에서 경쟁하려면 빨리 행동을 취해야 하지만, 단순히 먼저 나서기만 하면 되는 게 아니라 매우 복잡한 과정을 거쳐야 한다. 기업들은 유사한 주파수를 사용하는 기성 기업, 동일한 주파수를 원하는 경쟁업체, 정치 및 국가 안보와 관련해 자신들만의 고유한 우선순위가 있는 국가 정부에 대해 알아봐야 한다. 국내외에서 법적 소송과 반소 제기가 진행되고 있다. 또 2019년에는 ITU가 기업들에게 주파수를 사용하지 않을 거면 반환하라고 압박을 가하기 시작했다. 새로운 규정에 따르면, 기업들은 최초 신청 후 9년 이내에 위성군의 10퍼센트를 배치하고, 12년 이내에 절반, 14년 이내에 전체 작업을 완료해야 한다.[147]

이런 이정표 달성은 경주의 시작일 뿐이며, 기업들이 개별 시장에 대한 접근 방안을 모색하는 동안에도 계속 이어진다. ITU에서 우선적인 지위를 획득한 기업은 ITU 지침을 따르는 시장에 쉽게 접근할 수 있고 투자자들을 통해 자금을 조달할 수 있지만, 그렇다고 시장 진입이 보장되지는 않는다. 상대적으로 개방된 시장은 ITU가 승인한 주파수를 사용해 달라는 회사의 요청을 받아들이거나 사소한 수정을 요구하는 경우가 많다. 그러나 자국 기업을 보호하거나 인식된 보안 위험을 피하기 위해 실행 불가능한 조건을 부과하거나 요청을 거부하기도 한다.

이런 장애물을 모두 고려하면, 글로벌 커버리지를 제공하는 LEO 위성군을 구축하기 위한 경로는 예상보다 더 길고 구불구불할 수 있다. 우선권을 확보했다고 해서 재정적인 성공이 보장되는 건 아니다. 2020년 3월, 원웹은 위성 34개를 발사해서 ITU가 요구하는 10퍼센트 이정표를 달성했다. 그리고 며칠 뒤, 이 회사는 파산 신청을 했다. 파산 직전에 위성을 발사한 건 전략적인 행보로, 잠재적 구매자들에게 회사의 가치를 높였다. 이 회사의 가장 귀중한 자산은 틀림없이 주파수 사용권일 것이다. 그러나 이들의 실패는 남보다 먼저 움직이는 데 따르는 위험을 부각시켰다. 최종 승자는 이런 복잡한 승인과 조정 과정을 거치는 동안에도 일을 계속 해나갈 수 있는 자원을 갖게 될 것이다.

후발주자 역시 최고의 자원을 보유하고 있기 때문에 시간이 지나면서 경쟁의 장에 변화가 생길 수 있다. 아마존과 페이스북은 기록적인 액수의 현금을 보유하고 있고, 중국의 국가 지원 방식은 이보다 더 강한 지구력을 발휘할 수 있다. 느림보가 기업 인수를 통해 리더가 될 수도 있다. 아마존은 익명의 중국 기관 두 곳과 함께 원웹의 잠재적 입찰자 중 하나라는 소문이 돌았다.[148] 중국의 대표 기업들은 중국에 새로 등장한 상업용 우주 분야의 기업들을 인수할

수도 있다. 프레스는 "아마존처럼 중국도 미래를 위한 자금을 보유하고 있다"고 말한다.[149]

★ ∴ 안심권에서 지나치게 멀어지다

중국이 너무 오래 기다리면, 다가오는 거대한 LEO 위성군의 물결이 소외 시장에서 중국이 누리던 이점을 약화시킬 수 있다. 3장에서 설명한 것처럼, 중국의 네트워크 제공자들은 서구 기업들이 간과했던 케냐의 나이바샤나 미국 몬태나주 글래스고 같은 농촌과 부유하지 않은 시장에서 번창했다. 그러나 LEO를 사용하는 서구 기업들은 과거에 방해가 되었던 모든 지상 인프라를 구축하지 않고도 해당 시장에 서비스를 제공할 수 있다.

나는 2020년 7월에 도로 표지판도 없는 시골길에서 비포장도로를 따라 달리다가 나타난 작은 언덕 위 공터에 자리 잡고 있는 스페이스X의 스타링크 게이트웨이를 방문했다. 높은 녹색 울타리 뒤에 숨겨진 하얀 돔들은 하나당 지름이 대략 1.2미터 정도 됐는데 전부 하늘을 향해 있었다. 울타리 건너편에는 전원 공급 장치와 광섬유 연결 장치를 갖춘 것으로 보이는 작은 벽돌 건물이 있었다. 이곳의 전체 면적은 작고 눈에 띄지 않지만, 이는 시속 27,000킬로미터로 머리 위를 돌고 있는 수백 개의 위성군을 축소해놓은 것이다.

스페이스X는 글래스고에서 차로 몇 시간 거리에 있는 몬태나주 콘래드에 있는 게이트웨이를 비롯해, 미국 전역에 이런 게이트웨이 수십 개를 조용히 설치하고 있다. 2020년에는 35개 주에 사는 수십만 명의 고객에게 서비스를 제공하기 위해, FCC의 농촌디지털기회 펀드Rural Digital Opportunity Fund 경매에서 10년간 8억 8,600만 달러를 지원해주는 자금을 확보했다. 예전에 이 사업에 참여했다가 실패한 회사들을 생각하면, 스페이스X와 그 기술에 상당한 베팅을 한 셈이다.

일주일 동안 스타링크를 사용해본 결과, 그 가능성을 더 확신하게 되었다. 이 시스템은 직경이 약 60센티미터 정도인 흰색 위성 수신 안테나, 삼각대, 무선 공유기, 이더넷ethernet과 전원 케이블 등이 포함된 커다란 회색 상자에 담겨서 도착했다. 내가 해야 할 일은 바깥에서 하늘이 훤히 보이는 장소를 찾는 것뿐이었고, 스타링크 모바일 앱은 심지어 주변에 나무가 없는지 확인하는 데도 도움이 되었다. 활성화되자, 위성이 가장 효과적인 각도를 찾기 위해 자동으로 회전한다. 상자 개봉부터 인터넷 연결까지 모든 과정을 마치는 데 30분도 채 걸리지 않았다. 놀라울 정도로 간단했다.

봄철에 뉴잉글랜드에서 발생할 수 있는 짙은 구름과 세찬 비, 강한 바람 같은 모든 기상 조건에도 불구하고 연결이 끊어지지 않았다. 보통 100Mbps 이상의 속도를 유지했고, 다운로드 시에는 가끔 200Mbps까지 도달하기도 했다. 하지만 흠잡을 데가 없는 건 아니었다. 회의 중에 영상과 오디오가 잠깐 끊겼고, 회의 애플리케이션에는 연결이 불안정하다는 경고문이 떴다. 추후 더 많은 위성이 가동되면 작동 범위도 개선될 것이다. 하지만 이 초기 단계에서도, 내가 일할 때면 스타링크도 같이 일했다. 시스템을 사용한 지 하루 만에 내 데이터가 우주로 나간다는 사실을 잊었다.

이들이 호소하는 바는 이해하기 쉬웠다. 광섬유 연결에 익숙했기 때문에 눈에 띄는 변화가 없었던 것이 성공의 비결이었다. 지금까지 고속 인터넷을 사용하지 못했거나 인터넷 연결이 아예 안 되던 고객에게는 이 시스템이 상황을 대폭 개선시켜 줄 수 있을 것이다. 내가 이 시스템을 사용한 뉴잉글랜드 시골 지역에서는 유선 인터넷 연결 비용이 일반 주민이 엄두도 못 낼 만큼 비쌀 수도 있다. 집집마다 도랑을 파고 케이블을 가설하려면 한 집당 수천 달러씩 들 것이다. 그런 건설 과정을 피하고 상대적으로 저렴한 스타링크 시스템을 이용하는 것이 훨씬 이익일 듯하다.

스페이스X와 다른 LEO 광대역 업체들이 저소득 국가에 진출하려면 더 많은 노력을 기울여야 한다. 그래서 대부분 처음에는 고객 1인당 잠재 수익이 가장 높은 미국과 유럽 시장 공략에 집중한다. 인터넷에 연결되어 있지 않은 이들을 연결시키겠다는 미사여구에는 사명감이 넘치지만, 이 회사들은 여전히 상업적인 계산이 필요하다. "이건 민주화 운동이 아니다. 이건 사업이다." 스페이스 인텔 리포트Space Intel Report의 공동 창업자인 피터 B. 드 셸딩Peter B. de Selding의 말이다.[150]

적절한 가격이 관건이 될 것이다. 개발도상국과 신흥 경제국의 경우 수요는 많지만, 잠재 고객들은 1대당 몇 백 달러씩 하는 사용자 단말기 가격은 고사하고 한 달에 100달러 미만의 요금도 감당하지 못할 것이다. UN 광대역망 위원회에 따르면, 아프리카의 90퍼센트에 인터넷을 보급하려면 아프리카 시골 지역 인구의 10~20퍼센트에게 위성이나 다른 무선 솔루션을 제공해야 한다. 하지만 그런 마을은 대개 인구가 500명도 안 되고, 주민 한 명이 낼 수 있는 돈은 고작 월 2~3달러 정도다.[151]

비용 절감에는 한계가 있으니 누군가는 비용을 부담해야 한다. 현실적으로 이윤을 추구하는 위성 통신사들은 저소득 시장에 서비스 요금을 보조할 방법을 찾아야 한다. 세계은행이나 다른 다자개발은행과 제휴하는 것도 한 방법이다. 개발은행들은 과거에 정지 위성 광대역을 지원했지만, 아직 초기 단계인 기술력과 오랫동안 이어진 재정난 때문에 LEO 위성 지원을 꺼려왔다.

인터넷 기업 연합이 비용을 분담할 수도 있지만, 그들은 큰 장벽에 부딪힌다. 기술 대기업들의 손길이 미래 시장 깊숙한 곳까지 뻗어가게 되는 이 시나리오는 독점 금지를 주장하는 이들에게 악몽처럼 들린다. 물론 이런 회사들은 더 많은 사용자를 연결시켜서 이익을 얻을 수 있다. 예를 들어, 페이스북은 아프리카와 아시아 태평양 지역에서 사용자 수가 가장 빠르게 증가하고 있다. 이런 신흥 시장의 소득 수준이 높아지면 사용자당 평균 수익도 증가할 것이다. 그러나 주주들은 상업적 보상이 눈앞에 다가온다고 하더라도 사회적으로 추진해야 하는 장기 사업에 자원을 지출하는 걸 지지할 것 같지 않다.

매우 부유한 개인이나 부유한 기부자 여러 명이 비용을 부담하는 박애주의적 시나리오도 있다. 세계 최초의 인터넷 선구자들이 나이가 들어가는 상황에서, 글로벌 연결 상황을 개선하는 건 그들이 남길 수 있는 매력적인 유산처럼 보일 것이다. 마이크로소프트 설립자인 빌 게이츠Bill Gates는 2002년에 끝난 야심 찬 LEO 프로젝트인 텔레데식Teledesic에 많은 투자를 했다.[152] 그는 그 이후 세계 보건에 초점을 맞추고 있다. "연결성과 말라리아 백신 중 어느 쪽이 더 중요한가?" 그는 2013년에 〈파이낸셜 타임스〉와의 인터뷰에서 이렇게 물었다. "연결성이 중요하다고 생각한다면 그것도 좋은 일이다. 하지만 내 생각은 다르다."[153]

페이스북 창립자인 마크 주커버그Mark Zuckerberg는 그 말에 동의하지 않는다. 그는 2015년에 "전 세계 모든 사람을 연결하는 건 우리 세대의 가장 큰 과제 중 하나"라고 말했다.[154] "장기적으로 볼 때 우리 회사에도 도움이 될 뿐만 아니라, 10년, 20년, 30년이라는 긴 시간 지평으로 따지면 그 사이에 많은 국가와 경제가 발전해서 중요한 위치를 차지하게 될 것이기 때문이다."[155]

제프 베조스는 2021년 초에 아마존 최고경영자 자리에서 물러나 블루 오리진 같은 다른 '열정'에 집중하겠다고 밝혔다.[156] 이 회사는 재사용 가능한 발사체를 이용해서 우주여행을 보다 저렴하고 안전하며 이용하기 쉽게 만드는 게 목표다. 하지만 이들은 임무 수행을 서두르지 않는 듯하다. "우리는 경주에 참가한 게 아니다. (…) 단계를 건너뛰면 목표 지점에 더 빨리 도착할 수 있다는 건 잘못된 환상이기 때문에 우리는 일을 단계별로 진행할 것이다. 느림은 부드럽고 부드러움은 빠르다."[157]

하지만 시간은 계속 흐르고 있다. 서구의 위성 회사들은 인센티브를 조정하는 것 외에도 개발도상국 시장에서 권리를 확보해야 한다. 그들은 기술 개발과 활용, 선진국 시장과 ITU에서 우선권을 확보하는 일 등에서 선두를 달리고 있다. 그러나 이들이 개발도상국 시장에서 권리를 확보하기 위해 오래 기다릴수록 중국의 가능성은 더 커진다. 일단 중국이 LEO 위성 기술의 격차를 좁히면, 국가 재정지원을 받는 기존의 상업적 및 정치적 유대 관계를 통해 개발도상국 시장에서 우위를 차지할 수 있다.

결국 중국 기업들이 지상에서 연결을 구축하는 데 도움이 됐던 바로 그 특성을 활용하면 중국 LEO 위성 서비스도 해외로 진출할 수 있을 것이다. 국고 보조금과 자금 조달 덕에 중국의 위성군은 저렴한 비용으로 서비스를 제공할 수 있다. 중국의 국가 주도적 접근방식은 통신에 대한 통제력을 유지하면서 인터넷 접속을 확장하려는 지도자들에게 계속 반향을 일으킬 것이다. 위성군에 관한 세부정보는 거의 없지만, 이를 통해 사이버 주권에 대한 중국의 비전이 궤도에 올라갈 가능성이 있다.

중국부터 시작해 서구의 위성 기업들도 자국민이 개방된 글로벌 인터넷에 접속하는 걸 원하지 않는 정부를 받아들일지 여부와 그 수용 방법을 결정해야 한다. 위성이 지상 중계기를 거치지 않고 데이터를 교환할 수 있게 해주는 위성 간 레이저 링크를 이용하면 비용을 절감하고 성능을 향상시킬 수 있다. 그러나 이 기술은 권위주의 정부에 중대한 과제를 안겨주며, 이런 정부를 핵심에서 배제시키고 그 나라 국민들에게 글로벌 인터넷에 대한 무제한적이고 감시되지 않는 접근을 제공하겠다고 위협한다.

지금까지 서구의 위성 기업들은 착륙권을 얻기 위해 각국 정부의 환심을 사려고 하면서 그들 의견에 무조건 따랐다. 원웹이 러시아에서 한 경험은 서양 기업들이 중국 시장에 진출하면서 보였던 양보 행태와 실망스러울 정도로 유사하다. 러시아 관계자들이 우려를 표하자, 이 회사는 위성 간 레이저 링크를 중단하고 러시아의 모든 트래픽을 러시아에 있는 지상국을 통해 전송하기로 합의했다.[158] 원웹은 러시아에서 이런 서비스를 제공하는 회사의 소수 지분 파트너가 되는 데 동의함으로써 추가적인 통제를 포기했다.

리오샛의 전 CEO인 마크 리골Mark Rigolle은 이것이 어떻게 위성 간 링크를 사용하는 회사들을 불리하게 만드는지 설명했다. 그는 2018년에 〈스페이스뉴스〉와의 인터뷰에서, "중국 같은 큰 나라에서 (이런 나라가 중국뿐만은 아니지만) 나라 밖으로 나가거나 해외에서 들어오는 모든 데이터를 게이트웨이를 통해 라우팅해 달라고 요구하다 보니 [우리의 독특한 판매 포인트 중] 하나가 약화되었다"고 말했다.[159] 이런 변화에는 비용이 많이 들 뿐만 아니라 필요한 지상 인프라 양도 늘어난다. 그러나 변화를 이루지 못한 기업들은 시장에서 제외될 처지에 놓인다.

원웹이 파산을 선언하기 전인 2019년 11월에 회사 경영진들이 중국을 방문해 지상국 3개를 건설하겠다는 계획을 발표했다. 그들

디지털 실크로드

은 중국 하이난성의 싼야시와 협약을 맺었지만 양측 모두 너무 앞서갔던 것일지도 모른다. 중앙 정부가 아직 승인을 해주지 않은 상태였다. 회의가 끝난 후, 하이난성 당국자들은 중국 공업정보화부 관계자들에게 엄중한 전화를 받았다.[160]

머스크는 모든 나라가 스타링크 서비스를 원하지는 않을 거라고 인정한다. 2015년에 그는 농담조로 이렇게 말했다. "우리는 물론 선전을 계속할 수 있지만 [국가들은] 우리 위성을 격추시킬지 말지 선택할 수 있다. 중국은 그렇게 할 수 있다. 그러니 아마 거기에서는 선전을 하지 말아야 할 것이다. 그들이 우리에게 화가 나면 우리 위성을 폭발시킬 수도 있다."[161] 그러나 중국은 스타링크 위성을 겨냥하기 전에 사용할 수 있는 다른 강압적인 수단을 가지고 있다. 예를 들어, 당국은 상하이에 있는 테슬라Tesla 공장을 폐쇄하고 테슬라가 가장 잘 팔리는 시장인 중국 시장에 대한 접근을 차단하겠다고 위협할 수 있다.

개발도상국 시장에서의 경제성과 독재 국가에서의 이용 가능성이라는 두 가지 과제를 극복하려면 부유한 민주주의 국가들의 지원이 필요할 수 있다. 미국과 그 동맹국들은 자원을 공동 출자하고 위성 광대역 통신을 글로벌 연결 개선을 위한 연합 방식의 일부로 만들 수 있다. 그런 노력은 어떤 나라에 반대하기 위한 게 아니라, 여전히 인터넷에 연결되지 않은 수십억 명의 사람들을 지원하기 위한 것이다.

위성 인터넷 접속을 확대하는 게 만병통치약은 아니지만, 세계를 돕고 중국의 신흥 시장 진출에 맞서는 대담한 조치가 될 것이다. 이런 시장이 성숙하면 미국과 연합국의 기업들도 다른 서비스를 제공하기에 더 좋은 위치에 놓이게 될 것이다. 그러면 중국 네트워크에 대해 불평하던 미국이 그들과 직접 경쟁하는 데 도움이 될 테고, 중국은 방어 태세를 취하게 될 것이다.

네트워크 전쟁 승리

THE DIGITAL SILK ROAD

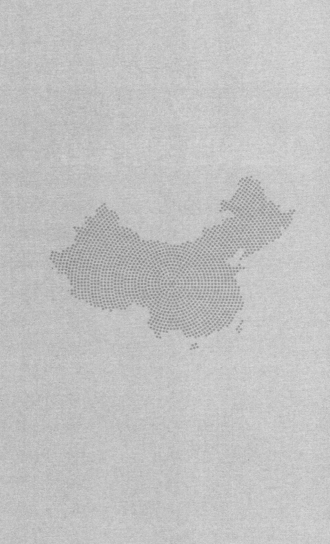

•

WINNING THE NETWORK WARS

○

　　　　　　중국의 부상은 미국의 외교 정책
을 이끌었던 인과적 화살을 완전히 뒤집었다. 지난 20년 동안 주요
사상가들은 기술 발달이 전 세계에서 민주주의를 촉진할 것이라고
선언했다. 하지만 그런 합의는 무너졌고 훨씬 어두운 전망에 자리
를 내줬다. 자유는 번창하지 않았다. 오히려 디지털 권위주의가 진
행 중이다.

　이제 남은 희망은 민주주의 국가가 기술을 촉진시키는 것이다.
미국 민주당과 공화당 모두 미국이 동료 민주주의 국가들과 연대
해서 중국과 경쟁할 것을 요구하고 있다. 공급망의 취약성을 줄이
기 위해 5개국으로 구성된 소규모 클럽부터 기술 문제에 대처하기
위한 훨씬 규모가 큰 '자유국가 연합'에 이르기까지 제안 내용은 다
양하다. 이들 모두의 공통점은 민주주의가 연합체 구성의 중심적인

특성이라는 믿음이다.

이런 요구는 기술이 민주주의의 편이라는 원래의 생각만큼 매혹적이다. 그리고 이제 하드웨어와 노하우 제공이라는 중요한 쟁점이 도덕적으로 중요하게 대두되고 있다. 그 해결책은 자명하고 매우 쉬워 보인다. 많은 희생을 요구하지도 않는 것 같다. 그냥 자기 본연의 모습으로 친구들과 단단히 팔짱을 끼기만 하면 나머지는 따라올 것이다.

기술이 민주주의에 도움이 될 것이라는 원래의 희망처럼, 민주주의 국가들이 기술 증진을 위해 함께 노력하는 것에 진정한 희망이 있다. 하지만 그 약속을 실현하는 것이 결코 돈이 적게 들거나, 쉽거나, 필연적인 일은 아닐 것이다. 성공하기 위해서는 처음에 놓쳤던 대량의 사실주의가 필요할 것이다.

물론 중국과 경쟁하기 위한 모든 전략은 국내에서 시작해야 한다. 미국에는 아직 인터넷 연결이 안 되는 공동체들이 있는데 이를 자유 시장 방식에만 맡겨두면 정보 격차가 더 커질 것이다. 미국은 차세대 혁신가를 교육하고 유치해서 기술의 한계를 더 넓히고, 혁신가들이 성공할 수 있는 자원과 새로운 비즈니스가 번창할 수 있는 경쟁력 있는 공간을 확보해야 한다. 시민의 개인정보와 보안을 보호하는 데이터 정책을 마련해야 한다. 이런 국내에서의 노력이 시급하게 필요하지만 아직 충분하지 않다.

중국은 규모의 문제를 제기한다. 14억 명이나 되는 인구 덕분에 중국 기업들은 세계 최대의 중산층 소비자 시장에 우선적으로 접근할 수 있고, 정부는 데이터의 바다에 접근할 수 있다. 중국 정부의 자원 관리 능력은 비효율적이고 낭비가 심하긴 하지만, 새로운 기술에 힘을 실어주고 전 세계에서 중국 장비 비용을 보조한다. 중국 기업들은 국내에 '새로운 인프라'를 구축하라는 시진핑의 요구에 응하면서 그와 동시에 해외의 새로운 시장에서도 두 배로 성장하고 있다.

경쟁이 이미 너무 치열해서 안심할 수가 없다. 2018년에 미국과 중국은 전 세계 R&D 지출에서 각각 28퍼센트와 26퍼센트를 차지하며 각축전을 벌였다.[1] 하지만 미국 국립과학위원회에 따르면, 중국의 지출이 훨씬 빠르게 증가하고 있어서 2019년에는 미국을 능가했을 가능성도 높다.[2] 중국 기업들은 안면 인식, 디지털 결제, 양자 통신 같은 새로운 분야에서 선두를 차지하면서 모방자에서 선구자로 거듭났다.

하지만 글로벌 네트워크에서 중국의 지배력은 아직 확실하지 않다. 미국은 클라우드 컴퓨팅, 위성 기술, 첨단 반도체 등 중요한 분야에서 선두를 지키고 있다. 이 우위를 유지하려면 중국의 불법 기술 취득을 막는 동시에 더 많은 혁신을 촉진하는 전략을 갖춰야 한다. 국내에서의 혁신만으로는 충분하지 않다. 미국 기업들이 지속적인 혁신을 지원하기 위한 자원을 확보하려면 자신들의 연구를 상업화해서 널리 판매해야 한다. 중국과 같은 시장 규모를 갖추지 못한 미국은 해외 시장에서 경쟁해야 한다.

그러나 최근 몇 년 동안 미국의 정책 입안자들은 방향을 수정하려고 시도하는 동안, 방어적인 조치에만 초점을 맞추느라 외국 시장에서 공세를 지속하는 일의 중요성을 간과해 왔다. 수출 통제, 장비 금지, 면허 취소, 외국인 투자 제한, 지적재산권 도용 기소 등은 모두 중요한 도구다. 이것들로 미국 시장을 방어하고 중국 공급망을 붕괴시킬 수 있겠지만, 글로벌 경쟁에서 승리하지는 못할 것이다. 중국의 기술 기업들이 성공한 건 기술을 훔치고 넉넉한 국고 보조금을 받았기 때문만이 아니라 소외 시장에 서비스를 제공했기 때문이다. 전 세계적으로 경쟁하려면 더 나은 대안을 제시해야 한다.

방어와 공격이 결합된 승리 전략을 실행하려면 연합을 이루어야 한다. 연합하지 않으면 중국은 노텔과 AT&T, 다른 글로벌 통신사들이 서로 더 저렴하게 팔려고 애쓰던 1990년대에 그랬던 것처럼, 기업들끼리 서로 경쟁을 붙이고 그 사이에 기술에 접근할 수 있다. 연합체가 제공할 수 있는 상업적 인센티브가 없다면 미국과 동맹국 기업들은 개발도상국들을 간과한 채 가장 크고 부유한 시장에만 계속 집중할 것이다. 두 경우 모두 연합만이 중국의 규모를 상쇄할 수 있다.

21세기의 도전을 위한 이 연합은 지난 세기의 위협에 맞섰던 연합과는 근본적으로 다를 것이다. 연합이 제공하는 긍정적인 대안을 강조하면서 배제하기보다는 끌어들일 수 있도록 틀을 짜야 한다. 완벽한 보안은 불가능하며 복원력이 계획을 위한 더 좋은 프레임워크임을 인정해야 한다.[3] 이 글로벌 네트워크는 무엇보다도 기술과 경제 문제를 최우선적으로 고려하고 정보와 군사적 영향은 그다음 문제라는(그 반대가 아니라) 사실을 드러내야 한다. 이걸 개방적이고

디지털 실크로드

탄력적인 경제 연합, 즉 CORECoalition of Open and Resilient Economies라고 부른다.

유연성이 관건이 될 것이다. 다양한 그룹에 속한 국가들은 일부 문제에 있어서는 더 자연스럽게 의견이 일치하겠지만, 전부는 아니다. 행동을 취하기 위해 만장일치의 합의를 요구해서는 안 된다. 정부가 행동을 주도하는 동안 기업들은 정책 계획 과정에 더 깊이 통합되어야 한다. 민간 부문은 혁신의 최전선에 있을 뿐만 아니라 말 그대로 네트워크 전쟁의 최전선에 있다. 정부는 기업들이 투자 방법과 투자 시장을 고려할 때 직면하는 위험-보상 계산을 잘 이해해야 한다.

이 연합을 네트워크적인 측면에서 생각해보는 게 도움이 된다. 연합 구성에 필요한 임계량을 제공하는 강력한 공통의 이익을 지닌 부유한 민주주의 집단이 존재한다. 총 7개의 미국 동맹국들—호주, 캐나다, 프랑스, 독일, 일본, 한국, 영국—이 중국을 앞지를 것이다. 이 7개 나라는 R&D에서 중국을 앞지르고 있으며, 팬데믹 때문에 경제 전망이 어두워지기는 했지만 2030년에도 여전히 세계 GDP의 5분의 1 정도를 차지할 것으로 전망된다.[4] 이 국가들은 모두 미국 동맹국이자 민주주의 국가이다.

이 연합의 임무는 단순히 부유한 민주주의 국가들을 보호하는 것 이상으로 확대되어야 한다. 중복되는 이해관계나 별도의 이해관계가 혼합된 개발도상국의 거대한 경제 주변부에서 부상하는 허브에 참여하고 지원해야 한다. 이런 분할은 유동적이다. 시간이 지나

연합이 성공하면 주변부 일부가 중심부로 편입되고, 주변부의 바깥쪽 가장자리에 있는 국가들과도 더 가까워질 수 있다.

이 연합을 건설하는 데는 두 개의 다리가 특히 중요하다. 첫 번째 다리는 대서양을 가로질러 뻗어 있다. 미국과 유럽은 공통된 가치관을 지녔지만 서로 다른 시선으로 글로벌 네트워크를 바라보고 있다. 비슷한 규모의 대표적인 기술 기업이 없는 일부 유럽 국가의 지도자들은 미국 기술 기업들을 중국과 동등하거나 더 큰 위협으로 여긴다. 유럽연합은 개방적인 미국 모델과 국가 중심의 중국 모델 사이에서 중간 옵션으로 자리매김하려고 노력하고 있다. 데이터 흐름, 콘텐츠 규제, 디지털 세금에 대한 의견 불일치 때문에 대서양 횡단 협력이 무산될 위험이 있다.

두 번째 다리는 중심부와 주변부를 연결한다. 몇 년 안에 세계에서 인구가 가장 많은 나라가 될 것으로 예상되는 인도는 글로벌 네트워크 경쟁에서 중요한 부동 국가swing state가 될 것이다. CORE는 인도가 연합에 완전히 참여할 수 있도록 확실한 길을 제시해야 하며 2030년까지 글로벌 성장의 70퍼센트와 전 세계 GDP의 절반을 차지할 것으로 예상되는 신흥 경제국에도 손을 내밀어야 한다.[5] 많은 주변국도 사방에 최대한 대비책을 마련해놓고 이익을 얻으려고 할 것이다. 하지만 경쟁에서 지면 미래의 시장은 중국 손에 넘어가게 된다.

이런 다리가 하룻밤 사이에 건설될 수는 없다. 미국이 유럽과 인도에서 직면하고 있는 회의론은 힘의 비대칭에서 비롯되며, 이는 기술 분야에서 미국의 영향력을 나타낸다. 개발도상국 시장에서 경쟁하려면 부유한 경제권에서 편하게 운영하던 회사들의 위험-보상 계산법을 바꾸게 할 인센티브가 필요하다. 각 단계마다 중국은 분열을 뿌리고 경쟁을 과소평가하려고 할 것이다. 그러나 그 대안, 즉 연결고리를 하나씩 늘려가면서 어느새 존재감을 과시하고 있는 중국 중심의 미래는 결코 용납할 수 없다.

★⋰ 민주주의의 무기고

미국은 예전에 더 큰 난관을 극복한 적이 있다. 제2차 세계대전 동안 프랭클린 루스벨트 대통령은 미국 기업들에게 생산을 늘리라고 촉구한 것으로 유명하다. 그는 1940년 12월 29일에 라디오 방송을 통해, "우리는 민주주의의 위대한 무기고가 되어야 한다"면서 미국인들에게 산업적 무장을 선언했다.[6]

미국은 지금도 민주주의의 무기고를 이끌 수 있을까? 협력해야 할 분야의 목록은 매우 길다. 혁신을 촉진하기 위해서는 참여 그룹들이 데이터를 공유하고 투자를 조정하며 공동 연구개발을 수행할 수 있어야 한다. 이들은 ITU와 다른 기구에서 글로벌 표준 설정을 주도할 수 있고, 일반적인 공급망을 더 탄력적으로 만드는 데도 도움이 될 수 있다. 민감한 기술은 전부 수출을 통제하고, 사업을 하는 조건으로 중국에 기술을 이전하는 걸 거부하며, 지적재산권 도용을 방지하고, 경제적 압박을 저지할 수도 있다. 공동 전선의 측면에서 볼 때 이 모든 조치는 성공할 가능성이 높다.[7] 이런 조치가 없으면 중국이 이익을 얻어내고, 강압하고, 분열시키고, 지배할 여지가 더 커질 것이다.

그러나 과거에 민주주의 통합을 추진했을 때도 그랬던 것처럼, 이런 일은 말로는 쉽지만 실제 행동에 옮기는 건 매우 어렵다.[8] 2000년에 클린턴 행정부는 106개국으로 늘어난 '민주주의 공동체'를 만드는 데 힘을 보탰다.[9] 몇 년씩 회담을 진행했지만, 2003년에 미얀마를 규탄하는 성명서를 발표한 게 이 공동체의 유일한 성과였다.[10] 하지만 이 아이디어는 여전히 매력적이라서, 클린턴 행정부에서 활동했던 미국의 외교 정책 전문가들은 그 후에도 '민주주의 협력 체제' 구성을 제안했다.[11] 바이든 대통령이 세계 민주주의 정상회담을 요구하면서, 이 아이디어 중 일부는 행동에 옮길 준비가 된 듯하다.

공화당 지지자들도 예전부터 그 생각을 받아들였다. 존 매케인 John McCain 상원의원은 2007년 대통령 선거 유세 중에 '민주주의 연맹'을 결성하고 취임 첫 해에 민주주의 국가 정상회담을 개최하겠다고 약속했다.[12] 조지 W. 부시George W. Bush 대통령의 임기가 끝나갈 무렵, 국무부에서는 몇몇 민주주의 국가의 정책 기획 관계자들을 소집했고, 미국의 싱크탱크인 대서양협의회는 그 이후에도 이런 노력을 계속 이어갔다.[13]

하지만 국제 정치의 날카로운 현실은 민주주의 연합을 위한 고상한 제안을 꺾어버린다. 미국은 궁지에 몰릴 때면 자국의 통치 방식에 관계없이 다른 나라와 실질적으로 협력했다. 제2차 세계대전 중에는 소련과 동맹을 맺었고, 냉전 기간에는 아르헨티나, 필리핀, 이란 등의 독재자를 지지했으며, 제1차 걸프전 때는 쿠웨이트 및 사우디아라비아와 협력했다. 2008년에 민주당과 공화당의 외교 정책 리더들이 민주주의의 통합을 요구했을 때도, 미국은 필요에 따라 파키스탄의 독재 정권과 계속 협력했다.[14]

민주주의를 우방 결집이나 중국과의 경쟁을 위한 기치로 사용하는 것에 비판적인 사람들은, 주요 파트너들 대부분이 부분적으로만 민주적이라는 사실을 지적한다. 전 국방부 고위 관리인 엘브리지 콜비Elbridge Colby와 기자이자 지정학 분석가인 로버트 카플란Robert Kaplan은 〈포린 어페어Foreign Affairs〉에 "미국이 주로 이데올로기적인 관점을 통해 상황을 바라본다면, 별로 자유롭지 않거나 비민주적인 국가들과 협력하는 건 불가능하지는 않더라도 어렵다는 걸 알게 될 것"이라고 경고했다. "미국이 덴마크나 네덜란드는 협의체에 참여시키면서 인도네시아, 말레이시아, 싱가포르, 태국, 베트남은 참여시키지 않는다면 아무 소용도 없다."[15]

이데올로기가 아닌 국익이 미국 정책을 이끄는 나침반이 되어야 하지만, 특히 기술 문제와 관련해서 민주주의 국가들을 소집하는 현실적인 경우도 있다. 경제적, 기술적 측면에서 미국의 가장 중요한 파트너는 민주주의 국가다. 민주주의 국가는 정보 접근을 확대하고, 언론의 자유를 장려하며, 사용자의 개인정보와 보안을 보호하는 네트워크에 공통의 관심을 갖고 있다. 민주주의 국가는 자신의 이상을 지키기 위해 안간힘을 쓰면서도 독재적인 대안보다는 개인의 권리를 더 강조한다.

그러나 민주주의 국가들 사이에도 차이가 있기 때문에 그걸 해결하지 않는 이상 집단행동을 하기는 힘들다. 기술 문제와 관련해서도 보편적인 민주주의적 입장 같은 건 없고, 다양한 입장이 존재한다. 공통점을 중심으로 조직을 구성하는 것이 논리적인 첫 번째 단계다. 실제적 차이를 해결해야 할 필요성과 비민주적 국가나 개발도상국과 협력해야 할 필요성을 잊어버리지만 않는다면 말이다. CORE는 민주주의 그룹으로 자연스럽게 시작할 수 있지만, 이해관계와 현안에 따라 유연하게 다른 파트너를 포함시킬 수도 있다.

과거에는 행동을 촉진할 만큼 위협적인 공통된 위험이 없었기 때문에 민주주의 연합에 대한 요구가 힘을 발휘하지 못했다. 학자이자 오바마와 클린턴 행정부에서 고위 관료로 일한 찰스 쿱찬Charles Kupchan은 2008년에 "매케인은 냉전 시대 때의 '필수적인 민주주의 연대'를 갈망하고 있으며 민주주의 연맹이 이를 되살려줄 것이라고 생각한다"고 썼다. "그러나 어제의 연대는 체제 유형만을 기반으로 하는 동맹이 아니라, 외부 위협에 맞선 동맹의 산물이었다."[16] 테러 집단의 위협은 별로 보편적이지 않고, 기후 변화도 시급해 보이지 않았다.

하지만 중국의 부상은 경쟁국들을 하나로 묶기 시작했다. 2020

년에 CSIS가 실시한 조사 결과에 따르면, 미국과 유럽, 아시아의 선구적인 사상가들은 중국에 대처하는 가장 좋은 방법은 비슷한 생각을 가진 국가들끼리 협력을 강화하는 것이라는 데 동의한다.[17] 이들 중 3분의 2 이상은 중국 기업이 자기네 나라의 5G 네트워크에 접속하지 못하도록 금지하는 걸 지지한다. 중국과의 관계에 해가 되더라도 동맹국과의 관계를 더 굳건히 다지는 걸 지지하는 미국인들이 늘고 있다.[18] 그리고 과거에는 민주주의 연합에 대한 요구가 대부분 미국인들에게서 나왔지만, 이제는 많은 유럽 지도자가 먼저 북을 울리고 있다.[19]

일부 선출직 지도자들은 이미 행동을 취하고 있다. 2020년 6월, 톈안먼 광장 시위 기념일에 설립된 대對중국 의회 간 연합체IPAC는 현재 18개 나라와 유럽연합의 국회의원들을 포함하는 규모로 성장했다.[20] 이 연합체를 만든 공동 의장 중 한 명인 이언 던컨 스미스Iain Duncan Smith 경은 "몇몇 국가는 우리가 의향을 물어보지도 않았는데 소식을 듣고 바로 가입했다"고 회상했다.[21] 각국의 공동 대표들은 경쟁 정당 출신이라서 이 단체는 정치적 좌파와 우파를 모두 대변할 수 있다. 이 연합체는 중국의 신장 자치구 내 이슬람 소수민족 박해, 티베트 강제 노동, 대만의 세계보건기구WHO 참여, 인도-중국 국경 분쟁, 홍콩에 대한 국가 안보 조치 등에 대한 성명을 발표했다. 이들은 설립 후 첫 6개월 안에, 민주주의 공동체가 지난 20년 동안 이룬 것보다 더 많은 성과를 거뒀다.

IPAC의 높아진 지위는 민주주의 국가들 간의 협력에 대한 열망을 드러내지만, 이전의 민주주의 공동체처럼 통제하기 힘들어질 위험도 있다. 협력국 숫자가 늘어날수록 민주주의의 통합된 힘이 더 강력해 보이기 때문에 그룹을 확장하려는 자연스러운 유혹이 있지만, 이들을 조정하는 데 따르는 어려움도 빠르게 증가하고 있다. 국제 관계 분야에서 가장 확실한 법칙 하나는 성숙한 입헌 민주주의 국가들끼리는 서로 전쟁을 일으키지 않는다는 것이다.[22] 하지만 민주주의 국가들이 많이 모이면 뭔가 성과를 거두기 힘든 것도 사실이다.

이런 어려움을 고려할 때, 최근에 제안된 일부 조직은 초기 회원 구성부터 지나치게 야심적이다. 리처드 폰테인Richard Fontaine과 재러드 코헨Jared Cohen은 'T-12'라는 '기술 민주주의를 선도하는 새로운 그룹'을 만들어야 한다고 주장했다. 그들의 목록에는 G-7 중 6개 나라(미국, 프랑스, 독일, 일본, 캐나다, 영국)에 호주, 한국, 핀란드, 스웨덴, 인도, 이스라엘이 추가된다. 그리고 5년 안에 이 그룹을 T-20으로 확장하자고 제안한다. 이는 감탄할 만한 목표이며, 부유한 민주주의의 핵심 그룹을 넘어 그 이상으로 확장하는 게 중요하다는 걸 인식한 목표다. 그러나 이 장 뒷부분에서 설명하겠지만, 인도는 아직 준비가 되지 않았을 수도 있지만 이걸 너무 빨리 인정하면 초반부터 노력이 약해질 수 있다.

다른 제안들은 범위가 너무 협소하다. 그런 아이디어 중에 파이브 아이즈Five Eyes 첩보 동맹의 용도를 기술 문제 쪽으로 변경하자는 게 있다.[23] 제2차 세계대전 중 적의 통신을 감시하기 위한 연합군의 노력으로 탄생한 이 그룹에는 미국, 영국, 캐나다, 호주, 뉴질랜드가 포함되어 있다. 영국과 미국 정보기관에서 근무한 경험이 있는 앤서니 R. 웰스Anthony R. Wells는 이 동맹의 역사에 관한 글에 이는 "강력한 국제 외교력이자 의심할 여지 없이 세계에서 가장 성공적인 정보기관"이라고 썼다.[24]

그러나 현실적이고 정치적인 이유 때문에, 파이브 아이즈 동맹은 최고의 조직 체계는 아니다. 이들의 기밀 유지 정책은 많은 해결 방안이 존재하는 민간 부문과의 협력을 가로막는 장벽이다. 웰스가 썼듯이, "파이브 아이즈에 소속된 국가는 기술 변화 대응에 있어 가장 뒤처져 있어서 한심할 정도로 느리고 둔중한데, (…) 그 결과 빠르고 효과적으로 혁신할 수 있는 능력을 갖춘 상업적이고 비방위적인 정보 업계가 기술 게임에서 훨씬 앞서고 있다."[25]

파이브 아이즈 동맹은 신호 정보와 밀접한 관련이 있는 미국과 중국의 기술 경쟁 면에서 여전히 중요할 것으로 보인다. 예를 들어 파이브 아이즈 정부는 양자 컴퓨팅을 이용해 협업하거나 차세대 암호화 기술을 개발하기에 유리한 위치에 있다. 하지만 상업적 용도의 경우에는 정보 그룹이 제공할 수 있는 게 별로 없다. 〈파이낸셜 타임스〉의 앨런 비티Alan Beattie는 영국의 국가안보국에 해당하는 GCHQ에 대해, "GCHQ는 영국에서 활동하는 러시아 첩보 요원의 정보를 엿듣는 기관이지, 실제로 휴대폰 기지국을 세우는 데가 아니다"라고 말했다.[26]

정치적 문제도 있다. 미국 관계자들이 중국 통신 장비를 비판할 때 강조한 중요한 주제 중 하나는 간첩 활동의 위험성이다. 물론 대부분의 합리적인 사람들은 중국공산당보다 파이브 아이즈의 감시를 받는 쪽을 선호하겠지만, 가능한 대안이라는 게 정보 동맹에 의한 감시라면 스파이 행위에 대한 경고도 공허하게 들릴 수밖에 없다. 특히 스노든의 기밀 유출 논란이 아직 가라앉지 않은 유럽에서는 상당한 악영향을 미칠 것이다. 독일과 프랑스 당국자들에게 스노든 사건은 그들이 가장 신뢰받는 핵심층 밖에 있다는 걸 상기시켜 주었다.

초기 연합에 적합한 규모는 T-12와 파이브 아이즈 사이일 것이다. 영국은 G-7 회원국에 한국, 호주, 인도가 포함된 D-10 그룹을 제안했다.[27] 다른 나라들도 이와 유사한 D-10 그룹을 제안했는데, 다만 여기서는 인도에게 옵저버 역할을 맡기고 유럽연합을 회원국으로 하자는 얘기가 나왔다. 현실적으로는 소규모로 시작해서 구체적인 목표를 몇 가지 달성한 다음에 규모를 확장하는 게 좋다. 이 모든 그룹의 공통점은 유럽 국가들이 가장 큰 연합을 구성한다는 것이다. 소집은 시작에 불과하다. 집단행동을 하려면 대서양 양쪽의 격차를 해소해야 한다.

★ ∴ **유럽의 위험한 신호**

협력에 대한 요구는 이제 칼럼 기

사와 싱크탱크 보고서, 대서양 양측 관계자들의 연설에도 반영된다. 특히 트럼프의 퇴임 이후, 수출 통제와 투자 심사 같은 방어적인 조치를 보다 긴밀하게 조율할 수 있는 문이 열렸다.[28] 미국과 유럽은 공세를 취하면 5G 대안 개발과 국제기구에서의 기술 표준 수립 등에서 협력을 강화할 수 있다. 그러나 이런 분야에서 진전을 이루려면 다른 분야, 특히 클라우드 컴퓨팅 분야에서의 의견 차이를 감내해야 한다.

미국, 중국, 유럽은 글로벌 네트워크에서 서로 다른 게임을 하고 있다.[29] 게임에 빗대서 말하자면, 미국은 모노폴리Monopoly(주사위를 굴려 보드판을 이동하면서 부동산을 구입하고 임대료를 받는 게임-옮긴이) 게임을 하고 있다. 이 나라는 세계 최대의 기술 회사를 보유하고 있고, 재계의 거물들처럼 더 큰 확장을 위한 길을 닦으려고 노력하고 있다. 중국은 리스크Risk(군사력으로 세계를 장악하는 것을 목표로 하는 게임-옮긴이) 게임을 하는 중이다. 중국 정부가 국내에서의 방어 태세와 기업들의 해외 시장 진출을 감독한다. EU는 레드 라이트-그린 라이트Red Light-Green Light('무궁화 꽃이 피었습니다'와 비슷한 게임-옮긴이) 게임을 하고 있다. 자체적인 기술 대기업이 없는 EU는 교통경찰처럼 행동하면서 규제 권한을 행사하고 다른 나라들에게 자기네 규칙을 따르라고 요구한다.

그리고 EU는 이 과정에서 더 깊은 분열을 암시하는 상충되는 신호를 보내고 있다. 유럽연합 집행위원회는 2020년 12월 초에 '글로벌 협력을 위한 새로운 범대서양 의제'를 담은 논문을 발표하면서,

"개방된 민주주의 사회와 시장 경제 체제를 보유한 EU와 미국은 국제무대에서 점점 늘고 있는 중국의 주장이 우리에게 전략적인 문제를 일으킨다는 데 공감한다"고 선언했다.[30] 이는 바이든의 대선 승리를 최대한 활용하기 위한 러브레터였다.

그러나 그 달 말에 EU는 매우 다른 신호를 보냈다. 중국과 대규모 투자 협정 체결을 발표한 것이다. 중국과 거리를 두고 미국과 함께 그들을 재평가하겠다더니 오히려 더 긴밀한 유대관계를 맺는 방향으로 나아간 것이다. 협상 타결 여부와 관계없이 그 발표만으로도 많은 걸 알 수 있다. 베테랑 기자이자 독일 마셜 펀드Marshall Fund의 수석 방문 연구원인 노아 바킨Noah Barkin은 이렇게 설명했다. "독일이 주도권을 쥐고 있는 EU는 여전히 경제적인 이해와 보다 광범위한 전략적 이해관계를 깔끔하게 분리할 수 있다고 믿는 듯하다. 하지만 워싱턴은 더 이상 이런 태도를 용납하지 않을 것이다."[31]

위협 인식과 관련된 근본적인 차이가 없어지길 바랄 수는 없다. EU 관계자들은 미국과 공통된 가치관을 지녔지만 중국과의 경제적 관계에 영향을 미칠 수 있는 강경한 입장을 취하는 것에 대해 훨씬 양면적인 입장을 보이고 있다. 유럽 수출품에 관세를 부과하고, 파리 협정과 이란 핵협정을 탈퇴하고, 다자간 제도를 기피한 트럼프 행정부가 끼친 피해도 여전하다. 유럽 지도자들이 무모하고 일방적이라고 여긴 이런 행동들 때문에 신뢰가 무너지고 오랜 우려가 악화되었다.

트럼프 재임 기간 중에 범대서양권에 대한 인식이 급락했다.

2018년 봄이 되자, 유럽연합의 양대 경제 대국인 독일과 프랑스의 많은 국민은 미국의 힘과 영향력이 중국이나 러시아보다 위협적이라고 생각하게 되었다.[32] 2020년 9월에는 영국 국민의 41퍼센트만이 미국에 호의적인 의견을 표했는데, 이는 사상 최저치의 평가다. 프랑스와 독일의 경우에는 미국에 대한 호감도가 이라크전이 발발할 때와 비슷한 수준으로 떨어졌고, 트럼프를 신뢰한다는 사람은 10명 중 1명꼴에 불과했다.[33]

2020년에 바이든이 당선된 뒤 유럽외교협회가 실시한 조사에 따르면, 이와 같은 피해는 복구하기가 쉽지 않을 것으로 보인다. 독일, 프랑스, 영국을 포함한 유럽의 주요 국가 대부분이 미국의 정치체계가 무너졌다고 생각했고, 10년 안에 중국이 미국보다 더 강력해질 것이라고 여겼으며, 미국과 중국 사이의 분쟁에서 자국 정부가 중립을 지키기를 바랐다. 이 조사를 진행한 이반 크라스테프Ivan Krastev와 마크 레너드Mark Leonard는 "유럽인들은 미국의 대중국 정책을 따르기보다 자기들만의 길을 개척하길 간절히 원하는 것 같다"고 썼다.[34]

중국에 대한 유럽의 인식은 비록 미국 정부의 견해와 완벽하게 일치하지는 않지만 그래도 확실하게 굳어지고 있다. 유럽연합 집행위원회는 2019년에 중국을 '전략적 경쟁자', '기술 리더십을 추구하는 경제 경쟁국', '다른 거버넌스 모델을 추구하는 체제적 라이벌'로 낙인찍었다.[35] EU는 강화된 투자 심사 메커니즘을 발표하고 디지털 연결에 초점을 맞춰서 유럽과 아시아를 연결하기 위한 자체적인 계획도 공개했다.[36] 중국의 코로나19 대응, 인권 유린, 홍콩 탄압, 외교관들의 공격적인 언사가 중국의 이미지를 더욱 해치고 있다.

중국 정부의 잘못된 조치와 미국의 공격적인 외교 및 수출 통제가 결합되어, 미국과 유럽의 주요 경제국들이 5G 동맹을 맺는 데 도움이 됐다. 2020년 1월에 유럽연합은 '5G 툴박스'를 발표했는데, 여기에는 보안 위험을 완화하는 동시에 결정과 시행을 개별 국가에 맡기라는 권고사항도 포함되어 있었다.[37] 영국은 원래 5G 네트워크의 비핵심 부분에 화웨이 장비 사용을 허용하기로 했지만, 미국의 제재 이후 화웨이가 부품을 안정적이고 안전하게 공급할 수 있을지 우려된다면서 2020년 7월에 금지령을 발표했다.[38] 같은 달에 프랑스는 2028년까지 자국 5G 네트워크에서 화웨이 장비를 단계적으로 폐기하겠다고 발표했다.[39] 독일 정부는 2021년 4월에 제조사의 "신뢰성" 평가와 독일, EU, NATO의 "안보 정책 목표" 충족 요건 등 5G 장비 평가를 위한 새로운 절차를 채택했다. 그러나 독일 정부는 화웨이의 이름을 거론하지는 않았으며, 이런 힘을 행사할지 여부와 그 방법은 여전히 불분명하다.[40]

2021년 중반 현재, EU 회원국 27개 중 24개국이 5G 네트워크에 대한 보안 강화를 발표해서 화웨이 제품 사용을 사실상 제한했다. 이들과 함께 하지 않은 나라에서도 화웨이를 완전히 받아들인 건 아니다. 오스트리아와 몰타는 4G 네트워크를 중국 공급업체에 거의 의존하고 있기 때문에 '완전 교체'에 비용이 매우 많이 든다.[41] 그 대신 신규 장비를 추가할 때 다른 공급업체를 택할 가능성이 높으므로 화웨이의 시장 점유율은 낮아질 것이다. 헝가리는 이런 움직임 속에서 유일한 예외로 남아 있는데, 과거 헝가리가 얼마나 적극적으로 중국의 투자를 유치했고 또 중국에 대한 EU의 공동 성명을 약화시키려고 노력했는지 생각하면 별로 놀랍지 않다.

화웨이를 주요 공급업체로 삼아 의존하게 된 오스트리아와 몰타, 기타 국가들의 경험은 범대서양 협력을 통해 해결할 수 있는 기본 과제를 강조한다. 화웨이와 주요 경쟁사들은 모두 타사 제품과 함께 작동하기 힘들게 설계된 독점 장비를 판매한다. 따라서 4G와 5G 솔루션을 구입하는 네트워크 운영자들은 일반적으로 한 회사에서 모든 장비를 제공받는다. 한 업체하고만 거래하면 프로세스가 간소화되지만 그 회사에 종속될 가능성이 있다. 장비를 많이 추가할수록 나중에 공급업체를 바꿀 때 비용이 더 많이 든다.

운영자는 3장에서 설명한 개방형 RAN 기술에 대한 공동 투자를 통해 다양한 업체의 부품을 결합하고, 비용을 절감하며, 특정 업체에 종속되는 걸 방지할 수 있다. 미국, 일본, 한국 기업들은 개방형 RAN을 위한 소프트웨어와 핵심 구성요소 생산을 선도하고 있으며 이미 서로 협업 중인 기업도 있다. 2023년까지 미국 인구의 70퍼센트에게 5G 커버리지를 제공하겠다는 디시 네트워크Dish Network는 후지쯔Fujitsu와 제휴했다. 2020년에 개방형 RAN을 활용한 최초의 5G 통신망을 구축한 라쿠텐Rakuten은 미국 매사추세츠주에 본사가 있는 개방형 RAN 업체 알티오스타Altiostar의 지분을 다수 보유하고 있다. CORE 정부의 지원을 받는 이런 활동은 신흥 시장에서 더 넓고 빠르게 확장될 수 있다.

폭넓은 범대서양 협력이 시급하고 또 가능한 다른 분야는 국제 표준 설정이다. EU는 시장 규모가 크고 규제도 엄격하기 때문에 EU의 규칙이 곧 세계 표준이 되는 경우가 많은데, 컬럼비아 대학 법대 교수인 아누 브래드포드Anu Bradford는 이런 현상을 '브뤼셀 효과Brussels Effect'라고 부른다. 많은 다국적 기업은 시장 접근을 포기하거나 EU 전용 제품 라인을 개발하기보다 EU 표준을 기본값으로 채택하고 있다. 또한 EU는 중국이 노력을 강화하고 있는 국제 표준 제정 기구에서도 강한 힘을 발휘한다.

국제 표준 제정 기구 중에서도 특히 중요한 기구가 3개 있다. 국제표준화기구ISO, 국제전기기술위원회IEC 그리고 ITU인데, 이들이 정한 표준을 준수하는 기술은 WTO 규정상 국제무역을 금지할 수 없다.[42] 다른 나라, 특히 개발도상국들은 자국의 국내 표준을 정할 때 종종 이런 기구의 지침을 활용한다. 2019년 현재, EU는 ISO와 IEC에서 미국이나 중국보다 더 많은 리더 자리를 차지하고 있다.[43]

이런 기관에서는 적절한 지도부를 선택하는 것부터 시작해 범대서양 협력이 시급하다. 예를 들어, ITU의 현 사무총장인 중국의 자오허우린趙厚麟이 2022년에 퇴임하면 미국과 유럽 파트너들은 그를 대신할 차기 사무총장을 선출하기 위해 협력할 수 있다.[44] AI 감시 같은 새로운 분야에서 사회적 책임 기준을 정하고 정부에 인터넷 통제권을 더 많이 부여하자는 중국의 제안을 차단하려면 실무단 차원의 협력이 필요하다.[45]

그러나 유럽에서 진행 중인 미국의 5G 캠페인은 앞으로 닥칠 도전을 암시한다. 유럽 국가들에 중국의 5G 장비를 피하라고 설득하는 작업은 비교적 쉬웠어야만 한다. 그들은 어쨌든 사생활 보호를 매우 중요하게 여기고 더 비싼 대안을 감당할 수 있는 자원을 보유한 부유한 민주주의 국가들이니까 말이다. 또 유럽에서도 핀란드의 노키아와 스웨덴의 에릭손Ericsson이라는 두 회사가 5G 장비를 공급하기 때문에 중국 장비에 대한 대안을 홍보할 상업적 인센티브도 존재하는 셈이다.

　　미국에 대한 신뢰 하락은 유럽에서 중국에게 기회를 열어주었다. 화웨이는 2019년 광고에서 자기들이 공통된 가치관을 지닌 파트너라고 뻔뻔하게 시사하기도 했다. 이들은 "유럽의 가치관에 맞는, 유럽다운 방식으로 5G를 구현하는 게 매우 중요하다"고 강조했다.46 일부 국가는 미국 외교관들이 공개적으로 밀어붙이자 뒷걸음질 쳤다. 중국에게 보복당할까 봐 화웨이를 노골적으로 배제시키려는 나라는 거의 없었다. 그 대신 화웨이가 충족시키기 힘든 네트워크 장비에 대한 객관적인 심사 기준을 도입했다.

　　바이든 행정부는 유럽의 인식을 개선할 기회를 잡을 수 있지만, 트럼프가 물러났다고 해서 더 깊은 의견 차이까지 사라지지는 않을 것이다. 유럽의 선구적인 사상가들도 미국 쪽 인사들과 마찬가지로 민주적인 협력체를 요구하고 있지만, 마음속에는 다른 목표가 있다. 이들 눈에는 중국의 권위주의적인 접근뿐만 아니라 미국 기업들이 갖고 있는 힘도 위협으로 보인다. 사이버평화연구소 소장이자 유럽의회 의원이었던 마릿테 샤커Marietje Schaake는, "민주주의 정부들이 대리권을 되찾기 위해 의도적이고 즉각적인 노력을 기울이지 않는다면, 기업과 권위주의적인 거버넌스 모델이 모든 곳에서 민주주의를 잠식할 것"이라고 경고한다.[47]

미국은 EU의 일반 개인정보 보호 규정General Data Protection Regulation, GDPR과 함께 국가 데이터 개인정보 보호 규정을 채택하고, 빅테크 기업들의 시장 지배력을 통제하며, 디지털 조세 조약을 체결해 협력의 장애물을 제거할 수 있다.[48] 이 모든 조치는 나름대로 가치가 있으며 비록 세부적인 부분에서는 여전히 이견이 존재하지만 그래도 의회 내에서 초당적인 지지를 얻고 있다.

그러나 유럽은 중국의 글로벌 네트워크 비전에 대한 통일된 대안을 제시하기 위해 미국과 협력하지 않는다. 유럽은 스스로를 중국과 미국에 대한 대안으로 내세우고 있다. 유럽연합 집행위원회의 조사 보고서에는 "유럽연합은 미국과 중국의 지배적인 패러다임을 완화하는 효과적인 '제3의 길' 완충지대로, 사이버 공간의 지배력을 강화하는 글로벌 리더의 역할을 하기에 좋은 위치에 있다"고 쓰여 있다.[49] "데이터 액세스를 민주화하고 이런 악순환을 타개할 새로운 방법을 찾지 않는다면 오늘의 승자가 내일도 승자가 될 것이다."[50]

근본적인 문제는 유럽이 자신을 오늘의 승자로 여기지 않는다는 것이다. 유엔 연구에 따르면, 미국은 세계 70대 디지털 플랫폼 시가총액의 68퍼센트를 차지하고 중국은 22퍼센트를 차지한다. 하지만 유럽은 고작 3.6퍼센트다.[51] 같은 연구에서 마이크로소프트, 애플,

아마존, 구글, 페이스북, 텐센트, 알리바바 등 7개 회사가 디지털 시장 전체 가치의 3분의 2를 차지하는 것으로 나타났다. 유럽은 해당 리그에 챔피언을 배출하지 못했기 때문에 다른 국가들에 이득이 된다고 생각되는 체제를 옹호하는 걸 꺼린다.

독일이 그나마 목표점에 가장 가깝지만 아직 갈 길이 멀다. 유럽에서 가장 큰 IT 기업은 독일 기업인 SAP로, 2억 명 이상의 고객을 보유하고 있고 전 세계에서 발생하는 거래 수익의 77퍼센트가 자사 시스템을 거친다고 광고하고 있다. 2021년 초 현재, 구글의 모기업이자 미국에서 네 번째로 큰 IT 기업인 알파벳Alphabet이 독일 DAX 지수 상위 30개 기업을 다 합친 것보다 가치가 크다.[52] 〈포브스〉지가 선정한 상위 20개 디지털 기업 가운데 EU 기업은 도이치 텔레콤 Deutsche Telekom 하나뿐이다. 반면, 상위 20개 기업 중 12개가 미국 기업이었다.[53]

유럽 위원회는 2030년이 되면 상황이 완전히 달라질 것이라고 예상한다. "중국이나 미국 같은 경쟁자들이 이미 빠르게 혁신을 이루면서 데이터 액세스와 이용에 대한 자신들의 생각을 전 세계에 투사하고 있다."[54] 위원회는 EU가 적어도 세계 데이터 경제계에서 자신들의 경제적 비중과 맞먹는 위치를 차지하고, 반도체 시장 점유율을 두 배 늘리며, 가치가 최소 10억 달러 이상 되는 EU IT 회사 수를 두 배로 늘려야 한다고 주장했다.[55] 야심은 존경할 만하지만, 이런 웅대한 목표는 중국의 정책 문서에서 뽑아낸 것일지도 모른다는 느낌이 든다.

또한 유럽연합 관계자들은 중국의 사이버 주권 비전과 비슷하게 들리는 '디지털 주권'을 주장하고 있다.[56] "목표는 전 세계의 데이터에 개방된 진정한 단일 데이터 시장인 유럽의 단일 데이터 공간을 만드는 것"이라고 유럽 위원회의 데이터 전략 팀은 말한다. "인센티브와 선택권을 주는 이런 유리한 상황 덕분에 EU에 더 많은 데이터가 저장되고 처리될 것이다." 이 문서는 이 모든 게 "명령이 아닌 선택에 의해" 이루어져야 한다고 조언한다. 그러나 현실적으로, 현재 EU 외부에 데이터를 저장하는 회사들은 대부분 강제적인 경우가 아니라면 더 높은 비용이 드는 데이터 이전을 선택하지 않을 것이다.

EU의 글로벌 클라우드 경쟁 진입이 늦어지고 다소 난해한 것은, 이런 접근 방식의 한계를 잘 보여준다. 유럽 관료들은 2018년에 미국 의회를 통과한 클라우드 법CLOUD Act에 대해 우려를 표명했다.[57] 이 법은 미국 정부가 범죄 수사를 위해 국경을 넘나드는 데이터를 기업들에게서 입수하는 데 도움을 준다. 유럽 관료들의 주장은 미국 관계자들이 중국 기업에게 하는 경고와 비슷하게 들릴지도 모른다. 중국 기업들은 정부가 정보나 증거를 수집할 때 제한된 시설, 데이터, 장비에 대한 접근을 허용하는 걸 비롯해서 필요한 지원을 제공해야 할 법적 의무가 있다.[58]

물론 가장 큰 차이점은 미국의 접근 방식은 법치와 상호 합의에 바탕을 두고 있다는 점이다. 다른 나라에는 클라우드 법을 독단적으로 적용할 수 없으며, 미국 정부가 외국 정부와 데이터 액세스에 관한 상호협정을 성사시킬 수 있는 권한을 줄 뿐이다. 이미 영국과 협상을 마친 미국 정부는 EU와 양측의 법을 지키면서 상호 접근권을 제공하는 양자협정 체결을 진행 중이다. 하지만 트럼프 대통령 재임 기간에 유럽에서 미국에 대한 인식이 곤두박질치고 미국 클라우드 업체들의 성장세가 이어지자, 유럽 의회에서는 자주권을 지키기 위해 EU가 자체적인 클라우드 대안에 투자해야 한다는 목소리가 높아지기 시작했다.

2020년 6월, 독일과 프랑스는 가이아-X GAIA-X를 시작했다. 이 프로젝트의 이름은 그리스 대지의 여신에서 따왔다.[59] "우리는 중국이 아니다. 우리는 미국이 아니다. 우리는 우리만의 가치를 지닌 유럽 국가들이다." 프랑스 재무장관 브뤼노 르 메르Bruno Le Maire는 이 프로젝트에 대해 이렇게 말했다.[60] 페터 알트마이어Peter Altmaier 독일 경제부 장관은 "디지털 주권을 확보하려면 미국과 중국의 주요 기업들, 즉 하이퍼 스케일러들과 같은 방식으로 데이터 처리에 접근해야 한다"고 말했다.[61]

이 프로젝트에 더 적합한 이름은 변신 능력으로 유명한 그리스 신 프로테우스Proteus다. 공식 문서로는 이 프로젝트의 실제 형태를 판별하기 어려울 수 있다. 독일 정부는 이 사업을 가리켜 "외부 데이터 센터에 데이터를 저장하는 유럽 전체의 플랫폼"이라고 설명하는데, 이는 꼭 유럽 클라우드와 비슷하게 들린다. 또 다른 공식 문서에는 "가이아-X 로드맵은 벨기에 법이 적용되는 국제 비영리 단체의 창설을 예견한다. (…) 그 단체가 가이아-X 생태계의 틀을 형성하고 핵심 기능을 제공할 것"이라고 쓰여 있다.[62] 해석: 가이아-X 는 가이아-X의 본질을 정의하는 데 도움이 되는 비영리 단체를 만들고 있다.

이런 과대광고에 힘을 보태고 또 그 노력을 둘러싼 혼란을 반영이라도 하듯, 해외 언론들은 이를 "클라우드 독립을 위한 유럽의 노력", "미국과 중국의 거대 클라우드 기업들이 발휘하는 힘에 대한 유럽의 답변"이라고 표현했다.[63] 하지만 독일 정부는 "기존 제품보다 경쟁력 있는 제품을 만들면 안 된다"고 말한다.[64] 실제로 비유럽 기업들은 이 사회에 참여할 순 없지만 가이아-X 원칙을 잘 지키기만 하면 이 계획에 참여할 수 있다. 이는 화훼이까지 포함하는 제안이다.[65]

그러나 이 계획에 회의적인데, 가이아-X에 대해서는 미사여구만 남발할 뿐 제대로 된 자원의 뒷받침이 없기 때문이다. 유럽연합 집행위원회는 클라우드 컴퓨팅을 위해 7년간 겨우 20억 유로만 지원할 계획이며, 회원국과 기업들에게 추가로 자금을 유치해서 총 100억 유로를 마련하는 걸 목표로 하고 있다.[66] 이는 아마존 클라우드 컴퓨팅 서비스가 매 분기마다 벌어들이는 수익과 거의 비슷한 액수다.[67]

EU의 규제력을 활용하는 가이아-X는 기본적으로 기존 클라우드 서비스의 문지기 역할을 한다. 세부적인 부분은 아직 개발 중이지만, 유럽의 소규모 클라우드 업체들을 하나로 묶는 일종의 원스톱 상점이 될 수 있다. 이렇게 하면 데이터 파악 능력이 향상되고 혁신을 위한 공유 데이터 풀 구축을 장려할 수 있다. 이론적으로는 이를 통해 가이아-X 사용자는 더 많은 선택권이 생기고 클라우드 업체들 사이에서 보다 쉽게 이동할 수 있다. 목표는 신규 업체의 진입 장벽을 낮추는 것이지만, 오늘날 거대 클라우드 기업이 제공하는 우수한 서비스와 규모, 자원, 전 세계적인 영향권과 경쟁을 벌이는 건 상상하기 어렵다.

가이아-X가 유럽에서 기술 대기업을 탄생시킬 가능성은 낮지만, 미국 기업에 불리한 영향을 미쳐서 본의 아니게 개발도상국에서 중국 클라우드 업체들을 성장시킬 수 있다. 유럽 업체들을 홍보하겠다는 가이아-X의 근본적인 목표는 곧 미국 기업들에게 더 비싼 '입장료'를 받겠다는 뜻이기도 하다. 미국 업체에게 추가 비용을 부과하면 그들은 개발도상국 시장으로 확장하기 위한 자원이 줄어든다.

가이아-X를 통해 드러난 디지털 주권에 대한 EU의 관심에는 나름의 위험이 따른다. 이는 전 세계 소규모 시장에서 흔히 볼 수 있는 포부를 불러일으키지만, 그것이 제시하는 경로는 EU에게도 어렵고 그보다 규모가 작은 경제권에서는 불가능하진 않더라도 훨씬 따라가기 힘든 길이다. 또한 그 개념도 쉽게 남용된다. 디지털 주권에 대한 EU의 비전은 개인의 권리를 핵심에 두고 있다. 중국, 러시아, 이란 등의 각국 정부도 동일한 기치를 내걸고는 있지만 별로 이타적이지 않은 목적을 향해 나아가고 있다. 한 나라의 디지털 주권이 다른 모든 사람들에게는 디지털 민족주의처럼 보일 수 있다. 극단적인 경우에는 디지털 권위주의를 감추는 역할을 하기도 한다.

현실적으로 미국과 유럽 파트너들은 글로벌 네트워크에 대한 서로 다른 비전을 깔끔하게 합칠 수 없다. 세계 시장 점유율의 불균형과 보안 및 개인정보 보호에 관한 오랜 차이가 완벽한 일치에 방해가 된다. 학자인 헨리 패럴Henry Farrell과 에이브러햄 L. 뉴먼Abraham L. Newman은 "개인정보 보호와 보안에 대한 EU-미국의 상호작용은 결코 안정적인 균형에 도달한 적이 없다. 다른 모든 당사자의 행동을 감안할 때 실현 가능한 대안보다는 특정한 제도적 체제가 있는 게 나을 텐데, 앞으로도 절대 그럴 일은 없을 것"이라고 썼다. 그들 눈에 보이는 건 "여전히 진행 중인 열띤 논쟁"이다.[68]

그러나 정책 입안자들이 더 큰 경쟁을 망각하지 않는 이상, 범대서양 협력은 앞으로도 계속될 것이며, 차이를 인정하고 효과적으로 관리한다면 지속적인 분투를 통해 서로 이득을 얻을 것이다. 협력을 위한 새롭고 고무적인 방법 하나가 투자 심사와 수출 통제부터 인공지능에 이르기까지 다양한 이슈를 해결하기 위해 2021년 6월에 창설된 미·EU 무역·기술위원회TTC다. 안네그레트 크람프-카렌바우어Annegret Kramp-Karrenbauer 독일 국방장관은 2020년 10월에 이렇게 말했다. "미국과의 끊임없는 마찰은 좋은 일이고 생산적인 일이다. 이 마찰은 대립과 담론, 논쟁을 수반하며 자신에게 계속 의문을 제기하게 한다. 이것이 개방적인 사회의 본질이다."[69] 마찰은 개방적이고 회복력이 뛰어난 경제 체제 구축을 위한 CORE의 자연스러운 일부분이 될 것이다. 정책 입안자들은 이에 따라 기대치를 낮춰야 하며 CORE를 강화하는 한편, 중국이 앞서 나가고 있는 개발도상국을 망각해서는 안 된다.

★ 부동 국가

　　　　　　　　　　미국과 그 협력국들은 금세기가
끝날 때쯤이면 극적으로 달라질 수 있는 세계에 대비해야 한다. 인
구통계학적 추세가 시사하는 바에 따르면, 유럽과 아시아는 쇠퇴하
고 아프리카와 아랍 세계가 상승할 것이다. 미국 워싱턴 대학교 건
강측정평가연구소의 연구진들은 2017년에 세계 28위의 경제국이
었던 나이지리아가 장차 세계 9위의 경제대국으로 부상할 것이라
고 전망했다.[70] 같은 기간, 인도는 7위에서 3위로 올라설 것이다. 현
재 17위인 터키는 금세기 중반에 9위까지 올라갔다가 2100년에는
11위 정도에 안착하게 될 것이다. 물론 이건 예측일 뿐이며 앞으로
수십 년 동안 많은 변화가 있을 수 있다. 그러나 신흥 경제국들이
도래한 세계를 엿볼 수 있게 해준다.

　이런 추세에 직면한 부유한 민주주의 국가들은 디지털 섬이 될
수 없다. 프리덤 하우스Freedom House의 인터넷 자유도 평가(인터넷상
에서 개인의 의사를 얼마나 자유롭게 표현할 수 있는지에 대한 평가−옮긴이)에
서 '자유' 등급을 받은 국가들이 세계 GDP에서 차지하는 비중이 지
금은 48퍼센트지만, 2050년에는 38퍼센트로 감소할 것으로 예상된
다. 반면, '부자유' 등급을 받은 국가들의 GDP 비중은 22퍼센트에서
30퍼센트로 증가할 것으로 보인다.[71] 이건 경제력을 매우 대략적으
로 어림잡아서 계산한 결과다. 그러나 경제력은 궁극적으로 기술력
과 군사력을 약화시킨다. CORE는 개발도상국에 손을 내미는 등의

방법으로 인구 감소를 상쇄할 필요가 있다.

개발도상국들이 이미 디지털 솔루션을 받아들이고 있기 때문에 그들은 문호 개방을 추진할 것이다. 모건 스탠리 인베스트먼트 Morgan Stanley Investment의 수석 글로벌 전략가 루치르 샤르마Ruchir Sharma 의 말에 따르면, GDP에서 디지털 매출이 차지하는 비중이 가장 큰 상위 30개국 가운데 16개 나라가 신흥국에 속한다. 2017년 이후 개발도상국에서의 디지털 매출은 선진국에 비해 2배 이상 빠르게 늘고 있다. 추가적인 성장 잠재력도 무궁무진하다.[72]

개발도상국들은 여전히 인터넷 접속을 시도 중이다. 세계의 절반 이상이 인터넷 접속이 제한되거나 아예 불가능한 상태다.[73] 전 세계 국가 중 3분의 1 이상은 인터넷 익스체인지 포인트가 부족하다.[74] 세계 인구의 3분의 1은 평균 수준의 소득자들이 1GB 모바일 광대역 요금제를 감당할 수 없는 나라에 살고 있다.[75] 모바일 연결이 가능한 사용자 가운데 2025년까지 5G를 사용할 것으로 예상되는 사용자는 15퍼센트에 불과하고 모바일 사용자의 60퍼센트는 4G에 의존할 것이다.[76] 5G와 보다 폭넓은 글로벌 네트워크를 위한 '경쟁'이 이제 막 시작되었다.

전 세계에서 부상 중인 중산층이 승자를 결정하는 역할을 할 것이다. 브루킹스 연구소Brookings Institution의 호미 카라스Homi Kharas의 계산에 따르면, 2018년에 인류 역사상 처음으로 가난하고 취약한 이들이 세계 인구의 다수를 차지하지 않는 역사적 정점에 도달했다.[77] 카라스가 1인당 하루 11~110달러를 지출하는 가구로 정의한 중산층은 세계 경제에서 가장 규모가 크고 빠르게 성장하는 소비자 계층이다. 카라스와 브루킹스 연구원인 메간 둘리Meagan Dooley에 따르면, 문제는 2030년까지 세계 중산층 소비의 4분의 1이 중국에서 발생할 것이라는 점이다.[78]

CORE가 확장되면 인도는 이 목록의 최상위권에 속하게 된다. 2030년이 되면 인도가 전 세계 중산층 소비에서 13퍼센트를 차지해 비중이 두 번째로 커질 것으로 예상된다.[79] 인도 중산층은 이미 기기와 서비스에 대한 수요를 주도하고 있다. 2018년에는 인도 사용자들이 중국을 제외한 다른 나라 사용자들보다 더 많은 앱을 다운로드했고, 소셜 미디어에서 보낸 시간도 중국과 미국 사용자들보다 많았다.[80] 2025년에는 전 세계에서 증가한 모바일 가입자의 4분의 1이 인도인일 테고, 인도인들이 보유한 스마트폰이 거의 10억 대에 이를 것이다.[81] 이는 중국 다음가는 수치이며, 이들 둘에게 필적하는 나라는 하나도 없다.

인도는 중요한 부동 국가다. 인도가 CORE에 합류한다면, CORE는 2030년까지 세계 10대 경제국 중 8개 나라를 보유하게 될 것이다.[82] 미국과 인도의 경제 규모를 합치면 2050년에는 중국이 세계 GDP에서 차지하는 비중을 넘어설 것이고, 그 이후에는 중국의 비중이 감소할 것으로 예상된다.[83] 인도에는 특히 소프트웨어와 서비스 분야의 기술 인재가 많다. 인도는 개발도상국들에게 CORE의 대사 역할을 할 수 있으며, 그런 지원 활동을 통해 중요한 상업적 수혜자가 될 수 있다.

하지만 바로 이런 특성 때문에 인도의 협력을 잃을 경우 곤란한 상황이 생긴다. 만약 인도가 중국 쪽으로 기운다면, CORE는 중국을 견제할 가장 자연스러운 평형추를 잃게 된다. 그리고 세계 인구의 3분의 1 이상을 차지하는 두 나라와 맞서게 될 것이다. 물론 인도가 비동맹 상태를 유지하는 것도 얼마든지 가능한 일인데, 이 또한 CORE로서는 중요한 기회를 잃는 셈이며 이렇게 되면 다른 신흥국들이 CORE에 마음이 끌릴 가능성도 줄어든다.

현재의 기세는 미국에게 매우 유리한 상황이다. 중국에 대한 공통된 인식으로 미국은 군사 훈련, 사이버 안보 회담, 정보 공유 등에서 인도의 협력을 이끌어내고 있다.[84] 세계에서 가장 오래된 민주주의 국가와 세계에서 가장 큰 민주주의 국가인 미국과 인도는 오래전부터 자연스럽게 어울리는 짝처럼 보였다. 그리고 이제 그 약속이 실현되고 있는 듯하다.

인도는 미국의 주요 동맹국들과도 긴밀히 협력하고 있다. 미국, 일본, 인도, 호주의 전략적 협의체인 쿼드Quad는 2004년에 인도양 지진과 쓰나미에 대응해 공동 재난 구호 활동을 하면서 영감을 얻었다. 몇 차례 시도했다가 실패하기도 했지만, 이제 이 그룹은 최고 수준의 정치 참여와 기술 문제에 대한 실무적인 협력을 통해 이익을 얻고 있다. 4개국은 2021년 3월에 첫 번째 정상급 회담을 개최했으며, 중요한 신기술을 중점적으로 다루는 실무그룹도 구성했다.[85] 이게 바로 미국이 앞장서야 하는 교량 건설 작업이다. 에번 A. 파이겐바움Evan A. Feigenbaum과 제임스 슈웸라인James Schwemlein이 카네기재

단에 기고한 글에 쓴 것처럼, 미국은 쿼드가 "새로운 형태의 대화를 넘어 그룹 전체의 공동 기능적 행동을 추진하도록" 도와야 한다.[86]

이런 진전이 있다고 해서 인도와 CORE의 협력을 당연하게 여겨서는 안 되며, 지속적으로 발전시키려고 노력해야 한다. 냉전 시대에 중국의 위협에 대한 미국과 인도가 인식이 일치했을 때도 올바른 행동 방침에 대한 이견은 여전했다. 탄비 마단Tanvi Madan이라는 학자가 설명한 것처럼, 인도 정부와 미국 정부는 목적과 수단을 일치시키고 기대치를 세심하게 관리하면서 관계를 제도화해야 한다는 교훈을 얻었다. "이들 두 나라의 천성 때문에 중국을 상대할 때 하나로 뭉칠 수는 있지만, 관계를 꾸준히 키워가지 않으면 그런 협력을 지속할 수 없을 것이다"라고 마단은 썼다.[87]

미국 정부는 때로 상황을 너무 앞서나가면서 협력이 불가피하거나 이미 지지를 받고 있는 것처럼 행동하기도 했다. 조지 W. 부시 대통령은 2006년에 민간 핵 협력 협정에 서명한 뒤 "미국과 인도는 지구상의 가장 어두운 구석에 빛을 가져다줄 것"이라고 선언했다.[88] 마이크 폼페이오Mike Pompeo도 미국 국무장관 시절에 마지막 인도 방문길에 오르면서, "지금 매우 명확한 사실은 자유주의와 권위주의 사이에 전쟁이 벌어지고 있는데, 인도는 미국과 마찬가지로 민주주의와 자유를 선택했다는 것이다"라고 분명히 말했다.[89] 이런 흑백 프레임의 문제점은 인도와 다른 개발도상국들이 위치해 있는 광대한 회색 지대를 빼놓는다는 것이다.

인도는 현재 미국 쪽으로 기울어 있긴 하지만 공식적으로 편을 들지는 않는다. 나렌드라 모디Narendra Modi 인도 총리는 수십 년간 인도의 외교 정책을 주도한 비동맹 운동과 거리를 두긴 했지만 여전히 대답을 회피하고 있다. 최근 보안 분야에서는 미국-인도의 유대 관계가 개선되고 있다. 하지만 경제 분야에서는 인도의 현지화 선호로 주요 국가들 가운데 가장 높은 관세가 적용되는 등 협력 장벽이 높아지고 있다.[90] 미국 정부 입장에서는 안보와 경제 문제 중 어느 쪽을 논의하느냐에 따라 인도가 한 개가 아니라 두 개인 것처럼 보일 수 있다.

중국 정부는 이들 두 나라가 여전히 분열되어 있다는 걸 알고 있으며, 그 분열을 이용하려고 할 것이다. 중국 최고의 남아시아 전문가 중 한 명인 예하이린叶海林은, "미국-인도 관계의 친밀성에는 상한선이 있다"고 말한다. 미국과 인도가 비슷한 부분이 많긴 하지만, 예하이린은 두 나라의 차이를 지적하는 데 열심이다. "반드시 기억해야 할 게 하나 있다. 두 나라 다 영어를 쓰지만, 한쪽 나라의 영어는 햄버거 맛이 나고 다른 나라의 영어는 카레 맛이 난다. 이 두 가지는 다른 것이다."[91]

어떤 의미에서, 인도의 문제는 유럽이 겪는 딜레마의 확장판이라고 할 수 있다. 인도는 자체적인 IT 대표 기업과 강화된 데이터 관리를 원하지만, 리소스와 제조 능력이 떨어지고 중국 기술에 많이 의존한다. 모디는 2014년에 외국인 투자 장벽을 없애고 전자제품과 다른 공산품의 수입 관세를 인상해 국내 제조업을 활성화하려는 '메이크 인 인디아Make in India' 프로젝트를 시작했지만 성과는 기대에

못 미쳤다.[92]

　인도의 네트워크는 대부분 중국산이다. 2019년에 인도는 통신 장비의 90퍼센트를 수입했는데 그중 40퍼센트가 중국제였다.[93] 같은 해에 인도는 데이터 센터 장비의 거의 3분의 2를 중국과 홍콩에서 수입했다.[94] 인도의 4대 통신사 중 세 곳—에어텔Airtel, 보다폰 아이디어Vodafone Idea, BSNL—은 네트워크의 30~40퍼센트를 화웨이와 ZTE 장비에 의존한다.[95] 저렴한 가격은 인도인들의 결정을 좌우하는 중요한 동인이며 앞으로도 그럴 것이다.

　인도 소비자들은 중국 장비를 포기할 준비가 되어 있지 않을 수도 있다. 2020년에 인도와 중국 군대가 국경 분쟁 지대에서 대치한 후, 인도는 100개가 넘는 중국 애플리케이션 사용을 금지했다. 하지만 첫 충돌이 발생하고 몇 달 뒤, 중국의 거대 기술 기업 샤오미는 2020년 2/4분기에 인도 스마트폰 시장의 거의 30퍼센트를 차지하면서 인도에서 가장 인기 있는 스마트폰 공급업체 자리를 유지했다. 중국 기업인 비보, 리얼미Realme, 오포가 각각 3, 4, 5위를 차지했다. 이 4개의 중국 기업이 인도 스마트폰 시장의 3분의 2를 점유했다.[96]

　저렴한 가격은 여전히 보안에 대한 우려를 능가할 수 있다. 인도의 보안 전문가들은 모든 외국 장비에는 스파이 활동의 위험이 따른다고 추정한다. 뉴델리에 있는 국방분석연구소IDSA의 무니쉬 샤르마Munish Sharma 연구원은 "화웨이(중국)든 노키아(핀란드)든 시스코(미국)든 에릭슨(스웨덴)이든 해외 감시에 대한 우려는 항상 크다"고 설명했다.[97] 어떤 사람들은 뉴델리가 여전히 가장 저렴한 공급업체의 장비와 효과적인 감독을 통한 보안이라는 두 가지 장점을 모두 누릴 수 있다고 생각한다. IDSA의 아제이 렐레Ajey Lele와 크리티카 로이Kritika Roy는 "중국에 대한 이런 의존이 개발 도구가 잘못 사용되지 않도록 정부가 철저히 감독하는 걸 막지는 못한다"고 말한다.[98]

인도 정부는 중국의 5G 장비 공급사에 대해 강경한 입장을 보이고 있다. 2019년 말 인도 정부는 모든 공급업체가 5G 시험에 참여할 수 있도록 하겠다고 말했으나, 2021년에 6개월 동안 지속될 예정인 이 시험에 참여할 공급업체를 공식적으로 발표했을 때, 중국업체들은 포함하지 않았다.[99] 새로운 조달 규정은 부유한 민주주의국가들이 채택한 선별 조치를 반영해 "신뢰할 수 있는 공급자"만 허용할 것이다.[100] 중국의 실수와 국내 공급업체를 우대하려는 인도의오랜 바람으로 상황이 바뀔 수 있을지도 모른다.

인도도 유럽이나 다른 나라들처럼 자체 데이터의 가치를 거둬들이고 싶어 한다. 인도의 선구적인 사상가들은 데이터 흐름에 대한미국과 중국의 접근 방식이 모두 부족하다고 여긴다.[101] 그러나 인도는 이런 문제에 대한 국제적 논의에 잘 참여하지 않고 계속 불참해왔다. 세계무역기구WTO 전자상거래 회담 참가를 거부했고, G-20에서 데이터 흐름 이니셔티브에 서명하는 것도 거부했다.[102] 한편인도는 전문가들이 "[유럽연합의] GDPR 조항과 권위주의적 성향을 조잡하게 합쳤다"고들 말하는 국내 법률인 개인정보 보호 법안을 채택하는 방향으로 나아가고 있다.[103]

인도의 최근 조치가 그 잠재력에 미치지 못하는 또 다른 분야는 정부의 인터넷 통제다. 인도는 인터넷 셧다운의 세계적인 선두주자이며 최근 5년 동안 횟수가 계속 증가했다.[104] 2019년 8월, 정부는 잠무와 카슈미르로 연결되는 모든 통신을 차단해서 이 지역 주민 1,300만 명이 모바일 인터넷과 광대역 통신, 유선 서비스, 케이블 TV를 사용하지 못하게 했다. 이런 조치는 이듬해 1월까지 계속되어 민주주의 세계에서 가장 긴 셧다운이 되었다.[105] 보고서에 따르면, 정부는 소외된 집단을 대표하는 활동가, 언론인, 변호사 등을 표적으로 삼아 스파이웨어를 사용했다.

인도의 CORE 참여는 열망이 아니라 행동에 기초해야 한다. 2020년에 인도는 프리덤 하우스의 인터넷 자유도 평가에서 100점 만점에 51점을 받았다. D-10 그룹에 속한 다른 국가들의 평균 점수는 77점이었다.[106] 2021년에 발표된 프리덤 하우스의 연간 민주주의 순위에서는 '부분적 자유국가'로 격하되었다. 인도가 최근에 이 등급을 받은 건 1997년으로, G7 국가들이 러시아를 자기네 클럽에 가입시키기 위해 성급하게 초청했던 바로 그해였다. 그들은 모스크바가 보다 확실한 경제적, 민주적 개혁을 향해 나아가기를 희망했다.[107] 하지만 러시아가 독재적 성향 때문에 2014년에 퇴출될 때까지 G7의 결속력만 약해졌다.

이런 실수를 반복하지 않으려면, CORE는 인도와 협력해 연합에 완전히 참여하기 위한 로드맵에 합의해야 한다. 인도는 2023년에 G-20을 개최하는데, 이것이 자연스러운 이정표를 제공할 것이다. 이 정상회담에 앞서 인터넷 통제를 줄이고, 5G 공급업체를 선별하기 위한 강력한 기준을 채택하고, 다른 CORE 회원국들과의 무역 장벽을 낮추는 조치를 취할 수 있다. 그리고 정상회담 자체는 2019년에 일본이 개최했을 때 시작된 노력을 바탕으로 데이터 흐름 문제에 초점을 맞출 수 있다.

외교협회 선임 연구원인 로버트 네이크Robert Knake가 제안한 것처럼, 인도는 제조업 부흥 야심을 뒷받침하는 정책을 수립하여 개혁을 장려할 수 있다.[108] 예를 들어, CORE 국가의 기업들이 통신 생산 설비를 중국에서 인도로 이전하면 세금 혜택을 주는 것이다. 현재 미국은 노트북의 90퍼센트 이상과 휴대폰의 4분의 3 정도를 중국에서 공급받고 있다.[109] 이런 제조업 일부를 인도로 이전하면 CORE 국가들이 공급망이 다변화되어 회복력을 높일 수 있을 것이다. 또 인도의 제조 능력을 강화하면 중국에 대한 의존도를 낮출 수 있다는 이점도 있다.

좀 더 개방적인 인도는 개발도상국들을 상대로 CORE의 대사 역할을 할 수 있다. 인도 관료들은 비용과 보안 사이에서의 균형이 의사결정을 주도한다는 사실을 잘 알고 있다. 인도는 데이터 흐름에 관한 국제 회담에는 불참하지만, 부유한 경제국들과 브라질, 인도네시아, 남아프리카공화국 같은 다른 신흥 시장 사이에서 가교 역할을 할 수 있다.[110] 인도는 제조업 분야가 강해지면서 저소득층 시장을 염두에 둔 솔루션을 제공할 수 있게 되었다. 물론 인도의 최우선 과제는 더 많은 자국민이 인터넷을 이용할 수 있게 하는 것이고, 인도 정부는 그 과정에서 귀중한 능력을 쌓을 것이다. 다른 CORE

회원국의 자금 조달과 투자를 통해 뒷받침되는 이런 경험과 전문성은 많은 개발도상국을 연결하기 위한 강력한 조합이 될 수 있다.

★⋰ 미국 국정 운영 기술 업그레이드

루스벨트 대통령이 제2차 세계대전 초기에 미국인들의 행동을 촉구했을 때, 그는 대대적인 변화를 통해서만 이 문제에 대처할 수 있다는 걸 인식했다. "이는 '평소처럼 일한다'는 개념을 버려야만 가능하다"고 그는 말했다.[111] 미국이 글로벌 네트워크 분야에서 중국과 경쟁하기 위해 연합을 결성하려는 것처럼, 오래된 습관에서 벗어나려면 3가지 주요 전략 전환이 필요하다.

첫 번째는 안보에 대한 미국과 동맹국들의 생각과 비용 지불 방식이다. 국가 안보를 책임지는 리더들이 갈수록 디지털 위협에 고심하고 있다는 건 의심의 여지가 없는 사실이다. 옌스 스톨텐베르그Jens Stoltenberg NATO 사무총장은 2020년 10월에 "오늘날에는 산업혁명 때만큼이나 혁신적인 기술이 등장해 전쟁의 모습을 바꾸고 있다"고 말했다. "바이트와 빅데이터를 통해 분쟁이 정의되는 경우가 점점 늘어나고 있다. 이것이 총알과 전함만큼이나 큰 영향을 미친다."[112] 하지만 군 예산을 지배하는 건 여전히 총알과 전함이다. NATO의 연합군 최고 사령관을 역임한 제임스 스타브리디스James

Stavridis 제독은 "사이버 분야에 대한 지출을 늘리는 게 당연하다"고 말한다.[113]

정부 예산에서도 디지털 이슈가 늘어나야 한다. 예를 들어, NATO 회원국들은 GDP의 2퍼센트를 국방비로 지출하겠다고 약속했다. 대서양 위원회의 사이버 국정운영기술 이니셔티브 부국장인 사파 샤환 에드워즈Safa Shahwan Edwards는 동맹 회원국들이 사이버 보안과 디지털 국방 현대화에 GDP의 0.2퍼센트를 지출해야 한다고 제안했다. 일부 회원국은 이미 이 목표를 달성하고 있지만 대부분은 지출을 두 배 혹은 세 배 늘려야 한다.[114]

많은 유럽 국가는 원래의 방위비 지출 약속을 수년째 지키지 못하고 있는데, 사이버와 디지털 방위에 투자하는 게 정치적으로 더 실현 가능할 수 있다. 예를 들어, NATO 회원국들은 5G 시스템처럼 NATO 통신에 직접 활용할 수 있는 중요한 디지털 인프라 지출을 전체적인 의무 지출금에 포함시킬 수 있다.[115] 스톨텐베르그는 "한 NATO 회원국의 배가 언제든 다른 나라 배 옆에서 항해할 수 있다. 하지만 그들이 정보를 공유할 수 없고 레이더와 추적 시스템이 서로 교신할 수 없다면, 서로 다른 바다에 있는 것이나 마찬가지다"라고 설명했다.[116]

미국도 이런 변화를 자국 예산에 반영해야 한다. 몇몇 추세는 긍정적인 방향으로 움직이고 있지만, 미국 연방 예산은 변화에 고통스러울 정도로 저항한다. 국방부는 2021 회계연도 예산에서 사이버 활동을 위해 98억 달러를 요청했는데, 여기에는 클라우드 컴퓨팅 비용 7억 8,900만 달러와 5G 연결 비용 15억 달러가 포함되어 있다. 언뜻 보기에는 막대한 자금 같지만 이는 전체 예산의 1.4퍼센트에 불과하다. 내부 조사에 따르면, 국방부의 비대해진 행정 지출을 줄이기만 해도 5년간 1,250억 달러를 절약할 수 있을 것이다.[117]

자원을 잘 조정하려면 미국 정부의 인력 배치 방식도 업데이트해야 한다. 국방부는 상무부의 해외 통상 서비스 담당자보다 거의 30배나 많은 음악가를 풀타임으로 채용하고 있다.[118] 최근 몇 년 동안 중동과 아프리카 곳곳에 약 20여 명의 해외 통상 서비스 담당자들이 파견되었는데 그들은 사하라 이남 아프리카 지역에 있는 46개 나라 중 8개 나라에만 상주했다. 한편 중국은 외교적 입지를 확대하는 중이라서, 미국이 아프리카에 파견한 해외 통상 서비스 담당관 1명당 10~40명의 정부 대표를 파견해두고 있다.[119] 중국은 2019년에 미국을 제치고 전 세계에서 외교관이 가장 많은 국가로 등극했다.[120]

미국은 디지털 인프라 자금 조달을 위해 더 많은 자원을 투입해야 한다. 의회는 최근 몇 년 사이에 미국 개발금융공사DFC 설립과 미국 수출입은행 재허가 등 장래성 있는 조치를 취했다. 그러나 이두 기관을 합쳐도 위험 노출액 한도가 1,950억 달러로 정해져 있고, 예산 규정 때문에 DFC의 지분 인수 능력도 제한을 받는다. 이런 점들을 모두 고려하면, ICT 투자에 대한 전 세계 수요는 2040년까지 8조 9,000억 달러에 이를 것으로 추산된다.[121] 두 기관 모두 실제 화력이 있는 연기금이나 기관 투자자 같은 민간 부문에서의 자금 조달을 촉진하는 것을 목표로 한다. 하지만 공적 자원이 더 필요하다는 사실을 피할 수는 없다.

두 번째로 중요한 변화는 이런 자원을 활용하는 방식의 변화다. 미국 정부는 외국 시장과 신기술에 접근하는 방식이 좀 더 기업가적이어야 한다. 예를 들어, 미국 정부에 외국 기술 벤처 펀드와 포트폴리오 관리자가 있다고 가정해 보자. 포트폴리오 관리자는 미국 대사관들과 협력해서 유망한 스타트업을 파악하고 현지에서 기술 개발을 지원할 수 있다. 또 지역적 추세를 형성하고 그 자체로도 중요한 시장인 브라질, 인도네시아, 나이지리아 등 규모가 큰 과도기 경제국을 겨냥할 수도 있다.

이를 위해서는 실패를 보다 편안하게 받아들이는 사고방식이 필요하다. 민간 부문의 벤처 캐피털 투자자들처럼, 이런 포트폴리오 관리자들도 상당수의 투자가 실패하리라는 걸 알면서 투자를 하는 것이다. 미국 정부의 경우, 베팅이 상업적으로 성공하지 못하더라도 그 지역의 역학 구도에 대한 귀중한 통찰력을 얻을 수 있다. 그런 통찰력과 현지 벤처 기업에 대한 실질적인 지분을 가진다면, 다른 나라들에게 개방성과 회복력을 선호하는 정책을 채택하도록 장려하는 데 더 효과적일 것이다.

미국은 파트너나 동맹국들과 위험과 보상을 공유할 수 있다. 미국 국무부의 전직 고위 관료이자 컨설팅 회사인 아시아 그룹Asia Group의 공동 설립자인 니라브 파텔Nirav Patel은 아시아개발은행 같은 다자 은행과 손잡고 아시아 태평양 기술 펀드를 만들자고 제안한다. 이 펀드는 일반적인 파트너 구조를 가지고 있으며, 기업들은 개별 프로젝트에 공동 투자자로 참여했다가 시간이 지나면 펀드 출자자가 될 수 있다.[122] 이런 식으로 더 많은 파트너를 참여시키고 공공 부문과 민간 부문을 통합하려면 당연히 시행착오가 생길 것이다. 그러나 이런 식의 창의적인 대안이 없다면 중국이 계속해서 그 공백을 메울 것이다.

위험에 대한 내성이 커지면, 미국 정부는 권위주의적인 네트워크에 도전하는 기술에 투자할 수 있을 것이다. 독립적인 비영리 단체이자 미국 국제방송처의 승인을 받은 오픈 테크놀로지 펀드Open Technology Fund, OTF는 토르Tor나 시그널Signal 같은 도구를 지원하여 반체제 인사들이 공격을 받은 뒤에도 안전하게 통신하면서 웹사이트를 원상 복구할 수 있도록 지원한다. 이 펀드가 의회에서 받는 지원금은 1년에 2,100만 달러뿐이지만, 60개 이상 나라에서 20억 명 이상이 인터넷에 접속할 수 있도록 돕는다. 이 조직은 예산의 2배, 4배, 혹은 10배를 가지고 무엇을 할 수 있을지 질문해야 한다.

오늘날에는 기술이 문제시되는 경우도 많지만 OTF 같은 노력은 기술을 활용해서 창의적인 해법을 제공한다. 대표적인 AI 전문가인 팀 황Tim Hwang은 AI를 권위주의적으로 활용하지 못하도록 막을 방법(사람과 사물을 정확하게 식별하는 능력을 방해하는 '적대적 사례'를 제공하는 등)과 관련된 지식을 공유하자고 권고한다.[123] 에릭 슈미트Eric Schmidt와 제러드 코언Jared Cohen이 공동 설립한 한 그룹에서는 고급 암호화 및 새로운 패킷 라우팅 기술에 투자할 것을 권한다.[124] 6장에서 제안한 것처럼 위성 광대역의 가용성을 확장하는 것도 가능성 높은 방법이다.

회의론자들은 이런 행동이 미국 정부와 민간 부문 사이의 경계를 모호하게 한다고 경고한다. 하지만 미국 정부는 이미 내기를 하고 있다. 방위고등연구계획국DARPA은 인터넷과 GPS 개발을 돕는 프로젝트에 투자한 것으로 유명하다. 또한 미국은 교류 프로그램과 장학금을 통해 인재들에게도 베팅하고 있다. 다행히 큰 정부를 비판하는 미국 하원의 공화당원들도 중국과 경쟁하기 위해서는 이런 조치가 필요하다고 주장하는 걸 보면, 초당적인 행동 근거가 있음을 알 수 있다.[125]

세 번째로 필요한 큰 변화는 미국이 전 세계에 이를 홍보하는 방법이다. 트럼프 행정부는 다른 나라들이 중국 장비가 아닌 대체품을 받아들이도록 설득할 때도 중국 장비의 위험성과 관련해서는 제한적인 부분에만 초점을 맞췄다. 예를 들어, 미국 정부가 개발도상국에게 보안 통신 장비 구매를 위한 재정을 지원할 것이라고 발표했을 때, 한 고위 관료가 미국 정부가 내세우려는 두 가지 주제를 미리 살펴봤다. 첫 번째는 중국산 장비가 간첩 활동에 취약하다는 것이고, 두 번째는 중국 자금이 그들을 함정에 빠뜨릴 것이라는 점이었다.[126] 이런 주장은 일부 미국인들에게는 갈채를 받을지 몰라도, 대부분의 개발도상국에서는 반향을 일으킬 수 없다.

메시지를 올바르게 전달하려면 더 많은 공감대가 필요하다. 개발도상국들은 모든 외국 기술에는 위험이 따른다고 가정하기 때문에 간첩 활동에 대한 경고는 별 의미가 없다. 부채 함정에 대한 경고도 온정주의적이고 공허하게 들릴 수 있다. 개발도상국들을 무의식적인 희생자로 만드는데, 중국 대출로 인한 자산 압수가 거의 발생하지 않았다는 사실은 간과되었기 때문이다.[127] 이를 통해 생기는 전반적인 효과는, 잠재 고객이 포드Ford 대리점에 자동차를 시승하러 갔더니 영업 사원이 길 건너편에 있는 혼다 대리점에 대한 비난 공세를 펼치는 것과 비슷하다. 능숙한 영업 사원은 경쟁사의 나쁜 의도를 비판하기보다는 자사 제품의 이점을 홍보한다.

개발도상국에서는 앞으로도 합리적인 가격이 결정을 주도할 것이다. 미국은 재정적 지원만 제공하는 게 아니라, 국가들이 비용을 평가하고 결정에 도달하는 방법을 개선할 수 있다. 중국 프로젝트의 초기 가격표에는 건설과 관련된 초기 비용만 포함되어 있는 경우가 많다. 뭔가를 제대로 작동시키려면 운영 및 유지보수 비용도 발생한다. 그런 비용을 무시하는 건 재앙의 지름길이다. 차를 사고도 기름을 가득 채우거나(혹은 충전하거나) 정비소에 갈 필요가 없다고 가정하는 것과 같다. 그건 그 차를 절대 운전할 계획이 없을 때만 안전한 시나리오다.

중국 수출입은행에서 530억 달러를 빌리고 화웨이의 주도하에 수도에 데이터 센터를 지은 파푸아뉴기니의 경험을 생각해 보자. 호주 정부가 의뢰한 조사 결과, 화웨이가 의도적으로 이 프로젝트에 부실한 사이버 보안 기준을 적용한 것으로 드러났다. 당연히 간첩 활동의 위험성이 헤드라인을 장식했지만, 해당 보도에서는 데이터 센터를 운영하고 유지 관리할 자금이 충분히 확보되지 않았기 때문에 데이터 센터가 황폐해졌다는 사실도 지적됐다.[128] 미국 관료들은 단순히 간첩 행위와 부채 함정에 대해서만 경고할 게 아니라, 이 데이터 센터가 제대로 작동하지 않았기 때문에 실패했다는 사실도 지적해야 한다. 화웨이는 뻔히 알면서도 일부러 불량품을 판매한 자동차 판매업자처럼 보인다.

프로젝트 추정치에 실제 비용을 반영하면 미국과 파트너의 경쟁력이 더욱 커질 것이다. 이를 위해서는 개발도상국이 표준 유지보수 및 운영비용뿐 아니라 사이버 보안과 관련된 추가 비용도 고려해야 한다. 예를 들어, 우발적이든 의도적이든 화웨이 장비는 몇몇 경쟁사 제품보다 버그가 많아서 해킹에 더 취약하다.[129] 위험을 완화하려면 비용이 많이 든다. 하지만 위험을 완화하지 않았을 때 치러야 하는 대가는 훨씬 비싸다. 미국과 CORE의 파트너들은 개발도상국이 이런 점들을 객관적으로 분석하도록 도와줘야 한다.[130]

미국이 중국 장비의 단점에 대해 얘기할 때는 파푸아뉴기니 같은 경험을 강조하고 약속과 실제 이익 사이의 격차에 초점을 맞춰야 한다. 4장에서 얘기한 중국의 감시 및 '세이프 시티' 기술의 경우처럼, 중국의 몇몇 기술 회사들은 지나치게 판매에 열을 올리다가 자기들이 제공할 수 없는 기능까지 약속했다. 이런 식으로 광고한 혜택은 외국 정부와 기업이 장비를 구매하는 주요 동인이다. 그들의 거짓 주장과 장비가 고장 났을 때 벌어지는 사태 쪽으로 관심을 유도하는 것이, 개발도상국에서는 더 좋은 방어 전략이 될 수 있다.

공공연하게 지정학적 투쟁을 벌이는 건 개발도상국에서 역효과를 낳을 가능성이 높다. 개발도상국들은 세계 최대 무역국과의 거래를 포기할 준비가 되어 있지 않다. 세계 최대의 국가 간 차관 제공국을 외면할 준비도 되어 있지 않다. 미국과 중국을 선과 악이라는 이원론적 관점에서 바라보는 사람은 거의 없다. 대부분의 경우 발전과 성장은 민주적 통치보다 우선순위가 높다. 그들의 리더는 선택권을 유지하고, 경쟁 제안을 만들고, 외부의 단일 파트너에 대한 의존을 피하려고 한다. 중국을 최우선적인 동반자로 여기는 나라는 별로 없다. 하지만 미국이 적극적으로 경쟁을 벌이지 않는다면, 많은 나라에게 중국이 유일한 선택지가 될 것이다.

★∵ "최악의 날"

수정 구슬이나 할리우드의 시나리오 작가의 힘을 빌리지 않아도, 중국이 연결한 세상이 어떤 모습일지 충분히 상상할 수 있다. 경고 표시는 이미 켜져 있고, 이 책에서 제공한 투어에도 많은 경고 표지가 포함되어 있었다. 그중 일부는 무해해 보일 수도 있다. 몬태나주 글래스고의 지역 통신사 지하에는 녹색등이 깜박이고 있다. 런던의 가로등 기둥에 카메라가 설치되었다. 수천 킬로미터에 달하는 광섬유 케이블이 지하와 해저를 가로지르고 있다. 중국의 디지털 발자국이 커지고 있지만, 대부분

눈에 띄지 않고 신경도 쓰지 않는다.

이런 미래가 가장 뚜렷하게 형성되고 있는 곳은 이들의 경쟁이 펼쳐질 개발도상국이다. 동일한 하드웨어가 이미 대혼란을 일으키고 있다. 아프리카 연합 본부에 있는 서버는 한밤중에 은밀하게 베이징으로 자료를 보낸다. 파키스탄 거리를 감시하는 카메라에는 숨겨진 하드웨어가 장착되어 있고, 다른 카메라들은 오작동하고 있다. 해저 케이블이 남대서양을 가로지르면서 카메룬 경제에 부채만 더한다. 라오스의 첫 번째 위성은 사실 중국 정부가 소유하고 있다. 이런 것들이 모두 디지털 의존성의 초기 징후다.

오늘의 경고를 받아들이면서 먼 미래를 내다본 미국의 저명한 미래학자 에이미 웹Amy Webb은 《빅 나인》이라는 책에서 소름끼치는 시나리오를 예고하고 있다. 2069년을 배경으로 하는 이 시나리오에서 중국은 150개 이상의 국가로 이루어진 네트워크 중심에 자리 잡고 있으며, 그 모든 국가가 베이징에 통신, 무역, 금융을 의존하고 있다. 그들은 '글로벌 원 차이나 정책'을 지지하겠다고 약속했다. 미국과 남아 있는 동맹국들은 중국이 "잔혹하고 돌이킬 수 없을 만큼 절대적인" AI 유도 공격으로 미국과 동맹국들을 전멸시킬 때 자신들에게 어떤 선택권이 남았는지 고려하고 있다.[131] 안녕히, 민주주의여.

중국 전략가들도 그 위험성을 알고 있다. 1장에서 소개한 정보 전쟁 전문가인 선웨이광은 "정보 사회 통제는 세계를 지배할 수 있는 기회로 향하는 관문"이라고 말했다.[132] 그는 1999년에 출간된

《제3차 세계대전: 정보 총력전World War, the Third World War: Total Information War》이라는 적절한 제목의 저서에서 이런 표현을 썼다. 그리고 통신 기술이 사회에 더 깊이 파고들자 이 말이 한층 더 진실로 다가왔다. 케냐의 나이로비 같은 스마트 시티나 몬태나주 글래스고 같은 시골 마을에서도 디지털 인프라와 동떨어진 일상생활은 거의 존재하지 않는다. 사회의 디지털 의존도가 증가함에 따라 이런 시스템을 제어하는 힘도 증가한다.

사이버 보안 전문가이자 미국 정보기관에서 일했던 토머스 도너휴Thomas Donahue의 말처럼, 중국은 매일 행사할 수 있는 정보력과 강압적 권력뿐만 아니라 '최악의 날'을 위한 무기도 확보할 수 있다.[133] 중국 정부는 날마다 세계 경제의 흐름을 완벽하게 파악하고 있다. 에너지 그리드, 화물선, 농기구의 움직임도 알고 있다. 그보다 더 깊이 파고들어 건물의 에너지 사용량, 화물 컨테이너의 내용물, 트랙터의 산출량까지 감지할 수 있다. 중국 정부는 이 데이터를 종합해서 강력한 조기 경보 시스템을 구축할 수 있었다.

이렇게 난해해 보이는 세부 사항도 알고 있으면 힘이 된다. 예를 들어, 중국 정부가 농가의 수확량을 알고 있으면 시장의 비효율적인 부분을 찾아내고 이를 활용해서 가격 변동기에 이익을 얻을 수 있다. 또 중국에 의존하는 국가들은 식품 가격 상승에 수반되는 사회적 불안에 대비하거나 이를 예방할 수 있다. 전 세계 화물선에 실린 내용물이 정확히 뭔지 알면, 중국은 세계 다른 나라들이 물자가 부족해지고 있다는 걸 알아차리기 전에 중요한 물자를 비축할 수 있다. 또 군사 시설에서 에너지 사용량이 급증하면 외국 군대에 동원령이 내려졌다는 걸 알 수 있다. 이렇게 되면 앞으로 중국 지도자들은 놀랄 일이 전혀 없게 될지도 모른다.

중국은 자국 정보는 숨기면서 전 세계의 비밀을 더 많이 알게 될 것이다. 중국 정부의 눈과 귀는 단순히 외국 수도의 거리만 돌아다니는 게 아니라 그곳의 정부 청사, 공안 지휘소, 데이터 센터 안으로 파고들 것이다. 또 과학적 혁신이나 기업 인수합병, 아직 출원되지 않은 특허에 대해서도 알 수 있다. 민감한 숙고 사항을 몰래 관찰하는 것이다. 그러니 압도적인 힘을 지닌 상태로 대부분의 협상에 임할 수 있다.

중국의 정보 우위는 국가가 통제하는 경제 체제와 개방적인 경제 체제 사이의 경쟁에서 엄청난 반전이 될 것이다. 소련의 붕괴가 강조한 것처럼, 국가 계획 입안자들은 오랫동안 시장의 효율성을 이용해 경제와 관련된 결정을 내리려고 애써왔다. 하지만 중국은 글로벌 네트워크의 중심에 있는 만큼, 그 치명적인 결점을 고칠 수 있을 것이다. 중국의 디지털 인프라 노력이 논란의 여지가 없고 완벽하다면, 중국 정부가 결국 시장 자체보다 더 나은 정보를 소유할 수 있다는 사실(아무리 가능성이 희박하더라도)을 고려해야 한다.

이런 이점으로 무장한 중국 지도자들은 외국에 더 자주 개입하고 싶은 유혹에 빠질 수 있다. 외국의 개입에는 위험이 따른다. 세상에는 변수가 너무 많고 그중 대부분은 알려져 있지 않으며 의도하지 않은 결과가 발생할 가능성이 크다. 하지만 리더들 본인이 압도적인 이점과 뛰어난 정보를 갖고 있다고 생각하면, 성공 가능성이 더 커 보이고 위험은 쉽게 대처할 수 있을 것 같다. 중국 지도자들은 무역 조건이든 물리적 영토든 간에 국제 분쟁에서 승리할 수 있는 능력에 더 자신감을 갖게 될 것이다. 그리고 이 때문에 충돌 가능성이 높아질 수 있다.

중국의 이점은 전쟁터로도 확장될 것이다. 4년마다 발표되는 시리즈인 미국 국가정보위원회NSC의 〈글로벌 트렌드 2040Global Trends 2040〉의 최근 전망은, "주요 강대국끼리의 경쟁, 특히 전장에서의 우위는 갈수록 정보 활용 및 보호와 군대의 인터넷 연결에 좌우된다. 교전국들은 상대국의 컴퓨터 네트워크, 주요 인프라, 전자기 스펙트럼, 금융 시스템, 우주에 있는 자산을 타깃으로 삼아 통신을 위협하고 경고 기능을 약화시킬 가능성이 높다"고 경고한다.[134]

최악의 날, 중국 정부는 적대국들의 목을 손에 쥐게 될 것이다. 분쟁이 발생하면 중국은 다른 나라들의 중요한 기반 시설을 파괴할 수 있다. "전략적으로 정보 전쟁의 목적은 적의 정치, 경제, 군사 정보 인프라 그리고 어쩌면 사회 전체의 정보 인프라까지 파괴하는 것"이라고 선웨이광은 설명한다. "적의 군사, 금융, 통신, 전자, 전력 시스템, 컴퓨터 네트워크를 파괴하고 마비시키는 것까지 포함된다."[135] 중국 디지털 실크로드가 아무런 방해도 받지 않고 완전히 실현된다면 중국이 총 한 발 쏘지 않고 분쟁에서 승리하는 세계가 될 것이다.[136]

분명한 건 중국이 현재 이런 권력을 소유한 건 절대 아니라는 것이다. 중국공산당의 시야가 점점 날카로워지는 건 사실이지만, 여전히 단편적이고 데이터에 압도되어 있다. 그렇게 방대한 양의 정보를 수집하는 건 첫 번째 단계일 뿐이다. 그걸 이해하는 훨씬 어려운 기술적 과제가 기다리고 있다. 순수하게 기술적인 관점에서 볼 때, 중국이 자국 내에서라도 그렇게 광범위하면서 완벽하게 중앙 집중화된 관점을 달성할 수 있을지는 불분명하다. 그리고 전 세계에서 그렇게 하는 건 훨씬 더 어렵다.

네트워크의 힘이 무제한인 것도 아니다. 중국은 시스템을 완전히 파괴하기보다는, 특정한 접속을 거부하는 형태로 일시 교란시킬 가능성이 크다. 다른 나라의 중요 인프라를 파괴하는 킬 스위치를 누르는 건 상당한 위험과 수익 감소를 각오하지 않고 쓸 수 있는 카드가 아니다. 표적이 된 나라가 재래식 군사력을 이용해 보복할 수도 있다. 세계가 지켜보고 있고, 분쟁을 방관하는 이들도 너무 늦기 전에 중국 체제에 대한 의존을 줄여야 한다고 결정할지 모른다.

다행히 아직 늦지는 않았다.

★ ∴ 진보하는 자유

기술이 민주주의를 증진시킬 것이라는 믿음은 미국의 승리주의가 빛나던 시절에 생긴 것이다.[137] 그리고 민주주의가 기술을 촉진해야 한다는 믿음은 절망의 순간에 생거나고 있다. 대중들의 분위기가 희망에서 두려움으로 바뀌면 편집 증이 심해져서 미국이 여전히 우월한 권력을 낭비하게 될 위험이 있다. 향후 몇 년 동안, 미국 지도자와 CORE 국가 지도자들은 행동과 과잉 대응 사이에서 균형을 맞추기 위해 고군분투할 것이다.

중국의 기술적 야망에 대한 불안을 너무 늦게 느끼는 바람에 심한 타격을 입고 있다. 중국은 무선 네트워크, 인터넷 연결 장치, 해저 케이블, 글로벌 항법 위성 시스템에서 격차를 좁히며 빠르게 성장하고 있다. 그들의 야망은 계속 커져만 가고, 압도적 우위를 차지하는 걸 목표로 한다. 이들은 해저에서 우주 공간까지, 그리고 그 사이에 존재하는 모든 곳으로 데이터를 전송하는 물리적 연결망을 지배하려고 한다. 가장 충격적인 건 중국 국내에서 기술을 디스토피아적으로 활용하는 모습이다. 중국의 디지털 드림은 점점 더 악몽처럼 보이며, 미국과 그 파트너들은 이런 현실에 눈을 뜨고 있다.

행동을 촉진하려면 이런 위험에 대한 인식이 필요하다. 미국의 일반 대중들이 중국을 장기적인 경쟁자로 여기지 않는다면, 미국은 행정부와 정당이 힘을 모아 수십 년 동안 추진해야 하는 전략을 수립하고 유지하는 데 어려움을 겪을 것이다. 위협에 대한 공통된 인식이 없다면, 대서양을 잇는 다리는 계속해서 연결 상태가 불량하고 비효율적이며 집단행동에 취약한 상태로 유지될 것이다. 만약 인도가 중국을 실존적 위협으로 여기지 않고 그냥 짜증나는 존재 정도로만 생각한다면, 인도는 CORE에서 벗어나 독자적인 계획을 세울 것이다. 위협에 대한 인식이 계속 비슷하다면, CORE는 필요한 임계 질량을 달성하고 집단의 힘을 조정할 수 있는 좋은 기회를 얻게 된다.

그러나 불안과 편집증 사이에는 경계선이 있고, 그 경계를 넘는 것 자체가 위험한 일이다. 루스벨트 대통령은 제2차 세계대전 때 일본계 미국인 12만 명을 강제 수용소에 억류한다는 끔찍한 결정을 내렸다. 오늘날의 문제는 주로 경제적, 기술적 문제라서 그 징후가 미묘하긴 하지만 위험은 현실이다. 미국은 외국인 혐오, 인종차별, 보호무역주의를 경계해야 한다. 이런 병은 저절로 생기는 게 아니다. 미국은 예전에도 자신들의 의제를 밀어붙이기 위해 외국의 위협을 이용하는 이익 단체들에게 휘둘린 경험이 있다.

이런 함정을 피할 수 있는 빠른 해결책도 없고, 추락을 막을 수 있는 영구적인 난간도 없다. 미국은 중국과 경쟁하는 동안 주위를 꾸준히 경계하면서 스스로 더 나은 국가로 변해가고 있는지 자주, 정직하게 질문하려는 의지가 필요하다. 트루먼 대통령이 소련의 위협을 이용해서 미국의 주간州間 시스템에 대한 지원을 구축한 것처럼, 생산적인 목적을 위해 위협을 이용할 수도 있다. 마찬가지로, 오늘날 중국에 대응하기 위한 방안에는 미국이 경쟁력을 유지하는 데 도움이 되는 국내 투자―인프라뿐만 아니라 교육, 연구, 이민 정책 개선 등―가 포함될 수 있다.

어떤 이들은 중국이 제기하는 위협에 미온적인 반응을 보이는 게 더 위험하다고 경고할 것이다. 패배했을 때 따를 위험을 감안하면, 과민반응을 하는 편이 더 낫다는 것이다. 하지만 이런 생각은 중국을 있는 그대로 묘사하면서 그 현실에 대응하는 게 진정한 목표가 되어야 한다는 사실을 놓치고 있다.[138] 효과적인 전략은 중국의 강점을 인식할 뿐만 아니라 약점을 파악하고 활용하는 것이다. 중국을 세계 지배를 향해 거침없이 나아가는 거대한 힘으로 묘사하는 것은 중국공산당이 할 일을 대신해주는 것이나 마찬가지다.

"자신감이 필수 요소다"라고 전직 미국 외교관이자 중국 전문가인 라이언 하스Ryan Hass는 충고한다.[139] 국내에서 자신감을 표출하면 불필요한 우려를 자아내는 부정직한 목소리를 억제하는 데 도움이 된다. 해외에서 자신감을 보이면 파트너들을 끌어들일 가능성이 크다. 그리고 미국은 자신감을 가질 이유가 많다.[140] 미국은 세계 최고의 국제 데이터 허브이며, 세계에서 가장 혁신적인 기업들의 본거지이고, 중국에는 없는 글로벌 파트너와 동맹국 네트워크를 보유하고 있다. 중국의 국내 장벽은 중국 기업들의 혁신과 확장 능력을 제한한다. 중국 관료들이 계속해서 자국의 편집증에 굴복한다면, 중국이 세계 최고의 네트워크 운영국인 미국을 앞지르기 위해서는 매우 힘든 싸움을 벌여야 할 것이다.

미국과 동맹국들은 긴 경쟁에 대비해야 한다. 네트워크 전쟁은 승자 독식 대결로 결판날 가능성이 없다. 이 전쟁에서 승리를 거두더라도 제2차 세계대전이 끝나고 거리가 음악과 퍼레이드로 가득했던 유럽과 같은 모습은 보기 힘들 것이다. 일어나지 않은 일을 축하하는 건 더 어려우며, 승리하려면 재난을 예방하고 혼란을 극복해야 한다. 성공하려면 적의 항복을 얻어내는 것보다 회복력 있는 시스템을 구축하는 게 더 중요하다. 이와 관련된 대부분의 작업은 기술적이고 반복적이며 화려하지 않다.

다가오는 네트워크 전쟁과 위기 속에서 중국은 자신감을 품을 이유는 적지만 그걸 속이기는 쉽다는 걸 명심할 필요가 있다. 민주주의의 결함과 실수는 전 세계가 볼 수 있도록 전시되는 경우가 많다. 실패해서 분노가 솟구칠 때는, 이런 단점에 대한 인식이 우리의 장점인 투명성과 독립된 언론, 법치에서 비롯된다는 사실을 잊기 쉽다. 개방성은 다시 적응을 촉진한다. 이와 달리, 중국이 지닌 결함의 진정한 범위는 아마 중국이 더 이상 이를 관리할 수 없을 때까지 알려지지 않은 채로 남아 있을 가능성이 높다. 통제에 대한 중국의 집착 이면에는 깊은 불안감이 있다.

기술에 대한 현실적인 관점을 수용한다고 해서, 인터넷 초창기부터 수많은 리더에게 동기를 부여하고 실제로 눈을 멀게 했던 포부를 포기하는 건 아니다. 통신 기술이 매일 도움이 되는 부분은 엄청나게 많고, 접근성을 확대하고 삶을 개선할 수 있는 엄청난 잠재력도 있다. 그러나 이제는 접근성을 확대한다고 해서 긍정적인 결과가 보장되는 게 아니라는 사실이 고통스러울 정도로 명백하다. 연결성은 순수한 선善이 아니다. 그렇지 않다고 믿어야만 정부와 기업, 시민이 책임의 부담에서 벗어날 수 있다.

1989년에 레이건이 런던 청중들에게 했던 말을 떠올려 보자. "통신 혁명은 군대 이상으로, 외교 이상으로, 민주주의 국가들이 할 수 있는 최선의 의도 이상으로 인간의 자유를 발전시키는 가장 큰 힘이 될 것이다."**141** 그 '혁명'은 자동 조종 장치로 작동되는 것처럼 들렸다. 이미 강력한 사건이 발생한 뒤라서, 추진력을 모으는 데 시간이 걸렸다. 그러나 디지털 세계는 유토피아와는 거리가 먼 현실 세계의 문제를 반영하고 증폭시킨다. 불평등, 부족 중심주의, 범죄 등이 모두 온라인에서 번창하고 있다.

연결성은 '좋은 것'이라는 통념이 사라지면 도전의 폭이 더욱 명확해진다. 인간의 자유가 진보하는 일에 관해서 불가피한 것은 없다. 통신 기술의 긍정적인 잠재력을 실현하려면 훨씬 많은 외교 수완이 필요할 것이다. 부유한 민주주의 국가들은 개발도상국에게 손을 내밀면서 자신들의 고유한 원칙에 따라 살아가야 한다. 그러자면 보안에 대한 전통적인 개념을 재정비해야 한다.

이 가운데 어떤 길도 빠르거나 쉽거나 비용이 저렴하지 않을 것이다. 더욱 스마트해진 기술이 지름길이나 마법 같은 해결책을 제시하고 인간의 조건을 업그레이드해줄 것이라는 상상은 너무나도 매혹적이지만 그러자면 아주 많은 노력이 필요하다. 그리고 도구나 위대한 힘에 희망을 걸기보다는 인간성에 초점을 맞춰야 한다. 정도는 다르지만, 우리 각자는 네트워크 사용 방법을 결정할 책임이 있다. 정부는 현명하게 계획을 세워야 한다. 기업들은 주의를 기울여야 한다. 시민들은 책임을 요구해야 한다. 인간은 자유를 위한 가장 큰 힘이 되어야 한다.

•

감사의 글

○

이 책은 많은 이의 친절과 보살핌, 지혜가 없었다면 완성되지 못
했을 것이다.

전략국제연구센터는 지난 5년간 내가 몸담은 소중한 직장이다.
존 함레 박사, 크레이그 코헨, 조시 게이블, 매튜 굿맨의 리더십과
지원에 감사드린다. 아시아 재연결 프로젝트를 위해 힘써준 팀에게
도 감사의 마음을 전한다. 앤드루 후앙은 긴 연구 요청 목록을 따라
가면서 기술적인 세부사항까지 자세히 검토해줬다. 로라 리바스와
조셉 이누사는 표적 연구를 도와주었고, 마에사 맥칼핀은 모두의
작업이 순조롭게 진행되도록 해줬다.

부쉬라 바타이네, 마이클 베넌, 주드 블랑셰, 빅터 차, 헤더 콘리,
알렉산더 쿨리, 저드 데버몬트, 보니 글레이저, 마이클 그린, 그레
이스 하티, 스콧 케네디, 아가사 크라츠, 사라 라디슬로, 제임스 루

이스, 그레그 폴링, 피터 레이먼드, 리처드 로소, 대니얼 런디, 스테파니 시걸 등 아시아 재연결 프로젝트와 나를 위해 조언해준 동료들에게 감사한다.

새로운 지형을 탐험하는 동안 몇몇 경험 많은 여행자의 안내를 받았다. 특히 블레인 커시오, 스티븐 펠드스타인, 앨리 펑크, 시나 체스트넛 그레이튼스, 케일럽 헨리, 존 멜릭, 존 맥휴, 제임스 멀베논, 미라 랩-후퍼, 찰스 롤렛, 빅토리아 샘손, 아드리안 샤바즈, 패트릭 섀넌, 폴 트리올로, 브라이언 위든, 그리고 익명을 요구한 몇몇 분들에게 감사한다.

작가 지망생에게 특별한 기회인 브라켄바우어상을 준 〈파이낸셜 타임스〉의 앤드루 힐에게 특별한 감사를 전한다. 앨런 송과 스미스 리처드슨 파운데이션의 후한 지원에도 감사드리고, 기술 문제에 대한 초반의 탐구를 격려해준 슬론 파운데이션의 도런 웨버에게도 감사한다.

문학계의 올스타 팀 덕분에 이 책을 출판할 수 있었다. 하퍼 콜린스의 홀리스 하임바우치와 웬디 웡은 모든 페이지를 더 스마트하게, 모든 챕터를 더 매끄럽게 다듬어주고, 마법 같은 능력을 발휘해 모든 페이지를 재미있게 만들었다. 프로필의 에드 레이크가 보여준 해외 독자들에 대한 감각 덕분에 이 이야기가 진정한 글로벌 스토리가 되었다. 토비 먼디는 아이디어의 법칙을 거스르는 동시에 콘셉트를 더 대단하고 날카롭게 만드는 재능을 지녔는데, 그런 그가 내 대리인이 되어준 것은 큰 행운이다.

느린 응답, 부재중 전화, 이 책에 수록된 몇몇 이야기의 다듬어지지 않은 버전을 참아준 친구와 가족에게도 감사드린다. 부모님과 장인어른, 장모님은 내가 1년간 힘들게 글을 쓰는 동안 중요한 순간마다 너그러운 집주인 겸 도우미 역할을 자처하면서 말벗도 되어주고 주변 환경을 바꿔주기도 하는 등 평화로운 기분으로 계속 글을 쓸 수 있게 해주셨다. 1년간 집에서 함께 재택근무를 하고 난 지금, 내 파트너의 끝없는 에너지의 원천이 무엇인지 그 어느 때보다 궁금해졌다. 그녀가 일에 쏟아붓는 열정, 친구와 가족에게 보여주는 성실한 태도, 그리고 우리 딸 하퍼에게 쏟는 사랑을 보면 늘 감탄스럽다. 그런 리즈에게 누구보다 감사한다.

주

○

CHAPTER 1. 네트워크 전쟁

1   Ronald Reagan, "The Triumph of Freedom" (speech, 1989 Churchill lecture, London, June 13, 1989), London Broadcasting Company (LBC) / Independent Radio News (IRN) Digitisation Archive, Global Radio UK Ltd., http://bufvc.ac.uk/tvandradio/lbc/index.php/segment/0007100432001.

2   Nicholas D. Kristof, "The Tiananmen Victory," *New York Times*, June 2, 2004, www.nytimes.com/2004/06/02/opinion/the-tiananmen-victory.html.

3   Andrew Higgins, "A Correspondent Shares 25 Years of Perspective," *Sinosphere*(blog), *New York Times*, June 3, 2014, https://sinosphere.blogs.nytimes.com/2014/06/03/live-blogging-the-25-tiananmen-square-anniversary/.

4   Nicholas D. Kristof, "Satellites Bring Information Revolution to China," *New York Times*, April 11, 1993, www.nytimes.com/1993/04/11/world/

satellites-bring-information-revolution-to-china.html.

5   Nicholas D. Kristof, "Death by a Thousand Blogs," *New York Times*, May 24, 2005, www.nytimes.com/2005/05/24/opinion/death-by-a-thousand-blogs.html.

6   Toru Tsunashima, "In 165 Countries, China's Beidou Eclipses American GPS," *Nikkei Asia*, November 25, 2020, https://asia.nikkei.com/Politics/International-relations/In-165-countries-China-s-Beidou-eclipses-American-GPS.

7   "Yi tong zhongguo qianding gong jian 'yidai yilu' hezuo wenjian de guojia yi lan" 已同中国签订共建'一带一路'合作文件的国家一览 [List of Countries That Have Signed Cooperation Documents with China to Jointly Build the "One Belt One Road"], Belt and Road Portal, last modified January 30, 2021, www.yidaiyilu.gov.cn/gbjg/gbgk/77073.htm.

8   Jason Miller, "Ban on Chinese Products Starts Today despite Confusion over Acquisition Rule," Federal News Network, August 13, 2020, https://federalnewsnetwork.com/acquisition-policy/2020/08/ban-on-chinese-products-starts-today-despite-confusion-over-acquisition-rule/.

9   David Shepardson, "FCC Begins Process of Halting China Telecom U.S. Operations," Reuters, December 10, 2020, www.reuters.com/article/usa-china-tech/fcc-begins-process-of-halting-china-telecom-u-s-operations-idUSKBN28K2 ER; John McCrank and Anirban Sen, "NYSE to Delist Three Chinese Telecoms in Dizzying About-Face," Reuters, January 6, 2021, www.reuters.com/article/us-china-usa-telecom/nyse-to-delist-three-chinese-telecoms-in-dizzying-about-face-idUSKBN29B1TR.

10   Ellen Nakashima and Jeanne Whalen, "U.S. Bans Technology Exports to Chinese Semiconductor and Drone Companies, Calling Them Security Threats," *Washington Post*, December 19, 2020, www.washingtonpost.com/technology/2020/12/18/china-smic-entity-list-ban/.

11   "The Clean Network," U.S. Department of State (archive), accessed February 22, 2021, https://2017-2021.state.gov/the-clean-network/index.html.

12   "China's Got a New Plan to Overtake the U.S. in Tech," Bloomberg, May 20, 2020, www.bloomberg.com/news/articles/2020-05-20/china-has-a-new-1-4-trillion-plan-to-overtake-the-u-s-in-tech.

13   Arjun Kharpal, "In Battle with U.S., China to Focus on 7 'Frontier' Technologies from Chips to Brain-Computer Fusion," CNBC, March 5, 2021, www.cnbc.com/2021/03/05/china-to-focus-on-frontier-tech-from-chips-to-quantum-computing.html.

14   James Crabtree, "China's Radical New Vision of Globalization," *Noema Magazine*, December 10, 2020, www.noemamag.com/chinas-radical-new-vision-of-globalization/.

15   Daniel W. Drezner, Henry Farrell, and Abraham L. Newman, eds., *The Uses and Abuses of Weaponized Interdependence* (Washington, D.C.: Brookings InstitutionPress, 2021).

16   Rebecca MacKinnon, *Consent of the Networked: The Worldwide Struggle for Internet Freedom* (New York: Basic Books, 2012); Evgeny Morozov, *The Net Delusion: The Dark Side of Internet Freedom* (New York: PublicAffairs, 2011).

17   John Perry Barlow, "A Declaration of the Independence of Cyberspace," Electric Frontier Foundation, February 8, 1996, www.eff.org/cyberspace-independence.

18   Translation as paraphrased in Timothy L. Thomas, *Dragon Bytes: Chinese Information-War Theory and Practice* (Leavenworth, KS: Foreign Military Studies Office, Fort Leavenworth, 2004), 46.

19   Thomas, *Dragon Bytes*, 51.

20   "Freedom of Expression and the Internet in China: A Human Rights Watch Backgrounder," Human Rights Watch, accessed February 28, 2021, www.hrw.org/legacy/backgrounder/asia/china-bck-0701.htm;

"Zhonghua renmin gong heguo jisuanji xinxi xitong anquan baohu tiaoli" 中华人民共和国计算机信息系统安全保护条例 [Regulations of the People's Republic of China on the Security and Protection of Computer Information Systems], The Central People's Government of the People's Republic of China, last modified August 6, 2005, www.gov.cn/flfg/2005-08/06/content_20928.htm.

21 "The 11 Commandments of the Internet in China," Reporters Without Borders, last modified January 20, 2016, https://rsf.org/en/news/11-commandments-internet-china; for the full set of regulations, see "Provisions on the Administration of Internet News Information Services (Chinese Text and CECC Full Translation)," Congressional-Executive Commission on China, accessed February 26, 2021, www.cecc.gov/resources/legal-provisions/provisions-on-the-administration-of-internet-news-information-services#body-chinese.

22 William J. Clinton, "Full Text of Clinton's Speech on China Trade Bill" (speech, Paul H. Nitze School of Advanced International Studies, Johns Hopkins University, Baltimore, MD, March 9, 2000), https://www.iatp.org/sites/default/files/Full_Text_of_Clintons_Speech_on_China_Trade_Bi.htm.

23 Greg Walton, *China's Golden Shield: Corporations and the Development of Surveillance Technolog y in the People's Republic of China* (Montreal: International Centre for Human Rights and Democratic Development, 2001), https://ia803005.us.archive.org/35/items/230159-china-golden-shield/230159-china-golden-shield.pdf.

24 Jonathan Ansfield, "Biganzi Q&A: Li Xinde Shares Tips of His Trade," China Digital Times, September 21, 2006, https://chinadigitaltimes.net/2006/09/biganzi-qa-li-xinde-shares-tips-of-his-trade/.

25 Nicholas D. Kristof, "Slipping over the Wall," *New York Times*, August 24, 2008, www.nytimes.com/2008/08/24/opinion/24iht-edkristof.1.15583418.

html?searchResultPosition=15.

26 Sheena Chestnut Greitens, "China's Surveillance State at Home and Abroad: Challenges for U.S. Policy" (working paper, Penn Project on the Future of U.S.-China Relations, 2020), https://cpb-us-w2.wpmucdn.com/web.sas.upenn.edu/dist/b/732/files/2020/10/Sheena-Greitens_Chinas-Surveillance-State-at-Home-Abroad_Final.pdf.

27 American Telephone and Telegraph Company, "Annual Report for the Year Ending December 31, 1908," March 16, 1909, in *The Commercial & Financial Chronicle* 88 (New York: William B. Dana Company, 1909), 829, https://books.google.com/books?id=v3dIAQAAMAAJ.

28 Tom Wheeler, *From Gutenberg to Google: The History of Our Future* (Washington, D.C.: Brookings Institution Press, 2019), 184.

29 James Currier, "The Network Effects Manual: 13 Different Network Effects (and Counting)," NFX (blog), January 9, 2018, https://medium.com/@nfx/the-network-effects-manual-13-different-network-effects-and-counting-a3e07b23017d.

30 Sophia Chen, "Why This Intercontinental Quantum-Encrypted Video Hangout Is a Big Deal," *Wired*, January 20, 2010, www.wired.com/story/why-this-intercontinental-quantum-encrypted-video-hangout-is-a-big-deal/.

31 Momoko Kidera, "Huawei's Deep Roots Put Africa beyond Reach of US Crackdown," *Nikkei Asia*, August 15, 2020, https://asia.nikkei.com/Spotlight/Huawei-crackdown/Huawei-s-deep-roots-put-Africa-beyond-reach-of-US-crackdown.

32 Paul Brodsky et al., *The State of the Network: 2020 Edition* (San Diego, CA: Pri-Metrica, Inc., 2020), 8, www2.telegeography.com/hubfs/assets/Ebooks/state-of-the-network-2020.pdf.

33 Tim Rühlig, *China, Europe, and the New Power Competition over Technical Standards,* (Stockholm: The Swedish Institute of International

Affairs, 2021), 3, www.ui.se/globalassets/ui.se-eng/publications/ui-publications/2021/ui-brief-no.-1-2021.pdf.

34   Daniel Fuchs and Sarah Eaton, "How China and Germany Became Partners on Technical Standardization," *Washington Post*, November 16, 2020, www.washingtonpost.com/politics/2020/11/16/how-china-germany-became-partners-technical-standardization/.

35   Ghalia Kadiri and Joan Tilouine, "A Addis-Abeba, le Siège de l'Union Africaine Espionné par Pékin" [In Addis Ababa, the Headquarters of the African Union Were Spied on by Beijing], *Le Monde*, January 26, 2018, www.lemonde.fr/afrique/article/2018/01/26/a-addis-abeba-le-siege-de-l-union-africaine-espionne-par-les-chinois_5247521_3212.html.

36   Huawei, "Huawei and the African Union Sign a MoU to Strengthen Their Technical Partnership on ICT," press release, May 31, 2019, www.huawei.com/za/news/za/2019/huawei-the-african-union-sign-a-mou.

37   Raphael Satter, "Exclusive-Suspected Chinese Hackers Stole Camera Footage from African Union—Memo," Reuters, December 16, 2020, www.reuters.com/article/us-ethiopia-african-union-cyber-exclusiv/exclusive-suspected-chinese-hackers-stole-camera-footage-from-african-union-memo-idUSKBN28Q1DB.

38   Peter Suciu, "Is China Using Hacked OPM Data?," ClearanceJobs, April 19, 2019, https://news.clearancejobs.com/2019/04/19/is-china-using-hacked-opm-data/; Erik Larson, "Chinese Citizen Indicted in Anthem Hack of 80 Million People," Bloomberg, May 9, 2019, www.bloomberg.com/news/articles/2019-05-09/chinese-national-indicted-by-u-s-grand-jury-over-anthem-hack; Eric Geller, "U.S. Charges Chinese Military Hackers with Massive Equifax Breach," *Politico*, February 10, 2020, www.politico.com/news/2020/02/10/us-charges-chinese-spies-with-massive-equifax-hack-113129.

39   Zach Dorfman, "Beijing Ransacked Data as U.S. Sources Went Dark in China," *Foreign Policy*, December 22, 2020, https://foreignpolicy. com/2020/12/22/china-us-data-intelligence-cybersecurity-xi-jinping/; Zach Dorfman, "China Used Stolen Data to Expose CIA Operatives in Africa and Europe," *Foreign Policy*, December 21, 2020, https:// foreignpolicy.com/2020/12/21/china-stolen-us-data-exposed-cia-operatives-spy-networks/.

40   "China-Linked Group RedEcho Targets the Indian Power Sector amid Heightened Border Tensions," Insikt Group, Recorded Future, February 28, 2021, www.recordedfuture.com/redecho-targeting-indian-power-sector/.

41   Shreya Jai, "From Thermal to Solar Units, China Dominates India's Power Sector," *Business Standard*, June 18, 2020, https://www.business-standard.com/article/economy-policy/from-thermal-to-solar-units-china-dominates-india-s-power-sector-120061701894_1.html.

42   Evelyn Cheng, "China's Xi: 'No Force Can Stop the Chinese People and the Chinese Nation,' " CNBC, last modified October 1, 2019, www.cnbc. com/2019/10/01/china-70th-anniversary-xi-says-no-force-can-stop-the-chinese-people.html.

43   China Unicom, "Shengshi huacai keji fu neng: Guoqing shengdian beihou de liantong qi da liangdian—beijing liantong yuanman wancheng qingzhu xin zhongguo chengli 70 zhounian huodong tongxin fuwu baozhang" 盛世华彩 科技赋能: 国庆盛典背后的联通七大亮点—北京联通圆满完成庆祝新中国成立70周年活动通信服务保障 [Golden Age Splendor and Technological Empowerment: Seven China Unicom Highlights behind the National Day Ceremony—Beijing Unicom Successfully Provides Security for Communications Services at the 70th Anniversary Celebrations of the Founding of New China], press release, October 1,

2019, www.chinaunicom.cn/news/201910/1569940668782066081.html.

44 Jessie Yeung, James Griffiths, and Steve George, "Hong Kong Protesters Hit the Streets as China Marks 70 Years of Communist Rule," CNN, last modified October 1, 2019, www.cnn.com/asia/live-news/china-hong-kong-oct-1-live-intl-hnk/h_6551c3607349db6d0d8babac4dda0a32.

45 Eva Dou, Natasha Khan, and Wenxin Fan, "China Claims U.S. 'Black Hand' Is behind Hong Kong Protests," *Wall Street Journal*, August 9, 2019, www.wsj.com/articles/china-claims-u-s-black-hand-is-behind-hong-kong-protests-11565356245.

46 Melanie Hart and Jordan Link, "Chinese President Xi Jinping's Philosophy on Risk Management," Center for American Progress, February 20, 2020, www.americanprogress.org/issues/security/news/2020/02/20/480680/chinese-president-xi-jinpings-philosophy-risk-management/.

47 Qiao Long 乔龙, "Liusi tian wang, zhongguo yulun jiandu wang zai zao gongji" 六四天网, 中国舆论监督网再遭攻击 [The June 4th Network and the China Public Opinion Supervision Network Were Attacked Again], Radio Free Asia, August 18, 2015, www.rfa.org/mandarin/yataibaodao/meiti/ql2-08182015102821.html.

48 Li Xinde 李新德, "Tianjin dong li: Zhejiang yi gongsi pi zhi 'ju zhi zui' rang qian fading daibiao ren dan ze" 天津东丽：浙江一公司被指'拒执罪'让前法定代表人担责 [Tianjin's Dongli District: A Zhejiang Company Charged with "Refusing to Comply with Criminal Penalties" Lets Its Former Legal Representative Shoulder the Blame], *Yulun Wang* 舆论网 [Opinion Network] (blog), October 14, 2019, https://wemp.app/posts/2691d0e9-d092-4948-9fbe-d77041c21958; Li Xinde 李新德, "Tianjin dong li: Qian fading daibiao ren pi zhi 'ju zhi zui' jingfang huiying: Zeren yongjiu zhi" 天津东丽：前法定代表人被指'拒执罪'警方回应：责任永久制 [Tianjin's Dongli District: Former Legal Representative Is Charged

with "Refusing to Comply with Criminal Penalties," Police Department's Response: [He] Bears Ultimate Responsibility], *Yulun Wang* 舆论网 [Opinion Network] (blog), October 18, 2019, https://wemp.app/posts/8c42ff1e-525b-4aab-b4e8-f67f38986c9f.

49 "Zhongguo yulun jiandu wang chuangban ren lixinde bei pan wu nian" 中国舆论监督网创办人李新德被判五年 [Li Xinde, Founder of the China Public Opinion Supervision Network, Receives a Five Year Sentence], Radio Free Asia, January 13, 2021, www.rfa.org/mandarin/yataibaodao/renquanfazhi/pl-01132021153542.html.

50 Ansfield, "Biganzi Q&A."

51 Katherine Atha et al., *China's Smart Cities Development: Research Report Prepared on behalf of the U.S.-China Economic and Security Review Commission* (Vienna, VA: SOS International LLC, 2020), 56–57, www.uscc.gov/sites/default/files/2020-04/China_Smart_Cities_Development.pdf.

52 Sheridan Prasso, "Huawei's Claims That It Makes Cities Safer Mostly Look Like Hype," Bloomberg, November 12, 2019, www.bloomberg.com/news/articles/2019-11-12/huawei-s-surveillance-network-claims-face-scrutiny?sref=VZPf2pAM.

53 Reuters, "Kenya Secures $666 Million from China for Tech City, Highway," April 26, 2019, www.reuters.com/article/us-kenya-china/kenya-secures-666-million-from-china-for-tech-city-highway-idUSKCN1S21KG.

54 Tim Stronge, "Does 70% of the World's Internet Traffic Flow through Virginia?," *TeleGeography Blog*, TeleGeography, May 30, 2019, https://blog.telegeography.com/does-70-of-the-worlds-internet-traffic-flow-through-virginia.

55 John Markoff, "Internet Traffic Begins to Bypass the U.S.," *New York Times*, August 29, 2008, www.nytimes.com/2008/08/30/business/30pipes.html.

56 "AWS, Microsoft, Google, Alibaba Share in Cloud Market," InfotechLead, April 2, 2020, https://infotechlead.com/cloud/aws-microsoft-google-alibaba-share-in-cloud-market-60638.

57 Jared Cohen and Richard Fontaine, "Uniting the Techno-Democracies," *Foreign Affairs*, November/December 2020, www.foreignaffairs.com/articles/united-states/2020-10-13/uniting-techno-democracies.

CHAPTER 2. **CTRL+C (복사하기)**

1 Northern Telecom Ltd., *Annual Report 1994*, February 23, 1995.

2 Northern Telecom Ltd., *Annual Report 1992*, February 25, 1993.

3 As quoted in Northern Telecom Ltd., *Annual Report 1992*.

4 Nick Waddell, "The Nortel Orbitor: The iPhone Killer That Was a Decade Ahead of Its Time," Cantech Letter, November 9, 2011, www.cantechletter.com/2011/11/nortels-orbitor-the-iphone-killer-that-was-a-decade-early/.

5 *The Future of Warfare: Hearing before the Committee on Armed Services, United States Senate*, 114th Cong. (2015) (statement of General Keith B. Alexander, Ret., former director of the National Security Agency), https://www.govinfo.gov/content/pkg/CHRG-114shrg99570/html/CHRG-114shrg99570.htm.

6 Northern Telecom Ltd., *Annual Report 1994*.

7 Milton Mueller and Zixiang Tan, *China in the Information Age: Telecommunications and the Dilemmas of Reform* (Westport, CT: Praeger, 1997), 26–29.

8 "Nortel Underlines Ties with China's Market," *People's Daily*, July 27, 2001, http://en.people.cn/english/200107/27/eng20010727_75951.html.

9 Sun Ying Shea, "Major Barriers in Telecommunications Technology

Transfer: Northern Telecom's Perspective" (master's thesis, Department of Communication, Simon Fraser University, 1992), 41, https://summit.sfu.ca/item/3834.

10   Robert D. Atkinson, "Who Lost Lucent?: The Decline of America's Telecom Equipment Industry," *American Affairs* 4, no. 3 (2020): 99–135, https://american affairsjournal.org/2020/08/who-lost-lucent-the-decline-of-americas-telecom-equipment-industry/.

11   Ann Walmsley, "The Deal That Almost Got Away: Nortel's Bid to Be a Global Player Was Pinned to a Crucial Chinese Contract," *Report on Business Magazine, Globe and Mail*, August 1995, https://search.proquest.com/docview/194517403.

12   Swapan Kumar Patra, "Innovation Network in IT Sector: A Study of Collaboration Patterns among Selected Foreign IT Firms in India and China," in *Collaboration in International and Comparative Librarianship*, ed. Susmita Chakraborty and Anup Kumar Das (Hershey, PA: IGI Global, 2014), 154, https://books.google.com/books?id=quNGAwAAQBAJ.

13   Brenda Dalglish, "China Comes to Call," *Maclean's*, May 2, 1994, https://archive.macleans.ca/article/1994/5/2/china-comes-to-call.

14   Xing Fan, *China Telecommunications: Constituencies and Challenges* (Cambridge, MA: Program on Information Resources Policy, Harvard University, Center for Information Policy Research, 1996), 146–47, www.pirp.harvard.edu/pubs_pdf/fan/fan-p96-4.pdf.

15   U.S. General Accounting Office, *Export Controls: Sale of Telecommunications Equipment to China*, GAO/NSIAD-97-5 (Washington, D.C.: U.S. General Accounting Office, 1996), www.gao.gov/assets/230/223441.pdf.

16   Marlin Fitzwater, "Statement by Press Secretary Fitzwater on Multilateral

Export Controls" (speech, White House press statement, n.p., May 24, 1991), in George H. W. Bush, *Public Papers of the Presidents of the United States: George H. W. Bush (1991, Book I)* (Washington, D.C.: U.S. Government Publishing Office, 1992), 558–59, https://www.govinfo.gov/content/pkg/PPP-1991-book1/html/PPP-1991-book1-doc-pg558.htm.

17　U.S. Department of Commerce, *Background Paper for Assistant Secretary Sue Eckert Meeting* (Washington, D.C.: U.S. Department of Commerce, 1994), China and the US, National Security Archive, George Washington University, Washington, D.C., https://search.proquest.com/docview/1679077299.

18　William J. Clinton, "Remarks to the Seattle APEC Host Committee" (speech, Asian-Pacific Economic Cooperation conference, Seattle, WA, November 19, 1993), The American Presidency Project, University of California, Santa Barbara, https://www.presidency.ucsb.edu/documents/remarks-the-seattle-apec-host-committee.

19　See chapter 13 in Michael J. Green, *By More than Providence: Grand Strateg y and American Power in the Asia Pacific Since 1783* (New York: Columbia University Press, 2017) and chapter 5 in Bob Davis and Lingling Wei, *Superpower Showdown: How the Battle between Trump and Xi Threatens a New Cold War* (New York: Harper Business, 2020).

20　Norman Kempster and Rone Tempest, "U.S. Imposes Sanctions on China, Pakistan over Missile Deal: Arms Technology: Export of Satellite Gear to Beijing Is Banned. Both Asian Nations Deny Violating Controls," *Los Angeles Times*, August 26, 1993, www.latimes.com/archives/la-xpm-1993-08-26-mn-28209-story.html.

21　U.S. Department of Commerce, *Assistant Secretary Sue Eckert Meeting*.

22　White House, *A National Security Strateg y of Engagement and Enlargement*, White House Report 19960807 039 (Washington, D.C.: White

House, 1996), 2–3, https://history.defense.gov/Portals/70/Documents/nss/nss1996.pdf?ver=2014-06-25-.

23 Hugo Meijer, *Trading with the Enemy: The Making of US Export Control Policy toward the People's Republic of China* (New York: Oxford University Press, 2016), 156–57.

24 William J. Clinton, "Remarks and a Question-and-Answer Session with Silicon Graphics Employees in Mountain View, California" (speech, Mountain View, CA, February 22, 1993), The American Presidency Project, University of California, Santa Barbara, www.presidency.ucsb.edu/documents/remarks-and-question-and-answer-session-with-silicon-graphics-employees-mountain-view.See also William J. Clinton, interview by John Culea (reporter, KFMB-TV), San Diego, CA, October 22, 1993, The American Presidency Project, University of California, Santa Barbara, www.presidency.ucsb.edu/documents/interview-with-john-culea-kfmb-tv-san-diego.

25 White House, *National Security Strateg y*, 1.

26 William J. Clinton, "Remarks in a Town Meeting with Russian Citizens in Moscow" (speech, Moscow, January 14, 1994), The American Presidency Project, University of California, Santa Barbara, www.presidency.ucsb.edu/documents/remarks-town-meeting-with-russian-citizens-moscow.

27 U.S. General Accounting Office, *Export Controls*, 9.

28 "Joining Forces: SCM/Brooks Telecommunications L.P. of Chicago . . . ," *Chicago Tribune*, May 5, 1993, www.chicagotribune.com/news/ct-xpm-1993-05-05-9305060330-story.html.

29 Jeff Gerth and Eric Schmitt, "The Technology Trade: A Special Report; Chinese Said to Reap Gains in U.S. Export Policy Shift," *New York Times*, October 19, 1998, www.nytimes.com/1998/10/19/us/technology-trade-special-report-chinese-said-reap-gains-us-export-policy-shift.html.

30   James C. Mulvenon, *Soldiers of Fortune: The Rise and Fall of the Chinese Military-Business Complex, 1978–1998* (New York: Routledge, 2015).

31   John Polanyi, "Education in the Information Age," in Northern Telecom Ltd., *Annual Report 1994*, http://sites.utoronto.ca/jpolanyi/public_affairs/public_affairs4g.html.

32   John Polanyi, email correspondence with author, December 4, 2020.

33   Northern Telecom Ltd., *Annual Report 1994*, 34.

34   Ray Le Maistre, "Huawei Reports 2008 Revenues of $18.3B," Light Reading, April 22, 2009, www.lightreading.com/huawei-reports-2008-revenues-of-$183b/d/d-id/667148; "Nortel Reconfirms 2008 Outlook, to Offer Notes," Reuters, May 21, 2008, www.reuters.com/article/idUKN2138018820080521.

35   As quoted in Xiao Wei 肖卫, *Yingxiang zhongguo jing ji fazhan de ershi wei qiye lingxiu* 影响中国经济发展的二十位企业领袖 [Twenty Enterprise Leaders That Influence China's Economy] (Shenyang, China: Shenyang chubanshe 沈阳出版社 [Shenyang Publishing House], 2000), 12; this was the source cited in Peilei Fan, "Promoting Indigenous Capability: The Chinese Government and the Catching-Up of Domestic Telecom-Equipment Firms," *China Review* 6, no. 1 (2006): 9–35, www.jstor.org/stable/23462007?seq=1.

36   "Opening Speech at the 12th National Congress of the Communist Party of China," *China Daily*, September 1, 1982, https://cpcchina.chinadaily.com.cn/2010-10/20/content_13918249.htm.

37   Cheng Dongsheng 程东升 and Liu Lili 刘丽丽, *Huawei Zhenxiang* 华为真相 [The Truth of Huawei] (Beijing: Dangdai zhongguo chubanshe 当代中国出版社 [Contemporary China Publishing House], 2003), 30.

38   " 'Du shang xingming' gao yanfa huawei weisheme zheme pin" '赌上性命'搞 研发 华为为什么这么拼 ["Betting Your Life" on R&D: Why Huawei

Works So Hard], *People's Daily*, November 23, 2018, http://ip.people.com.cn/n1/2018/1123/c179663-30417549.html.

39   Cheng and Liu, *Truth of Huawei*, 216–17.

40   Deng Yingying, "China's National Innovation System (NIS) in the Making: Case Studies of Three Indigenous Chinese Companies" (master's thesis, University of Massachusetts Lowell, 2003), 44–45; Evan S. Medeiros et al., *A New Direction for China's Defense Industry*, MG-334-AF (Santa Monica, CA: RAND, 2005), 218, www.rand.org/pubs/monographs/MG334.html; Bruce Gilley, "Huawei's Fixed Line to Beijing," *Far Eastern Economic Review*, December 28, 2000, www.web.pdx.edu/~gilleyb/Huawei_FEER28Dec2000.pdf.

41   Deng, "China's National Innovation System (NIS)," 45; Gilley, "Huawei's Fixed Line to Beijing."

42   Qing Mu and Keun Lee, "Knowledge Diffusion, Market Segmentation and Technological Catch-Up: The Case of the Telecommunication Industry in China," *Research Policy* 34, no. 6 (August 2005): 759–83, https://doi.org/10.1016/j.respol.2005.02.007.

43   Deng, "China's National Innovation System (NIS)," 45–46.

44   Cheng and Liu, *Truth of Huawei*, 103.

45   Cheng and Liu, *Truth of Huawei*, 284–86.

46   Mu and Lee, "Knowledge Diffusion," 759–83.

47   Deng, "China's National Innovation System (NIS)," 47–48; Mu and Lee, "Knowledge Diffusion."

48   Chuin-Wei Yap, "State Support Helped Fuel Huawei's Global Rise," *Wall Street Journal*, December 25, 2019, www.wsj.com/articles/state-support-helped-fuel-huaweis-global-rise-11577280736.

49   Yuan Yang and Nian Liu, "Huawei Founder Ren Zhengfei in His Own Words," *Financial Times*, January 15, 2019, www.ft.com/content/

aba92826-18db-11e9-9e64-d150b3105d21.

50   Deng, "China's National Innovation System (NIS)," 47–48.

51   "Huawei gongsi jibenfa (dinggao)" 华为公司基本法(定稿) [The Huawei
     Company Basic Law (Finalized)], Geren tushu guan 个人图书馆 [Personal
     Library], accessed February 23, 2021, www.360doc.com/conte
     nt/20/0925/16/20390846_937558376.shtml.

52   Li-Chung Chang et al., "Dynamic Organizational Learning: A Narrative
     Inquiry into the Story of Huawei in China," *Asia Pacific Business
     Review* 23, no. 4 (2017): 541–58, https://doi.org/10.1080/13602381.2
     017.1346910. On Deng's use of the concept, see Gao Yi 高屹, "Lishi
     xuanzele dengxiaoping (72)" 历史选择了邓小平 (72) [History Chose Deng
     Xiaoping (72)], *People's Daily*, August 1, 2018, http://cpc.people.com.cn/
     n1/2018/0801/c69113-30182455.html.

53   Cheng and Liu, *Truth of Huawei*, 41.

54   Cheng Dongsheng and Liu Lili, The Huawei Miracle: English Edition
     (Beijing: China Intercontinental Press, 2019), 52.

55   This source notes that Chen gave the book: Tian Tao, David De Cremer,
     and Wu Chunbo, *Huawei: Leadership, Culture, and Connectivity* (Los
     Angeles: SAGE, 2017), loc. 2015 of 6460, Kindle; this source notes the
     title of the book: Johann P. Murmann, Can Huang, and Xiaobo Wu,
     "Constructing Large Multinational Corporations from China: East Meets
     West at Huawei, 1987–2017," in *Academy of Management Annual
     Meeting Proceedings 2018* (Chicago: Academy of Management, 2018),
     https://doi.org/10.5465/AMBPP.2018.10189abstract.

56   Michael E. McGrath, *Setting the PACE in Product Development: A
     Guide to Product and Cycle-Time Excellence* (Boston: Butterworth-
     Heinemann, Elsevier, 1996), 172, https://books.google.com/
     books?id=W2TZvWAaMLoC.

57   Tian, De Cremer, and Wu, *Huawei*, loc. 4944, Kindle; "Huawei Technologies: A Trail Blazer in Africa," *Knowledge@Wharton*, April 20, 2009, https://knowledge.wharton.upenn.edu/article/huawei-technologies-a-chinese-trail-blazer-in-africa/.

58   Xiaobo Wu et al., "The Management Transformation of Huawei," in *The Management Transformation of Huawei: An Overview*, ed. Johann Peter Murmann (Cambridge, UK: Cambridge University Press, 2020), 40, www.alexandria.unisg.ch/259512/1/Murmann_Huawei_Overview.pdf.

59   Tian, De Cremer, and Wu, *Huawei*, loc. 5012-5016.

60   Tian, De Cremer, and Wu, *Huawei*, loc. 4884.

61   Tian, De Cremer, and Wu, *Huawei*, loc. 4914-4939.

62   Tian, De Cremer, and Wu, *Huawei*, loc. 5685.

63   Tian, De Cremer, and Wu, *Huawei*, loc. 5660.

64   Tian, De Cremer, and Wu, *Huawei*, loc. 5656.

65   Murmann, Huang, and Wu, "Constructing Large Multinational Corporations," 34.

66   Tian, De Cremer, and Wu, *Huawei*, loc. 4941.

67   Tian, De Cremer, and Wu, *Huawei*, loc. 5676.

68   Spencer E. Ante, "Huawei's Ally: IBM," *Wall Street Journal*, last modified October 10, 2012, www.wsj.com/articles/SB10000872396390443294904578046872036296296.

69   Tian, De Cremer, and Wu, *Huawei*, loc. 4941.

70   Clinton, "Speech on China Trade Bill."

71   *China in the WTO: What Will It Mean for the U.S. High Technology Sector?: Joint Hearing before the Subcommittee on International Economic Policy, Export and Trade Promotion and the Subcommittee on East Asian and Pacific Affairs of the Committee on Foreign Relations, United States Senate*, 106th Cong. (2000), www.govinfo.gov/app/details/

CHRG-106shrg66498/context.

72   Richard Younts (executive vice president, Motorola Inc.), testimony on *China in the WTO*.

73   Frank Carlucci (chairman of the board of directors, Nortel Networks), testimony on *China in the WTO*.

74   Jiang Zemin, "Accelerate the Development of Our Country's Information and Network Technologies" (speech excerpt, Third Session of the Ninth National People's Congress and the Third Session of the Ninth National Committee of the Chinese People's Political Consultative Conference, Beijing, March 3, 2000), in *On the Development of China's Information Technolog y Industry* (Amsterdam: Academic Press/Elsevier, 2010), 255–56.

75   Jiang Zemin, "Report on an Inspection Tour of the US and Canadian Electronics Industries," in *On the Development of China's Information Technolog y Industry*, 59–72, www.oreilly.com/library/view/on-the-development/9780123813695/B9780123813695000027.xhtml#fn0010.

76   Jiang Zemin, "Revitalize Our Country's Electronics Industry," *People's Daily*, September 11, 1983, in *On the Development of China's Information Technolog y Industry*, 73–77, www.oreilly.com/library/view/on-the-development/9780123813695/B9780123813695000039.xhtml#fn0010.

77   Jiang Zemin, "Gradually Explore a Chinese Style Development Path for the Electronics Industry," in *On the Development of China's Information Technolog y Industry*, 85–112, www.oreilly.com/library/view/on-the-development/9780123813695/B9780123813695000052.xhtml#fn0010.

78   Jiang Zemin, "Initiate a New Phase in the Electronics Industry's Services for the Four Modernizations," in *On the Development of China's Information Technolog y Industry*, 155–77, www.oreilly.com/library/view/on-the-development/9780123813695/B9780123813695000118.

xhtml#fn0010.

79 Jiang Zemin, "Strive to Accomplish the Two Historic Tasks of Mechanizing and Informationizing Our Army" (speech excerpt, enlarged meeting of the Central Military Commission, Beijing, December 11, 2000), in *On the Development of China's Information Technolog y Industry*, 261–62, https://learning.oreilly.com/library/view/on-the-development/9780123813695/B9780123813695000210.xhtml #B978-0-12-381369-5.00021-0.

80 Jiang Zemin, "Speech at the Opening Ceremony of the 16th World Computer Congress" (speech, opening ceremony, 16th World Computer Congress, Beijing, August 21, 2000), in *On the Development of China's Information Technolog y Industry*, 257–59, https://learning.oreilly.com/library/view/on-the-development/9780123813695/B9780123813695000209.xhtml#B978-0-12-381369-5.00020-9.

81 "Jiang Zemin Says E-Commerce Will Transform China," *New York Times*, August 22, 2000, www.nytimes.com/2000/08/22/technology/jiang-zemin-says-ecommerce-will-transform-china.html.

82 Walton, *China's Golden Shield*.

83 Zixue Tai, "Casting the Ubiquitous Net of Information Control: Internet Surveillance in China from Golden Shield to Green Dam," in *International Journal of Advanced Pervasive and Ubiquitous Computing* 2, no. 1 (2010): 53–70, http://doi.org/10.4018/japuc.2010010104.

84 Tai, "Casting the Ubiquitous Net," 55.

85 Mueller and Tan, *China in the Information Age*, 52; "Golden Projects," CNET, June 27, 1997, www.cnet.com/news/golden-projects/.

86 As quoted in Zixue Tai, *The Internet in China: Cyberspace and Civil Society* (New York: Routledge, 2006), 241.

87 Tai, *Internet in China*, 240–42.

88 Walton, *China's Golden Shield*, 15.

89 Walton, *China's Golden Shield*, 6.

90 GE Industrial Systems, "GE Industrial Systems Acquires Nortel Networks Lentronics Product Line," press release, August 25, 2001, www. gegridsolutions.com/multilin/pr/nnlentronics.pdf.

91 M. Perez, "SONET-Based System Enhances Reliability," *Transmission & Distribution World* 52, no. 12 (2000): 60–63; Walton, *China's Golden Shield*, 6.

92 Walton, *China's Golden Shield*, 6.

93 Walton, *China's Golden Shield*, 18.

94 Nortel Networks, *OPTera Metro 3500 Multiservice Platform: Release 12.1 Planning and Ordering Guide—Part 1 of 2*, NTRN10AN (Canada: Nortel Networks, 2004), www.manualslib.com/manual/113141/Nortel-Ntrn10an. html?page=2#manual.

95 Walton, *China's Golden Shield*, 21.

96 Thomas C. Greene, "Nortel Helps Stalk You on Line," *The Register*, February 1, 2001, www.theregister.co.uk/2001/02/01/nortel_helps_stalk_ you/.

97 "Nortel Breaks China Record," Light Reading, February 13, 2001, www. lightreading.com/ethernet-ip/nortel-breaks-china-record/d/d-id/572665.

98 "China Telecom Awards Nortel Networks China's Largest Ever Optical Contract," *Fiber Optics Weekly Update*, February 16, 2001.

99 Walton, *China's Golden Shield*, 21.

100 "Nortel Wins China Metro Deal," Light Reading, June 27, 2002, www. lightreading.com/cable-video/nortel-wins-china-metro-deal/d/ d-id/581602.

101 Tom Blackwell, "Exclusive: Did Huawei Bring Down Nortel? Corporate Espionage, Theft, and the Parallel Rise and Fall of Two Telecom Giants,"

National Post, February 24, 2020, https://nationalpost.com/news/exclusive-did-huawei-bring-down-nortel-corporate-espionage-theft-and-the-parallel-rise-and-fall-of-two-telecom-giants.

102　*United States of America v. Huawei Technologies Co., Ltd. et al.*, 18 CR 457 (S-3) (AMD), 7 (E.D.N.Y., 2020), www.justice.gov/opa/press-release/file/1248961/download.

103　Mark Chandler, "Huawei and Cisco's Source Code: Correcting the Record," *Cisco Blogs*, Cisco, October 11, 2012, https://blogs.cisco.com/news/huawei-and-ciscos-source-code-correcting-the-record.

104　Corinne Ramey and Kate O'Keeffe, "China's Huawei Charged with Racketeering, Stealing Trade Secrets," *Wall Street Journal*, February 13, 2020, www.wsj.com/articles/chinas-huawei-charged-with-racketeering-11581618336.

105　G. V. Muralidhara and Hadiya Faheem, "Huawei's Quest for Global Markets," in *China-Focused Cases: Selected Winners of the CEIBS Global Case Contest*, ed. CEIBS Case Center (Shanghai: Shanghai Jiao Tong University Press, 2019), 72, https://books.google.com/books?id=efGKDwAAQBAJ.

106　Eric Harwit, *China's Telecommunications Revolution* (Oxford: Oxford University Press, 2008), 131.

107　Chandler, "Huawei and Cisco's Source Code."

108　Plano Economic Development Board, "Progress Report 2002," n.d., 5, https://planotexas.org/ArchiveCenter/ViewFile/Item/55.

109　Bill Hethcock, "Huawei Makes Plano Expansion Official," *Dallas Business Journal*, November 11, 2009, www.bizjournals.com/dallas/stories/2009/11/09/daily27.html.

110　Carol D. Leonnig and Karen Tumulty, "Perry Welcomed Chinese Firm Despite Security Concern," *Washington Post*, August 14, 2011, www.

washingtonpost.com/politics/perry-welcomed-chinese-firm-despite-security-concern/2011/08/10/gIQAAu80EJ_story.html.

111 "Gov. Perry Helps Cut Ribbon at Huawei Technologies' New U.S. Headquarters," YouTube video, 11:46, posted by Governor Perry, October 2, 2010, www.youtube.com/watch?v=0eruWGDSYDg&ab_channel=GovernorPerry.

112 Governor Perry, "Gov. Perry Helps Cut Ribbon."

113 U.S. Department of Justice, "Chinese Telecommunications Conglomerate Huawei and Subsidiaries Charged in Racketeering Conspiracy and Conspiracy to Steal Trade Secrets," press release, February 13, 2020, www.justice.gov/opa/pr/chinese-telecommunications-conglomerate-huawei-and-subsidiaries-charged-racketeering.

114 *Motorola, Inc. v. Lemko Corporation et al.,* 08 CV 5427, 83-86 (N.D. Ill., 2010), https://dig.abclocal.go.com/wls/documents/2019/060719-wls-motorola-huawei-doc.pdf.

115 *Motorola, Inc.*, 08 CV at 86.

116 Henny Sender, "How Huawei Tried to Sell Itself to Motorola for $7.5Bn," *Financial Times*, February 27, 2019, www.ft.com/content/fa8e7ab4-3905-11e9-b856-5404d3811663.

117 Nortel Networks Corporation, *2004 Annual Report*, n.d., x, https://beatriceco.com/bti/porticus/bell/pdf/Nortel_annual_2004_en.pdf.

118 Nortel Networks Corporation, *2004 Annual Report*, xii.

119 John Kehoe, "How Chinese Hacking Felled Telecommunication Giant Nortel," *Australian Financial Review*, last modified May 28, 2014, www.afr.com/technology/how-chinese-hacking-felled-telecommunication-giant-nortel-20140526-iux6a.

120 Siobhan Gorman, "Chinese Hackers Suspected in Long-Term Nortel Breach," *Wall Street Journal*, February 14, 2012, www.wsj.com/articles/

SB10001424052970203363504577187502201577054.

121 Kehoe, "How Chinese Hacking Felled Telecommunication Giant Nortel."

122 Blackwell, "Did Huawei Bring Down Nortel?"; Mandiant Solutions, FireEye, "APT1: Exposing One of China's Cyber Espionage Units," n.d., www.fireeye.com/content/dam/fireeye-www/services/pdfs/mandiant-apt1-report.pdf.

123 Ray Le Maistre, "Nortel & Huawei: Broadband Buddies," Light Reading, February 1, 2006, www.lightreading.com/broadband/nortel-and-huawei-broadband-buddies/d/d-id/622795.

124 Bruce Einhorn, "Nortel-Huawei, RIP," Bloomberg, June 14, 2006, www.bloomberg.com/news/articles/2006-06-13/nortel-huawei-rip?sref=VZPf2pAM.

125 James Bagnall, "Four-Year Tenure of Would-Be Saviour Couldn't Pull Nortel Out of Death Spiral," *Vancouver Sun*, November 4, 2009, www. pressreader.com/canada/vancouver-sun/20091104/282114927649044.

126 Jonathan Calof et al., *An Overview of the Demise of Nortel Networks and Key Lessons Learned: Systemic Effects in Environment, Resilience and Black-Cloud Formation* (Ottawa: Telfer School of Management, University of Ottawa, 2014), http://sites.telfer.uottawa.ca/nortelstudy/files/2014/02/nortel-summary-report-and-executive-summary.pdf.

127 John F. Tyson, *Adventures in Innovation: Inside the Rise and Fall of Nortel* (United States: Library and Archives Canada, 2014), 189, Kindle.

128 "Timeline: Key Dates in the History of Nortel," Reuters, January 14, 2009, www.reuters.com/article/us-nortel-timeline-sb/timeline-key-dates-in-the-history-of-nortel-idUSTRE50D3N120090115; *The Canadian Encyclopedia*, s.v. "Nortel," last modified January 4, 2018, www. thecanadianencyclopedia.ca/en/article/nortel.

129 James Bagnall, "Tech Vets Aim to Save Nortel, Build National Web

Network; Ferchat Group Hopes $1B from Bankers Enough to Save Firm, Proposes Using Tax Credits to Help Fund Endeavor," *Ottawa Citizen*, May 30, 2009, www.pressreader.com/canada/ottawa-citiz en/20090530/281517927085416.

130   Bagnall, "Tech Vets Aim to Save Nortel"; Barrie McKenna, "The Ghost of Nortel Continues to Haunt Canada's Tech Sector," *Globe and Mail*, December 4, 2011, www.theglobeandmail.com/report-on-business/rob-commentary/the-ghost-of-nortel-continues-to-haunt-canadas-tech-sector/article1357909/.

131   Atkinson, "Who Lost Lucent?"

132   James Bagnall, " 'Were We Prepared to Just Let Nortel Sink? The Answer Was No,' " *Vancouver Sun*, November 2, 2009, www.pressreader.com/canada/vancouver-sun/20091102/282166467255135.

133   Andy Greenberg, "The Deal That Could Have Saved Nortel," *Forbes*, January 14, 2009, www.forbes.com/2009/01/14/nortel-huawei-china-tech-wire-cx_ag_0114nortel.html?sh=171aa966564f.

134   David Friend, "Nortel Bankruptcy: $7.3B in Remaining Assets to Be Split among Subsidiaries," CBC, May 12, 2015, www.cbc.ca/news/business/nortel-bankruptcy-7-3b-in-remaining-assets-to-be-split-among-subsidiaries-1.3071789.

135   Tom Hals, "Courts OK Nortel Patent Sale to Apple/RIM Group," Reuters, July 11, 2011, www.reuters.com/article/us-nortel-patents/courts-ok-nortel-patent-sale-to-apple-rim-group-idUSTRE76A51Y20110711.

136   Nathan Vanderklippe, "Huawei Founder Ren Zhengfei Denies Involvement with Nortel Collapse," *Globe and Mail*, July 2, 2019, www.theglobeandmail.com/world/article-huawei-founder-ren-zhengfei-denies-involvement-with-nortel-collapse/.

137   Claude Barfield, *Telecoms and the Huawei Conundrum: Chinese Foreign*

Direct Investment in the United States (Washington, D.C.: American Enterprise Institute, 2011), 13, https://www.aei.org/wp-content/uploads/2011/11/-telecoms-and-the-huawei-conundrum-chinese-foreign-direct-investment-in-the-united-states_103528582558.pdf; "Huawei Hires R&D Chief for US," Mobile World Live, November 24, 2010, www.mobileworldlive.com/latest-stories/huawei-hires-rd-chief-for-us.

138 John Paczkowski, "John Roese on Redefining Huawei and the Democratization of Smartphones," *All Things D* (blog), *Wall Street Journal*, October 20, 2011, http://allthingsd.com/20111020/huaweis-john-roese-live-at-asiad/.

139 Gordon Corera, "GCHQ Chief Warns of Tech 'Moment of Reckoning,' " BBC, April 23, 2021, https://www.bbc.com/news/technology-56851558.

140 Francis Vachon, "Department of National Defence's New $1-Billion Facility Falls Short on Security," *Globe and Mail*, September 2, 2016, www.theglobeandmail.com/news/politics/department-of-national-defences-new-1-billion-facility-falls-short-on-security/article31685234/; David Pugliese, "The Mystery of the Listening Devices at DND's Nortel Campus," *Ottawa Citizen*, October 18, 2016, https://ottawacitizen.com/news/national/defence-watch/the-mystery-of-the-listening-devices-at-dnds-nortel-campus.

141 "Nortel's Richardson Campus to Sell for More than $43 Million," *Dallas Morning News*, May 24, 2011, www.dallasnews.com/business/real-estate/2011/05/24/nortels-richardson-campus-to-sell-for-more-than-43-million/.

142 Brad Howarth, "Nortel Rides the Data Wave," *Australian Financial Review*, October 27, 2000, www.afr.com/companies/nortel-rides-the-data-wave-20001027-kb6yx.

CHAPTER 3. 사람이 있는 곳이라면 어디든

1   Andrew Van Dam, "Using the Best Data Possible, We Set Out to Find the Middle of Nowhere," *Washington Post*, February 20, 2018, www. washingtonpost.com/news/wonk/wp/2018/02/20/using-the-best-data-possible-we-set-out-to-find-the-middle-of-nowhere/.

2   Jason Miller, "Ban on Chinese Products Starts Today Despite Confusion over Acquisition Rule," Federal News Network, August 13, 2020, https:// federalnewsnetwork.com/acquisition-policy/2020/08/ban-on-chinese-products-starts-today-despite-confusion-over-acquisition-rule/.

3   Yun Wen, *The Huawei Model: The Rise of China's Technology Giant* (Champaign, IL: University of Illinois Press, 2020), 36.

4   Xi Le'a 喜樂阿, "Nongcun baowei chengshi: Yi bu shangye shi" 农村包围城市：一部商业史 [Encircling the City from the Countryside: A Business History], Sohu, October 10, 2018, www.sohu.com/a/258532158_115207.

5   Joan Helland et al., *Glasgow and Valley County* (Charleston, WV: Arcadia, 2010), back cover, https://books.google.com/books?id=uv1XpQ8hUBsC &pg=PA8#v=onepage&q=diamond&f=false.

6   Susan Crawford, *Fiber: The Coming Tech Revolution—and Why America Might Miss It* (New Haven, CT: Yale University Press, 2018), 136, Kindle.

7   DJ&A, P.C., "City of Glasgow, Montana: Growth Policy," October 30, 2013, 128, https://2ba70dec-0753-4999-8565-a5c84d9d967a.filesusr.com/ ugd/ae3595_5b0d2bb7ceb244288f31de5f0ba212ec.pdf.

8   Federal Communications Commission, *Inquiry Concerning the Deployment of Advanced Telecommunications Capability to All Americans in a Reasonable and Timely Fashion, and Possible Steps to Accelerate Such Deployment Pursuant to Section 706 of the Telecommunications Act of 1996, CC Docket No. 98-146: Report*, FCC 99-005 (Washington, D.C.: Federal Communications Commission, 1999), 5,

https://transition.fcc.gov/Bureaus/Common_Carrier/Reports/fcc99005-converted.pdf.

9   Federal Communications Commission, *Inquiry Concerning the Deployment of Advanced Telecommunications Capability to All Americans in a Reasonable and Timely Fashion, and Possible Steps to Accelerate Such Deployment Pursuant to Section 706 of the Telecommunications Act of 1996, CC Docket No. 98-146: Second Report*, FCC 00-290 (Washington, D.C.: Federal Communications Commission, 2000), 87, https://transition.fcc.gov/Bureaus/Common_Carrier/Orders/2000/fcc00290.pdf.

10   Federal Communications Commission, *Availability of Advanced Telecommunications Capability in the United States, GN Docket No. 04-54: Fourth Report to Congress*, FCC 04-208 (Washington, D.C.: Federal Communications Commission, 2004), 5, www.fcc.gov/reports-research/reports/broadband-progress-reports/fourth-broadband-progress-report.

11   Bill Callahan, "More Digital Redlining? AT&T Home Broadband Deployment and Poverty in Detroit and Toledo," NDIA, September 6, 2017, www.digitalinclusion.org/blog/2017/09/06/more-digital-redlining-att-deployment-and-poverty-in-detroit-and-toledo/.

12   Federal Communications Commission, *Inquiry Concerning the Deployment of Advanced Telecommunications Capability to All Americans in a Reasonable and Timely Fashion, and Possible Steps to Accelerate Such Deployment Pursuant to Section 706 of the Telecommunications Act of 1996, as Amended by the Broadband Data Improvement Act, GN Docket No. 14-126: 2015 Broadband Progress Report and Notice of Inquiry on Immediate Action to Accelerate Deployment*, FCC 15-10 (Washington, D.C.: Federal Communications Commission, 2015), www.fcc.gov/reports-research/reports/broadband-

progress-reports/2015-broadband-progress-report.

13　Tom Wheeler (former chairman, Federal Communications Commission), interview by author, March 2021.

14　Federal Communications Commission, *2015 Broadband Progress Report*, 111.

15　Ajit Pai, "Remarks of Ajit Pai, Chairman, Federal Communications Commission" (speech, Federal Communications Commission, Washington, D.C., January 24, 2017), www.fcc.gov/document/chairman-pai-remarks-federal-communications-commission.

16　Alex Marquardt and Michael Conte, "Huawei Connects Rural America. Could It Threaten the Country's Most Sensitive Military Sites?," CNN, last modified March 11, 2019, www.cnn.com/2019/03/11/politics/huawei-cell-towers-missile-silos/index.html.

17　Those without cellular connections can pay extra for a satellite link or forgo the real-time features and carry data from the machine to their computers on a USB drive.

18　Nemont Telephone Cooperative, Inc., email message to author, December 2020.

19　Tim Pierce, "High-Speed Internet? Bill Gives Tax Breaks to Companies That Install Fiber Optic Cables," *Missoula Current*, February 19, 2019, https://missoulacurrent.com/business/2019/02/montana-high-speed-internet/.

20　Mike Rogers and C.A. Dutch Ruppersberger, *Investigative Report on the U.S. National Security Issues Posed by Chinese Telecommunications Companies Huawei and ZTE* (Washington, D.C.: Permanent Select Committee on Intelligence, U.S. House of Representatives, 2012), www.hsdl.org/?abstract&did=723367.

21　Huib Modderkolk, "Huawei Kon Alle Gesprekken van Mobiele

KPN-Klanten Af luisteren, inclusief Die van de Premier" [Huawei Was Able to Eavesdrop on All of KPN Mobile's Customers' Calls, Including Those of the Prime Minister], De Volkskrant, April 17, 2021, https://www.volkskrant.nl/nieuws-achtergrond/huawei-kon-alle-gesprekken-van-mobiele-kpn-klanten-afluisteren-inclusief-die-van-de-premier~bd1aece1/; Morgan Meaker, "New Huawei Fears over Dutch Mobile Eavesdropping," *The Telegraph*, April 18, 2021, https://www.telegraph.co.uk/technology/2021/04/18/new-huawei-fears-dutch-mobile-eavesdropping/.

22   Cecilia Kang, "Huawei Ban Threatens Wireless in Rural Areas," *New York Times*, May 25, 2019, www.nytimes.com/2019/05/25/technology/huawei-rural-wireless-service.html.

23   Kang, "Huawei Ban Threatens Wireless."

24   Ren Zhengfei 任正非, "Xiong jiujiu qi angang kuaguo taipingyang" 雄起起气昂昂跨过太平洋 [Gallantly and Valiantly Cross the Pacific], *Huawei Ren* 华为人 [Huawei People], January 18, 2001, http://app.huawei.com/paper/newspaper/newsBookCateInfo.do?method=showDigestInfo&infoId=13928&sortId=1.

25   Peter Nolan, *Re-balancing China: Essays on the Global Financial Crisis, Industrial Policy and International Relations* (London: Anthem Press, 2015), 117.

26   Cheng and Liu, *Truth of Huawei*, 69.

27   Li Jie 李杰, "Mosike bu xiangxin yanlei" 莫斯科不相信眼泪 [Moscow Does Not Believe in Tears], *Huawei Ren* 华为人 [Huawei People], November 5, 2002, http://app.huawei.com/paper/newspaper/newsBookCateInfo.do?method=showDigestInfo&infoId=13969&sortId=1.

28   Li, "Mosike bu xiangxin yanlei."

29   Yang Shaolong, *The Huawei Way: Lessons from an International Tech*

Giant on Driving Growth by Focusing on Never-Ending Innovation (New York: McGraw-Hill Education, 2017), 188.

30 Yang, *Huawei Way*, 195–96.

31 William C. Kirby, Billy Chan, and John P. McHugh, *Huawei: A Global Tech Giant in the Crossfire of a Digital Cold War*, Harvard Business School Case 320-089 (Bos-ton: Harvard Business School Publishing, 2020), www.hbs.edu/faculty/Pages/item.aspx?num=57723.

32 Ma Guangyi 马广义, "Dongbian richu xibian wangui" 东边日出西边晚归 [Setting Out with the Eastern Sunrise, Returning with the Western Sunset], Huawei Ren 华为人 [Huawei People], November 30, 2005, http://app.huawei.com/paper/newspaper/newsBookCateInfo.do?method=showDigestInfo&infoId=13486&sortId=8.

33 Peng Zhongyang 彭中阳, "Wo shi yi ge kuaile de xiao bing" 我是一个快乐的小兵 [I'm a Happy Little Soldier], Huawei Ren 华为人 [Huawei People], January 20, 2009, http://app.huawei.com/paper/newspaper/newsBookCateInfo.do?method=showDigestInfo&infoId=14144&sortId=1.

34 Peng, "Wo shi yi ge kuaile de xiao bing."

35 Wang Hong 汪宏, "Feizhou dalu shang de Huawei ren" 非洲大陆上的华为人 [Huawei People on the African Continent], *Huawei Ren* 华为人 [Huawei People], June 12, 2000, http://app.huawei.com/paper/newspaper/newsBookCateInfo.do?method=showDigestInfo&infoId=13841&sortId=1.

36 *ZTE: A Threat to America's Small Businesses: Hearing before the Committee on Small Business, United States House of Representatives*, 115th Cong. 7–8 (2018) (testimony of Andy Keiser, visiting fellow, National Security Institute, Antonin Scalia Law School, George Mason University), www.govinfo.gov/content/pkg/CHRG-115hhrg30507/pdf/CHRG-115hhrg30507.pdf.

37 Amy MacKinnon, "For Africa, Chinese-Built Internet Is Better Than No Internet at All," *Foreign Policy*, March 19, 2019, https://foreignpolicy.com/2019/03/19/for-africa-chinese-built-internet-is-better-than-no-internet-at-all/.

38 Ren Zhengfei 任正非, "Ren Zhengfei yu 2000–22 qi xueyuan jiaoliu jiyao" 任正非2000–22期学员交流纪要 [Minutes of a Conversation between Ren Zhengfei and Trainees from the Classes of 2000 to 2022], *Huawei Ren* 华为人 [Huawei People], September 8, 2000, http://app.huawei.com/paper/newspaper/newsBookCateInfo.do?method=showDigestInfo&infoId=13873&sortId=1.

39 Yang, *Huawei Way*, 191.

40 Peng Gang 彭刚, "Bai niluohe pan de xingfu shenghuo" 白尼罗河畔的幸福生活 [A Happy Life on the Shores of the White Nile], *Huawei Ren* 华为人 [Huawei People], September 29, 2011, http://app.huawei.com/paper/newspaper/newsBookCateInfo.do?method=showDigestInfo&infoId=14213&sortId=13&commentLanguage=1.

41 "Is Corporate 'Wolf-Culture' Devouring China's Over-Worked Employees?," China Labour Bulletin, May 27, 2008, https://clb.org.hk/content/corporate-%E2%80%9Cwolf-culture%E2%80%9D-devouring-china%E2%80%99s-over-worked-employees.

42 Chen Hong, "Thousands of Huawei Staff 'Quit,'" *China Daily*, November 3, 2007, www.chinadaily.com.cn/bizchina/2007-11/03/content_6228248.htm.

43 "Huawei gongsi juxing dongshihui zilü xuanyan xuanshi dahui" 华为公司举行董事会自律宣言宣誓大会 [Huawei Holds Self-Discipline Oath Ceremony for Its Board of Directors], *Huawei Ren* 华为人 [Huawei People], February 4, 2013, http://app.huawei.com/paper/newspaper/newsBookCateInfo.do?method=showDigestInfo&infoId=17479&sortId=8.

44   Ren Zhengfei, "Minutes of the Briefing on the Progress of Differentiated Appraisals for Regions," Huawei Executive Office Speech No. [2015] 050, as cited in Weiwei Huang, *Built on Value: The Huawei Philosophy of Finance Management* (Singapore: Palgrave Macmillan, 2019), 130, https://link.springer.com/content/pdf/10.1007%2F978-981-13-7507-1_5.pdf.

45   Gilley, "Huawei's Fixed Line to Beijing."

46   "Russia and China 'Broke Iraq Embargo,' " BBC, December 19, 2002, http://news.bbc.co.uk/2/hi/europe/2591351.stm.

47   Ellen Nakashima, Gerry Shih, and John Hudson, "Leaked Documents Reveal Huawei's Secret Operations to Build North Korea's Wireless Network," *Washington Post*, July 22, 2019, www.washingtonpost.com/world/national-security/leaked-documents-reveal-huaweis-secret-operations-to-build-north-koreas-wireless-network/2019/07/22/583430fe-8d12-11e9-adf3-f70f78c156e8_story.html.

48   Yi Mingjun 易明军, "Chuanyue zhandi" 穿越战地 [Traversing the Battlefield], *Huawei Ren* 华为人 [Huawei People], January 15, 2004, http://app.huawei.com/paper/newspaper/newsBookCateInfo.do?method=showDigestInfo&infoId=13968&sortId=1.

49   "Huawei Wins Iraq Deal," Light Reading, July 23, 2007, www.lightreading.com/huawei-wins-iraq-deal/d/d-id/644593.

50   "Zai digelisihe pan" 在底格里斯河畔 [On the Shores of the Tigris River], *Huawei Jiashi* 华为家事 [Huawei Family Matters] (blog), April 22, 2017.

51   Larry Wentz, Frank Kramer, and Stuart Starr, *Information and Communication Technologies for Reconstruction and Development* (Washington, D.C.: Center for Technology and National Security Policy, 2008), 18, www.aesanetwork.org/wp-content/uploads/2018/02/Information-and-Communication-Technologies-for-Reconstruction-and-Development-1.pdf.

52   Asian Development Bank, *Extended Annual Review Report* (Mandaluyong, Philippines: Asian Development Bank, 2011), 3, www.adb.org/sites/default/files/project-document/60266/42919-01-afg-xarr.pdf.

53   Lin Jincan 林进灿, "Afuhan gongzuo shenghuo shi lu" 阿富汗工作生活实录 [A Real Account of Life Working in Afghanistan], *Huawei Ren* 华为人 [Huawei People], September 28, 2010, http://app.huawei.com/paper/newspaper/newsPaperPage.do?method=showSelNewsInfo&cateId=2101&pageId=2461&infoId=4522&sortId=1&commentLanguage=1&commentId=20009&search_result=2.

54   Amy Nordrum, "Afghan Wireless Launches First LTE Network in Afghanistan," *IEEE Spectrum*, June 1, 2017, https://spectrum.ieee.org/tech-talk/telecom/wireless/afghan-wireless-launches-first-4g-lte-network-in-afghanistan.

55   Jon B. Alterman, "Fighting but Not Winning," Center for Strategic and International Studies, November 25, 2019, www.csis.org/analysis/fighting-not-winning.

56   Thomas Donahue, "The Worst Possible Day: U.S. Telecommunications and Huawei," *PRISM* 8, no. 3 (2020): 17, https://ndupress.ndu.edu/Media/News/News-Article-View/Article/2053215/the-worst-possible-day-us-telecommunications-and-huawei/.

57   Ren Zhengfei 任正非, "Ren Zhengfei guanyu zhen'ai shengming yu zhiye zeren de jianghua" 任正非关于珍爱生命与职业责任的讲话 [Ren Zhengfei's Lecture on Cherishing Life and Professional Responsibilities], *Huawei Ren* 华为人 [Huawei People], May 5, 2011, http://app.huawei.com/paper/newspaper/newsBookCateInfo.do?method=showDigestInfo&infoId=14240&sortId=13.

58   Lois Lonnquist, *Fifty Cents an Hour: The Builders and Boomtowns of the Fort Peck Dam* (Helena, MT: MtSky Press, 2006), loc. 1145 of 5005, Kindle.

59   Lonnquist, *Fifty Cents an Hour*, loc. 2755.

60   Lonnquist, *Fifty Cents an Hour*, loc. 2166.

61   Lonnquist, *Fifty Cents an Hour*, loc. 226.

62   Kristen Inbody, "Fort Peck Dam Puts Country Back to Work," *Great Falls Tribune*, March 3, 2017, www.greatfallstribune.com/story/life/my-montana/2014/06/29/fort-peck-dam-puts-country-back-work/11559491/.

63   David Meyer, "MTA Official Defends 2nd Avenue Subway's $6B Price Tag," *New York Post*, September 16, 2019, https://nypost.com/2019/09/16/mta-official-defends-2nd-avenue-subways-6b-price-tag/.

64   Darryl Fears, "This Fish Lived in Peace for 70 Million Years. Then It Met the Army Corps of Engineers," *Washington Post*, January 26, 2015, www.washingtonpost.com/news/energy-environment/wp/2015/01/26/after-70-illion-years-a-prehistoric-fish-is-vanishing-in-montana-heres-why/.

65   Franklin D. Roosevelt, "Informal Remarks of the President" (speech, Fort Peck, MT, August 6, 1934), Franklin D. Roosevelt Presidential Library and Museum, Hyde Park, NY, www.fdrlibrary.marist.edu/_resources/images/msf/msf00746.

66   Erin Blakemore, "These Women Taught Depression-Era Americans to Use Electricity," History, last modified March 1, 2019, https://www.history.com/news/new-deal-great-depression-rural-electrification.

67   *Missouri River (Fort Peck Dam), Mont.: Hearings before the Committee on Rivers and Harbors, House of Representatives*, 75th Cong. 14 (1937) (Jerry J. O'Connell, Representative from Montana), https://books.google.com/books?id=K55IAAAAMAAJ.

68   Carl Kitchens and Price Fishback, "Flip the Switch: The Spatial Impact of the Rural Electrification Administration 1935–1940" (working paper, National Bureau of Economic Research, 2013), www.nber.org/papers/w19743.

69 Carl Kitchens, "US Electrification in the 1930s," VoxEU, January 29, 2014, https://voxeu.org/article/us-electrification-1930s.

70 Eugene Pike, interview by Merri Ann Hartse, n.p., circa November 1979, Rural Electrification Oral History Project, Archives and Special Collections, Mansfield Library, University of Montana, Missoula, MT, https://scholarworks.umt.edu/ruralelectrification_oralhistory/3/.

71 Joshua Lewis and Edson Severnini, "Short-and Long-Run Impacts of Rural Electrification: Evidence from the Historical Rollout of the U.S. Power Grid," *Journal of Development Economics* 143 (2020): 1, https://doi.org/10.1016/j.jdeveco.2019.102412.

72 Michael W. Kahn, "FCC Chairman: Co-ops Key to Rural Broadband," Cooperative, January 16, 2018, www.cooperative.com/news/Pages/ceo-close-up-fcc-broadband.aspx.

73 Brad Smith and Carol Ann Browne, *Tools and Weapons: The Promise and the Peril of the Digital Age* (New York: Penguin, 2019), 156.

74 Michael Bennet, "Bennet Urges FCC Chairman to Reconsider Proposal to Limit Resources for Program Essential to Bridging the Digital Divide between Rural and Urban Communities," press release, May 21, 2019, www.bennet.senate.gov/public/index.cfm/2019/5/bennet-urges-fcc-chairman-to-reconsider-proposal-to-limit-resources-for-program-essential-to-bridging-the-digital-divide-between-rural-and-urban-communities.

75 Federal Communications Commission, *Inquiry Concerning Deployment of Advanced Telecommunications Capability to All Americans in a Reasonable and Timely Fashion, GN Docket No. 18-238: 2019 Broadband Deployment Report*, FCC 19-44 (Washington, D.C.: Federal Communications Commission, 2019), 16, https://docs.fcc.gov/public/attachments/FCC-19-44A1.pdf.

76 Andrew Perrin, "Digital Gap between Rural and Nonrural America Persists," Pew Research Center, May 31, 2019, www.pewresearch.org/fact-tank/2019/05/31/digital-gap-between-rural-and-nonrural-america-persists/.

77 Joan Engebretson, "USTelecom Measures Rural Broadband Gap: 65% of Rural Areas Have 25/3 Mbps vs. 98% of Non-Rural Areas," Telecompetitor, December 3, 2018, www.telecompetitor.com/ustelecom-measures-rural-broadband-gap-65-of-rural-areas-have-25-3-mbps-vs-98-of-non-rural-areas/.

78 Dan Littmann et al., *Communications Infrastructure Upgrade: The Need for Deep Fiber* (Chicago: Deloitte, 2017), www2.deloitte.com/content/dam/Deloitte/us/Documents/technology-media-telecommunications/us-tmt-5GReady-the-need-for-deep-fiber-pov.pdf.

79 Elsa B. Kania (@EBKania), "Perhaps support and funding for online training of workers in critical digital skillsets, such as cyber security and data science?," Twitter, April 29, 2020, 11:22 a.m., https://twitter.com/EBKania/status/1255532911639629830.

80 White House, "Fact Sheet: The American Jobs Plan," press release, March 31, 2021, https://www.whitehouse.gov/briefing-room/statements-releases/2021/03/31/fact-sheet-the-american-jobs-plan/.

81 *5G Supply Chain Security: Threats and Solutions: Hearing before the S. Comm. on Commerce, Science, & Transportation*, 116th Cong. (2020) (statement of James A. Lewis, senior vice president and director, Technology Policy Program, Center for Strategic and International Studies), https://csis-website-prod.s3.amazonaws.com/s3fs-public/congressional_testimony/Jim%20Lewis%20Written%20Statement%203-4-20.pdf.

82 Federal Communications Commission, *Huawei Designation, PS Docket No. 19-351; ZTE Designation, PS Docket No. 19-352; Protecting against*

National Security Threats to the Communications Supply Chain through FCC Programs, WC Docket No. 18-89: Comments of Parallel Wireless— Innovators of Open 4G and 5G ORAN Network Solutions* (Washington, D.C.: Federal Communications Commission, 2020) (statement of Steve Papa, CEO, Parallel Wireless), https://ecfsapi.fcc.gov/file/1041345868634/FCC%20 Comments%20Supply%20Chain%20Security%20Parallel%20Wireless%20 April%2013.pdf.

83   Sean Kinney, "Is Open RAN Key to the 5G Future?," *RCRWireless News*, September 2020, 7, www.altiostar.com/wp-content/uploads/2020/10/ RCR-Wireless-Is-Open-RAN-key-to-the-5G-Future.pdf.

84   Morning Consult, "Broadband Survey Results" (presentation, Internet Innovation Alliance, n.p., September 2, 2020), https://internetinnovation.org/ wp-content/uploads/IIA-Broadband-Survey-Results-Registered-Voters- Final.pdf.

85   Crawford, *Fiber*, 210.

86   John Hendel, "Biden Infrastructure Plan Sparks Lobbying War over How to Fix America's Internet," *Politico*, April 21, 2021, https://www.politico. com/news/2021/04/21/biden-infrastructure-broadband-lobbying-484002.

87   Stu Woo, "The U.S. vs. China: The High Cost of the Technology Cold War," *Wall Street Journal*, October 22, 2020, www.wsj.com/articles/the-u- s-vs-china-the-high-cost-of-the-technology-cold-war-11603397438.

88   Kang, "Huawei Ban Threatens Wireless."

89   Gregg Hunter, correspondence with author, December 2020.

90   Jim Salter, "5G in Rural Areas Bridges a Gap That 4G Doesn't, Especially Low-and Mid-band," Ars Technica, September 14, 2020, https:// arstechnica.com/features/2020/09/5g-03-rural/.

91   Jon Brodkin, "T-Mobile Touts 'Nationwide 5G' That Fails to Cover 130 Million Americans," Ars Technica, December 2, 2019, https://arstechnica.

com/information-technology/2019/12/t-mobile-touts-nationwide-5g-that-fails-to-cover-130-million-americans/.

92   Ruopu Li, Kang Cheng, and Di Wu, "Challenges and Opportunities for Coping with the Smart Divide in Rural America," *Annals of the American Association of Geographers* 110, no. 2 (2020): 565, https://doi.org/10.1080/24694452.2019.1694402.

93   Kevin J. O'Brien, "An Optimist on 3G Despite Losing It All— Technology— International Herald Tribune," *New York Times*, July 30, 2006, www.nytimes.com/2006/07/30/technology/30iht-3Gschmid.2332154.html?searchResultPosition=131; Kevin J. O'Brien, "3G Cost Billions: Will It Ever Live Up to Its Hype?," *New York Times*, July 30, 2006, www.nytimes.com/2006/07/30/technology/30iht-3G.html?searchResultPosition=98.

94   Mark T. Esper, "As Prepared Remarks by Secretary of Defense Mark T. Esper at the Munich Security Conference" (speech, Munich Security Conference, Munich, February 15, 2020), www.defense.gov/Newsroom/Speeches/Speech/Article/2085577/remarks-by-secretary-of-defense-mark-t-esper-at-the-munich-security-conference/.

95   Rob Schmitz, "U.S. Pressures Europe to Find Alternatives to Huawei," NPR, February 15, 2020, www.npr.org/2020/02/15/806366021/europe-pressures-u-s-to-back-low-cost-alternative-to-huawei.

96   Maximilian Mayer, "Europe's Digital Autonomy and Potentials of a U.S.-German Alignment toward China," American Institute for Contemporary German Studies, Johns Hopkins University, December 16, 2020, www.aicgs.org/2020/12/europes-digital-autonomy-and-potentials-of-a-u-s-german-alignment-toward-china/.

97   "Chinesischer Botschafter Ken Wu: 'Die Sicherheitsbedenken der USA gegen Huawei Sind Scheinheilig' " [Chinese Ambassador Wu Ken:

'U.S. Security Concerns About Huawei Are Hypocritical'], online video, 38:49, from live interview with *Handelsblatt*, posted by *Handelsblatt*, December 13, 2019, www.handelsblatt.com/video/live/handelsblatt-live-chinesischer-botschafter-ken-wu-die-sicherheitsbedenken-der-usa-gegen-huawei-sind-scheinheilig/25332882.html?ticket=ST-1259683-3gjcruN7Ek1kqpedwqBg-ap1.

98 Heiko Maas, "Speech by Foreign Minister Heiko Maas on European Digital Sovereignty on the Occasion of the Opening of the Smart Country Convention of the German Association for Information Technology, Telecommunications and New Media (Bitkom)" (speech, Smart Country Convention, German Association for Information Technology, Telecommunications and New Media, Berlin, October 27, 2020), www.auswaertiges-amt.de/en/newsroom/news/maas-bitkom/2410398.

99 Elysée (Office of the President of France), "Il Est Temps pour l'Europe d'Avoir Sa Propre Souveraineté Technologique!" [It Is Time for Europe to Have Its Own Technological Sovereignty!], press release, December 9, 2020, www.elysee.fr/emmanuel-macron/2020/12/09/il-est-temps-pour-leurope-davoir-sa-propre-souverainete-technologique.

100. Anthony Boadle and Andrea Shalal, "U.S. Offers Brazil Telecoms Financing to Buy 5G Equipment from Huawei Rivals," Reuters, October 20, 2020, www.reuters.com/article/us-usa-brazil-trade/u-s-offers-brazil-telecoms-financing-to-buy-5g-equipment-from-huawei-rivals-idUSKBN2751TA.

101 "Brazilian Telecoms Snub U.S. Official over Huawei 5G Pressure: Source," Reuters, November 6, 2020, www.reuters.com/article/us-usa-brazil-5g/brazilian-telecoms-snub-u-s-official-over-huawei-5g-pressure-source-idUSKBN27M2YP.

CHAPTER 4. **5,000억 개의 눈**

1　Opening words of George Orwell, *1984* (Boston: Houghton Mifflin Harcourt, 1977), 2: "It was a bright, cold day . . . "

2　Lin Yijiang, "CCP Demands Cameras Installed in Rental Properties," *Bitter Winter*, April 8, 2019, https://bitterwinter.org/ccp-demands-cameras-installed-in-rental-properties/.

3　Sheena Chestnut Greitens, " 'Surveillance with Chinese Characteristics': The Development and Global Export of Chinese Policing Technology" (paper presented at the Princeton University IR Colloquium, Princeton, NJ, last modified September 30, 2019), http://ncgg.princeton.edu/IR%20 Colloquium/Greitens Sept2019.pdf.

4　Charles Rollet, "China Public Video Surveillance Guide: From Skynet to Sharp Eyes," IPVM, June 14, 2018, https://ipvm.com/reports/sharpeyes.

5　Technically 1 for every 2.27 people; see Xiao Qiang, "The Road to Unfreedom: President Xi's Surveillance State," *Journal of Democracy* 30, no. 1 (2019): 53–67.

6　"Zhejiang Dahua Technology Co., Ltd.," Yahoo! Finance, accessed February 1, 2021, https://finance.yahoo.com/quote/002236.SZ/key-statistics?p=002236.SZ; "Hangzhou Hikvision Digital Technology Co., Ltd.," Yahoo! Finance, accessed February 1, 2021, https://finance.yahoo.com/quote/002415.SZ/key-statistics?p=002415.SZ; "CNY/USD -Chinese Yuan US Dollar," Investing, accessed February 1, 2021, www.investing.com/currencies/cny-usd-historical-data.

7　Liza Lin and Newley Purnell, "A World with a Billion Cameras Watching You Is Just around the Corner," *Wall Street Journal*, December 6, 2019, www.wsj.com/articles/a-billion-surveillance-cameras-forecast-to-be-watching-within-two-years-11575565402.

8　Greitens, " 'Surveillance with Chinese Characteristics' "; see also

Steven Feldstein, "The Global Expansion of AI Surveillance" (working paper, Carnegie Endowment for International Peace, 2019), https://carnegieendowment.org/2019/09/17/global-expansion-of-ai-surveillance-pub-79847.

9   Kai Strittmatter, *We Have Been Harmonized: Life in China's Surveillance State* (New York: HarperCollins, 2020), 7–8, Kindle.

10   See, for example, "Opinion: China Is Exporting Its Digital Authoritarianism," Washington Post, August 5, 2020, www.washingtonpost.com/opinions/china-is-exporting-its-digital-authoritarianism/2020/08/05/f14df896-d047-11ea-8c55-61e7fa5e82ab_story.html.

11   Charles Rollet, correspondence with author, January 2021.

12   Jessica Chen Weiss, "Understanding and Rolling Back Digital Authoritarianism," War on the Rocks, February 17, 2020, https://warontherocks.com/2020/02/understanding-and-rolling-back-digital-authoritarianism/;Matthew Steven Erie and Thomas Streinz, "The Beijing Effect: China's 'Digital Silk Road' as Transnational Data Governance," *New York University Journal of International Law and Politics* (forthcoming), https://ssrn.com/abstract=3810256.

13   Steven Feldstein, correspondence with author, January 2021; see also Steven Feldstein, *The Rise of Digital Repression: How Technolog y Is Reshaping Power, Politics, and Resistance* (New York: Oxford University Press, 2021).

14   Walton, *China's Golden Shield*, 26.

15   National Development and Reform Commission et al., *Guanyu jiaqiang gonggong anquan shipin jiankong jianshe lianwang ying yong gongzuo de ruogan yijian* 关于加强公共安 全视频监控建设联网应用工作的若干意见 [Several Opinions on Strengthening the Construction of Public Security Video Surveillance Network Applications], Fagai gaoji (2015) 996 hao 发

改高技 (2015) 996号 [Development and Reform (2015) No. 996] (Beijing: National Development and Reform Commission, 2015), www.ndrc.gov.cn/xxgk/zcfb/tz/201505/t20150513_963825.html.

16   Jessica Batke and Mareike Ohlberg, "State of Surveillance: Government Documents Reveal New Evidence on China's Efforts to Monitor Its People," China-File, October 30, 2020, www.chinafile.com/state-surveillance-china.

17   Zhang Zihan, "Beijing's Guardian Angels?," *Global Times*, October 10, 2012, www.globaltimes.cn/content/737491.shtml.

18   *Encyclopedia Britannica*, s.v. "Baojia," last modified August 31, 2006, www.britannica.com/topic/baojia.

19   Batke and Ohlberg, "State of Surveillance."

20   "Xueliang gongcheng bai yi ji shichang cheng anfang hangye xin lanhai" 雪亮工程百亿级市场 成安防行业新蓝海 [The Sharp Eyes Project's Ten-Billion Yuan Market Has Become the Security Industry's New "Blue Ocean"], *China Daily*, November 6, 2019, https://caijing.chinadaily.com.cn/a/201911/06/WS5dc23537a31099ab995ea387.html.

21   Paul Mozur and Aaron Krolik, "A Surveillance Net Blankets China's Cities, Giving Police Vast Powers," *New York Times*, December 17, 2019, www.nytimes.com/2019/12/17/technology/china-surveillance.html.

22   Yuan Yang and Nian Liu, "China Survey Shows High Concern over Facial Rec-ognition Abuse," *Financial Times*, December 5, 2019, www.ft.com/content/7c32c7a8-172e-11ea-9ee4-11f260415385.

23   Image of Guo Bing's text found in a video from *Xin jing bao* 新京报 [Beijing News], see "Zhongguo ren lian shibie di yi an" 中国人脸识别第一案 [The First Facial Recognition Case in China], Weibo, accessed July 22, 2020, https://s.weibo.com/weibo?q=%23%E4%B8%AD%E5%9B%BD%E4%BA%BA%E8%84%B8%E8%AF%86%E5%88%AB%E7%AC%AC%E4%B

8%80%E6%A1%88%23&sudaref=tineye.com&display=0&retcode=6102#_ loginLayer_1595203062674.

24 Wu Shuaishuai 吴帅帅, "'Shua lian di yi an' hangzhou kaiting" '刷脸第一案' 杭州开庭 [The "First Facial Scanning Case" Trial Begins in Hangzhou], Xinhua, June 23, 2020, www.zj.xinhuanet.com/2020-06/23/c_1126149163.htm.

25 Du Qiongfang, "Park in Hangzhou Found Guilty of Breach of Contract for Using Visitor's Facial Recognition Information," *Global Times*, November 21, 2020, www.globaltimes.cn/content/1207570.shtml.

26 "Zheda faxue boshi jujue 'shua lian' ru yuan, qisu hangzhou yesheng dongwu shijie huo li'an" 浙大法学博士拒绝'刷脸'入园，起诉杭州野生动物世界获立案 [Zhejiang University Law School Doctoral Graduate Refuses "Facial Scanning" for Park Entry, Will File Lawsuit against Hangzhou Safari Park], *The Paper*, November 3, 2019, www.thepaper.cn/newsDetail_forward_4855453.

27 George Qi, Qianqian Li, and Darren Abernethy, "China Releases Draft Personal Information Protection Law," *National Law Review* 11, no. 21 (2021), www.natlawreview.com/article/china-releases-draft-personal-information-protection-law.

28 Qin Jianhang, Qian Tong, and Han Wei, "Cover Story: The Fight over China's Law to Protect Personal Data," Caixin Global, November 20, 2020, www.caixinglobal.com/2020-11-30/cover-story-the-fight-over-chinas-law-to-protect-personal-data-101633699.html.

29 " 'Ren lian shibie di yi an' pan dongwuyuan shanchu yuangao zhaopian xinxi, yuangao cheng jiang jixu shangsu" '人脸识别第一案'判动物园删除原告照片信息，原告称将继续上诉 [The "First Case Regarding Facial Recognition" Decrees That the Zoo Delete the Plaintiff's Photographic Information, Plaintiff Says He Will Continue to Appeal],

Xinhua, November 21, 2020, www.xinhuanet.com/legal/2020-11/21/ c_1126767913.htm.

30 "Urumqi Riots Three Years On—Crackdown on Uighurs Grows Bolder," Amnesty International, July 4, 2012, www.amnesty.org/en/press-releases/2012/07/urumqi-riots-three-years-crackdown-uighurs-grows-bolder/;Austin Ramzy, "A Year after Xinjiang Riots, Ethnic Tensions Remain," *Time*, July 5, 2010, http://content.time.com/time/world/article/0,8599,2001311,00.html.

31 Congressional-Executive Commission on China, "Chairs Urge Ambassador Branstad to Prioritize Mass Detention of Uyghurs, Including Family Members of Radio Free Asia Employees," press release, April 3, 2018, www.cecc.gov/media-center/press-releases/chairs-urge-ambassador-branstad-to-prioritize-mass-detention-of-uyghurs.

32 Bethany Allen-Ebrahimian, "Exposed: China's Operating Manuals for Mass Internment and Arrest by Algorithm," International Consortium of Investigative Journalists, November 24, 2019, www.icij.org/investigations/china-cables/exposed-chinas- operating-manuals-for-mass-internment-and-arrest-by-algorithm/.

33 Sophia Yan, " 'One Minute Felt Like One Year': A Day in the Life of Inmates in the Xinjiang Internment Camps," *The Telegraph*, March 26, 2019, www.telegraph.co.uk/news/2019/03/26/dispatch-day-life-inmate-xinjiang-internment-camps/;"China: Free Xinjiang 'Political Education' Detainees," Human Rights Watch,September 10, 2017, www.hrw.org/news/2017/09/10/china-free-xinjiang-political-education-detainees#.

34 Orwell, 1984, 211.

35 Austin Ramzy and Chris Buckley, "Leaked China Files Show Internment Camps Are Ruled by Secrecy and Spying," *New York Times*, November 24, 2019, www.nytimes.com/2019/11/24/world/asia/leak-chinas-

internment-camps.html.

36   Paul Mozur and Nicole Perlroth, "China's Software Stalked Uighurs Earlier and More Widely, Researchers Learn," *New York Times*, last modified January 19, 2021, www.nytimes.com/2020/07/01/technology/china-uighurs-hackers-malware-hackers-smartphones.html?smid=em-share.

37   See "China: Minority Region Collects DNA from Millions," Human Rights Watch, December 13, 2017, www.hrw.org/news/2017/12/13/china-minority-region-collects-dna-millions; and Sui-Lee Wee, "China Uses DNA to Track Its People, with the Help of American Expertise," *New York Times*, February 21, 2019,www.nytimes.com/2019/02/21/business/china-xinjiang-uighur-dna-thermo-fisher.html.

38   Charles Rollet, "Hikvision Admits Minority Recognition, Now Claims Canceled," IPVM, July 23, 2020, https://ipvm.com/reports/hikvision-cancels; "Dahua Racist Uyghur Tracking Revealed," IPVM, November 4, 2020, https://ipvm.com/reports/dahua-uyghur; "Patenting Uyghur Tracking—Huawei, Megvii, More," IPVM, January 12, 2021, https://ipvm.com/reports/patents-uyghur.

39   Michael Wines, "To Protect an Ancient City, China Moves to Raze It," New York Times, May 27, 2009, www.nytimes.com/2009/05/28/world/asia/28kashgar.html.

40   Chris Buckley and Paul Mozur, "How China Uses High-Tech Surveillance to Subdue Minorities," *New York Times*, May 22, 2019, www.nytimes.com/2019/05/22/world/asia/china-surveillance-xinjiang.html.

41   Gerry Shih, "Digital Police State Shackles Chinese Minority," Associated Press, December 17, 2017, https://apnews.com/1ec5143fe4764a1d8ea73ce4a3e2c570.

42   Bahram K. Sintash, "Demolishing Faith: The Destruction and Desecration

of Uyghur Mosques and Shrines," Uyghur Human Rights Project (UHRP), October 2019, https://docs.uhrp.org/pdf/UHRP_report_Demolishing_Faith.pdf.

43   Rian Thum (@RianThum), "Last year, the Chinese government destroyed the central Uyghur graveyard and sacred shrine in Khotan. We can now see part of what they put in its place: a parking lot," Twitter, April 28, 2020, 10:42 a.m., https://twitter.com/RianThum/status/125514607125834 9574?s=20.

44   Orwell, *1984*, 121.

45   Nathan Ruser et al., *Cultural Erasure: Tracing the Destruction of Uyghur and Islamic Spaces in Xinjiang*, Policy Brief Report no. 38 (Canberra: Australian Strategic Policy Institute, 2020), www.aspi.org.au/report/cultural-erasure.

46   Charles Rollet, "Hikvision Wins Chinese Government Forced Facial Recognition Project across 967 Mosques," IPVM, July 16, 2018, https://ipvm.com/reports/hik-mosques.

47   Charles Rollet, "Dahua and Hikvision Win over $1 Billion in Government-Backed Projects in Xinjiang," IPVM, April 23, 2018, https://ipvm.com/reports/xinjiang-dahua-hikvision.

48   See Jonathan E. Hillman and Maesea McCalpin, *Watching Huawei's "Safe Cities"* (Washington, D.C.: Center for Strategic and International Studies, 2019), www.csis.org/analysis/watching-huaweis-safe-cities; Greitens, "China's Surveillance State at Home and Abroad"; Sheena Chestnut Greitens, "The Global Impact of China's Surveillance Technology," in *The 2020-21 Wilson China Fellowship: Essays on the Rise of China and Its Implications*, ed. Abraham M. Denmark and Lucas Myers (Washington, D.C.: Woodrow Wilson International Center for Scholars, 2021), 129-52, https://www.wilsoncenter.org/2020-21-essay-collection.

49 "Hikvision North America 2017 Corporate Video," YouTube video, 2:10, posted by Hikvision USA, July 17, 2017, https://www.youtube.com/watch?v=fV4lZEy3KDg.

50 Hangzhou Hikvision Digital Technology Co., Ltd., *2019 Annual Report*, April 25, 2020, 14, www.hikvision.com/content/dam/hikvision/en/brochures/hikvision-financial-report/Hikvision%202019%20Annual%20Report.pdf.

51 Matthew Luce, "A Model Company: CETC Celebrates 10 Years of Civil-Military Integration," *China Brief* 12, no. 4 (2012): 10–13, https://jamestown.org/program/a-model-company-cetc-celebrates-10-years-of-civil-military-integration/.

52 "How Mass Surveillance Works in Xinjiang, China," Human Rights Watch, last modified May 2, 2019, www.hrw.org/video-photos/interactive/2019/05/02/china-how-mass-surveillance-works-xinjiang.

53 Ma Si, "CETC Speeds Reform Efforts," *China Daily*, last modified September 16, 2017, www.chinadaily.com.cn/china/fiveyearson/2017-09/16/content_32063151.htm.

54 Zhong dian hai kang jituan youxian gongsi 中电海康集团有限公司 [CETHIK Group Co., Ltd.], "Zhonggong zhong dian haikang jituan youxian gongsi di yi ci daibiao dahui longzhong zhaokai" 中共中电海康集团有限公司第一次代表大会隆重召开 [CETHIK Group Co., Ltd.'s First CCP Congress Was Held], press release, April 27, 2015, www.cethik.com/news_detail.aspx?c_kind=1&c_kind2=8&id=565.

55 "Hikvision Celebrates Xi Jinping Visit," YouTube video, 1:35, posted by IPVM, June 23, 2019, www.youtube.com/watch?v=i5zZQH4R0ZU.

56 John Honovich, "Hikvision Gets $3 Billion from Chinese Government Bank," IPVM, December 9, 2015, https://ipvm.com/reports/hikision-gets-%2431-billion-usd-financing-from-chinese-government-bank.

57 "We Visited Hikvision HQ," *a&s Adria*, December 25, 2018, www.asadria. com/en/we-visited-hikvision-hq/; for Western Digital information, see "WD Debuts Surveillance-Class Hard Drive Line," *SDM Magazine*, March 4, 2014, www.sdmmag.com/articles/90042-wd-debuts-surveillance-class-hard-drive-line.

58 Seagate, "Seagate Launches First Drive for AI-Enabled Surveillance," press release, October 28, 2017, www.seagate.com/news/news-archive/ seagate-launches-first-drive-for-ai-enabled-surveillance-master-pr/.

59 Yukinori Hanada, "US Sanctions Blur Chinese Dominance in Security Cameras," *Nikkei Asia*, November 12, 2019, https://asia.nikkei.com/ Economy/Trade-war/US-sanctions-blur-Chinese-dominance-in-security-cameras.

60 For the New York City apartments example, see "Hikvision's Custom-Tailored VMS Software Protects New York City Residents," *SDM Magazine*, November 3, 2014, www.sdmmag.com/articles/90628-hikvisions-custom-tailored-vms-software-protects-new-york-city-residents; for the Sunset Plaza Hotel example, see "Hikvision Provides 24-Hour Video Surveillance to Hollywood's Sunset Plaza Hotel," *SDM Magazine*, April 15, 2016, www.sdmmag.com/articles/92342-hikvision-provides-24-hour-video-surveillance-to-hollywoods-sunset-plaza-hotel.

61 "Memphis Police Department Combines Traditional and Unconventional Surveillance to Keep the City Safe," *SDM Magazine*, January 29, 2016, www.sdmmag.com/articles/92037-memphis-police-department-combines-traditional-and-unconventional-surveillance-to-keep-the-city-safe; "Hikvision and Eagle Eye Networks Provide Mobile Video Surveillance Solution," *SDM Magazine*, April 10, 2015, www.sdmmag. com/articles/91176-hikvision-and-eagle-eye-networks-provide-mobile-video-surveillance-solution; for the Colorado crime lab example,

see "Hikvision Video Surveillance Secures Crime Lab in Colorado," *SDM Magazine*, April 4, 2016, www.sdmmag.com/articles/92248-hikvision-video-surveillance-secures-crime-lab-in-colorado;also see the original case study: Hikvision USA Inc., "Panoramic Surveillance Captures Fine Detail in Crime Lab," April 1, 2016, https://web.archive.org/web/20160615223003/http:/overseas.hikvision.com/ueditor/net/upload/2016-04-02/292a12ff-7fbb-4398-9e09-c294ac527a6c.pdf.

62 Avi Asher-Schapiro, "Exclusive: Half London Councils Found Using Chinese Surveillance Tech Linked to Uighur Abuses," Reuters, February 18, 2021, www.reuters.com/article/us-britain-tech-china/exclusive-half-london-councils-found-using-chinese-surveillance-tech-linked-to-uighur-abuses-idUSKBN2AI0QJ.

63 Charu Kasturi, "How Chinese Security Cameras Are Compromising US Military Bases," OZY, July 23, 2019, www.ozy.com/the-new-and-the-next/how-chinese-security-cameras-are-compromising-us-military-bases/95665/.

64 John Honovich, "Ban of Dahua and Hikvision Is Now US Gov Law," IPVM, August 13, 2018, https://ipvm.com/reports/ban-law.

65 John Honovich, "Ezviz = Hikvision = Chinese Government," IPVM, January 8,2016, https://ipvm.com/reports/ezviz-=-hikvision-=-chinese-government.

66 "EZVIZ," Amazon, accessed April 2020, www.amazon.com/stores/EZVIZ/page/D7A0ED48-0F3C-458E-9479-9F9FD0790D7F?ref_=ast_bln.

67 Cisco, "Digital Impact: How Technology Is Accelerating Global Problem Solving" (presentation, n.p., 2018), www.cisco.com/c/dam/assets/csr/pdf/Digital-Impact-Playbook.pdf.

68 "Mi Band," Xiaomi United States, accessed February 18, 2021, www.mi.com/global/miband/.

69   Daniel R. Deakin, "Xiaomi Mi Band Global Sales Top 13 Million Units for Q2 2020 as Pro and Lite Variant Rumors Still Linger for the Mi Band 5," NotebookCheck.net, September 23, 2020, www.notebookcheck.net/Xiaomi-Mi-Band-global-sales-top-13-million-units-for-Q2-2020-as-Pro-and-Lite-variant-rumors-still-linger-for-the-Mi-Band-5.495089.0.html.

70   Dan Strumpf, "U.S. Blacklisted China's Xiaomi Because of Award Given to Its Founder," *Wall Street Journal*, last modified March 5, 2021, www.wsj.com/amp/articles/u-s-blacklisted-chinas-xiaomi-because-of-award-given-to-its-founder-11614947281.

71   Laura DeNardis, *The Internet in Everything: Freedom and Security in a World with No Off Switch* (New Haven, CT: Yale University Press, 2020), 68, Kindle.

72   *Statement for the Record: Worldwide Threat Assessment of the US Intelligence Community: Senate Armed Services Committee*, 114th Cong. 1 (2016) (statement of James R. Clapper, former director of National Intelligence), www.armed-services.senate.gov/imo/media/doc/Clapper_02-09-16.pdf; DeNardis, *Internet in Everything*, 230.

73   "Inside the Infamous Mirai IoT Botnet: A Retrospective Analysis," *Cloudflare Blog*, Cloudflare, December 14, 2017, https://blog.cloudflare.com/inside-mirai-the-infamous-iot-botnet-a-retrospective-analysis/; Brian Karas, "Hacked Dahua Cameras Drive Massive Mirai Cyber Attack," IPVM, September 27, 2016, https://ipvm.com/reports/dahua-ddos.

74   James A. Lewis, "Securing the Information and Communications Technology and Services Supply Chain," Center for Strategic and International Studies, April 2, 2021, https://www.csis.org/analysis/securing-information-and-communications-technology-and-services-supply-chain.

75   EZVIZ, "EZVIZ Named as CES 2018 Innovation Awards Honoree," press

release, January 9, 2018, www.ezvizlife.com/newsroom/ezviz-named-as-ces-2018-innovation-awards-honoree/5.

76 EZVIZ, "Innovation Awards Honoree."

77 For the Minnesota schools example, see "Minn. School District Upgrades Video Surveillance System," *Campus Safety*, September 5, 2016, www.campussafety magazine.com/news/minn-school_district_upgrades_video_surveillance_system/; for the Xinjiang camps example, see "Hikvision Cameras CoveringConcentration Camps," IPVM, July 29, 2019, https://ipvm.com/reports/hikvision-bbc.

78 Hikvision Oceania, *Hikvision Face Recognition Solution—Powered by Artificial Intelligence (AI)* (n.p.: Hikvision Oceania, n.d.), www.scribd.com/document/405887979/Hikvision-Facial-Recognition-Oceania-1-1-pdf.

79 "2MP Hikvision Facial Capture Recognition Camera Surveillance Face Recognition Software," Veley Security Ltd., accessed February 18, 2021, https://veleysecurity.en.made-in-china.com/product/TNqxYiPoCIWO/China-2MP-Hikvision-Facial-Capture-Recognition-Camera-Surveillance-Face-Recognition-Software.html.

80 National Institute of Standards and Technology, U.S. Department of Commerce, *Ongoing Face Recognition Vendor Test (FRVT) Part 3: Demographic Effects, Annex 8: False Match Rates with Matched Demographics Using Application Images*, NIST Interagency Report 8280 (Gaithersburg, MD: National Institute of Standards and Technology, 2019), https://pages.nist.gov/frvt/reports/demographics/annexes/annex_08.pdf.

81 "What We Offer," DeepinMind Series, Hikvision, accessed February 18, 2021, www.hikvision.com/en/products/IP-Products/Network-Video-Recorders/DeepinMind-Series/.

82 Ethan Ace, "Hikvision DeepInMind Tested Terribly," IPVM, February 15, 2018, https://ipvm.com/reports/deepinmind-test.

83 Rob Kilpatrick, "Hikvision DeepinMind 2019 Test," IPVM, June 6, 2019, https://ipvm.com/reports/deepinmind-retest.

84 Drew Harwell, "Federal Study Confirms Racial Bias of Many Facial-Recognition Systems, Casts Doubt on Their Expanding Use," *Washington Post*, December 19, 2019, www.washingtonpost.com/technology/2019/12/19/federal-study-confirms-racial-bias-many-facial-recognition-systems-casts-doubt-their-expanding-use/.

85 Kashmir Hill, "Another Arrest, and Jail Time, Due to a Bad Facial Recognition Match," *New York Times*, last modified January 6, 2021, www.nytimes.com/2020/12/29/technology/facial-recognition-misidentify-jail.html.

86 Mara Hvistendahl, "How Oracle Sells Repression in China," *The Intercept,* February 18, 2021, https://theintercept.com/2021/02/18/oracle-china-police-surveillance/.

87 Shoshana Zuboff, *The Age of Surveillance Capitalism: The Fight for a Human Future at the New Frontier of Power* (New York: PublicAffairs, 2018).

88 "Ren Zhengfei's Roundtable with Media from Latin America and Spain," interview by Pablo Diaz, *Voices of Huawei* (blog), Huawei, December 11, 2019, www.huawei.com/us/facts/voices-of-huawei/ren-zhengfeis-roundtable-with-media-from-latin-america-and-spain.

89 Hoover Institution, Stanford University, "Q&A: Elizabeth Economy on the Biden Administration's China Challenge," press release, January 20, 2021, www.hoover.org/news/qa-elizabeth-economy-biden-administrations-china-challenge.

90 Charles Rollet, "Evidence of Hikvision's Involvement with Xinjiang IJOP and Re-Education Camps," IPVM, October 2, 2018, https://ipvm.com/reports/hikvision-xinjiang; Charles Rollet, "In China's Far West, Companies Cash In on Surveillance Program That Targets Muslims,"

Foreign Policy, June 13, 2018, https://foreignpolicy.com/2018/06/13/in-chinas-far-west-companies-cash-in-on-surveillance-program-that-targets-muslims/.

91   Marco Rubio, U.S. Senator for Florida, "ICYMI | Financial Times: US Funds Pull Out of Chinese Groups Involved in Xinjiang Detention," press release, March 28, 2019, www.rubio.senate.gov/public/index.cfm/2019/3/icymi-financial-times-us-funds-pull-out-of-chinese-groups-involved-in-xinjiang-detention; Hangzhou Hikvision Digital Technology Co., Ltd., *2018 Environmental, Social and Governance Report*, April 2019, www.hikvision.com/content/dam/hikvision/en/investor-relations/Hikvision%202018%20ESG%20Report.pdf.

92   Rachel Fixsen, "Denmark's AkademikerPension Bans Chinese Surveillance Kit Firm," Investment & Pensions Europe, November 24, 2020, www.ipe.com/news/denmarks-akademikerpension-bans-chinese-surveillance-kit-firm/10049183.article.

93   Hikvision, *Advanced Security, Safer Society: Safe City Solution* (Hangzhou, China: Hikvision, n.d.), www.hikvision.com/content/dam/hikvision/en/brochures-download/vertical-solution-brochure/Safe-City-Solution-Brochure.pdf.

94   Joel Gehrke, "'It Improves Targeting': Americans under Threat from Chinese Facial Recognition Systems, Rubio Warns," *Washington Examiner*, August 27, 2019, www.washingtonexaminer.com/policy/defense-national-security/chinas-overseas-smart-city-surveillance-empire-could-trap-americans-lawmakers-warn.

95   Marco Rubio, U.S. Senator for Florida, "Rubio, Wyden Urge State Department to Issue Travel Advisories for Americans Traveling to Countries Using Chinese Surveillance," press release, August 1, 2019, www.rubio.senate.gov/public/index.cfm/2019/8/rubio-wyden-urge-

state-department-to-issue-travel-advisories-for-americans-traveling-to-countries-using-chinese-surveillance.

96 Atha et al., *China's Smart Cities Development*, 3.

97 Helen Warrell and Nic Fildes, "UK Spies Warn Local Authorities over 'Smart City' Tech Risks," *Financial Times*, May 6, 2021, https://www.ft.com/content/46d35d62-0307-41d8-96a8-de9b52bf0ec3.

98 National Cyber Security Centre, GCHQ, *Connected Places: Cyber Security Principles* (London: National Cyber Security Centre, 2021), https://www.ncsc.gov.uk/collection/connected-places-security-principles.

99 Atha et al., *China's Smart Cities Development*, 60.

100 Jay Greene, "Microsoft Won't Sell Police Its Facial-Recognition Technology, Following Similar Moves by Amazon and IBM," *Washington Post*, June 11, 2020, www.washingtonpost.com/technology/2020/06/11/microsoft-facial-recognition/.

101 Huawei, "Network-Wide Intelligence, Opening and Sharing—Development Trend of Video Surveillance Technology and Service" (presentation, n.p., 2016), https://reconasia-production.s3.amazonaws.com/media/filer_public/aa/3d/aa3d5c68-e826-46c6-a2a5-bc8454d6a5ba/huawei_intelligent_video_surveillance_technology_and_service_development_trend_material.pdf.

102 ZTE, "Smart City: Road to Urban Digital Transformation" (presentation, techUK event on local digital connectivity, n.p., October 13, 2017), www.slideshare.net/TechUK/zte-smart-city-solution-overview.

103 Sean Patton, "Hikvision, Dahua, and Uniview Falsify Test Reports to South Korea," IPVM, December 10, 2020, https://ipvm.com/reports/hikuaview-sk.

104 John Honovich and Charles Rollet, "Hikvision Impossible 30 People Simultaneously Fever Claim Dupes Baldwin, Alabama," IPVM, September 1, 2020, https://ipvm.com/reports/baldwin-30.

105 Sean Patton and Charles Rollet, "Alabama Schools Million Dollar Hikvision Fever Camera Deal," IPVM, August 11, 2020, https://ipvm. com/reports/alabama-hik.

106 Bent Flyvbjerg, "Introduction: The Iron Law of Megaproject Management," in *The Oxford Handbook of Megaproject Management*, ed. Bent Flyvbjerg (Oxford: Oxford University Press, 2017), 1–18, https:// ti.org/pdfs/IronLawofMegaprojects.pdf.

107 "HUAWEI—Safe City Post Project Documentary," YouTube video, 7:57, posted by Xdynamix, November 14, 2017, https://www.youtube.com/ watch?v=cmUJxdBlUYE&t=272s.

108 Prasso, "Huawei's Claims That It Makes Cities Safer Mostly Look Like Hype."

109 National Police Bureau, Ministry of Interior, Government of Pakistan, *Crimes Reported by Type and Provinc*e (Islamabad: National Police Bureau, n.d.), http://web.archive.org/web/20191101090153/http:/www.pbs.gov. pk/sites/default/files/tables/Crimes%20Reported%20by%20Type%20 and%20Provinces%20s.pdf.

110 National Assembly of Pakistan, "It Is My Life Mission to Provide Job to Unemployed Youth of Pakistan: Says Speaker NA," press release, September 15, 2018, http://na.gov.pk/en/pressrelease_detail. php?id=3248.

111 Munawer Azeem, "Leaked Safe City Images Spark Concern among Citizens," *Dawn*, January 27, 2019, www.dawn.com/news/1459963.

112 Leo Kelion and Sajid Iqbal, "Huawei Wi-Fi Modules Were Pulled from Pakistan CCTV System," BBC, April 8, 2019, www.bbc.com/news/ technology-47856098.

113 Embassy of the People's Republic of China in the Islamic Republic of Pakistan, "Statement of the Spokesperson from the Chinese Embassy

in Pakistan," press release, May 21, 2020, http://pk.chineseembassy. org/eng/zbgx/t1781421.htm. Estimates range widely, with $62 billion often mentioned as an original target, only a fraction of which has been delivered.

114 Michael Rubin, "Is Pakistan Nothing More than a Colony of China?," American Enterprise Institute, May 5, 2020, www.aei.org/op-eds/is-pakistan-nothing-more-than-a-colony-of-china/; Fakhar Durrani, "Will Coronavirus Affect CPEC and Pak Economy?," *The News International*, February 7, 2020, www.thenews.com.pk/print/610253-will-coronavirus-affect-cpec-and-pak-economy.

115 "China-Pakistan Cross-Border Optical Fiber Cable Project: Special Report on CPEC Projects (Transportation Infrastructure: Part 3)," Embassy of the People's Republic of China in the Islamic Republic of Pakistan, October 1, 2018, http://pk.chineseembassy.org/eng/zbgx/CPEC/t1627111.htm.

116 "Safe City: Kenya," online video, posted by Huawei, 2018, https://web. archive.org/web/20200428034508/https:/e.huawei.com/en/videos/global/2018/201804101038#.

117 Huawei, "Huawei Unveils Safe City Solution Experience Center at 2016 Mobile World Congress," press release, February 23, 2016, www.huawei. com/us/press-events/news/2016/2/unveils-safe-city-solution-experience-center.

118 "Crime Statistics," National Police Service, Government of Kenya, accessed February 27, 2021, www.nationalpolice.go.ke/crime-statistics.html.

119 Reuters, "Kenya Secures $666 Million"; Mark Anderson, "Kenya's Tech Entrepreneurs Shun Konza 'Silicon Savannah,'" *The Guardian*, January 5, 2015, www.theguardian.com/global-development/2015/jan/05/kenya-technology-entrepreneurs-konza-silicon-savannah.

120 "Konza Technology City Approved as Kenya's Vision 2030 Flagship

Project," Konza Technopolis, October 18, 2019, www.konza.go.ke/
timeline/konza-technology-city-approved-as-kenyas-vision-2030-f
lagship-project/; "Kenya Begins Construction of 'Silicon' City Konza,"
BBC, January 23, 2013, www.bbc.com/news/world-africa-21158928.

121　"Smart City," Konza Technopolis, accessed February 15, 2021, www.
konza.go.ke/smart-city/.

122　Patrick Vidija, "Smart City: Development at Konza Takes Shape as 40%
Sold Off," *The Star* (Kenya), February 2, 2021, www.the-star.co.ke/news/
big-read/2021-02-02-smart-city-development-at-konza-takes-shape-as-40-
sold-off/.

123　Vidija, "Smart City."

124　The Presidency, Republic of Kenya, "Press Statement: On April 27,
2019, in Statements and Speeches," press release, April 27, 2019, www.
president.go.ke/2019/04/27/press-statement-2/.

125　Reuters, "Kenya Secures $666 Million"; Andrew Kitson and Kenny Liew,
"China Doubles Down on Its Digital Silk Road," Reconnecting Asia,
Center for Strategic and International Studies, November 14, 2019,
https://reconnectingasia.csis.org/analysis/entries/china-doubles-down-
its-digital-silk-road/; Sebastian Moss, "Huawei to Build Konza Data
Center and Smart City in Kenya, with Chinese Concessional Loan," Data
Center Dynamics, April 30, 2019, www.datacenterdynamics.com/en/
news/huawei-build-konza-data-center-and-smart-city-kenya-chinese-
concessional-loan/; "Konza Technopolis Board of Directors," Konza
Technopolis, accessed March 18, 2021, www.konza.go.ke/eng-john-
tanui/; "Eng. John Tanui, MBS: CEO, Konza Technopolis Development
Authority," LinkedIn, accessed March 18, 2021, www.linkedin.com/in/joh
ntanui/?originalSubdomain=ke.

126　"Kenyan Gov't, Chinese Firm Launch Construction of Major Power

Transmission Project," Xinhua, November 15, 2019, www.xinhuanet.
com/english/2019-11/15/c_138558244.htm; Liu Hongjie, "Chinese
Company Empowers Kenya's Economic Transformation," *China
Daily*, November 15, 2019, www.chinadaily.com.cn/a/201911/15/
WS5dce9c50a310cf3e35577bc8_1.html; "Government Launches High
Voltage Substation in Konza," YouTube video, 1:52, posted by KBC Channel
1, November 15, 2019, www.youtube.com/watch?v=_LzLbt0JutM&ab_
channel=KBCChannel1; "Kenya: Chinese Firm to Build Konza Technopolis
Power Line," *African Energy Newsletter*, November 21, 2019, www.africa-
energy.com/article/kenya-chinese-firm-build-konza-technopolis-power-line.

127 Alibaba Cloud, "Alibaba Cloud Harnesses AI and Data Analytics
Expertise to Advance China's Innovations in Urban Governance and
Astronomy," press release, October 13, 2016, www.alibabacloud.com/
press-room/alibaba-cloud-harnesses-ai-and-data-analytics-expertise-
to-advance; "Alibaba Cloud's City Brain Solution Improves Urban
Management in Hangzhou," *China Daily*, September 20, 2018, www.
chinadaily.com.cn/a/201809/20/WS5ba3499ea310c4cc775e7568.html.

128 "Alibaba Cloud Intelligence Brain," Alibaba Cloud, accessed February
27, 2021, www.alibabacloud.com/solutions/intelligence-brain/city;
Liz Lee, "Alibaba to Take on Kuala Lumpur's Traffic in First Foreign
Project," Reuters, January 29, 2018, www.reuters.com/article/us-alibaba-
malaysia/alibaba-to-take-on-kuala-lumpurs-traffic-in-first-foreign-project-
idUSKBN1FI0QV.

129 Jianfeng Zhang et al., "City Brain: Practice of Large-Scale Artificial
Intelligence in the Real World," *IET Smart Cities* 1, no. 1 (2019): 28–37,
https://doi.org/10.1049/iet-smc.2019.0034.

130 "You Can't Spell Attribution without AI," *Course Studies* (blog), Corsair's
Publishing, April 28, 2019, https://course-studies.corsairs.network/you-

cant-spell-attribution-without-ai-99c47327b6f4.

131 Min Wanli, "The Road to Digital Intelligence with Alibaba Cloud ET Brain," *Alibaba Cloud Community Blog*, Alibaba Cloud, October 12, 2018, www.alibabacloud.com/blog/594066.

132 "Kuala Lumpur Traffic," TomTom, accessed February 1, 2020, www.tomtom.com/en_gb/traffic-index/kuala-lumpur-traffic/.

133 "Xi Calls for Making Major Cities 'Smarter,' " YouTube video, 1:30, posted by CCTV Video News Agency, April 1, 2020, www.youtube.com/watch?v=cJpsMWZDFD8&t=10s&ab_channel=CCTVVideoNewsAgency.

134 "Xinhua Headlines-Xi Focus: Xi Stresses Coordinating Epidemic Control, Economic Work, Achieving Development Goals," Xinhua, April 1, 2020, www.xinhuanet.com/english/2020-04/01/c_138938742.htm.

135 Lee J, "Smart Cities with Not-So-Smart Security—Again!," DataBreaches.net, January 14, 2020, www.databreaches.net/smart-cities-with-not-so-smart-security-again/.

136 Zack Whittaker, "Security Lapse Exposed a Chinese Smart City Surveillance System," TechCrunch, May 3, 2019, https://techcrunch.com/2019/05/03/china-smart-city-exposed/.

137 See Philip Wen and Drew Hinshaw, "China Asserts Claim to Global Leadership, Mask by Mask," *Wall Street Journal*, April 1, 2020, www.wsj.com/articles/china-asserts-claim-to-global-leadership-mask-by-mask-11585752077; Paul Mozur, Raymond Zhong, and Aaron Krolik, "In Coronavirus Fight, China Gives Citizens a Color Code, with Red Flags," *New York Times*, last modified August 7, 2020, www.nytimes.com/2020/03/01/business/china-coronavirus-surveillance.html.

138 Artificial Intelligence Industry Alliance, "AI Support for Coronavirus Control-AIIA Research Report," trans. Jeffrey Ding, accessed March 20, 2020, https://docs.google.com/document/d/1Xq1ioXVv3t4czWp9_

HIgX7KkuXtScbit_NU1nnqfi7Y/edit#heading=h.4sboxyupia1u.

139 Ethan Ace and John Honovich, "Dahua Rigs Fever Cameras, Covers Up," IPVM, November 20, 2020, https://ipvm.com/reports/dahua-fever.

140 Yuan Yang, Nian Liu, and Sue-Lin Wong, "China, Coronavirus and Surveillance: The Messy Reality of Personal Data," *Financial Times*, April 2, 2020, www.ft.com/content/760142e6-740e-11ea-95fe-fcd274e920ca.

141 Raymond Zhong and Paul Mozur, "To Tame Coronavirus, Mao-Style Social Control Blankets China," *New York Times*, February 20, 2020, www.nytimes.com/2020/02/15/business/china-coronavirus-lockdown.html.

142 Jiefei Liu, "Founder of Alibaba Cloud Says Smart Cities Can't Solve Problems Caused by China's Rapid Urbanization," *TechNode* (blog), July 2, 2018, https://technode.com/2018/07/02/techcrunch-city-brain/.

143 Chris Buckley, "Was That a Giant Cat? Leopards Escape, and a Zoo Keeps Silent (at First)," *New York Times*, May 10, 2021, https://www.nytimes.com/2021/05/10/world/asia/china-zoo-leopards.html.

144 Atha et al., *China's Smart Cities Development*, 43–54.

145 Yuan Yang, "The Role of AI in China's Crackdown on Uighurs," *Financial Times*, December 11, 2019, www.ft.com/content/e47b33ce-1add-11ea-97df-cc63de1d73f4.

146 "China's Algorithms of Repression," Human Rights Watch, May 1, 2019, www.hrw.org/report/2019/05/01/chinas-algorithms-repression/reverse-engineering-xinjiang-police-mass.

147 Jennifer Pan, *Welfare for Autocrats* (New York: Oxford University Press, 2020), 174, Kindle.

148 Sarah Dai, "China Adds Huawei, Hikvision to Expanded 'National Team' Spearheading Country's AI Efforts," *South China Morning Post*, August 30, 2019, www.scmp.com/tech/big-tech/article/3024966/china-adds-huawei-hikvision-expanded-national-team-spearheading.

149　Hangzhou Hikvision Digital Technology Co., Ltd., *2019 Annual Report.*

150　Elizabeth Schulze, "40% of A.I. Start-Ups in Europe Have Almost Nothing to Do with A.I., Research Finds," CNBC, March 6, 2019, www.cnbc.com/2019/03/06/40-percent-of-ai-start-ups-in-europe-not-related-to-ai-mmc-report.html.

151　"Zhucheng shi tongchou liyong 'xueliang gongcheng' dazao 'san dapingtai' " 诸城市统筹利用'雪亮工程'打造'三大平台' [Zhucheng City Integrates Applications from the "Sharp Eyes Project" in the Creation of the "Three Major Platforms"], Sohu, November 23, 2019, previously published on *People's Daily*, November 23, 2019, www.sohu.com/a/355605010_114731.

152　Reuters, "U.S. Says No Change in Its Genocide Determination for China's Xinjiang," March 9, 2021, www.reuters.com/article/us-china-usa-xinjiang/u-s-says-no-change-in-its-genocide-determination-for-chinas-xinjiang-idUSKBN2B12LG.

153　Strittmatter, *We Have Been Harmonized*, 194.

154　Pan, *Welfare for Autocrats*, 176.

CHAPTER 5. 인터넷의 주름

1　"What Is BGP? | BGP Routing Explained," Cloudf lare, accessed January 24, 2021, www.cloudflare.com/learning/security/glossary/what-is-bgp/.

2　Paula Jabloner, "The Two-Napkin Protocol," *CHM Blog*, Computer History Museum, March 4, 2015, https://computerhistory.org/blog/the-two-napkin-protocol/?key=the-two-napkin-protocol.

3　"World—Autonomous System Number Statistics—Sorted by Number," Regional Internet Registries Statistics, last modified January 18, 2021, www-public.imtbs-tsp.eu/~maigron/RIR_Stats/RIR_Delegations/World/

ASN-ByNb.html.

4   Doug Madory, "China Telecom's Internet Traffic Misdirection," *Internet Intelligence* (blog), Oracle, November 5, 2018, https://blogs.oracle.com/internetintelligence/china-telecoms-internet-traffic-misdirection.

5   Chris C. Demchak and Yuval Shavitt, "China's Maxim—Leave No Access Point Unexploited: The Hidden Story of China Telecom's BGP Hijacking," *Military Cyber Affairs* 3, no. 1 (2018): 1–5, https://doi.org/10.5038/2378-0789.3.1.1050.

6   Doug Madory, "Large European Routing Leak Sends Traffic through China Telecom," *Internet Intelligence* (blog), Oracle, June 6, 2019, https://blogs.oracle.com/internetintelligence/large-european-routing-leak-sends-traffic-through-china-telecom; Craig Timberg, "The Long Life of a Quick 'Fix': Internet Protocol from 1989 Leaves Data Vulnerable to Hijackers," *Washington Post*, May 31, 2015, www.washingtonpost.com/sf/business/2015/05/31/net-of-insecurity-part-2/.

7   Rahul Hiran, Niklas Carlsson, and Phillipa Gill, "Characterizing Large-Scale Routing Anomalies: A Case Study of the China Telecom Incident," in *Passive and Active Measurement: 14th International Conference*, PAM, 2013, Hong Kong, China, March 18–19, 2013, Proceedings (Heidelberg: Springer, 2013), 229–38, https://doi.org/10.1007/978-3-642-36516-4_23.

8   U.S.-China Economic and Security Review Commission, *2010 Report to Congress of the U.S.-China Economic and Security Review Commission* (Washington, D.C.: U.S. Government Printing Office, 2010), 243–44, www.uscc.gov/sites/default/files/annual_reports/2010-Report-to-Congress.pdf.

9   Doug Madory, correspondence with author, January 2021; see also Doug Madory, "Visualizing Routing Incidents in 3D" (presentation, RIPE 80, virtual meeting, May 12–14, 2020), https://ripe80.ripe.net/presentations/14-3dleak_viz_madory_ripe.pdf.

10 "Cyber great power" can also be translated as "network great power." Yang Ting 杨婷, "Xi Jinping: Ba woguo cong wangluo daguo jianshe chengwei wangluo qiangguo" 习近平:把我国从网络大国建设成为网络强国 [Xi Jinping: Build China from a Major Cyber Country to a Cyber Great Power], Xinhua, February 27, 2014, www.xinhuanet.com//politics/2014-02/27/c_119538788.htm.

11 Pengxiong Zhu et al., "Characterizing Transnational Internet Performance and the Great Bottleneck of China," *Proceedings of the ACM on Measurement and Analysis of Computing Systems* 4, no. 13 (2020): 7, https://doi.org/10.1145/3379479.

12 Graham Webster and Katharin Tai, "Translation: China's New Security Reviews for Cloud Services," *Cybersecurity Initiative: Blog*, New America, July 23, 2019, www.newamerica.org/cybersecurity-initiative/digichina/blog/translation-chinas-new-security-reviews-cloud-services/.

13 "Azure China Playbook: Performance and Connectivity Considerations," Microsoft, last modified July 20, 2020, https://docs.microsoft.com/en-us/azure/china/concepts-performance-and-connectivity.

14 Kirtus G. Leyba, correspondence with author, January 2021.

15 Kirtus G. Leyba et al., "Borders and Gateways: Measuring and Analyzing National AS Chokepoints," in *Compass '19: Proceedings of the 2nd ACM SIGCAS Conference on Computing and Sustainable Societies* (New York: Association for Computing Machinery, 2019), 184–94, https://doi.org/10.1145/3314344.3332502.

16 Bill Marczak et al., "An Analysis of China's 'Great Cannon,'" in *FOCI '15: 5th USENIX Workshop on Free and Open Communications on the Internet* (Washington, D.C.: USENIX Association, 2015), www.usenix.org/system/files/conference/foci15/foci15-paper-marczak.pdf.

17 Zhu et al., "Great Bottleneck of China," 17.

18   Margaret E. Roberts, *Censored: Distraction and Diversion Inside China's Great Firewall* (Princeton, NJ: Princeton University Press, 2018).

19   David Bandurski, "A Brief Experiment in a More Open Chinese Web," *Tech-Stream* (blog), Brookings Institution, November 12, 2020, www.brookings.edu/techstream/a-brief-experiment-in-a-more-open-chinese-web/.

20   "China's Quiet Experiment Let Millions View Long-Banned Websites," Bloomberg, October 12, 2020, www.bloomberg.com/news/articles/2020-10-12/china-s-quiet-experiment-to-let-millions-roam-the-real-internet?sref=VZPf2pAM.

21   Zhu et al., "Great Bottleneck of China," 2.

22   China Telecom Global Ltd., "Unified Carrier Licence Telecommunications Ordinance (Chapter 106)," January 5, 2020, 2, www.chinatelecomglobal.com/files/Tariff_Notice_for_IP_Transit.pdf.

23   Robert Clark, "China Finally Embraces Full Internet Peering," Light Reading, March 2, 2020, www.lightreading.com/asia/china-finally-embraces-full-internet-peering/d/d-id/757892.

24   "Internet Way of Networking Use Case: Interconnection and Routing," Internet Society, September 9, 2020, www.internetsociety.org/resources/doc/2020/internet-impact-assessment-toolkit/use-case-interconnection-and-routing/.

25   Hal Roberts et al., *Mapping Local Internet Control* (Cambridge, MA: Berkman Center for Internet & Society, Harvard University, 2011), https://cyber.harvard.edu/netmaps/mlic_20110513.pdf.

26   Rebecca MacKinnon, "Networked Authoritarianism in China and Beyond: Implications for Global Internet Freedom" (paper presented at Liberation Technology in Authoritarian Regimes, Stanford, CA, October 2010), 21, https://rconversation.blogs.com/MacKinnon_Libtech.pdf.

27 MacKinnon, "Networked Authoritarianism," 21.

28 Ryan Fedasiuk, "A Different Kind of Army: The Militarization of China's Internet Trolls," *China Brief* 21, no. 7 (2021): 8, https://jamestown.org/program/a-different-kind-of-army-the-militarization-of-chinas-internet-trolls/.

29 Gary King, Jennifer Pan, and Margaret E. Roberts, "How the Chinese Government Fabricates Social Media Posts for Strategic Distraction, Not Engaged Argument," *American Political Science Review* 111, no. 13 (2017): 485, https://doi.org/10.1017/S0003055417000144.

30 Raymond Zhong et al., "Leaked Documents Show How China's Army of Paid Internet Trolls Helped Censor the Coronavirus," ProPublica, December 19, 2020, www.propublica.org/article/leaked-documents-show-how-chinas-army-of-paid-internet-trolls-helped-censor-the-coronavirus.

31 Marczak et al., "Analysis of China's 'Great Cannon,' " 1.

32 Internet Society, "Internet Way of Networking."

33 Blake Miller, "The Limits of Commercialized Censorship in China," SocArXiv (2019), https://doi.org/10.31235/osf.io/wn7pr.

34 Roberts, *Censored*, loc. 4144.

35 Yanfeng Zheng and Qinyu Wang, "Shadow of the Great Firewall: The Impact of Google Blockade on Innovation in China," *Strategic Management Journal* (forthcoming), http://dx.doi.org/10.2139/ssrn.3558289.

36 Paul Brodsky et al., *The State of the Network: 2021 Edition* (San Diego, CA: Pri-Metrica, 2021), https://www2.telegeography.com/hubfs/assets/Ebooks/state-of-the-network-2021.pdf.

37 Paul Mozur, "A Hong Kong Internet Provider Confirms It Censored a Website under the New Security Law," *New York Times*, last modified January 22, 2021, www.nytimes.com/live/2021/01/14/business/us-

economy-coronavirus#a-hong-kong-internet-provider-confirms-it-censored-a-website-under-the-new-security-law.

38   Xi Jinping, "Remarks by H.E. Xi Jinping, President of the People's Republic of China, at the Opening Ceremony of the Second World Internet Conference" (speech, Second World Internet Conference, Wuzhen, China, December 16, 2015), www.fmprc.gov.cn/mfa_eng/wjdt_665385/zyjh_665391/t1327570.shtml.

39   Yali Liu, "Building CHN-IX: The First IXP in Mainland China," *APNIC Blog*, APNIC, April 22, 2016, https://blog.apnic.net/2016/04/22/building-chn-ix-first-ixp-mainland-china/.

40   "CHN-IX: Revamping China's Internet Infrastructure," ChinaCache, January 25, 2019, https://en.chinacache.com/chn-ix-revamping-chinas-interent-infrastructure/.

41   Securities and Exchange Commission, *Form 20-F, ChinaCache International Holdings Ltd.: Annual and Transition Report of Foreign Private Issuers [Sections 13 or 15(d)]* (Washington, D.C.: Securities and Exchange Commission, 2020), https://sec/.report/Document/0001104659-20-041187/.

42   Securities and Exchange Commission, *Form 20-F, ChinaCache*, 7–11.

43   "CNIX," PeeringDB, accessed January 27, 2021, www.peeringdb.com/ix/1303.

44   According to PeeringDB, accessed January 25, 2021, https://www.peeringdb.com/advanced_search?country__in=US&reftag=ix.

45   H. B. Acharya, Sambuddho Chakravarty, and Devashish Gosain, "Few Throats to Choke: On the Current Structure of the Internet," in *2017 IEEE 42nd Conference on Local Computer Networks* (Los Alamitos, CA: IEEE, 2017), 339–46, https://doi.org/10.1109/LCN.2017.78.

46   "The Top 500 Sites on the Web," Alexa, accessed January 25, 2021, www.alexa.com/topsites.

47 "AS 4809," AS Rank, accessed January 25, 2021, https://asrank.caida.org/asns/4809.

48 "AS 3356," AS Rank, accessed January 26, 2021, https://asrank.caida.org/asns/3356.

49 Dave Allen, "Analysis by Oracle Internet Intelligence Highlights China's Unique Approach to Connecting to the Global Internet," *Internet Intelligence* (blog), Oracle, July 19, 2019, https://blogs.oracle.com/internetintelligence/analysis-by-oracle-internet-intelligence-highlights-china%e2%80%99s-unique-approach-to-connecting-to-the-global-internet.

50 Daniel R. Headrick and Pascal Griset, "Submarine Telegraph Cables: Business and Politics, 1838–1939," *Business History Review* 75, no. 3 (2001): 553, https://doi.org/10.2307/3116386.

51 "Unofficial USCBC Chart of Localization Targets by Sector Set in the MIIT Made in China 2025 Key Technology Roadmap," U.S.-China Business Council, February 2, 2016, www.uschina.org/sites/default/files/2-2-16%20Sector%20and%20Localization%20Targets%20for%20Made%20in%20China%202025.pdf.

52 P. M. Kennedy, "Imperial Cable Communications and Strategy, 1870–1914," *The English Historical Review* 86, no. 341 (1971): 751, https://doi.org/10.1093/ehr/LXXXVI.CCCXLI.728.

53 HMN Tech, "Huawei Marine Achieves over 100 Contracts," press release, January 21, 2020, www.hmntechnologies.com/enPressReleases/37319.jhtml; HMN Tech, "Building the Backbone for Global Connectivity," press release, January 9, 2019, www.hmntechnologies.com/enPressReleases/37315.jhtml.

54 "Hannibal—Mediterranean | Telecoms: Global Marine Installs FOC Connecting Tunisia and Sicily," Global Marine, accessed January 25,

2021, https://globalmarine.co.uk/projects/hannibal-mediterranean/.

55   Zhang Hongxiang 张红祥, "Haishang 54 tian" 海上54天 [54 Days at Sea], *Huawei Ren* 华为人 [Huawei People], February 8, 2010, http://app. huawei.com/paper/newspaper/newsBookCateInfo.do?method=showDig estInfo&infoId=14233&sortId=1.

56   "The SGSCS System Represents HMN's First Repeater and Branching Unit Solution, Linking Trinidad, Guyana to Suriname in South America," Global Marine, November 2019, https://globalmarine.co.uk/wp-content/ uploads/2019/11/sgscs-case-study.pdf.

57   Bao Pengyun 鲍鹏云, "Cong ludi dao haiyang" 从陆地到海洋 [From the Land to the Sea], *Huawei Ren* 华为人 [Huawei People], May 30, 2011, http://app.huawei.com/paper/newspaper/newsBookCateInfo.do?metho d=showDigestInfo&infoId=14261&sortId=1.

58   Industry expert, interview by author, June 2020.

59   "Suriname Guyana Submarine Cable System (SGSCS)," HMN Tech, accessed January 25, 2021, www.hmntechnologies.com/ enExperience/37690.jhtml.

60   Federal Communications Commission, *Improving Outage Reporting for Submarine Cables and Enhanced Submarine Cable Outage Data, GN Docket No. 15-206: Report and Order*, FCC 16-81 (Washington, D.C.: Federal Communications Commission, 2016), 52, https://docs.fcc.gov/public/ attachments/FCC-16-81A1.pdf.

61   Stephen Malphrus, "Keynote Address" (speech, ROGUCCI Summit, Dubai, October 19, 2009).

62   "Hibernia Atlantic Selects Huawei Technologies USA," *Fiber Optics Weekly Update*, June 1, 2007, https://books.google.com/ books?id=6Q3P9P77wcwC.

63   "Huawei Marine to Build Hibernia Atlantic's Project Express," Lightwave

Online, January 17, 2012, www.lightwaveonline.com/network-design/article/16664889/huawei-marine-to-build-hibernia-altantics-project-express.

64 Lightwave Online, "Hibernia Atlantic's Project Express."

65 Jeremy Page, Kate O'Keeffe, and Rob Taylor, "America's Undersea Battle with China for Control of the Global Internet Grid," *Wall Street Journal*, March 12, 2019, www.wsj.com/articles/u-s-takes-on-chinas-huawei-in-undersea-battle-over-the-global-internet-grid-11552407466.

66 Tom McGregor, "China Breakthroughs: SAIL Ahead on South Atlantic Cable Network," CCTV, July 5, 2017, http://english.cctv.com/2017/07/05/ARTITi0QntQhXqvZoN4dwobj170705.shtml.

67 HMN Tech, "South Atlantic Inter Link Connecting Cameroon to Brazil Fully Connected," press release, September 5, 2018, www.hmntechnologies.com/enPressReleases/37306.jhtml.

68 Doug Madory, email correspondence with author, December 20, 2020.

69 Jonathan E. Hillman, *The Emperor's New Road: China and the Project of the Century* (New Haven, CT: Yale University Press, 2020).

70 Nicole Starosielski, *The Undersea Network* (Durham, NC: Duke University Press, 2015), 41.

71 Iara Guimarães Altafin, "Especialistas apontam soluções para reduzir vulnerabilidade da internet" [Experts Point Out Solutions for Reducing Internet Vulnerability], Agência Senado, November 6, 2013, www12.senado.leg.br/noticias/materias/2013/11/06/especialistas-apontam-solucoes-para-reduzir-vulnerabilidade-da-internet.

72 "EllaLink: Connecting Europe to Latin America," Capacity Media, April 14, 2020, www.capacitymedia.com/articles/3825273/ellalink-connecting-europe-to-latin-america.

73 Jamal Shahid, "Army Seeks Fibre Optic Cables along CPEC," *Dawn*, January 25, 2017, www.dawn.com/news/1310593.

74 Hengtong Group, "PEACE Submarine Cable Project Perfectly Interpreting 'China Manufacturing Global Quality,'" press release, September 30, 2018, www.hengtonggroup.com/en/news/news-detail-510319.htm.

75 Khurram Husain, "Exclusive: CPEC Master Plan Revealed," *Dawn*, last modified June 21, 2017, www.dawn.com/news/1333101.

76 Farhan Bokhari and Kathrin Hille, "Pakistan Turns to China for Naval Base," *Financial Times*, May 22, 2011, www.ft.com/content/3914bd36-8467-11e0-afcb-00144feabdc0.

77 Andres Schipani, "Spying and Stability: Djibouti Thrives in 'Return to Cold War,'" *Financial Times*, May 11, 2021, https://www.ft.com/content/418b5250-f7fa-4ad3-837f-871dd259ec87.

78 Abdi Latif Dahir, "Thanks to China, Africa's Largest Free Trade Zone Has Launched in Djibouti," *Quartz*, July 9, 2018, https://qz.com/africa/1323666/china-and-djibouti-have-launched-africas-biggest-free-trade-zone/.

79 Deborah Brautigam, Yufan Huang, and Kevin Acker, *Risky Business: New Data on Chinese Loans and Africa's Debt Problem* (Washington, D.C.: China-Africa Research Initiative, Paul H. Nitze School of Advanced International Studies, Johns Hopkins University, 2020), https://static1.squarespace.com/static/5652847de4b033f56d2bdc29/t/6033fadb7ba591794b0a9dff/1614019291794/BP+3+-+Brautigam%2C+Huang%2C+Acker+-+Chinese+Loans+African+Debt.pdf; Yufan Huang and Deborah Brautigam, "Putting a Dollar Amount on China's Loans to the Developing World," *The Diplomat*, June 24, 2020, https://thediplomat.com/2020/06/putting-a-dollar-amount-on-chinas-loans-to-the-developing-world/.

80 "Submarine Cable Map," TeleGeography and HMN Tech, accessed February 27, 2021, www.submarinecablemap.com/.

81 Michael Sechrist, *Cyberspace in Deep Water: Protecting Undersea*

Communication Cables by Creating an International Public-Private Partnership (Cambridge, MA: Harvard Kennedy School of Government, 2010), www.belfercenter.org/sites/default/files/files/publication/PAE_final_draft_-043010.pdf.

82 Ivan Seidenberg, "Keynote Address: Customer Partnership Conference," Defense Information Systems Agency Customer Partnership Conference, April 21, 2009, as cited in Sechrist, *Cyberspace in Deep Water*, 9.

83 Industry expert, interview by author, May 2020.

84 Takashi Kawakami, "Huawei to Sell Undersea Cable Unit to Deflect US Spy Claims," *Nikkei Asia*, June 4, 2019, https://asia.nikkei.com/Spotlight/Huawei-crackdown/Huawei-to-sell-undersea-cable-unit-to-deflect-US-spy-claims.

85 Hengtong Group, "Hengtong haiyang shang bang 2018 nian suzhoushi zhuan jing te xin shifan qiye mingdan" 亨通海洋上榜2018年苏州市专精特新示范企业名单 [Hengtong Marine Is on the 2018 Suzhou City List of Specialized and New Model Enterprises], press release, November 2, 2018, http://cn.hengtongmarine.com/index.php/news/newsInfo/22.html.

86 Headrick and Griset, "Submarine Telegraph Cables," 553.

87 See chapter 2 in Hillman, *The Emperor's New Road*.

88 Dave Allen, "Analysis by Oracle Internet Intelligence Highlights China's Unique Approach to Connecting to the Global Internet," *Internet Intelligence* (blog), Oracle, July 19, 2019, https://blogs.oracle.com/internetintelligence/analysis-by-oracle-internet-intelligence-highlights-china%e2%80%99s-unique-approach-to-connecting-to-the-global-internet.

89 "Amazon Cloud Demands Massive On-the-Ground Infrastructure," *Seattle Times*, last modified December 6, 2016, www.seattletimes.com/business/amazon-cloud-demands-massive-on-the-ground-infrastructure/.

90 Canalys, "Global Cloud Services Market Q1 2020," press release, April 30, 2020, https://www.canalys.com/newsroom/worldwide-cloud-infrastructure-services-Q1-2020; Canalys, "Global Cloud Services Market Q2 2020," press release, July 30, 2020, https://canalys.com/newsroom/worldwide-cloud-infrastructure-services-Q2-2020; Canalys, "Global Cloud Infrastructure Market Q3 2020," press release, October 29, 2020, https://www.canalys.com/newsroom/worldwide-cloud-market-q320; Canalys, "Global Cloud Infrastructure Market Q4 2020," press release, February 2, 2021, https://www.canalys.com/newsroom/global-cloud-market-q4-2020.

91 Raj Bala et al., "Gartner Magic Quadrant for Cloud Infrastructure as a Service, Worldwide," Gartner, July 19, 2019, www.gartner.com/en/documents/3947472/magic-quadrant-for-cloud-infrastructure-as-a-service-wor; Alibaba Group, "Alibaba Group Announces December Quarter 2020 Results," press release, February 2, 2021, www.alibabagroup.com/en/news/press_pdf/p210202.pdf.

92 Canalys, "Cloud Services Market Q1 2020"; Canalys, "Cloud Services Market Q2 2020"; Canalys, "Cloud Infrastructure Market Q3 2020"; Canalys, "Cloud Infrastructure Market Q4 2020."

93 ThousandEyes, Cisco Systems Inc., *Cloud Performance Benchmark: 2019–2020 Edition* (San Francisco: Cisco Systems, Inc., 2020), 38, https://marketo-web.thousandeyes.com/rs/thousandeyes/images/ThousandEyes-Cloud-Performance-Benchmark-2019-2020-Edition.pdf.

94 Pei Li and Josh Horwitz, "In Cloud Clash with Alibaba, Underdog Tencent Adopts More Aggressive Tactics," Reuters, July 2, 2020, www.reuters.com/article/us-tencent-alibaba-cloud-focus/in-cloud-clash-with-alibaba-underdog-tencent-adopts-more-aggressive-tactics-idUSKBN2433F9.

95　Josh Horwitz, "Alibaba to Invest $28 Billion in Cloud Services after Coronavirus Boosted Demand," Reuters, April 19, 2020, www.reuters. com/article/us-china-alibaba-cloud-investment/alibaba-to-invest-28-billion-in-cloud-services-after-coronavirus-boosted-demand-idUSKBN22208E.

96　Pei Li, "Tencent to Invest $70 Billion in 'New Infrastructure,' " Reuters, May 26, 2020, www.reuters.com/article/us-tencent-cloud-investment/ tencent-to-invest-70-billion-in-new-infrastructure-idUSKBN2320VB.

97　Nikki Sun, "Tencent's Plans for Indonesia Herald Wave of Asian Data Centres," *Financial Times*, April 18, 2021, https://www.ft.com/ content/05a17586-5b08-4f2f-a228-f2c757c824b9.

98　Li Jingying 李菁瑛, "Zhongguo dianxin xuanbu weilai jiang ba yun jisuan fuwu zuowei zhuye" 中国电信宣布未来将把云计算服务作为主业 [China Telecom Announces That It Will Make Cloud Computing Services Its Main Business in the Future], Leifeng Wang 雷锋网 [Leifeng Net], November 9, 2020, www.leiphone.com/ news/202011/9r5uwvX7I7YM0lzn.html.

99　Ding Yi, "Baidu Sets Out Its Ambitions for AI, Cloud Computing, Amid 'New Infrastructure' Push," Caixin Global, June 22, 2020, www. caixinglobal.com/2020-06-22/baidu-sets-out-its-ambitions-for-ai-cloud-computing-amid-new-infrastructure-push-101570657.html.

100　"30,000,000 American Depositary Shares: Representing 450,000,000 Ordinary Shares," Kingsoft Cloud Holdings Ltd., May 7, 2020, 35, https:// ir.ksyun.com/static-files/29ac7d9f-935c-4540-a9a1-f8c66937a27e.

101　"Bringing the Digital World to Cape Verde," Huawei, accessed January 25, 2021, https://e.huawei.com/en/case-studies/ global/2018/201807051343.

102　Jonathan E. Hillman and Maesea McCalpin, *Huawei's Cloud Strateg y:*

Economic and Strategic Implications (Washington, D.C.: Center for Strategic and International Studies, 2021), https://reconasia.csis.org/.

103   Kathrin Hille, Qianer Liu, and Kiran Stacey, "Huawei Focuses on Cloud Computing to Secure Its Survival," *Financial Times*, August 30, 2020, www.ft.com/content/209aa050-6e9c-4ba0-b83c-ac8df0bb4f86.

104   "Renzhengfei guanyu huawei yun de jianghua shifangle naxie zhongyao xinxi?" 任正非关于华为云的讲话释放了哪些重要信息？[What Important Information Did Ren Zhengfei's Speech on Huawei Cloud Reveal?], Tengxun wang 腾讯网 [Tencent Net], January 6, 2021, https://xw.qq.com/amphtml/20210106A0B7F500.

105   Zhang Erchi and Timmy Shen, "Huawei Deactivates AI and Cloud Business Group in Restructuring," Caixin Global, April 6, 2021, https://www.caixinglobal.com/2021-04-06/huawei-deactivates-ai-and-cloud-business-group-in-restructuring-101686317.html.

106   Huawei, "Bringing the Digital World to Cape Verde."

107   James Hamilton, "How Many Data Centers Needed World-Wide," *Perspectives* (blog), April 2017, https://perspectives.mvdirona.com/2017/04/how-many-data-centers-needed-world-wide/.

108   "Hyperscale Data Center Count Reaches 541 in Mid-2020; Another 176 in the Pipeline," Synergy Research Group, July 7, 2020, www.srgresearch.com/articles/hyperscale-data-center-count-reaches-541-mid-2020-another-176-pipeline.

109   Steve Dickinson, "China's New Cybersecurity Program: No Place to Hide," *China Law Blog*, Harris Bricken, September 30, 2019, https://harrisbricken.com/chinalawblog/chinas-new-cybersecurity-program-no-place-to-hide/.

110   Eileen Yu, "Alibaba Points to Singapore in Response to Cloud Security Concerns," ZDNet, October 30, 2015, www.zdnet.com/article/alibaba-

points-to-singapore-in-response-to-cloud-security-concerns/.

111 "Alibaba Cloud Responses to CSA CAIQ v3.0.1," Alibaba Cloud, March 6, 2020, 3, https://video-intl.alicdn.com/video/ABC_CSA_CAIQ.pdf?spm=a3 c0i.87485.6110357070.3.119f72c9QdPSjJ&file=ABC_CSA_CAIQ.pdf.

112 Kevin Xu, "China's Cloud Ceiling," *Interconnected* (blog), October 15, 2020, https://interconnected.blog/chinas-cloud-ceiling/.

113 International Data Corporation, email correspondence with author, April 2021.

114 Google, Temasek, and Bain & Company, e-Conomy SEA 2020: At Full Velocity: Resilient and Racing Ahead (n.p.: Google, 2020), 29, https://storage.googleapis.com/gweb-economy-sea.appspot.com/assets/pdf/e-Conomy_SEA_2020_Report.pdf.

115 "Singapore," Submarine Cable Map, accessed January 26, 2021, www.submarine cablemap.com/#/country/singapore.

116 Paul Brodsky et al., The State of the Network: 2021 Edition (San Diego, CA: Primetrica, Inc., 2021), https://www2.telegeography.com/hubfs/assets/Ebooks/state-of-the-network-2021.pdf.

117 Sun, "Tencent's Plans for Indonesia"; Mercedes Ruehl, "US and Chinese Cloud Companies Vie for Dominance in South-East Asia," Financial Times, May 19, 2020, www.ft.com/content/1e2b9cd9-f82e-4d3b-a2d8-f20c08bdc3aa; James Henderson, "Is Microsoft Building Data Centres in Indonesia?," Channel Asia, February 28, 2020, www.channelasia.tech/article/671441/microsoft-building-data-centres-indonesia/.

118 Arpita Mukherjee et al., "COVID-19, Data Localisation and G20: Challenges, Opportunities and Strategies for India" (working paper, Indian Council for Research on International Economic Relations, 2020), 18, http://icrier.org/pdf/Working_Paper_398.pdf.

119 Neil Munshi, "Africa's Cloud Computing Boom Creates Data Centre Gold

Rush," *Financial Times*, March 2, 2020, www.ft.com/content/402a18c8-5a32-11ea-abe5-8e03987b7b20.

120 John Melick (former chairman, Djibouti Data Center), interview by author, July 13, 2020.

121 Russell Southwood, *Africa Interconnection Report: Analysis of Sub-Saharan Africa's Cloud & Data Centre Ecosystem* (n.p.: Balancing Act, 2020), 20, https://f.hubspotuser content00.net/hubfs/3076203/Africa%20 Interconnection%20Report%202021.pdf.

122 Southwood, *Africa Interconnection Report*, 14.

123 Toby Shapshak, "South Africa Is Now a Major Hub for Big Tech's Cloud Datacenters," *Quartz*, March 20, 2019, https://qz.com/africa/1576890/ amazon-microsoft-huawei-building-south-africa-data-hubs/.

124 Steve Song, "Africa Telecoms Infrastructure in 2019," *Many Possibilities* (blog), January 3, 2020, https://manypossibilities.net/2020/01/africa-telecoms-infrastructure-in-2019/.

125 Michael D. Francois, Chris George, and Jayne Stowell, "Introducing Equiano, a Subsea Cable from Portugal to South Africa," *Google Cloud Blog*, Google, June 28, 2019, https://cloud.google.com/blog/products/ infrastructure/introducing-equiano-a-subsea-cable-from-portugal-to-south-africa.

126 "Meet the Partners," 2Africa, accessed January 25, 2021, www.2africacable.com/meet-the-partners.

127 Anne Edmundson et al., "Nation-State Hegemony in Internet Routing," in *Compass '18: Proceedings of the 1st ACM SIGCAS Conference on Computing and Sustainable Societies* (New York: Association for Computing Machinery, 2018), 1–11, https://doi.org/10.1145/3209811.3211887.

128 Huawei Cloud, "Huawei Cloud Accelerates Digital Transformation in Brazil," press release, December 6, 2019, https://en.prnasia.com/

releases/apac/huawei-cloud-accelerates-digital-transformation-in-brazil-267227.shtml.

129 "Alibaba Plans to Launch Cloud Services in Colombia," Latin America Business Stories, February 28, 2020, https://labsnews.com/en/news/business/alibaba-plans-to-launch-cloud-services-in-colombia/.

130 Ren Zhengfei, "Ren Zhengfei's Roundtable with Media from Latin America and Spain," interview by Pablo Diáz, *Voices of Huawei* (blog), Huawei, December 11, 2019, www.huawei.com/us/facts/voices-of-huawei/ren-zhengfeis-roundtable-with-media-from-latin-america-and-spain.

131 "Four Reasons Why Chile Is Becoming Latin America's Data Center Hub," *InvestChile Blog*, InvestChile, October 16, 2019, https://blog.investchile.gob.cl/four-reasons-why-chile-is-becoming-latin-americas-data-center-hub.

132 Josefina Dominguez Iino, "Huawei and Alibaba Join Amazon in Potentially Installing Regional Data Centers in Chile," LatamList, March 16, 2019, https://latamlist.com/huawei-and-alibaba-join-amazon-in-potentially-installing-regional-data-centers-in-chile/.

133 "Fiber Optic Austral," HMN Tech, accessed January 27, 2021, www.hmntechnologies.com/enExperience/37709.jhtml.

134 Yohei Hirose and Naoyuki Toyama, "Chile Picks Japan's Trans-Pacific Cable Route in Snub to China," *Nikkei Asia*, July 29, 2020, https://asia.nikkei.com/Business/Telecommunication/Chile-picks-Japan-s-trans-Pacific-cable-route-in-snub-to-China.

135 "Huawei to Open 2nd Data Center in Chile," Xinhua, September 24, 2020. www.xinhuanet.com/english/2020-09/24/c_139393114.htm.

136 "Ren Zhengfei's Roundtable with Media from Latin America and Spain."

137 Federal Communications Commission, *China Mobile International*

(USA) Inc. Application for Global Facilities-Based and Global Resale International Telecommunications Authority Pursuant to Section 214 of the Communications Act of 1934, as Amended, ITC-214-20110901-00289: Memorandum Opinion and Order, FCC 19-38 (Washington, D.C.: Federal Communications Commission, 2019), 20, https://licensing.fcc.gov/myibfs/download.do?attachment_key=1682030.

138 Federal Communications Commission, "FCC Denies China Mobile USA Application to Provide Telecommunications Services," press release, May 9, 2019, https://docs.fcc.gov/public/attachments/DOC-357372A1.pdf.

139 Kate O'Keeffe, "FCC Signals Likely Revocation of Four Chinese Telecom Firms' Licenses," *Wall Street Journal*, April 24, 2020, www.wsj.com/articles/fcc-signals-likely-revocation-of-four-chinese-telecom-firms-licenses-11587755961.

140 Kate O'Keeffe (@Kate_OKeeffe), "NEW: The FCC just gave 4 Chinese state-owned telecom operators 30 days to prove they're not Chinese state-owned telecom operators. In other words: expect imminent license revocations," Twitter, April 24, 2020, https://twitter.com/Kate_OKeeffe/status/1253768210387734528?s=20.

141 Jeanne Whalen and David J. Lynch, "Outgoing Trump Administration Bans Investments in Chinese Companies It Says Support China's Military," *Washington Post*, November 12, 2020, www.washingtonpost.com/technology/2020/11/12/trump-bans-investment-china/.

142 Federal Communications Commission, "FCC Initiates Proceeding Regarding Revocation and Termination of China Telecom (Americas) Corporation's Authorizations," press release, December 10, 2020, https://docs.fcc.gov/public/attachments/DOC-368702A1.pdf; David Shepardson, "FCC Moves against Two Chinese Telecoms Firms Operating in U.S.," Reuters, March 17, 2021, www.reuters.com/article/us-usa-china-telecom-

idUSKBN2B92FE.

143 Kevin Salvadori and Nico Roehrich, "Advancing Connectivity between the Asia-Pacific Region and North America," *Engineering Blog*, Facebook, March 28, 2021, https://engineering.fb.com/2021/03/28/connectivity/echo-bifrost/.

144 "Global Resources," China Mobile International, accessed January 27, 2021, www.cmi.chinamobile.com/en/pop; "Global Data Center Map," China Telecom Americas, accessed January 27, 2021, www.ctamericas.com/global-data-center-map/; "China Unicom Global Resource: PoPs," China Unicom, accessed January 27, 2021, https://network.chinaunicomglobal.com/#/resource/pops.

145 Demchak and Shavitt, "China's Maxim," 1.

146 Kieren McCarthy, "You Won't Guess Where European Mobile Data Was Rerouted for Two Hours. Oh. You Can. Yes, It Was China Telecom," The Register, June 10, 2019, www.theregister.com/2019/06/10/bgp_route_hijack_china_telecom/.

147 Markoff, "Internet Traffic Begins to Bypass the U.S."; National Security Agency, *Untangling the Web: A Guide to Internet Research*, NSA DOCID 4046925 (Washington, D.C.: National Security Agency, 2007), 487, www.nsa.gov/Portals/70/documents/news-features/declassified-documents/Untangling-the-Web.pdf.

148 Ted Hardie, "Thoughts on the Clean Network Program," Medium, August 5, 2020, https://medium.com/@ted.ietf/thoughts-on-the-clean-network-program-5f1c43764152.

149 "Network Operator Participants," MANRS, accessed January 25, 2021, www.manrs.org/isps/participants/.

150 Internet Society, "Internet Way of Networking."

151 Ge Yu (@Ge_Yu), "Thank you, @DougMadory, for championing this issue

over the years," Twitter, December 11, 2020, https://twitter.com/Ge_Yu/status/1337433056421027840?s=20.

152 Richard Chirgwin, "Oracle 'Net-Watcher Agrees, China Telecom Is a Repeat Offender for Misdirecting Traffic," *The Register*, November 6, 2018, www.theregister.com/2018/11/06/oracles_netwatchers_agree_china_telecom_is_a_repeat_bgp_offender/.

153 Participation among U.S. cloud and content providers is strong, however, with Amazon, Google, Facebook, and Microsoft on board. See MANRS, "Network Operator Participants" for a full list of participants.

CHAPTER 6. 주도 세력

1   "Blastoff! China Launches Beidou Navigation Satellite-3," YouTube video, 44:50, posted by VideoFromSpace, June 22, 2020, www.youtube.com/watch?v=Hb04dOf4ZoQ&ab_channel=VideoFromSpace.

2   European Global Navigation Satellite Systems Agency, *GSA GNSS Market Report: Editor's Special: GNSS and Newspace* (Luxembourg: Publications Office of the European Union, 2019), www.gsa.europa.eu/system/files/reports/market_report_issue_6_v2.pdf.

3   David Hambling, "What Would the World Do without GPS?," BBC, October 4, 2020, www.bbc.com/future/article/20201002-would-the-world-cope-without-gps-satellite-navigation.

4   Deng Xiaoci, "China Completes BDS Navigation System, Reduces Reliance on GPS," *Global Times*, June 23, 2020, www.globaltimes.cn/content/1192482.shtml.

5   Anatoly Zak, "Disaster at Xichang," *Air & Space Magazine*, February 2013, https://www.airspacemag.com/history-of-flight/disaster-at-xichang-2873673/?page=1.

6   Matt Ho, "Chinese Long March-3B Rocket Fails during Launch of Indonesian Satellite," *South China Morning Post*, April 10, 2020, www. scmp.com/news/china/science/article/3079407/chinese-long-march-3b-rocket-fails-during-launch-indonesian.

7   Andrew Jones, "China Launches Final Satellite to Complete Beidou System, Booster Falls Downrange," *SpaceNews*, June 23, 2020, https:// spacenews.com/china-launches-final-satellite-to-complete-beidou-system-booster-falls-downrange/.

8   Adam Mann, "SpaceX Now Dominates Rocket Flight, Bringing Big Benefits—and Risks—to NASA," *Science*, May 20, 2020, www. sciencemag.org/news/2020/05/spacex-now-dominates-rocket-flight-bringing-big-benefits-and-risks-nasa.

9   Mike Wall, "SpaceX's Starship May Fly for Just $2 Million Per Mission, Elon Musk Says," Space, November 6, 2019, www.space.com/spacex-starship-flight-passenger-cost-elon-musk.html.

10   " 'SoftBank World 2017' Day 1 Keynote Speech, Masayoshi Son," YouTube video, 2:12:15, posted by ソフトバンク [SoftBank], August 1, 2017, www.youtube.com/watch?v=z7kHvHKElQc.

11   "Fenfei zai xinshijide tiankong—Zhongyang junwei weiyuan, kongjun silingyuan xu qiliang da benbao jizhe wen" 奋飞在新世纪的天空—中央军委委员、空军司令员许其亮答本报记者问 [Flying Vigorously in the Sky of the New Century—Central Military Commission Member and Air Force Commander Xu Qiliang Answers Our Reporter's Questions], Sina, November 1, 2009, http://mil.news.sina.com.cn/2009-11-02/0625572165. html. Similar language was used in China's 2015 Defense White Paper: "Outer space has become a commanding height in international strategic competition. Countries concerned are developing their space forces and instruments, and the first signs of weaponization of outer space have

appeared"; see State Council Information Office of the People's Republic of China, *China's Military Strategy* (Beijing: State Council Information Office, 2015), www.andrewerickson.com/wp-content/uploads/2019/07/China-Defense-White-Paper_2015_English-Chinese_Annotated.pdf.

12   Sina, "Fenfei zai xinshijide tiankong."

13   William Matthew, "To Military Planners, Space Is 'the Ultimate High Ground,'" *Air Force Times*, May 18, 1998.

14   "Chinese Navigation Exhibition Opens in Vienna," Xinhua, June 12, 2019, www.xinhuanet.com/english/2019-06/12/c_138134675.htm.

15   "50th Anniversary of the Launch of Dongfanghong 1, China's First Satellite," *South China Morning Post*, April 24, 2020, www.scmp.com/photos/3081412/50th-anniversary-launch-dongfanghong-1-chinas-first-satellite?page=6.

16   "Five Momerable [sic] Moments in China's Space Probe," *China Daily*, last modified April 23, 2016, www.chinadaily.com.cn/china/2016-04/23/content_24779035.htm.

17   Evan A. Feigenbaum, *China's Techno-Warriors: National Security and Strategic Competition from the Nuclear to the Information Age* (Redwood City, CA: Stanford University Press, 2003), 141.

18   Lei Ceyuan 雷册渊, "'863' Jihua, yige weida keji gongcheng de taiqian muhou" '863' 计划，一个伟大科技工程的台前幕后 [The "863" Plan: The Public Face and behind the Scenes of a Great Technology Project], Sina, November 22, 2016, http://book.sina.com.cn/excerpt/rwws/2016-11-22/1610/doc-ifxxwrwh4929717-p2.shtml.

19   Larry Greenemeier, "GPS and the World's First 'Space War,'" *Scientific American*, February 8, 2016, www.scientificamerican.com/article/gps-and- the-world-s-firste-space-war/.

20   Dean Cheng, "Chinese Lessons from the Gulf War," in *Chinese Lessons*

from Other Peoples' Wars, ed. Andrew Scobell, David Lai, and Roy Kamphausen (Carlisle, PA: Strategic Studies Institute, U.S. Army War College, 2011), 163, https://publications.armywarcollege.edu/pubs/2163.pdf.

21 Gao Yubiao 高宇标, chief ed., *Lianhe zhanyi xue jiaocheng* 联合战役学教程 [Joint Campaign Teaching Materials] (Beijing: Junshi kexue chubanshe 军事科学出版社 [Military Science Press], 2001), 54–57.

22 Minnie Chen, " 'Unforgettable Humiliation' Led to Development of GPS Equivalent," *South China Morning Post*, November 13, 2009, www.scmp. com/article/698161/unforgettable-humiliation-led-development-gps-equivalent.

23 Select Committee on U.S. National Security and Military/Commercial Concerns with the People's Republic of China, U.S. House of Representatives, 105th Cong., *U.S. National Security and Military/ Commercial Concerns with the People's Republic of China: Volume I*, Report 105-851 (Washington, D.C.: U.S. Government Printing Office, 1999), xvii–xix, https://china.usc.edu/sites/default/files/article/attachments/cox-report-1999-us-china-military-security.pdf.

24 Kevin Pollpeter, "China's Space Program: Making China Strong, Rich, and Respected," *Asia Policy* 27, no. 2 (2020): 12–18, https://doi.org/10.1353/asp.2020.0027.

25 Embassy of the People's Republic of China in the United States of America, "2003 Nian 10 yue 30 ri waijiaobu fayanren zai jizhe zhaodaihui shang da jizhe wen" 2003年10月30日外交部发言人在记者招待会上答记者问 [October 30, 2003: Foreign Ministry Spokesperson Answers Journalists' Questions at Press Conference], press release, October 30, 2003, www. china-embassy.org/chn/FYRTH/t39627.htm.

26 David Lague, "Special Report—In Satellite Tech Race, China Hitched a Ride from Europe," Reuters, December 22, 2013, www.reuters.com/

article/breakout-beidou/special-report-in-satellite-tech-race-china-hitched-a-ride-from-europe-idUSL4N0JJ0J320131222.

27 "China's Beidou GPS-Substitute Opens to Public in Asia," BBC, December 27, 2012, www.bbc.com/news/technology-20852150.

28 Stephen Clark, "China Expands Reach of Beidou Navigation Network with Another Launch," Spaceflight Now, November 19, 2018, https://spaceflightnow.com/2018/11/19/china-expands-reach-of-beidou-navigation-network-with-another-launch/.

29 State Council Information Office of the People's Republic of China, "China's BeiDou Navigation System Starts Global Service," press release, last modified December 28, 2018, http://english.scio.gov.cn/pressroom/2018-12/28/content_74320992.htm.

30 Kevin L. Pollpeter, Michael S. Chase, and Eric Heginbotham, *The Creation of the PLA Strategic Support Force and Its Implications for Chinese Military Space Operations*, RR-2058-AF (Santa Monica, CA: RAND, 2017), www.rand.org/pubs/research_reports/RR2058.html; John Costello and Joe McReynolds, *China's Strategic Support Force: A Force for a New Era*, China Strategic Perspectives No. 13 (Washington, D.C.: National Defense University Press, 2018), https://ndupress.ndu.edu/Portals/68/Documents/stratperspective/china/china-perspectives_13.pdf.

31 Costello and McReynolds, *China's Strategic Support Force*.

32 "Full Text of White Paper on China's Space Activities in 2016," State Council of the People's Republic of China, last modified December 28, 2016, http://english.www.gov.cn/archive/white_paper/2016/12/28/content_281475527159496.htm.

33 Changfeng Yang, "Directions 2021: BDS Marches to New Era of Global Services," *GPS World*, December 8, 2020, www.gpsworld.com/directions-2021-bds-marches-to-new-era-of-global-services/.

34 Ryan Woo and Liangping Gao, "China Set to Complete Beidou Network Rivalling GPS in Global Navigation," Reuters, June 11, 2020, www.reuters.com/article/us-space-exploration-china-satellite/china-set-to-complete-Beidou-network-rivalling-gps-in-global-navigation-idUSKBN23J0I9.

35 Tsunashima, "China's Beidou Eclipses American GPS."

36 Minnie Chan, "Mainland China Deploys More Amphibious Weapons along Coast in Taiwan Mission," *South China Morning Post*, August 5, 2020, www.scmp.com/news/china/military/article/3096179/mainland-deploys-more-amphibious-weapons-along-coast-long.

37 Huang Wei-ping, "PLA Drills Might Be a System Check," *Taipei Times*, September 19, 2020, www.taipeitimes.com/News/editorials/archives/2020/09/19/2003743685.

38 Rob Miltersen, "Chinese Aerospace along the Belt and Road," China Aerospace Studies Institute, Air University, June 14, 2020, 9, www.airuniversity.af.edu/Portals/10/CASI/documents/Chinese_Aerospace_Along_BR.pdf ?ver=2020-06-26-085618-537.

39 "Saudi Shoura Council Wants Steps to Assess Public Agencies," *Arab News*, July 9, 2019, www.arabnews.com/node/1522921/saudi-arabia; Dana Goward, "BeiDou a Threat to the West, but Perhaps Not Individuals," GPS World, August 11, 2020, www.gpsworld.com/beidou-a-threat-to-the-west-but-perhaps-not-individuals/.

40 Quan Li and Min Ye, "China's Emerging Partnership Network: What, Who, Where, When and Why," *International Trade, Politics and Development* 3, no. 2 (2019): 66–67, https://doi.org/10.1108/ITPD-05-2019-0004.

41 Marcus Weisgerber, "Russian and Chinese Satellites Are Helping US Pilots Spy on Russia and China," *Defense One*, March 5, 2020, www.

defenseone.com/technology/2020/03/russian-and-chinese-satellites-are-helping-us-pilots-spy-russia-and-china/163542/.

42 "BeiDou Headed Upwards of 1 Trillion This Decade. That's Yuan." *Inside GNSS*, May 26, 2021, https://insidegnss.com/beidou-headed-upwards-of-1-trillion-this-decade-thats-yuan/.

43 "Global Smartphone Market Share: By Quarter," Counterpoint Research, November 20, 2020, www.counterpointresearch.com/global-smartphone-share/; Abhilash Kumar, "Global Smartphone Market Shows Signs of Recovery in Q3, Xiaomi Reaches 3rd Place and Realme Grows Fastest at 132% QoQ," press release, October 30, 2020, www.counterpointresearch.com/global-smartphone-market-shows-signs-recovery-q3-realme-grows-fastest-132-qoq/.

44 Lukas Scroth, "The Drone Manufacturer Ranking 2020," Drone Industry Insights, October 6, 2020, https://droneii.com/the-drone-manufacturer-ranking-2020.

45 European Global Navigation Satellite Systems Agency, *GSA GNSS Market Report*, 6.

46 Fang Zuwang and Anniek Bao, "Late to Switch On, Apple Tunes into China's Homegrown Nav System," Caixin Global, October 15, 2020, www.caixinglobal.com/2020-10-15/late-to-switch-on-apple-tunes-into-chinas-homegrown-nav-system-101615153.html; "Qualcomm Collaborates with Samsung to Be First to Employ BeiDou for Location-Based Mobile Data," *GPS World*, November 22, 2013, www.gpsworld.com/qualcomm-collaborates-with-samsung-to-be-first-to-employ-beidou-for-location-based-mobile-data/.

47 European Global Navigation Satellite Systems Agency, *GSA GNSS Market Report*, 6.

48 Nikki Sun, "China's Geely Follows Tesla into Space with Own Satellite

Network," *Nikkei Asia*, April 24, 2020, https://asia.nikkei.com/Business/
China-tech/China-s-Geely-follows-Tesla-into-space-with-own-satellite-
network.

49   China Satellite Navigation Office, "Development of BeiDou Navigation
Satellite System" (presentation, Krasnoyarsk, Russia, May 18, 2015),
www.unoosa.org/documents/pdf/psa/activities/2015/RussiaGNSS/
Presentations/5.pdf.

50   State Council Information Office of the People's Republic of China, "Guo
xin ban juxing beidou sanhao xitong tigong quanqiu fuwu yizhounian
youguan qingkuang fabu hui" 国新办举行北斗三号系统提供全球服务
一周年有关情况发布会 [State Council Information Office Holds Press
Conference on Relevant Developments on the One-Year Anniversary of
the Launch of Beidou-3's Global Services], press release, December 27,
2019, www.scio.gov.cn/xwfbh/xwbfbh/wqfbh/39595/42270/index.htm.

51   European Global Navigation Satellite Systems Agency, *GSA GNSS Market
Report*, 10.

52   Stuart A. Thompson and Charlie Warzel, "8 Things to Know about Our
Investigation into the Location Business," *New York Times*, December 19,
2019, www.nytimes.com/interactive/2019/12/19/opinion/nyt-cellphone-
tracking-investigation.html.

53   Liz Sly, Dan Lamothe, and Craig Timberg, "U.S. Military Reviewing
Its Rules after Fitness Trackers Exposed Sensitive Data," *Washington
Post*, January 29, 2018, www.washingtonpost.com/world/the-us-
military-reviews-its-rules-as-new-details-of-us-soldiers-and-bases-
emerge/2018/01/29/6310d518-050f-11e8-aa61-f3391373867e_story.html.

54   Liz Sly, "U.S. Soldiers Are Revealing Sensitive and Dangerous
Information by Jogging," *Washington Post*, January 29, 2018, www.
washingtonpost.com/world/a-map-showing-the-users-of-fitness-

devices-lets-the-world-see-where-us-soldiers-are-and-what-they-are-doing/2018/01/28/86915662-0441-11e8-aa61-f3391373867e_story.html.

55 China-Arab States BDS/GNSS Center in AICTO, "Arab Region Beidou Cooperation on Satellite Navigation" (presentation, 13th Meeting of the International Committee on GNSS, Xi'an, China, November 7, 2018), www.unoosa.org/documents/pdf/icg/2018/icg13/wgb/wgb_22.pdf.

56 "Second Edition China-Arab States BDS Cooperation Forum," China Arab-States BDS, accessed February 1, 2021, http://bds-aicto.org/.

57 Test and Assessment Research Center of China Satellite Navigation Office and the Arab Information and Communication Technologies Organization, *China-Arab Joint BDS Test & Evaluation Results* (n.p.: China Satellite Navigation Office, 2019), http://bds-aicto.org/wp-content/uploads/2019/04/China-Arab-Joint-BDS-Test-Evaluation-Results-ver6.0.pdf.

58 Dr. Todd Humphreys (assistant professor, University of Texas at Austin), personal communication with author, August 2020.

59 "U.S. Still Not Allowing GLONASS Stations," *GPS World*, October 31, 2014, www.gpsworld.com/us-still-not-allowing-glonass-stations/.

60 Xiaochun Lu, "Update on BeiDou Navigation Satellite System and PNT System" (presentation, Stanford 2019 PNT Symposium, National Time Service Center, Chinese Academy of Sciences, October 19, 2019), http://web.stanford.edu/group/scpnt/pnt/PNT19/presentation_files/I10-Lu-Beidou_PNT_Update.pdf. The company operating a third station in Australia announced in 2020 that it would not renew its contract with Chinese customers; see Jonathan Barrett, "Exclusive: China to Lose Access to Australian Space Tracking Station," Reuters, September 21, 2020, www.reuters.com/article/china-space-australia-exclusive/exclusive-china-to-lose-access-to-australian-space-tracking-station-idUSKCN26C0HB.

디지털 실크로드

61 Jordan Wilson, *China's Alternative to GPS and Its Implications for the United States* (Washington, D.C.: U.S.-China Economic and Security Review Commission, 2017), 2, www.uscc.gov/sites/default/files/Research/ Staff%20Report_China's %20Alternative%20to%20GPS%20and%20 Implications%20for%20the%20United%20States.pdf; Stephen Chen, "Thailand Is Beidou Navigation Network's First Overseas Client," South China Morning Post, April 4, 2013, www.scmp.com/news/china/ article/1206567/thailand-beidou-navigation-networks-first-overseas-client.

62 State Council Information Office of the People's Republic of China, "Beidou xitong yi fugai jin 30 ge 'yidai yilu' yanxian guojia" 北斗系统 已覆盖近30个"一带一路"沿线国家 [The Beidou System Covers Nearly 30 Countries along the "Belt and Road"], press release, December 16, 2017, http://www.scio.gov.cn/xwfbh/xwbfbh/wqfbh/35861/37517/ xgbd37524/Document/1614255/1614255.htm.

63 Dean Cheng, "How China Has Integrated Its Space Program into Its Broader Foreign Policy" (paper presented at 2020 CASI Conference, China Aerospace Studies Institute, Air University, n.p., September 2020), www. airuniversity.af.edu/Portals/10/CASI/Conference-2020/CASI%20 Conference%20China%20Space%20and%20Foreign%20Policy-%20 Cheng.pdf ?ver=tXD5KaN9JfGMNNf-oqH-Yw%3D%3D.

64 Alan C. O'Connor et al., *Economic Benefits of the Global Positioning System* (GPS), RTI Report No. 0215471 (Research Triangle Park, NC: RTI International, 2019), www.rti.org/sites/default/files/gps_finalreport618. pdf?utm_campaign=SSES_SSES_ALL_Aware2019&utm_source=Press%20 Release&utm_medium=Website&utm_content=GPSreport.

65 Nicholas Jackman, "Chinese Satellite Diplomacy: China's Strategic Weapon for Soft and Hard Power Gains" (master's thesis, Wright

State University, 2018), https://corescholar.libraries.wright.edu/cgi/viewcontent.cgi?article=3064&context=etd_all; Vidya Sagar Reddy, *China's Design to Capture Regional SatCom Markets*, ORF Special Report no. 70 (New Delhi: Observer Research Foundation, 2018), www.orfonline.org/wp-content/uploads/2018/07/ORF_SpecialReport_70_China_SatCom.pdf; Julie Michelle Klinger, "China, Africa, and the Rest: Recent Trends in Space Science, Technology, and Satellite Development" (working paper, China-Africa Research Initiative, Paul H. Nitze School of Advanced International Studies, Johns Hopkins University, 2020), https://static1.squarespace.com/static/5652847de4b033f56d2bdc29/t/5ecdb4ab6dad0e25fa0feb06/1590539437793/WP+38+-+Klinger+-+China+Africa+Space+Satellites.pdf.

66 "Launch Record," China Great Wall Industry Corporation, last modified April 10, 2019, www.cgwic.com/Launchservice/LaunchRecord.html; "China to Launch Palapa-N1 Satellite Covering Indonesia and Surrounding Areas," China Aerospace Science and Technology Corporation, last modified April 2, 2020, http://english.spacechina.com/n16421/n17212/c2878985/content.html.

67 Craig Covault, "Sino Setback—Advanced Chinese Space Technology Initiative Is Off to a Disastrous Start," SpaceRef, December 3, 2006, www.spaceref.com/news/viewnews.html?id=1175.

68 U.S.-China Economic and Security Review Commission, *China's Proliferation Practices and Role in the North Korea Crisis: Hearing before the U.S.-China Economic and Security Review Commission* (Washington, D.C.: U.S. Government Printing Office, 2005), 55, www.uscc.gov/sites/default/files/transcripts/3.10.05ht.pdf.

69 "Company Profile," China Great Wall Industry Corporation, accessed March 18, 2021, www.cgwic.com/About/index.html; Jasper Helder et al.,

"International Trade Aspects of Outer Space Activities," in *Outer Space Law: Legal Policy and Practice*, ed. Yanal Abul Failat and Anél Ferreira-Syman (London: Globe Law and Business, 2017), 285–305, www.akingump.com/a/web/61872/aoiVR/outer-space-law-international-trade-aspects-of-outer-space-act.pdf.

70 Peter B. de Selding, "Winter Is Coming for Asian Satellite Operators as Capacity Outpaces Demand," *SpaceNews*, June 2, 2015, https://spacenews.com/winter-is-coming-for-asian-satellite-operators-as-capacity-outpaces-demand/.

71 Blaine Curcio, "Satellites for Nations: The Dawn of a New Era," West East Space, November 24, 2019, https://westeastspace.com/2019/11/24/satellites-for-nations-the-dawn-of-a-new-era/.

72 R. A. Boroffice, "The Nigerian Space Program: An Update," *African Skies* 12 (2008): 42, http://adsabs.harvard.edu/full/2008AfrSk..12...40B.

73 Boroffice, "Nigerian Space Program."

74 Peter B. de Selding, "China to Build and Launch Nigerian Telecom Satellite," *SpaceNews*, February 21, 2005, https://spacenews.com/china-build-and-launch-nigerian-telecom-satellite/.

75 De Selding, "China to Build."

76 Li Peng 李鹏, "Zhongguo jin chukou yinhang 2 yi meiyuan zhichi niriliya guojia 1 hao gongcheng" 中国进出口银行2亿美元支持尼日利亚国家1号工程 [The Export-Import Bank of China Provides $200 Million in Support of Nigeria's No. 1 National Project], Sina, January 14, 2006, http://finance.sina.com.cn/roll/20060114/1028496709.shtml; Klinger, "China, Africa, and the Rest"; Dai Adi 戴阿弟, "Zhongguo yu niriliya qianshu jianli zhanlüe huoban guanxi beiwanglu" 中国与尼日利亚签署建立战略伙伴关系备忘录 [China and Nigeria Sign a Memorandum of Understanding on Establishing a Strategic Partnership], Sina, January 17, 2006, http://news.

sina.com.cn/c/2006-01-17/10388006240s.shtml.

77   "China Launches Communications Satellite for Nigeria," *China Daily*, last modified May 15, 2007, http://en.people.cn/200705/14/eng20070514_374236.html.

78   The Central People's Government of the People's Republic of China, "Niriliya tongxin weixing yi hao zai xichang fashe zhongxin chenggong fashe" 尼日利亚通信卫星一号在西昌发射中心成功发射 [NigComSat-1 Was Successfully Launched at Xichang Launch Center], press release, May 14, 2007, www.gov.cn/jrzg/2007-05/14/content_613077.htm.

79   "NigComSat-1R Becoming White Elephant Four Years after—Investigation," *Punch*, April 16, 2016, https://punchng.com/nigcomsat-1r-becoming-white-elephant-four-years-after-investigation/; "NigComSat: Nigeria's Satellite Company Still Not Profitable 14 Years after Launch," International Centre for Investigative Reporting, March 20, 2020, www.icirnigeria.org/nigcomsat-nigerias-satellite-company-still-not-profitable-14-years-after-launch/.

80   Industry expert, correspondence with author, January 2021.

81   James Kwen, "Reps Begin Probe of Alleged N180.9M Insurance Breach," Business Day, August 18, 2020, https://businessday.ng/insurance/article/reps-begin-probe-of-alleged-n180-9m-insurance-breach/.

82   "Nigeria Agrees $550 Million Satellite Deal with China," Reuters, January 3, 2018, www.reuters.com/article/us-nigeria-satellite-china/nigeria-agrees-550-million-satellite-deal-with-china-idUSKBN1ES1G0.

83   Emmanuel Elebeke, "Nigeria Wins Bid to Manage Belarus's Satellite for 15 Years," Vanguard, December 30, 2015, www.vanguardngr.com/2015/12/nigeria-wins-bid-to-manage-belaruss-satellite-for-15-years/.

84   "Belintersat 1 (ZX 15, ChinaSat 15)," Gunter's Space Page, accessed February 1, 2021, https://space.skyrocket.de/doc_sdat/belintersat-1.htm;

"ChinaSat 15," China Satellite Communications Co., Ltd., last modified February 17, 2016, http://english.csat.spacechina.com/n931903/c1162059/content.html.

85 Everest Amaefule, "NigComSat, Belarus Sign Satellite Backup Deal," *Punch*, October 27, 2017, https://punchng.com/nigcomsat-belarus-sign-satellite-backup-deal/.

86 Tomasz Nowakowski, "China's Long March 3B Rocket Successfully Launches First Laotian Satellite," SpaceFlight Insider, November 22, 2015, www.spaceflightinsider.com/missions/commercial/chinas-long-march-3b-rocket-successfully-launches-first-laotian-satellite/; "Chinese, Lao Leaders Mark Successful Launch of Communication Satellite," China.org. cn, November 21, 2015, www.china.org.cn/world/Off_the_Wire/2015-11/21/content_37124112.htm.

87 Iulia-Diana Galeriu, " 'Paper Satellites' and the Free Use of Outer Space," GlobaLex, Hauser Global Law School Program, New York University School of Law, April 2018, www.nyulawglobal.org/globalex/Paper_satellites_free_use_outer_space1.html.

88 Peter B. de Selding, "Laos, with China's Aid, Enters Crowded Satellite Telecom Field," *SpaceNews*, November 30, 2015, https://spacenews.com/laos-with-chinese-aid-is-latest-arrival-to-crowded-satellite-telecom-field/.

89 Caleb Henry, "Venezuela's Flagship Communications Satellite Out of Service and Tumbling," *SpaceNews*, March 23, 2020, https://spacenews.com/venezuelas-flagship-communications-satellite-out-of-service-and-tumbling/.

90 Reddy, *China's Design to Capture Regional SatCom Markets*; Thilanka Kanakarathna, " 'SupremeSAT' Cost Rs 460Mn Obtained from CEB Funds: Champika," *Daily Mirror*, September 17, 2017, www.dailymirror.lk/article/-SupremeSAT-cost-Rs-mn-obtained-from-CEB-funds-

Champika-136771.html.

91 Caleb Henry, "Cambodia to Buy Chinese Satellite as Relations Tighten on Belt and Road Initiative," *SpaceNews*, January 12, 2018, https://spacenews.com/cambodia-to-buy-chinese-satellite-as-relations-tighten-on-belt-and-road-initiative/; "DR Congo's Planned Launch of CongoSat-1 Still a Mirage," Space in Africa, October 27, 2018, https://africanews.space/dr-congos-planned-launch-of-congosat-1-still-a-mirage/; "CongoSat 01," Gunter's Space Page, accessed February 1, 2021, https://space.skyrocket.de/doc_sdat/congosat-1.htm; "Nicaragua Plans to Have 2 Satellites in Orbit by 2017," Agencia EFE, November 18, 2015, www.efe.com/efe/english/technology/nicaragua-plans-to-have-2-satellites-in-orbit-by-2017/50000267-2767737; Ministry of Foreign Affairs of the People's Republic of China, "Joint Statement between the People's Republic of China and the Islamic Republic of Afghanistan," press release (communique), May 18, 2016, www.fmprc.gov.cn/mfa_eng/wjdt_665385/2649_665393/t1367681.shtml.

92 Maria Jose Haro Sly, "China and South American Region Eye Cooperation in Science and Technology," Global Times, January 16, 2020, https://www.globaltimes.cn/content/1177087.shtml; "Ecnec Approves Rs261Bn Development Projects," *Dawn*, January 7, 2020, www.dawn.com/news/1526768; "Inauguration: Prime Minister Lauds Success of PAKSAT-1R," *Express Tribune*, November 6, 2011, https://tribune.com.pk/story/288079/paksat-1r-pakistans-first-indigenously-made-satellite-inaugurated.

93 Curcio, "Satellites for Nations."

94 Richard Swinford and Bertrand Grau, "High Throughput Satellites: Delivering Future Capacity Needs," Arthur D. Little, 2015, www.adlittle.com/sites/default/files/viewpoints/ADL_High_Throughput_Satellites-

Viewpoint.pdf; Rajesh Mehrotra, *Regulation of Global Broadband Satellite Communications GSR Advanced Copy*, (Geneva: International Telecommunication Union, 2011), www.itu.int/ITU-D/treg/Events/Seminars/GSR/GSR11/documents/BBReport_BroadbandSatelliteRegulation-E.pdf.

95 "Alcomsat-1 Satellite Delivered to Algeria," China Great Wall Industry Corporation, April 2, 2018, www.cgwic.com/news/2018/0402.html; "Alcomsat-1 Successfully Positioned in Geostationary Orbit," Xinhua, December 19, 2017, www.xinhuanet.com/english/2017-12/19/c_136837590.htm.

96 "SpaceX Seattle 2015," YouTube video, 25:53, posted by Cliff O, January 17, 2015, www.youtube.com/watch?v=AHeZHyOnsm4&ab_channel=CliffO.

97 Jim Cashel, *The Great Connecting: The Emergence of Global Broadband and How That Changes Everything* (New York: Radius Book Group, 2019).

98 Michael Koziol, "SpaceX Confident about Its Starlink Constellation for Satellite Internet; Others, Not So Much," *IEEE Spectrum*, January 6, 2019, https://spectrum.ieee.org/aerospace/satellites/spacex-confident-about-its-starlink-constellation-for-satellite-internet-others-not-so-much.

99 Israel Leyva-Mayorga et al., "LEO Small-Satellite Constellations for 5G and Beyond-5G Communications," *IEEE Access* 8 (2020), https://doi.org/10.1109/ACCESS.2020.3029620.

100 Jeff Hecht, "Laser Links Will Link Small Satellites to Earth and Each Other," *Laser Focus World*, March 24, 2020, www.laserfocusworld.com/lasers-sources/article/14104017/laser-links-will-link-small-satellites-to-earth-and-each-other.

101 Sandra Erwin, "DARPA's Big Bet on Blackjack," *SpaceNews*, January 8, 2020, https://spacenews.com/darpas-big-bet-on-blackjack/.

102 Valerie Insinna, "Behind the Scenes of the US Air Force's Second Test of

Its Game-Changing Battle Management System," *C4ISRNET*, September 4, 2020, www.c4isrnet.com/it-networks/2020/09/04/behind-the-scenes-of-the-us-air-forces-second-test-of-its-game-changing-battle-management-system/.

103 Gillian Rich, "SpaceX Starlink Impresses Air Force Weapons Buyer in Big Live-Fire Exercise," *Investor's Business Daily*, September 23, 2020, www.investors.com/news/spacex-starlink-impressed-air-force-in-big-live-fire-exercise/.

104 Cliff O, "SpaceX Seattle 2015."

105 Mark Handley, "Delay Is Not an Option: Low Latency Routing in Space," *Hot-Nets* 17, no. 1 (2018): 85–91, https://doi.org/10.1145/3286062.3286075.

106 Todd Cotts, "The Digital Divide: Solutions for Connecting the Forgotten 1 Billion," *Intelsat Blog*, Intelsat, November 4, 2019, www.intelsat.com/resources/blog/connecting-the-forgotten-1-billion.

107 Amazon, "Amazon Building Project Kuiper R&D Headquarters in Redmond, WA," press release, December 18, 2019, www.aboutamazon.com/news/company-news/amazon-building-project-kuiper-r-d-headquarters-in-redmond-wa.

108 Louise Matsakis, "Facebook Confirms It's Working on a New Internet Satellite," *Wired*, July 20, 2018, www.wired.com/story/facebook-confirms-its-working-on-new-internet-satellite/.

109 "Athena," Gunter's Space Page, accessed February 2, 2021, https://space.skyrocket.de/doc_sdat/athena_pointview.htm.

110 Devin Coldewey, "Facebook Permanently Grounds Its Aquila Solar-Powered Internet Plane," *TechCrunch*, June 26, 2018, https://techcrunch.com/2018/06/26/facebook-permanently-grounds-its-aquila-solar-powered-internet-plane/.

111 Astro Teller, "How Project Loon's Smart Software Learned to Sail the Winds," *X, the moonshot factory* (blog), February 16, 2017, https://blog. x.company/how-project-loons-smart-software-learned-to-sail-the-winds-ec904e6d08c.

112 "Frequently Asked Questions," Loon, accessed February 1, 2021, https:// loon.com/faqs/; Paresh Dave, "Google Internet Balloon Spinoff Loon Still Looking for Its Wings," Reuters, July 1, 2019, www.reuters.com/ article/us-alphabet-loon-focus/google-internet-balloon-spinoff-loon-still-looking-for-its-wings-idUSKCN1TW1GN.

113 Salvatore Candido, "1 Million Hours of Stratospheric Flight," *Loon* (blog), July 23, 2019, https://medium.com/loon-for-all/1-million-hours-of-stratospheric-flight-f7af7ae728ac.

114 Abdi Latif Dahir, "A Bird? A Plane? No, It's a Google Balloon Beaming the Internet," *New York Times*, July 7, 2020, www.nytimes.com/2020/07/07/ world/africa/google-loon-balloon-kenya.html.

115 Ben Geier, "How Google Could Make Billions from Balloons," *Fortune*, March 3, 2015, https://fortune.com/2015/03/03/google-loon/.

116 Steven Levy, "Alphabet Pops Loon's Balloons—but Won't Call It a Failure," *Wired*, January 21, 2021, www.wired.com/story/plaintext-alphabet-pops-loons-balloons/.

117 Alastair Westgarth, "Saying Goodbye to Loon," *Loon* (blog), January 21, 2021, https://medium.com/loon-for-all/loon-draft-c3fcebc11f3f.

118 Dave Mosher, "SpaceX May Shell Out Billions to Outsource Starlink Satellite-Dish Production, an Industry Insider Says—and Lose Up to $2,000 on Each One It Sells," *Insider*, December 28, 2020, www. businessinsider.com/spacex-starlink-satellite-dish-user-terminal-cost-stmelectronics-outsource-manufacturer-2020-11.

119 "Elon Musk, Satellite 2020 Conference, Washington DC, March 9,

2020," You-Tube video, 47:18, posted by Space Policy and Politics, March 24, 2020, www.youtube.com/watch?v=ywPqLCc9zBU&ab_channel=SpacePolicyandPolitics.

120 Cliff O, "SpaceX Seattle 2015."

121 Ramish Zafar, "SpaceX Could Earn $30 Billion Annually from Starlink, 10x of Sending ISS Supplies—Elon Musk," *Wccftech*, March 9, 2020, https://wccftech.com/spacex-could-earn-30-billion-annually-from-starlink-10x-of-sending-iss-supplies-elon-musk/.

122 u/Smoke-away, "Starlink Beta Terms of Service," *Reddit*, October 28, 2020, www.reddit.com/r/Starlink/comments/jjti2k/starlink_beta_terms_of_service/.

123 Space Policy and Politics, "Elon Musk, Satellite 2020 Conference."

124 Caleb Henry, "LeoSat, Absent Investors, Shuts Down," *SpaceNews*, November 13, 2019, https://spacenews.com/leosat-absent-investors-shuts-down/.

125 Chris Daehnick et al., "Large LEO Satellite Constellations: Will It Be Different This Time?," McKinsey & Company, May 4, 2020, www.mckinsey.com/industries/aerospace-and-defense/our-insights/large-leo-satellite-constellations-will-it-be-different-this-time.

126 "News," Leptong Global Solutions, accessed February 1, 2021, https://leptonglobal.com/geo-meo-leo-satellites-why-geo-is-winning/.

127 Inigo del Portillo, Bruce G. Cameron, and Edward F. Crawley, "A Technical Comparison of Three Low Earth Orbit Satellite Constellation Systems to Provide Global Broadband" (presentation, 69th International Astronautical Congress 2018, Bremen, Germany, 2018), www.mit.edu/~portillo/files/Comparison-LEO-IAC-2018-slides.pdf.

128 Daehnick et al., "Large Leo Satellite Constellations"; "Focus: Kratos, The Looming HTS Gateway Crunch," *SatMagazine*, March 2018, www.

satmagazine.com/story.php?number=856311740.

129 Michael Sheetz, "Morgan Stanley Expects SpaceX Will Be a $100 Billion Company Thanks to Starlink and Starship," CNBC, October 22, 2020, www.cnbc.com/2020/10/22/morgan-stanley-spacex-to-be-100-billion-company-due-to-starlink-starship.html.

130 State Council of the People's Republic of China, *Guowuyuan guanyu chuangxin zhongdian ling yu tou rongzi jizhi guli shehui touzi de zhidao yijian: Guo fa (2014) 60 hao* 国务院关于创新重点领域投融资机制鼓励社会投资的指导意见: 国发 (2014) 60号 [Guiding Opinions of the State Council on Innovating Investment and Financing Mechanisms in Key Fields to Encourage Social Investment: National Document (2014) No. 60], 000014349/2014-00142 (Beijing: State Council, 2014), www.gov.cn/zhengce/content/2014-11/26/content_9260.htm.

131 Blaine Curcio, "Best Frenemies Ever: CASC, CASIC, and the Aerospace Bridge," West East Space, June 17, 2019, https://westeastspace.com/2019/06/17/best-frenemies-ever/.

132 "Global 500: China Aerospace Science & Industry," *Fortune*, last modified August 10, 2020, https://fortune.com/company/china-aerospace-science-industry/global500/; "Global 500: China Aerospace Science & Technology," Fortune, last modified August 10, 2020, https://fortune.com/company/china-aerospace-science-technology/global500/.

133 Zhao Lei, "Testing at Smart Satellite Factory Now Underway," *China Daily*, January 18, 2021, http://epaper.chinadaily.com.cn/a/202101/18/WS6004c322a31099a2343534de.html.

134 Larry Press, "China Will Be a Formidable Satellite Internet Service Competitor," *CIS 471* (blog), January 28, 2020, https://cis471.blogspot.com/2020/01/china-will-be-formidable-satellite.html.

135 Blue Origin, "Blue Origin to Launch Telesat's Advanced Global LEO

Satellite Constellation," press release, January 31, 2019, www.blueorigin. com/news/blue-origin-to-launch-telesats-advanced-global-leo-satellite-constellation; Caleb Henry, "Blue Origin Signs OneWeb as Second Customer for New Glenn Reusable Rocket," *SpaceNews*, March 8, 2017, https://spacenews.com/blue-origin-gets-oneweb-as-second-new-glenn-customer/.

136 Larry Press, "China on Its Way to Becoming a Formidable Satellite Internet Service Competitor," CircleID, January 29, 2020, www.circleid. com/posts/20200129_china_becoming_a_formidable_satellite_internet_service_competitor/.

137 Jacqueline Myrrhe, "5th CCAF—China (International) Commercial Aerospace Forum: Jointly Building an Industrial Ecology to Lead the Development of Commercial Aerospace," *Go Taikonauts!*, no. 28 (March 2020), www.go-taikonauts.com/images/newsletters_PDF/2019_CCAF-Wuhan_web.pdf.

138 China Aerospace Science and Industry Corporation, "Shangye hangtian dachao qi yangfan qicheng kai xin pian—dang de shiba da yilai zhongguo hangtian ke gongshangye hangtian fazhan zongshu" 商业航天大潮起 扬帆启程开新篇—党的十八大以来中国航天科工商业航天发展综述 [The Tide of Commercial Aerospace Rises; Setting Sail on a New Chapter: A Summary of CASIC's Commercial Aerospace Development since the 18th Party Congress], press release, September 26, 2017, http://www.casic.com.cn/n12377419/n12378166/c12564106/content.html.

139 "China Launches Two Satellites for IoT Project," Xinhua, May 12, 2020, www.xinhuanet.com/english/2020-05/12/c_139051254.htm; Deng Xiaoci, "China Successfully Builds Laser Communication Links for New-Generation Space-Borne IoT Project," *Global Times*, August 13, 2020, www.globaltimes.cn/content/1197631.shtml.

140 Zhao Lei, "Solar-Driven Drone under Development," China Daily, March 18, 2019, www.chinadaily.com.cn/a/201903/18/ WS5c8ecf35a3106c65c34ef0d0.html; "China to Fly Solar Drone to Near Space," *Asia Times*, March 18, 2019, https://asiatimes.com/2019/03/ china-to-fly-solar-drone-to-near-space/.

141 China Aerospace Science and Industry Corporation Ltd., "Commercial Aerospace on the Cloud to Navigate China's Digital Economy— the 6th China (International) Commercial Aerospace Summit Forum Opened in Wuhan," press release, November 12, 2020, www.casic. com/n525220/c18355884/content.html; "A Chinese SpaceX? Aerospace Industry Eyes Commercial Market," China Space Report, September 16, 2016, https://chinaspacereport.wordpress.com/2016/09/16/a-chinese-spacex-aerospace-industry-eyes-commercial-market/; Chen Lan, Dr. William Carey, and Jacqueline Myrrhe, "Wuhan—China's Center of the Commercial Universe," *Go Taikonauts!*, no. 21 (April 2018), www.go-taikonauts.com/images/newsletters_PDF/2017_Wuhan_web.pdf; Tan Yuanbin 谭元斌 and Hu Zhe 胡喆, "Hangtian ke gong jituan 'wu yun yi che' gongcheng qude xilie zhongyao jinzhan" 航天科工集团'五云一车'工程取得系列重要进展 [CASIC's "Five Clouds and One Vehicle" Project Has Made a Series of Important Advancements], Xinhua, October 19, 2020, www.xinhuanet.com/fortune/2020-10/19/c_1126631246.htm; Zhang Su 张素, "Zhongguo hangtian ke gong jihua zai 2030 nian shifei 'kong tian feiji'" 中国航天科工计划在2030年试飞'空天飞机' [CASIC Plans to Flight-Test "Space Plane" in 2030], Xinhua, September 13, 2016, http://www. xinhuanet.com//politics/2016-09/13/c_129280259.htm.

142 "Guozi wei guanyu zujian zhongguo weixing wangluo jituan youxian gongsi de gonggao" 国资委关于组建中国卫星网络集团有限公司的公告 [State-Owned Assets Supervision and Administration Commission

Announcement Regarding the Establishment of China Satellite Network Group Co., Ltd.], State-Owned Assets Supervision and Administration Commission of the State Council, April 29, 2021, http://www.sasac.gov. cn/n2588030/n2588924/c18286531/content.html.

143 Andrew Jones, "China Is Developing Plans for a 13,000-Satellite Megaconstellation," *SpaceNews*, April 21, 2021, https://spacenews. com/china-is-developing-plans-for-a-13000-satellite-communications-megaconstellation/; Blaine Curcio and Jean Deville, "#SpaceWatchGL Column: Dongfang Hour China Aerospace News Roundup 8," SpaceWatch.Global, March 14, 2021, https://spacewatch.global/2021/03/ spacewatchgl-column-dongfang-hour-china-aerospace-news-roundup-8-14-march-2021/.

144 Blaine Curcio, correspondence with author, November 2020.

145 Irina Liu et al., *Evaluation of China's Commercial Space Sector*, IDA Document D-10873 (Washington, D.C.: Science & Technology Policy Institute, Institute for Defense Analyses, 2019), 75–76, www.ida.org/-/media/feature/ publications/e/ev/evaluation-of-chinas-commercial-space-sector/ d-10873.ashx.

146 OneWeb, "OneWeb Secures Global Spectrum Further Enabling Global Connectivity Services," press release, August 7, 2019, www.oneweb. world/media-center/oneweb-secures-global-spectrum-further-enabling-global-connectivity-services.

147 "Non-Geostationary Satellite Systems," International Telecommunication Union, last modified December 2019, www.itu.int/en/mediacentre/ backgrounders/Pages/Non-geostationary-satellite-systems.aspx.

148 Peter B. de Selding, "OneWeb Bidders Include 2 from China, Eutelsat, with France and Other EU Nations, SpaceX, Amazon, Cerberus," Space Intel Report, May 6, 2020, www.spaceintelreport.com/oneweb-bidders-

include-2-from-china-eutelsat-with-france-other-eu-nations-spacex-amazon-cerberus/.

149   Press, "China on Its Way."

150   Peter B. de Selding (cofounder, Space Intel Report), interview by author, December 2020.

151   Broadband Commission for Sustainable Development, *Connecting Africa through Broadband: A Strateg y for Doubling Connectivity by 2021 and Reaching Universal Access by 2030* (n.p.: Broadband Commission for Sustainable Development, 2019), 121–26, www.broadbandcommission. org/Documents/working-groups/DigitalMoonshotforAfrica_Report.pdf.

152   Sharon Pian Chan, "The Birth and Demise of an Idea: Teledesic's 'Internet in the Sky,'" *Seattle Times*, October 7, 2002, https://archive.seattletimes. com/archive/?date=20021007&slug=teledesic070.

153   Richard Waters, "An Exclusive Interview with Bill Gates," *Financial Times*, November 1, 2013, www.ft.com/content/dacd1f84-41bf-11e3-b064-00144feabdc0.

154   Emily Chang and Sarah Frier, "Mark Zuckerberg Q&A: The Full Interview on Connecting the World," Bloomberg, February 19, 2015, www.bloomberg.com/news/articles/2015-02-19/mark-zuckerberg-q-a-the-full-interview-on-connecting-the-world?sref=VZPf2pAM.

155   Chang and Frier, "Mark Zuckerberg Q&A."

156   Amazon, "Email from Jeff Bezos to Employees," press release, February 2, 2021, www.aboutamazon.com/news/company-news/email-from-jeff-bezos-to-employees?utm_source=social&utm_medium=tw&utm_term=amznnews&utm_content=exec_chair&linkId=110535487.

157   "Blue's Mission: Building a Road," Blue Origin, accessed March 18, 2021, www.blueorigin.com/our-mission.

158   Larry Press, "Are Inter-Satellite Laser Links a Bug or a Feature of ISP Con-

stellations?" CircleID, April 3, 2019, www.circleid.com/posts/20190403_
inter_satellite_laser_links_bug_or_feature_of_isp_constellations/.

159 Caleb Henry, "Satcom Companies Willing to Partner with China to Gain
Market Access," *SpaceNews*, June 29, 2018, https://spacenews.com/
satcom-companies-willing-to-partner-with-china-to-gain-market-access/.

160 Industry expert, interview by author, November 2020.

161 Cliff O, "SpaceX Seattle 2015."

CHAPTER 7. 네트워크 전쟁 승리

1 John F. Sargent, Jr., *Global Research and Development Expenditures: Fact
Sheet*, CRS Report No. R44283 (Washington, D.C.: Congressional Research
Service, 2020), 3, https://fas.org/sgp/crs/misc/R44283.pdf.

2 Giuliana Viglione, "China Is Closing Gap with United States on Research
Spending," *Nature*, January 15, 2020, www.nature.com/articles/d41586-
020-00084-7.

3 Ganesh Sitaraman, "A Grand Strategy of Resilience: American Power in
the Age of Fragility," *Foreign Affairs*, September/October 2020, www.
foreignaffairs.com/articles/united-states/2020-08-11/grand-strategy-
resilience.

4 Melissa Flagg, Global R&D and a New Era of Alliances (Washington, D.C.:
Center for Security and Emerging Technology, 2020), https://cset.georgetown.
edu/research/global-rd-and-a-new-era-of-alliances/; Sargent, *Global
Research and Development Expenditures*; "International Macroeconomic
Data Set," Economic Research Service, U.S. Department of Agriculture,
last modified January 8, 2021, https://www.ers.usda.gov/data-products/
international-macroeconomic-data-set.aspx.

5 Tim Pemberton, "The World in 2030," HSBC, October 2, 2018, www.

mobilenews.hsbc.com/blog/the-world-in-2030/.

6   Franklin D. Roosevelt, "Fireside Chat" (speech, Washington, D.C., December 29, 1940), The American Presidency Project, University of California, Santa Barbara, https://www.presidency.ucsb.edu/documents/fireside-chat-9.

7   *U.S.-China: Winning the Economic Competition: Hearing before the Subcommittee on Economic Policy of the Committee on Banking, Housing, and Urban Affairs, U.S. Senate*, 116th Congress (2020) (statement of Martijn Rasser, senior fellow, Technology and National Security Program, Center for a New American Security), www.banking.senate.gov/imo/media/doc/Rasser%20Testimony%207-22-20.pdf; David Moschella and Robert D. Atkinson, "Competing with China: A Strategic Framework," Information Technology and Innovation Foundation, August 31, 2020, https://itif.org/publications/2020/08/31/competing-china-strategic-framework.

8   Emiliano Alessandri, "World Order Re-Founded: The Idea of a Concert of Democracies," *The International Spectator* 43, no. 1 (2008): 73–90, https://doi.org/10.1080/03932720801892555.

9   "About the CoD," Community of Democracies, accessed March 18, 2021, https://community-democracies.org/values/organization/.

10 Thomas Carothers, *Is a League of Democracies a Good Idea?* (Washington, D.C.: Carnegie Endowment for International Peace, 2008), https://carnegieendowment.org/files/pb59_carothers_league_final.pdf.

11 Ivo H. Daalder and James Lindsay, "An Alliance of Democracies," *Washington Post*, May 23, 2004, www.washingtonpost.com/archive/opinions/2004/05/23/an-alliance-of-democracies/73065856-4082-4d0f-a4b1-bdfca773d93d/; Richard Perle, "Democracies of the World, Unite," *American Interest*, January 1, 2007, www.the-american-interest.com/2007/01/01/democracies-of-the-world-unite/; Anne-Marie Slaughter, John Ikenberry,

and Philippe Sands, "The Global Governance Crisis," *The InterDependent*, United Nations Association of the USA, 2006, https://scholar.princeton.edu/sites/default/files/slaughter/files/interdependent.pdf.

12   John McCain, "McCain Remarks—Hoover Institution (May 1, 2007)" (speech, Hoover Institution, Stanford University, Stanford, CA, May 1, 2007), https://www.hoover.org/sites/default/files/uploads/inline/docs/McCain_05-01-07.pdf.

13   David Gordon and Ash Jain, "Forget the G-8. It's Time for the D-10," *Wall Street Journal*, June 16, 2013, www.wsj.com/articles/SB10001424127887324688404578541262989391492; "D-10 Strategy Forum," Atlantic Council, accessed March 18, 2021, www.atlanticcouncil.org/programs/scowcroft-center-for-strategy-and-security/global-strategy-initiative/democratic-order-initiative/d-10-strategy-forum/.

14   David Rohde, "U.S. Embrace of Musharraf Irks Pakistanis," *New York Times*, February 29, 2008, www.nytimes.com/2008/02/29/world/asia/29pstan.html.

15   Elbridge Colby and Robert D. Kaplan, "The Ideology Delusion," *Foreign Affairs*, September 4, 2020, www.foreignaffairs.com/articles/united-states/2020-09-04/ideology-delusion.

16   Charles A. Kupchan, "Minor League, Major Problems," *Foreign Affairs*, Novem-ber/December 2008, www.foreignaffairs.com/articles/2008-11-01/minor-league-major-problems.

17   "Mapping the Future of U.S. China Policy," Center for Strategic and International Studies, accessed February 11, 2020, https://chinasurvey.csis.org/.

18   Dina Smeltz and Craig Kafura, "Do Republicans and Democrats Want a Cold War with China?," Chicago Council on Global Affairs, October 13, 2020, www.thechicagocouncil.org/publication/lcc/do-

republicans-and-democrats-want-cold-war-china?utm_source=tw&utm_campaign=ccs&utm_medium=social&utm_term=china-brief-ccs20&utm_content=text.

19   Marietje Schaake, "How Democracies Can Claim Back Power in the Digital World," *MIT Technology Review*, September 29, 2020, www.technologyreview.com/2020/09/29/1009088/democracies-power-digital-social-media-governance-tech-companies-opinion/.

20   "Team," Inter-Parliamentary Alliance on China, accessed February 11, 2021, https://ipac.global/team/.

21   Latika Bourke, "MPs from Eight Countries Form New Global Coalition to Counter China," *Sydney Morning Herald*, June 5, 2020, www.smh.com.au/world/europe/mps-from-eight-countries-form-new-global-coalition-to-counter-china-20200604-p54zqj.html.

22   Robert S. Singh, "In Defense of a Concert of Liberal Democracies," *Whitehead Journal of Diplomacy and International Relations* 10, no. 1 (2009): 19–29, http://blogs.shu.edu/journalofdiplomacy/files/archives/03%20Singh.pdf.

23   Helen Warrell, Alan Beattie, and Demetri Sevastopulo, "UK Turns to 'Five Eyes' to Help Find Alternatives to Huawei," *Financial Times*, July 13, 2020, www.ft.com/content/795a85b1-621f-4144-bee0-153eb5235943.

24   Anthony R. Wells, *Between Five Eyes: 50 Years of Intelligence Sharing* (Philadelphia: Casemate Publishers, 2020), loc. 156 of 5424, Kindle.

25   Wells, *Between Five Eyes*, loc. 4189, Kindle.

26   Alan Beattie, "Five Eyes, 5G and America's Self-Sabotaging Trade Wars," *Financial Times*, July 16, 2020, www.ft.com/content/f0f782c4-bd3f-4c0f-83c1-4629a2c295dc.

27   Lucy Fisher, "Downing Street Plans New 5G Club of Democracies," *The Times*, May 29, 2020, www.thetimes.co.uk/article/downing-street-plans-

new-5g-club-of-democracies-bfnd5wj57; Atlantic Council, "D-10 Strategy Forum."

28   Julie Smith et al., *Charting a Transatlantic Course to Address China* (Washington, D.C.: Center for a New American Security and the German Marshall Fund of the United States, 2020), 18, https://s3.us-east-1.amazonaws.com/ files.cnas.org/documents/CNAS-Report-Transatlantic-August-2020-final. pdf ?mtime=20201019111640&focal=none.

29   Eric McGlinchey, associate professor at George Mason University, has used a different version of this comparison to describe the United States, Russia, and China in Central Asia; see Eric McGlinchey, *Central Asia's Autocrats: Geopolitically Stuck, Politically Free*, PONARS Eurasia Policy Memo No. 380 (Washington, D.C.: PO NARS Eurasia, 2015), www.ponarseurasia.org/new-policy-memo-central-asia-s-autocrats-geopolitically-stuck-politically-free/.

30   European Commission, *Joint Communication to the European Parliament, the European Council and the Council: A New EU-US Agenda for Global Change* (Brussels: European Commission, 2020), https:// ec.europa.eu/info/sites/info/files/joint-communication-eu-us-agenda_ en.pdf.

31   Noah Barkin, "Watching China in Europe –January 2021," German Marshall Fund of the United States, January 2021, https://sites-gmf. vuturevx.com/61/6509/january-2021/january-2021(1).asp?sid=584b91fc-5916-4605-9a57-a6e6163b3aa3.

32   Jacob Poushter and Christine Huang, "Climate Change Still Seen as the Top Global Threat, but Cyberattacks a Rising Concern," Pew Research Center, February 10, 2019, www.pewresearch.org/global/2019/02/10/ climate-change-still-seen-as-the-top-global-threat-but-cyberattacks-a-rising-concern/.

33　Richard Wike, Janell Fetterolf, and Mara Mordecai, "U.S. Image Plummets Internationally as Most Say Country Has Handled Coronavirus Badly," Pew Research Center, September 15, 2020, www.pewresearch. org/global/2020/09/15/us-image-plummets-internationally-as-most-say-country-has-handled-coronavirus-badly/.

34　Ivan Krastev and Mark Leonard, *The Crisis of American Power: How Europeans See Biden's America*, European Council on Foreign Relations, ECFR/363 (Berlin: European Council on Foreign Relations, 2021), https://ecfr. eu/publication/the-crisis-of-american-power-how-europeans-see-bidens-america/.

35　*China's Expanding Influence in Europe and Eurasia: Hearing before the Subcommittee on Europe, Eurasia, Energ y, and the Environment of the Committee on Foreign Affairs, House of Representatives*, 116th Cong. 11 (2019) (statement of Philippe Le Corre, nonresident senior fellow, Carnegie Endowment for International Peace), https://www.govinfo.gov/content/pkg/ CHRG-116hhrg36214/pdf/CHRG-116hhrg36214.pdf.

36　European Commission, *Joint Communication to the European Parliament, the European Council and the Council: EU-China— A Strategic Outlook* (Strasbourg: European Commission, 2019), https:// ec.europa.eu/commission/presscorner/detail/en/fs_19_6498.

37　European Commission, "Secure 5G Networks: Commission Endorses EU Toolbox and Sets Out Next Steps," press release, January 29, 2020, https://ec.europa.eu/commission/presscorner/detail/en/ip_20_123.

38　Department for Digital, Culture, Media & Sport, National Cyber Security Centre and the Rt Hon Oliver Dowden CBE MP, "Huawei to Be Removed from UK 5G Networks by 2027," press release, July 14, 2020, www.gov.uk/government/news/huawei-to-be-removed-from-uk-5g-networks-by-2027.

39 Mathieu Rosemain and Gwénaëlle Barzic, "French Limits on Huawei 5G Equipment Amount to De Facto Ban by 2028," Reuters, July 22, 2020, www.reuters.com/article/us-france-huawei-5g-security-exclusive/exclusive-french-limits-on-huawei-5g-equipment-amount-to-de-facto-ban-by-2028-idUSKCN24N26R.

40 Laurens Cerulus, "Germany Falls in Line with EU on Huawei," *Politico*, April 23, 2021, https://www.politico.eu/article/germany-europe-huawei-5g-data-privacy-cybersecurity/.

41 Annabelle Timsit, "Who Will Win the Battle to Replace Huawei in Europe?," *Quartz*, October 30, 2020, https://qz.com/1920889/who-will-win-the-battle-to-replace-huawei-in-europe/; "Four European Countries Have Only Chinese Gear in 4G Networks, Researcher Says," Reuters, June 30, 2020, www.reuters.com/article/us-europe-telecoms-china/four-european-countries-have-only-chinese-gear-in-4g-networks-researcher-says-idUSKBN241187.

42 Stacie Hoffmann, Dominique Lazanski, and Emily Taylor, "Standardising the Splinternet: How China's Technical Standards Could Fragment the Internet," *Journal of Cyber Policy* 5, no. 2 (2020): 239–64, https://doi.org/10.1080/23738871.2020.1805482.

43 Nigel Cory and Robert D. Atkinson, "Why and How to Mount a Strong, Trilateral Response to China's Innovation Mercantilism," Information Technology and Innovation Foundation, January 2020, https://itif.org/publications/2020/01/13/why-and-how-mount-strong-trilateral-response-chinas-innovation-mercantilism.

44 "Biography—Houlin Zhao," International Telecommunication Union (ITU), accessed March 18, 2021, www.itu.int/en/osg/Pages/biography-zhao. aspx.

45 See, for example, China's proposal for "New IP": Madhumita Murgia

and Anna Gross, "Inside China's Controversial Mission to Reinvent the Internet," *Financial Times*, March 27, 2020, www.ft.com/content/ba94c2bc-6e27-11ea-9bca-bf503995cd6f.

46   "Vote for 5G," Huawei, accessed November 1, 2020, www.huawei.eu/story/vote-5g/; Matina Stevis-Gridneff, "Blocked in U.S., Huawei Touts 'Shared Values' to Compete in Europe," *New York Times*, December 27, 2019, www.nytimes.com/2019/12/27/world/europe/huawei-EU-5G-Europe.html.

47   Schaake, "How Democracies Can Claim Back Power."

48   Alexandra de Hoope Scheffer et al., *Transatlantic Trends 2020: Transatlantic Opinion on Global Challenges before and after COVID-19* (Washington, D.C.: German Marshall Fund of the United States, 2020), www.gmfus.org/sites/default/files/TT20_Final.pdf; Smith et al., *Charting a Transatlantic Course to Address China*, 17.

49   Katja Bego and Markus Droemann, "A Vision for the Future Internet" (working paper, NGI Forward, Next Generation Internet, 2020), 20, www.ngi.eu/wp-content/uploads/sites/48/2020/10/Vision-for-the-future-internet-long-version-final-1.pdf.

50   Bego and Droemann, "Vision for the Future Internet," 26.

51   United Nations Conference on Trade and Development (UNCTAD), *Digital Economy Report 2019: Value Creation and Capture: Implications for Developing Countries*, UNCTAD/DER/2019 (New York: United Nations Publishing, 2019), 2, https://unctad.org/system/files/official-document/der2019_en.pdf.

52   "DAX® (TR) EUR," Qontigo, last modified February 12, 2021, www.dax-indices.com/index-details?isin=DE0008469008.

53   "Top 100 Digital Companies: 2019 Ranking," *Forbes*, accessed February 1, 2021, www.forbes.com/top-digital-companies/list/#tab:rank.

54   European Commission, *Communication from the Commission to the European Parliament, the Council, the European Economic and Social Committee of the Regions: A European Strateg y for Data* (Brussels: European Commission, 2020), https://ec.europa.eu/info/sites/info/files/communication-european-strategy-data-19feb2020_en.pdf.

55   European Commission, *Communication from the Commission to the European Parliament, the Council, the European Economic and Social Committee and the Committee of the Regions Empty: 2030 Digital Compass: The European Way for the Digital Decade*, COM/2021/118 (Brussels: European Commission, 2021), https://eur-lex.europa.eu/legal-content/en/TXT/?uri=CELEX%3A52021DC0118.

56   Adam Segal, "China's Vision for Cyber Sovereignty and the Global Governance of Cyberspace," in *An Emerging China-Centric Order: China's Vision for a New World Order in Practice*, ed. Nadège Rolland, NBR Special Report no. 87 (Seattle, WA: The National Bureau of Asian Research, 2020), https://www.nbr.org/wp-content/uploads/pdfs/publications/sr87_aug2020.pdf.

57   Clarifying Lawful Overseas Use of Data or the CLOUD Act, H.R.4943, 115th Congress (2018), www.congress.gov/bill/115th-congress/house-bill/4943; "The Cloud Act," Electronic Privacy Information Center, accessed February 2, 2021, https://epic.org/privacy/cloud-act/; "The CLOUD Act and the European Union: Myths vs. Facts," BSA | The Software Alliance, February 2019, www.bsa.org/files/policy-filings/02282019CLOUDACTEUMythvsFact.pdf; U.S. Department of Justice, *Promoting Public Safety, Privacy, and the Rule of Law around the World: The Purpose and Impact of the CLOUD Act White Paper* (Washington, D.C.: U.S. Department of Justice, 2019), www.justice.gov/opa/press-release/file/1153446/download.

58 Murray Scot Tanner, "Beijing's New National Intelligence Law: From Defense to Offense," *Lawfare* (blog), July 20, 2017, www.lawfareblog. com/beijings-new-national-intelligence-law-defense-offense; "China Passes Tough New Intelligence Law," Reuters, June 27, 2017, www. reuters.com/article/us-china-security-lawmaking/china-passes-tough-new-intelligence-law-idUSKBN19I1FW; Bonnie Girard, "The Real Danger of China's National Intelligence Law," The Diplomat, February 23, 2019, https://thediplomat.com/2019/02/the-real-danger-of-chinas-national-intelligence-law/; Arjun Kharpal, "Huawei Says It Would Never Hand Data to China's Government. Experts Say It Wouldn't Have a Choice," CNBC, March 5, 2019, www.cnbc.com/2019/03/05/huawei-would-have-to-give-data-to-china-government-if-asked-experts.html.

59 "European Cloud Network to Start in Late 2020," Euractiv, November 5, 2019, www.euractiv.com/section/digital/news/european-cloud-network-to-start-in-late-2020/.

60 Phillip Grüll and Samuel Stolton, "Altmaier Charts Gaia-X as the Beginning of a 'European Data Ecosystem,' " Euractiv, June 5, 2020, www.euractiv.com/section/data-protection/news/altmaier-charts-gaia-x-as-the-beginning-of-a-european-data-ecosystem/.

61 Melissa Heikkilä and Janosch Delcker, "EU Shoots for €10B 'Industrial Cloud' to Rival US," *Politico*, October 15, 2020, www.politico.eu/article/eu-pledges-e10-billion-to-power-up-industrial-cloud-sector/.

62 Federal Ministry for Economic Affairs and Energy, Federal Government of Germany, *GAIA-X: The European Project Kicks Off the Next Phase* (Berlin: Federal Ministry for Economic Affairs and Energy, 2020), www.bmwi. de/Redaktion/EN/Publikationen/gaia-x-the-european-project-kicks-of-the-next-phase.pdf?__blob=publicationFile&v=7.

63 Liam Tung, "Meet GAIA-X: This Is Europe's Bid to Get Cloud

Independence from US and China Giants," ZDNet, June 8, 2020, www.zdnet.com/article/meet-gaia-x-this-is-europes-bid-to-get-cloud-independence-from-us-and-china-giants/; Silvia Amaro, "Meet Gaia X— Europe's Answer to the Power of U.S. and Chinese Cloud Giants," CNBC, July 16, 2020, www.cnbc.com/2020/07/17/gaia-x-europes-answer-to-us-and-chinese-tech-giants-power.html.

64 "Frequently Asked Questions about the GAIA-X Project: Common Digital Infrastructure for Europe," Federal Government of Germany, October 1, 2020, www.bundesregierung.de/breg-en/service/gaia-x-1795070; GAIA-X, "List of New Members to the GAIA-X AISBL," press release, March 29, 2021, https://www.data-infrastructure.eu/GAIAX/Redaktion/EN/Downloads/gaia-press-release-march-31-list-en.pdf?__blob=publicationFile&v=3.

65 Daphne Leprince-Ringuet, "Europe's Cloud Computing Project Needs to Hurry Up, If It Wants to Catch Its Giant Rivals," ZDNet, November 12, 2020, www.zdnet.com/article/europes-cloud-computing-project-needs-to-hurry-up-if-it-wants-to-catch-its-giant-rivals/; "Microsoft Announced as a Member of GAIA-X," *Microsoft Corporate Blogs,* Microsoft, November 26, 2020, https://blogs.microsoft.com/eupolicy/2020/11/26/microsoft-announced-as-a-member-of-gaia-x/; Max Peterson, "What's Next for Europe's Data Revolution? AWS Joins the GAIA-X Initiative," *AWS Public Sector Blog,* Amazon, November 19, 2020, https://aws.amazon.com/blogs/publicsector/what-next-europes-data-revolution-aws-joins-gaia-x-initiative/; Catherine Stupp, "European Cloud-Computing Initiative Limits U.S. Companies' Role," *Wall Street Journal,* November 23, 2020, www.wsj.com/articles/european-cloud-computing-initiative-limits-u-s-companies-role-11606127402.

66 European Union, *Declaration: Building the Next Generation Cloud for*

Businesses and the Public Sector in the EU (n.p.: European Union, 2020), https://ec.europa.eu/newsroom/dae/document.cfm?doc_id=70089.

67　Canalys, "Global Cloud Infrastructure Market Q4 2020."

68　Henry Farrell and Abraham L. Newman, *Of Privacy and Power: The Transatlantic Struggle over Freedom and Security* (Princeton, NJ: Princeton University Press, 2019), loc. 3538 of 6092, Kindle.

69　Annegret Kramp-Karrenbauer, "Speech by Federal Minister of Defense Annegret Kramp-Karrenbauer on the Occasion of the Presentation of the Steuben Schurz Media Award" (speech, Steuben Schurz Society, Frankfurt, Germany, October 23, 2020), https://nato.diplo.de/blob/2409698/75266e6a 100b6e35895f431c3ae66c6d/20201023-rede-akk-medienpreis-data.pdf.

70　Institute for Health Metrics and Evaluation, "The Lancet: World Population Likely to Shrink after Mid-Century, Forecasting Major Shifts in Global Population and Economic Power," press release, July 14, 2020, previously published by *The Lancet*, www.healthdata.org/news-release/ lancet-world-population-likely-shrink-after-mid-century-forecasting-major-shifts-global.

71　"Countries," Freedom House, accessed March 2, 2021, https:// freedomhouse.org/countries/freedom-net/scores; Stein E. Vollset et al., "Fertility, Mortality, Migration, and Population Scenarios for 195 Countries and Territories from 2017 to 2100: A Forecasting Analysis for the Global Burden of Disease Study," *The Lancet* 396, no. 10258 (2020): 1285–1306, https://doi.org/10.1016/S0140-6736(20)30677-2.

72　Ruchir Sharma, "Technology Will Save Emerging Markets from Sluggish Growth," *Financial Times*, April 11, 2021, https://www.ft.com/content/ 2356928b-d909-4a1d-b108-7b60983e3d22.

73　UNCTAD, *Digital Economy Report* 2019, iv.

74　UNCTAD, *Digital Economy Report* 2019, 12.

75   UNCTAD, *Digital Economy Report* 2019, 13.

76   UNCTAD, *Digital Economy Report* 2019, 8.

77   Homi Kharas and Kristofer Hamel, "A Global Tipping Point: Half of the World Is Now Middle Class or Wealthier," *Future Development* (blog), Brookings Institution, September 27, 2018, www.brookings.edu/blog/future-develop ment/2018/09/27/a-global-tipping-point-half-the-world-is-now-middle-class-or-wealthier/.

78   Data provided by Homi Kharas and Meagan Dooley, October 2020. Also see Homi Kharas and Meagan Dooley, "China's Influence on the Global Middle Class," Brookings Institution, October 2020, https://www.brookings.edu/research/chinas-influence-on-the-global-middle-class/.

79   Data provided by Homi Kharas and Meagan Dooley, October 2020.

80   Noshir Kaka et al., *Digital India: Technology to Transform a Connected Nation* (n.p.: McKinsey & Company, 2019), 1, www.mckinsey.com/~/media/McKinsey/Business%20Functions/McKinsey%20Digital/Our%20Insights/Digital%20India%20Technology%20to%20transform%20a%20connected%20nation/MGI-Digital-India-Report-April-2019.pdf.

81   "India 5G Activities Updates," GSMA, September 3, 2019, www.gsma.com/asia-pacific/resources/india-5g-updates/.

82   This includes the G-7 (Canada, France, Germany, Italy, Japan, the United Kingdom, and the United States).

83   Data provided by Washington University's Institute for Health Metrics and Evaluation, October 2020.

84   William Mauldin and Rajesh Roy, "Pompeo Touts U.S.-India Defense Deal, with an Eye on China," *Wall Street Journal*, October 27, 2020, www.wsj.com/articles/pompeo-touts-u-s-india-defense-deal-with-an-eye-on-china-11603791947; "India Says to Sign Military Agreement with U.S. on Sharing of Satellite Data," Reuters, October 26, 2020, www.reuters.

com/article/us-india-usa-defence-idUSKBN27B1QY; Sanjeev Miglani, "India, U.S., Japan and Australia Kick Off Large Naval Drills," Reuters, November 3, 2020, www.reuters.com/article/us-india-navy-drills-idUSKBN27J11Z.

85 White House, "Fact Sheet: Quad Summit," press release, March 12, 2021, www.whitehouse.gov/briefing-room/statements-releases/2021/03/12/fact-sheet-quad-summit/.

86 Evan A. Feigenbaum and James Schwemlein, "How Biden Can Make the Quad Endure," Carnegie Endowment for International Peace, March 11, 2021, https://carnegieendowment.org/2021/03/11/how-biden-can-make-quad-endure-pub-84046.

87 Tanvi Madan, *Fateful Triangle: How China Shaped US-India Relations during the Cold War* (Washington D.C.: Brookings Institution Press, 2020).

88 George W. Bush, "President Discusses Strong U.S.-India Partnership in New Delhi, India" (speech, Purana Qila, New Delhi, India, March 3, 2006), https://georgewbush-whitehouse.archives.gov/news/releases/2006/03/20060303-5.html; "Bush, India's Singh Sign Civil Nuclear Cooperation Agreement," U.S. Department of State (archive), March 2, 2006, https://web.archive.org/web/20060306172637/http://usinfo.state.gov/sa/Archive/2006/Mar/02-806725.html.

89 "Secretary Michael R. Pompeo with Rahul Shivshankar of Times Now," U.S. Department of State (archive), October 27, 2020, http://web.archive.org/web/20201102040052/www.state.gov/secretary-michael-r-pompeo-with-rahul-shivshankar-of-times-now/.

90 Office of the U.S. Trade Representative, *2021 National Trade Estimate Report on Foreign Trade Barriers* (Washington, D.C.: Office of the U.S. Trade Representative, 2021), 248, https://ustr.gov/sites/default/files/files/reports/2021/2021NTE.pdf.

91   Han Lin 韩琳, "Zhongguo xiwang yu yindu jianli zhengchang de guojia
     guanxi yin tai zhanlüe buzu wei ju" 中国希望与印度建立正常的国家关
     系印太战略　不足为惧 [China Hopes to Establish Normal State-to-State
     Relations with India, the Indo-Pacific Strategy Should Not Be Feared],
     Zhongguo wang 中国网 [China Net], July 14, 2020, http://fangtan.china.
     com.cn/2020-07/14/content_76270833.htm.

92   Office of the United States Trade Representative, *2021 National
     Trade Estimate Report*; Office of Economic Adviser, Department for
     Promotion of Industry and Internal Trade, Ministry of Commerce &
     Industry, Government of India, *Key Economic Indicators* (New Delhi:
     Ministry of Commerce & Industry, last modified 2021), https://eaindustry.
     nic.in/Key_Economic_Indicators/Key_Macro_Economic_Indicators.
     pdf; Russell A. Green, *Can "Make in India" Make Jobs? The Challenges
     of Manufacturing Growth and High-Quality Job Creation in India*
     (Houston, TX: James A. Baker III Institute for Public Policy, Rice University,
     2014), www.bakerinstitute.org/media/files/files/9b2bf0a2/Econ-pub-
     MakeInIndia-121514.pdf; M. Suresh Babu, "Why 'Make in India' Has
     Failed," The Hindu, January 20, 2020, www.thehindu.com/opinion/op-
     ed/why-make-in-india-has-failed/article30601269.ece.

93   Munish Sharma, *The Road to 5G: Technolog y, Politics and Beyond*,
     IDSA Monograph Series No. 65 (New Delhi: Institute for Defence Studies
     and Analyses, 2019), 116, https://idsa.in/system/files/monograph/
     monograph-65.pdf; "Merchandise Trade Matrix—Imports of Individual
     Economies in Thousands of United States Dollars, Annual," UNCTADstat,
     UNCTAD, accessed February 2, 2021, https://unctadstat.unctad.org/wds/
     TableViewer/tableView.aspx?ReportId=195167.

94   Mukherjee et al., "COVID-19, Data Localisation and G20: Challenges,
     Opportunities and Strategies for India."

95 Harsh V. Pant and Aarshi Tirkey, "The 5G Question and India's Conundrum," *Orbis* 64, no. 4 (2020): 571–88, https://doi.org/10.1016/j.orbis.2020.08.006.

96 Ding Yi, "Xiaomi Still Top Dog in Indian Smartphone Market Despite Tensions," Caixin Global, August 10, 2020, www.caixinglobal.com/2020-08-10/xiaomi-still-top-dog-in-indian-smartphone-market-despite-tensions-101590849.html.

97 Sharma, *Road to 5G*.

98 Ajey Lele and Kritika Roy, *Analysing China's Digital and Space Belt and Road Initiative*, IDSA Occasional Paper No. 54/55 (New Delhi: Institute for Defence Studies and Analyses, 2019), 57, https://idsa.in/system/files/opaper/china-digital-bri-op55.pdf.

99 Ministry of Communications, Government of India, "Telecom Department Gives Go-Ahead for 5G Technology and Spectrum Trials," press release, May 4, 2021, https://pib.gov.in/PressReleasePage.aspx?PRID=1715927.

100 "India Doesn't Name Huawei among Participants in 5G Trials," Reuters, May 4, 2021, https://www.reuters.com/technology/india-doesnt-name-huawei-among-participants-5g-trials-2021-05-04/.

101 Nisha Holla, "Democratising Technology for the Next Six Billion," *Digital Frontiers* (blog), Observer Research Foundation, October 19, 2020, www.orfonline.org/expert-speak/democratising-technology-next-six-billion/.

102 Mukherjee et al., "COVID-19, Data Localisation and G20," 3.

103 Arindrajit Basu and Justin Sherman, "Key Global Takeaways from India's Revised Personal Data Protection Bill," *Lawfare* (blog), January 23, 2020, www.lawfareblog.com/key-global-takeaways-indias-revised-personal-data-protection-bill.

104 "Freedom on the Net 2020: India," Freedom House, accessed February 1,

2021, https://freedomhouse.org/country/india/freedom-net/2020.

105 Sonia Faleiro, "How India Became the World's Leader in Internet Shutdowns," *MIT Technology Review*, August 19, 2020, www.technologyreview.com/2020/08/19/1006359/india-internet-shutdowns-blackouts-pandemic-kashmir/.

106 Adrian Shahbaz and Allie Funk, *Freedom on the Net 2020: The Pandemic's Digital Shadow* (Washington, D.C.: Freedom House, 2020), https://freedomhouse.org/sites/default/files/2020-10/10122020_FOTN2020_Complete_Report_FINAL.pdf.

107 James Dobbins, "Why Russia Should Not Rejoin the G7," *The RAND Blog*, RAND, June 13, 2018, www.rand.org/blog/2018/06/why-russia-should-not-rejoin-the-g-7.html.

108 Robert K. Knake, *Weaponizing Digital Trade—Creating a Digital Trade Zone to Promote Online Freedom and Cybersecurity*, Council Special Report No. 88 (New York: Council on Foreign Relations, 2020), 11, https://cdn.cfr.org/sites/default/files/report_pdf/weaponizing-digital-trade_csr_combined_final.pdf.

109 These products can include U.S. and other non-Chinese components, but they are assembled in China; see James Rogers et al., *Breaking the China Supply Chain: How the "Five Eyes" Can Decouple from Strategic Dependency* (London: The Henry Jackson Society, 2020), 26, https://henryjacksonsociety.org/wp-content/uploads/2020/05/Breaking-the-China-Chain.pdf.

110 Mukherjee et al., "COVID-19, Data Localisation and G20," 39.

111 Roosevelt, "Fireside Chat."

112 Jens Stoltenberg, "Keynote Speech by NATO Secretary General Jens Stoltenberg at the Global Security 2020 (GLOBSEC) Bratislava Forum" (speech, Global Security 2020 Bratislava Forum, Bratislava, Slovakia, October 7,

2020), www.nato.int/cps/en/natohq/opinions_178605.htm.

113 James Stavridis and Dave Weinstein, "NATO's Real Spending Emergency Is in Cyberspace," Bloomberg, July 18, 2018, www.bloomberg.com/opinion/articles/2018-07-18/nato-s-real-spending-emergency-is-in-cyberspace.

114 Safa Shahwan Edwards, Will Loomis, and Simon Handler, "Supersize Cyber," Atlantic Council, October 14, 2020. www.atlanticcouncil.org/content-series/nato20-2020/supersize-cyber/.

115 Lindsay Gorman, "NATO Should Count Spending on Secure 5G towards Its 2% Goals," *Defense One*, December 3, 2019, www.defenseone.com/ideas/2019/12/nato-should-count-secure-5g-spending-towards-its-2-goals/161648/.

116 Stoltenberg, "Keynote Speech by NATO Secretary General."

117 "The Defense Business Board's 2015 Study on How the Pentagon Could Save $125 Billion," *Washington Post*, January 22, 2015, http://apps.washingtonpost.com/g/documents/investigations/the-defense-business-boards-2015-study-on-how-the-pentagon-could-save-125-billion/2236/; "Pentagon Buried Study That Found $125 Billion in Wasteful Spending: Washington Post," Reuters, December 5, 2016, www.reuters.com/article/us-usa-defense-waste/pentagon-buried-study-that-found-125-billion-in-wasteful-spending-washington-post-idUSKBN13V08B; Lawrence J. Korb, "The Pentagon's Fiscal Year 2021 Budget More than Meets U.S. National Security Needs," Center for American Progress, May 6, 2020, www.americanprogress.org/issues/security/reports/2020/05/06/484620/pentagons-fiscal-year-2021-budget-meets-u-s-national-security-needs/.

118 Jessica Tuchman Mathews, "America's Indefensible Defense Budget," Carnegie Endowment for International Peace, June 27, 2019, https://carnegieendowment.org/2019/06/27/america-s-indefensible-defense-

budget-pub-79394; "Foreign Commercial Service," American Foreign Service Association, accessed February 15, 2021, www.afsa.org/foreign-commercial-service.

119 American Foreign Service Association, correspondence with author, March 2019.

120 "Global Diplomacy Index," Lowy Institute, accessed February 1, 2021, https://globaldiplomacyindex.lowyinstitute.org/.

121 "Forecasting Infrastructure Investment Needs and Gaps," Global Infrastructure Outlook, accessed February 1, 2021, https://outlook.gihub.org/.

122 Nirav Patel, "US Should Offer a Digital Highway Initiative for Asia," *Strait Times*, February 8, 2018, www.straitstimes.com/opinion/us-should-offer-a-digital-highway-initiative-for-asia.

123 Tim Hwang, *Shaping the Terrain of AI Competition* (Washington, D.C.: Center for Security and Emerging Technology, 2020), 19, https://cset.georgetown.edu/research/shaping-the-terrain-of-ai-competition/.

124 Eric Schmidt et al., *Asymmetric Competition: A Strateg y for China and Technology* (n.p.: China Strategy Group, 2020), https://assets.documentcloud.org/documents/20463382/final-memo-china-strategy-group-axios-1.pdf.

125 China Task Force, U.S. House of Representatives, 116th Cong., *China Task Force Report* (Washington, D.C.: U.S. House of Representatives, 2020), 27, https://gop-foreignaffairs.house.gov/wp-content/uploads/2020/09/CHINA-TASK-FORCE-REPORT-FINAL-9.30.20.pdf.

126 Stu Woo, "U.S. to Offer Loans to Lure Developing Countries Away from Chinese Telecom Gear," *Wall Street Journal*, October 18, 2020, www.wsj.com/articles/u-s-to-offer-loans-to-lure-developing-countries-away-from-chinese-telecom-gear-11603036800.

127　Agatha Kratz, Allen Feng, and Logan Wright, "New Data on the Debt Trap Question," Rhodium Group, April 29 2019, https://rhg.com/research/new-data-on-the-debt-trap-question/; Agatha Kratz, Matthew Mingey, and Drew D'Alelio, *Seeking Relief: China's Overseas Debt after COVID-19* (New York: Rhodium Group, 2020), https://rhg.com/research/seeking-relief/.

128　Angus Grigg, "Huawei Data Centre Built to Spy on PNG," *Australian Financial Review*, August 11, 2020, www.afr.com/companies/telecommunications/huawei-data-centre-built-to-spy-on-png-20200810-p55k7w.

129　Huawei Cyber Security Evaluation Centre Oversight Board, *Annual Report 2019: A Report to the National Security Adviser of the United Kingdom* (London: Cabinet Office, 2019), https://assets.publishing.service.gov.uk/government/uploads/system/uploads/attachment_data/file/790270/HCSEC_OversightBoardReport-2019.pdf; Lily Hay Newman, "Huawei's Problem Isn't Chinese Backdoors. It's Buggy Software," Wired, March 28, 2019, www.wired.com/story/huawei-threat-isnt-backdoors-its-bugs/; Kate O'Keeffe and Dustin Volz, "Huawei Telecom Gear Much More Vulnerable to Hackers than Rivals' Equipment, Report Says," *Wall Street Journal*, June 25, 2019, www.wsj.com/articles/huawei-telecom-gear-much-more-vulnerable-to-hackers-than-rivals-equipment-report-says-11561501573.

130　Herb Lin, "Huawei and Managing 5G Risk," *Lawfare* (blog), April 3, 2019, www.lawfareblog.com/huawei-and-managing-5g-risk; Carisa Nietsche and Martijn Rasser, "Washington's Anti-Huawei Tactics Need a Reboot in Europe," Foreign Policy, April 30, 2020, https://foreignpolicy.com/2020/04/30/huawei-5g-europe-united-states-china/.

131　Amy Webb, *The Big Nine: How the Tech Titans and Their Thinking*

Machines Could Warp Humanity (New York: PublicAffairs), 208, Kindle.

132   Thomas, *Dragon Bytes*, 35.

133   Thomas Donahue, "The Worst Possible Day: U.S. Telecommunications and Huawei," *PRISM 8*, no. 3 (2020), https://ndupress.ndu.edu/Media/News/News-Article-View/Article/2053215/the-worst-possible-day-us-telecommunications-and-huawei/.

134   National Intelligence *Council, Global Trends 2040: A More Contested World*, NIC 2021-02339 (Washington, D.C.: National Intelligence Council, 2021), 102, https://www.odni.gov/files/ODNI/documents/assessments/GlobalTrends_2040.pdf.

135   As cited in Thomas, *Dragon Bytes*, 45.

136   Shen Weiguang, "Checking Information Warfare-Epoch Mission of Intellectual Military," *People's Liberation Army Daily*, February 2, 1999, as quoted and cited in Thomas, Dragon Bytes, 13.

137   James A. Lewis, "A Necessary Contest: An Overview of U.S. Cyber Capabilities," *Asia Policy* 15, no. 2 (2020): 92, https://doi.org/10.1353/asp.2020.0016.

138   Ryan Hass, "China Is Not Ten Feet Tall," *Foreign Affairs*, March 3, 2021, www.foreignaffairs.com/articles/china/2021-03-03/china-not-ten-feet-tall.

139   Ryan Hass, *Stronger: Adapting America's China Strateg y in an Age of Competitive Interdependence* (New Haven, CT: Yale University Press, 2021).

140   Michael Beckley, *Unrivaled: Why America Will Remain the World's Sole Superpower* (Ithaca, NY: Cornell University Press, 2018).

141   Reagan, "Triumph of Freedom."